第五届
浙江省社会科学界学术年会
学术专场文集

构建基层社会治理新格局

浙江省社会科学界联合会　编

浙江工商大学出版社
ZHEJIANG GONGSHANG UNIVERSITY PRESS

·杭州·

图书在版编目(CIP)数据

第五届浙江省社会科学界学术年会学术专场文集. 构建基层社会治理新格局 / 浙江省社会科学界联合会编. — 杭州：浙江工商大学出版社，2021.6
ISBN 978-7-5178-4478-5

Ⅰ. ①第… Ⅱ. ①浙… Ⅲ. ①社会管理－浙江－文集 Ⅳ. ①C53②D675.5－53

中国版本图书馆 CIP 数据核字(2021)第 076423 号

第五届浙江省社会科学界学术年会学术专场文集
构建基层社会治理新格局

DIWUJIE ZHEJIANGSHENG SHEHUI KEXUEJIE XUESHU NIANHUI XUESHU ZHUANCHANG WENJI
GOUJIAN JICENG SHEHUI ZHILI XINGEJU

浙江省社会科学界联合会 编

责任编辑	吴岳婷
封面设计	尚阅文化
责任印制	包建辉
出版发行	浙江工商大学出版社
	（杭州市教工路 198 号　邮政编码 310012）
	（E-mail:zjgsupress@163.com）
	（网址:http://www.zjgsupress.com）
	电话:0571-88904980,88831806(传真)
排　　版	杭州朝曦图文设计有限公司
印　　刷	杭州高腾印务有限公司
开　　本	787mm×1092mm　1/16
印　　张	22.75
字　　数	383 千
版 印 次	2021 年 6 月第 1 版　2021 年 6 月第 1 次印刷
书　　号	ISBN 978-7-5178-4478-5
定　　价	78.00 元

序

浙江省社会科学界联合会党组书记、副主席　郭华巍

学术交流是学术繁荣的重要标志。通过学术交流中的切磋对话、互学互鉴，综合把脉特定时期的学术前沿和学术生态，归纳、提炼符合前景方向和实践趋势的学术理论，涵育、深化体现创新思维的原创性成果，不仅是构建具有共同价值取向和价值遵循的学术共同体的必由之路，也是全力打造与时俱进、立体多元、高度共享的平台矩阵的重要路径。这正是以学术交流为核心的学术年会的价值和意义所在。

围绕这一目标体系，从 2012 年开始，我们启动浙江省社会科学界学术年会，组织专家学者围绕我省社会经济发展中具有全局性、战略性、前瞻性的重大问题，以及社会各界普遍关注的热点、重点与难点问题，开展深入研讨，发布原创思想，推动理论创新，着力发挥社科界理论先导和思想引领作用。

2020 年第五届浙江省社会科学界学术年会聚焦习近平新时代中国特色社会主义思想在浙江的生动实践，围绕"建设'重要窗口'、推进省域治理现代化"主题，组织"数字政府与数字治理""浙江'重要窗口'建设与城市治理创新""构建基层社会治理新格局""民营经济创新治理""长三角一体化与治理现代化"5 个学术专场，并开设分论坛活动 100 余场，发布了"2020 中国中小企业景气指数"和"长三角高质量一体化发展指数"等重要成果。呈现在读者面前的 5 个学术专场的优秀论文集，系统梳理了浙江数字政府整体智治的实践经验，集中展示了"治理体系和治理现代化"研究领域的原创成果，精准刻画了我省经济社会发展的趋势、规律和路径指向。这些优秀成果从经济、管理、政治、法律、社会等不同学科出发，以理论阐释与实践印证的多元视角，以趋势研判与策论分析的多重维度，对"建设'重要窗口'、推进省域治理现代化"这一主题进行深入解读和研究，着力为新时期我省争创社会

主义现代化先行省、全面展示建设"重要窗口"开辟理论与实践路径,提供思想引领与学理支撑。

8年来,从首届年会以"科学发展:转型中国与浙江实践"为主题,到此后的"全面深化改革:理论探索与浙江实践""创新话语体系,讲好浙江故事""改革开放40年:中国道路或中国方案",再到本届的"建设'重要窗口'、推进省域治理现代化",年会始终坚持在聚焦改革开放实践中提炼浙江经验,在回应新时期重大理论与现实问题关切中突出浙江特色,在构建中国特色哲学社会科学中体现浙江话语,引领我省广大哲学社会科学工作者立足学科前沿、开展问题研究、推动思想碰撞、集聚成果展示,取得了一大批具有重要学术价值、重大现实意义的研究成果。与此同时,年会的品牌效应与社会影响力也不断提升,成为我省社科界制度化、规范化、常态化的学术交流载体,受到学界、政界与社会各界的一致赞誉。

2020年9月,浙江省委书记袁家军在省社科联调研时高度肯定年会活动,认为年会"是一个很好的学术活动载体",指示"要将一些重要思想、重要成果在这个活动中发布"。这就要求浙江省社科界深刻领会时代赋予的新使命,瞄准历史标注的新方位,牢牢把握哲学社会科学工作的时与势,在组织开展好学术年会工作的同时,继续引领社科界拓宽学术视角,探源浙江实践,厚植理论基础,展示最新成果,策应战略大局,按照"国家所需、浙江所能、人民所盼、未来所向"的要求,高水平打造学术交流平台,努力交出忠实践行"八八战略"、奋力打造"重要窗口"的哲学社会科学高分报表。

最后,真诚感谢在年会工作中给予精心指导的省委宣传部,在具体组织与筹备中给予大力支持的省级社科类社会组织、各高校及科研院所;真诚感谢所有关心、支持和参与学术年会工作的领导和专家学者;真诚感谢浙江工商大学出版社为文集出版付出的辛勤劳动!

目　录

社会治理的重心在基层①

浙江工商大学校长,浙江大学公共管理学院院长、教授　郁建兴

在经济社会发展和建设高水平社会主义现代化的进程中,社会治理的地位和作用不断凸显,高水平社会治理和高质量经济发展已经成为各级党委政府的中心工作。

近年来,我国基层治理的重心正逐步由经济发展向社会治理转型,必须加强和创新社会治理,构建基层社会治理新格局。 2016 年,习近平总书记在参加十二届全国人大四次会议上海代表团审议时就指出:"基层是一切工作的落脚点,社会治理的重心必须落实到城乡、社区。"基层治理的中心工作日益向社会治理聚焦,社会治理已是基层探索的新路标。 社会治理的重心在基层,基层治理工作的重心在社会治理。 所以基层社会治理对高水平社会治理和高质量经济发展都具有特别重要的意义。

党的十九届四中全会对社会治理格局做出了总体部署,关于社会治理主要有三个新提法:一是提出构建基层社会治理新格局;二是提出加快推进市域社会治理现代化;三是提出构建"人人有责、人人尽责、人人享有"的社会治理共同体。 党的十九届五中全会提出,要完善社会治理体系,健全党组织领导的自治、法治、德治相结合的城乡基层治理体系,完善基层民主协商制度,实现政府治理同社会调节、居民自治良性互动,建设人人有责、人人尽责、人人享有的社会治理共同体。 党的十九届五中全会和中央制定的"十四五"规划建议里有一些新表述,即"明显提高""显著提升",提出"十四

---

① 根据郁建兴教授于 2020 年 11 月 21 日在"构建基层社会治理新格局"主题论坛上的发言整理而成。

构建基层社会治理新格局

五"时期社会治理特别是基层治理水平要有明显提高。 由此可见，"十四五"时期构建基层社会治理的新格局具有重要的意义。

当前，基层社会治理中还存在不少问题，突出表现为以下几个方面。

第一，不少地区的党委政府把社会治理依然理解为治理社会。 社会治理的概念内涵丰富，不能仅仅理解为治理社会。 一谈社会治理，有些地方就讲反向考核，要求不出事，这只是狭义地理解平安建设。 社会治理除了党委政府对社会的管理以外，还包括党委政府与社会力量的合作治理，例如政府购买服务、社会组织参与社会治理等，还包括社会的自主治理。 本质上，社会治理的目标就是走向社会的自主治理，如果将社会治理等同于治理社会，将党委政府部门视为治理社会的主体，社会治理可能就达不到它的目标愿景。

第二，基层政府权责不匹配。 浙江省在提高乡镇街道统筹协调能力方面取得了重要的阶段性成果，但目前包括基层政府在内，基层的负担不是在减轻，而是在不断增加。 基层社会治理中为基层减负最根本的途径就是最大限度推动基层自治。

第三，数字治理的负面作用。 数字治理的风险远远没有得到重视，现在是数字技术的时代，不少地方党委政府沉醉在数字技术取得的成功中，建立了一个从省市区县到镇（街道），再到社区、村、网格的信息系统。 在其完成后，数字鸿沟、数字技术的滥用、数据的产权、隐私权保护等问题已经成为重要问题，这些问题既是浙江面临的问题，也是全国的共性问题。 越到基层，数字技术的作用限度越是明显，例如"城市大脑"也不是全能的，目前主要用于解决交通拥堵等集中的社会问题。

在党中央的坚强领导下，浙江儿女"干在实处、走在前列、勇立潮头"，努力使浙江成为全面展示中国特色社会主义制度优越性的重要窗口。 目前，浙江在建设"重要窗口"的众多场景中，每一个领域都要"争创第一"。 社会有效治理已经是且必须是"重要窗口"中的精彩篇章、标志性成果。 浙江的社会治理在改革开放之前就有"枫桥经验"这个著名品牌，改革开放以后，"枫桥经验"的品牌越擦越亮，形成了诸如"平安浙江""德治法治自治三治融合"等新的社会治理品牌。

基层社会治理新格局的构建，既要规范有序，又要充满活力；新格局既意味着政府服务的精细化，更意味着政府责任的具体化。 基层社会治理新格局的创造过程，必将成为中国国家治理体系和治理能力现代化灿然进程的一部分。

基层治理困境及其破解之道[①]

——中国社会治理经验的理论阐释

北京大学政府管理学院院长、教授　燕继荣

浙江经验展现了中国治理的最先进水平，它所反映的最值得关注的学术议题就是"社会治理的困境如何得以破解"，针对该问题，本文围绕以下几方面展开讨论。

第一，如何评估中国政治学与公共管理学的理论贡献。中国政治学、公共管理学学科体系恢复已有 40 年，为改革开放提供了论证。今天，国家发展进入一个新时代，跨上一个新台阶，中国政治学、公共管理学也需要总结前面 40 年的发展经验，为国家治理现代化提供论证。

第二，如何认识基层社会治理问题，以说明中国基层社会治理的进步。中国最高领导层提出加强社会管理创新已有 20 多年的历史，20 多年来，从社会管理到社会治理，从社会管制到矛盾化解，从维持社会稳定到加强社会建设，中国基层社会治理理论和实践都有许多创新，这需要我们进行理论总结。

第三，如何把社会治理的试点经验纳入国家"十四五"规划建设，把社会治理理念转化为具体的社会建设项目。"十四五"规划建议强调，要全面提升国家治理水平，其中重点就是使基层社会治理水平得到显著提高，这要求我们从理论上充分阐释基层社会治理的困境，说明克服困境的路径。

---

① 根据燕继荣教授于 2020 年 11 月 21 日在"构建基层社会治理新格局"主题论坛上的发言整理而成。

一、社会治理的基本共识

中国政治学、公共管理学自恢复重建以来，不仅为国家改革开放、经济改革、政治发展提供了理论和政策论证，也为社会建设和社会稳定贡献了智慧。就以 21 世纪的"科学发展—和谐社会"作为国家政策主题以来的时段为例，中国政治学、公共管理学共同努力，对社会治理概念进行了系统深入的阐释，促成了今天人们对于治理及基层治理的共识——以问题为导向，以法治为手段，注重实效，强调多元、协同、共治。

从浙江的实践来看，发挥党组织的组织动员和政策引领作用，强调社会共治，即实现政府与社会共管共治，共同解决社会面临的难题，这应该是基层社会治理的第一条经验。此外，浙江实践最先尝试问题导向的社会矛盾化解路径，即通过公共服务、公共管理的改善以及公共环境的构建，从源头上和根本上解决社会问题，促进社会的公平正义。还有，浙江创新制度，变百姓"上访"为干部"下访"，建立社会矛盾化解调处中心、民情民访代办中心，以制度化的方式来解决社会问题。这些实践创新与中国政治学、公共管理学关于社会治理的理论阐释密切相关。透过这些创新实践，可以形成的基本判断是：一个国家社会运动的发展，甚至政治发展的规律，根本上取决于这个国家化解社会矛盾、解决社会问题的制度化水平。从已有研究来看，中国自改革开放以来，一方面，社会群体性事件的数量一度呈现不断上升的趋势，有些事件甚至达到相当激烈的程度；另一方面，中国政府对社会的回应性在不断提高，政府的治理能力也在普遍提升。这其实是中国体制韧性的"秘诀"，也是中国社会治理创新的成就和贡献所在。

目前中国政治学、公共管理学界在制度化建设方面形成了基本认识：第一，协调发展是关键。国家政策有两个重要目标，一是要发展，二是要治理，这种目标和机制的协调性已经在政策层面得到应用和体现。第二，维持社会正义是根本。中国政府反复强调国家治理的现代化，就是要从根本上解决社会公平公正的问题。第三，重建社会福利保障体系是国家长治久安的必需条件。第四，法治是解决社会问题的根本出路。第五，社会治理是国家治理的重要内容，国家治理不仅要"治官"，也要"治民"，社会治理的重要任务之一，就是通过法律和制度，使国民养成规则意识和公共意识。

二、基层治理存在的问题

在过去的 20 年，我国学者在对美国治理经验的研究中发现，美国分上层治理和下层治理。所谓上层治理主要体现为三权分立、联邦主义、两党政治，这些制度管住了政府官员，把权力关在了制度的笼子里，完成"治官"的任务。下层治理通过法治主义、社区主义、社群主义这些机制管住了黎民百姓，建成了法治社会，完成"治民"的任务。目前，美国社会"独自打保龄"的新变化，意味着美国传统的社会资本的衰落，或许预示着美国传统的社会治理的方式也正在发生改变，而现实中美国社会的分化也在很大程度上说明美国传统的社会治理确实面临困境。罗伯特·帕特南等人关注社会资本问题，写出《独自打保龄》《我们的孩子》，这说明美国社会阶层固化严重，已成为美国社会面临的重大难题。

中国的治理结构也存在一些困境。第一，中国典型的治理结构为上层多头管理，基层最为薄弱，所谓"上面千条线，下面一根针"就是最好的说明。政府意识到了这样的问题，所以不断强调要做实基层。第二，结构性传导阻滞，也是长期困扰政府治理的问题。中央的惠民政策十分好，但是传到下面就所剩无几。治理的危机在基层社会十分严重，但是信息传到中央却是"形势还好"，其中，最重要的问题是中间环节政策扭曲或信息截留。第三，治理结构的时代性转变。从传统的信息不对称到今天互联网时代、数字化时代、自媒体时代信息的相对对称和呼应，在很大程度上消解了传统的治理权威，改变了治理结构，使得政府的主导地位发生动摇。第四，治理方式面临困境，整齐划一的治理目标、运动式治理、围堵式治理、倒计时治理、狱警式治理难以为继。

当前，在中国基层社会治理中，浙江等地代表了较先进的治理方式。但从全国的情况来看，基层治理经常出现以下现象。第一，制度供给不合理。制度供给不合理更多表现为霸王条款。管理者从自己管理的便利，或者从自己的管理目标出发来制定规则，强制推行。第二，制度供给不明确。制度规则只是一些原则，没有实施操作的细节，所以自由裁量权非常大，给执法人员留下了很大的空间，破坏了治理规则的权威性。 第三，制度规则面临不执行、执行无效或者低效的局面。 虽然形式上颁布了各种各样的规则、规章和制度，但实际上潜规则盛行。 第四，政府供给与社会需求不能精准对接。 所谓"政府花钱为百姓办事"在很多时候变成形式主义瞎花钱、乱花钱，例如某些乡村文化站建设以及一些地方开展的社区文化活动，在很大程度上属于政府替民做主，并不符合村民的真实需求。

三、社会治理的创新性探索

克服社会行动的困境需要更多创新性的探索。 说到底，社会治理的核心问题，一是公益如何促进，二是公害如何治理。 促进公益主要是形成激励机制，将各种社会力量组织和动员起来，打破集体行动的困境，形成正向的社会合力。 公害治理关键是落实责任制，使得社会失范行为和违规行动能够被及时发现、及时惩治、及时矫正，防止通常所说的"破窗效应"。 社会治理创新主要是解决公益和公害关系问题，使这两方面的工作互相促进，相得益彰。 因此提倡以公益化公害，这也是地方实践和理论总结中所形成的基本共识。

在过去 20 年的研究中，社会自治对社会治理的贡献得到了充分的展现。中国基层社会治理在如何克服社会行动的困境方面成效显著，取得许多重要成果。 首先是突出"党建＋"。 "党建＋"在很大程度上不单单是主观上强调党要抓全，党要领导一切，其实还有一个重要的功能，那就是要克服集体行动的困境，破解治理当中的行动难题、打破公共选择的理性逻辑。 其次是普遍推广网格化管理。 网格化管理小化了治理单位，同时明确责任制，破解了"囚徒困境""破窗效应"等问题。 再次是强调社会组织化。 让社会组织运转出来，不仅强调政府的强大能力，更重要的是要发挥社会组织的自治能力。 最后是实现治理结构下沉。 目前在众多地方实践中，普遍的要求是做实基层，以民生为导向，实现以公共服务为核心，重构基层政府的治理体系。 例如浙江"最多跑一次"就是在政府体系末端和居民之间建立统一接口，实现基层政府的集中统一管理。 建设社会矛盾纠纷调处化解中心（民情民访代办服务站），将政府建在百姓家门口，让官员行动在街面上（而不是深居官府衙门内），以充实基层治理，随时服务百姓。

四、社会治理新格局的要求

社会治理就是对社会共同体的公共事务进行有效管控。社会事务可以分为两大类型，一种是所有人都想要的事务，另一种是所有人都不想要的事务。想要的事务既包括物质性的，也包括非物质性的，即价值、权利、荣誉等各种可见和不可见的利益。不想要的事务也分为两类，一类类似于垃圾废品等物品，另外一类则是责任和义务。对所有想要的事务和所有不想要的事务都需要制定规则。面对第一类事务，治理不好会出现无序哄抢局面；面对第二类事务，治理不好会出现无人担责局面。理论界经常讨论社会行动的困境，这些困境表述为"公地悲剧""囚徒困境""集体行动的逻辑"。如何破解这些困境？制度的供给非常关键。关于制度也可分为两种，一种是文明的规则，另一种是野蛮的规则。野蛮的规则从属于动物世界、丛林规则、胜者为王败者为寇。文明的规则是法治的规则，提供正式的制度和非正式的制度约束，正式的制度通过司法的约束来矫正人们的行为，非正式的制度通过道德、良心、习俗和惯例的约束来矫正人们的行为。

中国基层社会治理实际上就是要解决这两类事务所面临的困境，通过制度供给和执行，避免基层社会出现"无序哄抢"和"无人担责"两种局面。因此，我们要努力推广的是文明制度，而不是野蛮规则。

基于中国的实际情况，社会治理新格局应该包括以下四个方面：第一，具有创新能力的政党凭借强大的组织能力引领社会，克服集体行动的困境。第二，一个有效的政府提供足够的制度供给和信用保障。第三，所有的企业和经济组织不仅要追求自身利益最大化，而且要承担社会责任和做出贡献。第四，每个公民都能够通过社会组织参与到社会生活和社会管理以及社会公益活动当中来，贡献自己的爱心。

总的来说，不同的社会力量和要素要得到有效整合，各司其职，共同承担自己的功能，实现有效的社会治理。各地要把基层社会治理目标纳入"十四五"规划之中，就是要围绕上述原则，梳理基层社会面临的问题，并通过政策创新和制度化平台，将这些问题转化成社会建设的议题和实际项目。

基层社会治理的浙江经验与启示①

清华大学公共管理学院副院长、教授　王亚华

一、中国之治与基层治理的制度建设

中国之治，被归结为两个奇迹，一是经济快速发展的奇迹，二是社会长期稳定的奇迹。围绕中国之治背后的密码做简要探讨，最核心为以下三个方面。

第一，中国共产党不断进行创新，推动政府改革。过去 40 多年的改革，放权让利，一轮又一轮大规模的中央地方关系的调整，一系列的行政管理体制改革极大地改变了中国政府——从一个全能主义政府不断转向一个责任政府、法治政府、服务型政府，这个重塑政府的过程，也包括政府的数字化转型。

第二，政府自身的改革极大地改变了政府与市场的关系。我国在计划经济时代是公有制体系，经过 40 多年的转型成为社会主义市场经济的国家。改革开放以来的发展奇迹很大程度上来源于引入市场经济带来的活力，是最值得称道的"中国之治"的密码。

第三，不断调整国家与社会的关系。中国快速的社会发展和社会转型，需要大规模的社会建构。过去，政府也在不断放权，给社会越来越大的空间，增添社会活力，但政府和社会的关系调整仍较为滞后。

---

① 根据王亚华教授于 2020 年 11 月 21 日在"构建基层社会治理新格局"主题论坛上的发言整理而成。

经过 40 年的改革，这些问题得到了部分解决，中国未来的改革重心须从经济改革转向社会改革，即社会建设。 关于社会建设和社会治理，党的十九届四中全会提出要完善党委领导、政府负责、民主协商、社会协同、公众参与、法治保障和科技支撑的社会治理体系；党的十九届五中全会对加强和创新社会治理提出了新要求，提出健全党组织领导的自治、法治、德治相结合的城乡基层治理体系，为中国未来的基层治理指明了方向。

二、从乡村治理看中国基层自治

我国从 20 世纪 80 年代开始探索村民自治，但是几十年运行下来效果不尽理想。 对农村而言，只有村民自治运行起来，农村才能够解决它的实际问题，才能克服集体行动的困境。 例如近几年的乡村宜居建设及厕所革命，中央下决心大量投资基层，地方建起很多的厕所，但发现大量的厕所不能用、不管用，或者中看不中用，造成投资浪费。 同时，在整个乡村运行过程当中，行政色彩非常浓厚，大量的事务靠干部推动，乡村的公共秩序主要依靠行政力量维持。 那么，如何认识中国基层的自治逻辑？ 如何让基层的自治能够真正运转起来？ 我们的研究团队就奥斯特罗姆关于公共池塘资源治理的八项原则在中国的适用性开展了相关研究。

我们团队选择具体的自主治理案例——中国的用水户协会。 从 2012 年开始连续做五年调查，大样本分析后发现，一个村子有没有用水户协会对村子用水绩效几乎没有影响。 进一步研究一些典型案例，聚焦内蒙古一些河套灌区的用水户协会做了深入研究，并对经典的制度理论做了系统检验。

研究结果发现奥斯特罗姆的八项原则在中国根本就不适用，中国基层治理当中往往不能清晰界定边界，中国大量的投资是政府自上而下地投入，但是很多人却无偿受益，存在非常普遍的规则不一致问题：一是集体选择，实际上用水户协会没有什么选择的权利，几乎很少有集体选择的能力；二是监督，协会的建立需要自上而下地推动，非常依赖于外部的监督，内部的监督几乎没用；三是制裁，主要依赖于外部权威的制裁，内部很难实行惩罚。 中国实施税费改革，农业税取消以后，农村主要的收费就是水费，但由于农民普遍不交水费，政府就大量补贴，所以制裁很难实现。 大量的规则在中国无法指导如何去建构一个自治的社会组织。

从制度分析来看，在规则的供给方面，基层的操作规则过于依赖外部的供给，外部供给带来两个严重的问题，一是自主性受到抑制，二是适用性和当地条件匹配的问题，使制度的执行存在严重的困境。在规则的保障方面，基层治理存在非常普遍的来自上级组织的干预，这种干预表现为行政、财务、人事的全方位干预，导致基层有大量的治理失序问题，严重的恶果就是老百姓都不作为，很多基层公共事务陷入困境，以及大量制度失序问题，例如基层腐败问题、基层恶性事件。

造成这种情况的根源是制度的问题，在操作层面可以归结为三类问题。第一，规则的缺失，大量事务在操作性层面无章可循；第二，现有的规则不适应新的形势，需要调整；第三，基层干部漠视这些制度，潜规则盛行，甚至滥用规则。

问题的解决本质上需要从规则的供给、规则的执行和规则的维护出发，满足三个要件：第一，规则的供给，核心是集体选择机制，需要操作性的制度供给，有德治的供给，还有法律规制；第二，规则的执行，核心是监督、制裁和冲突的协调；第三，规则的维护，包括嵌套组织、交流的平台和有效的支撑保障。这三个方面的要件构成了制度建构的基本理论框架。

三、基层治理的浙江经验

从基本理论框架看浙江基层治理领域的经验，尤其是乡村治理经验，如桐乡的"三治"融合、宁海的小微权利清单 36 条、象山的村民说事和海盐的睦邻客厅，有很多看点和新意。

第一，桐乡的"三治"融合。最核心的经验就是以"一约两会三团"为着力点，形成"大事一起干，好坏大家判，事事有人管"的基层治理生动格局。放到理论框架里面审视，桐乡的"三治"融合的亮点就是提供了有效的规则供给，来源于集体选择机制和村规民约，以及法律规制。"一约两会三团"很重要："一约"是乡规民约；"两会"是百姓议事会和乡贤参事会；"三团"是百姓参政团、道德评判团、百事服务团，这些机制都促进了规则的有效执行。"三治"融合有效性的根本在于解决了现在非常缺失的制度供给难题，通过"一约两会三团"引导基层群众有效参与基层事务的决策管理和监督，实现民事民议、民事民办、民事民管。而"三治"的有机融合，则是解决了三种不同类型的规则供给问题和它的有效执行问题。

第二，宁海的小微权力清单 36 条。宁海的经验在于有效应对基层对规则漠视的问题，其做法是厘清村干部的权力边界，提出 36 条权力清单。通过绘制 45 张权力运行图，并且广泛宣传，并通过村民三级联动的监督问责，保证 36 条权力清单的执行。其核心就是解决了集体选择机制的有序运行问题，在村里，集体选择机制最重要的就是依赖于村两委、村民的议事规则，这 36 条就是厘清了权力边界，规范了权力运行流程，确保了权力运行的规范有序，通过一系列的机制确保规则执行能够落地，这是该案例的最大看点。

第三，象山的村民说事。该案例最早可以追溯到 2009 年，是当地因拆迁补偿款如何分配的问题引起村民闹事而创建的做法。目前已经在全省推广，可以说是建立了一套非常系统的整个基层治理体系有序规范运行的创新体系。该案例最大的亮点就是通过四个办法，即说、议、办、评，解决了规则体系失序的很多问题。首先是创设村民说事会，通过固定日子集中说、干部联户上户说、急事要事现场说，让群众充分表达意见和诉求，通过创设交流平台，以说为触媒，带动参政议政的"议"。其次是召开村务联席会或者议事会，结合村民说事、乡贤参事，发挥集体的智慧，集思广益商讨对策，带动集体选择机制的变化。最后是有事马上办，相互的监督，促进了制裁和冲突的解决，有效带动了规则的实施。

第四，海盐的睦邻客厅。睦邻客厅是一个创新的社会组织，目前在海盐已经有 1500 多家。其具体的经验放到框架里看，最重要的是通过社会组织的引入和交流平台的搭建，让老百姓参政议政，推动规则维护体系的变革，带动集体选择机制的变化、乡规民约的供给和法规文件的落地。通过睦邻客厅使整个规则系统发生了积极的变化。

四、浙江经验的启示与总结

浙江的四个典型案例最重要的思路就是让老百姓、让普通公众能够参与到集体规则的制定和修订过程当中。审视这些案例的理论含义，可以得出一些有益启示。

第一，健全"三治"融合的基层治理体系，最重要的是自治。中国特色的自治就是中国共产党领导下的群众路线，这个群众路线要制度化，这就是中国特色的自治。乡村治理是一个非常复杂的制度复合体，在这个复杂的图景当中要激活基层的自治，关键是集体选择机制的民主化和规范化。实现集体选择机制的民主化，关键是要打通群众的参与机制，发挥群团组织在社会组织在社会治理中的作用，培育和创新微社会组织。

第二，实现集体选择机制的规范化。关键要实现村小微权力的法定化和透明化，建立多层监督机制，保障权力规范有序运行。

第三，积极建立各种形式的干群交流平台，畅通社会组织的参与沟通机制。充分利用现代新技术和科技成果，对加强和创新基层治理体系具有重要的支撑作用。但数字治理不能代替规则的治理，基层集体选择机制的运行规范化、民主化是核心问题。

第四，完善基层的民主协商制度是激活基层自治的要点。大量培育和发展基层的微社会组织、群团组织是激活基层自治的关键。中国的体制作为一个有机的生命体，它的主要制度就像人体的大动脉，是非常强劲发达的，而基层的各种社会组织就像毛细血管，还不够发达，需要大量培育社会组织和微社会组织，让全身的毛细血管活跃起来，与大动脉连接起来，这样才能构成一个健康的有机生命体。

中国城市治理的"政治速度"

——以街道体制为研究视角①

复旦大学国际关系与公共事务学院教授　刘建军

　　街道体制是中国城市治理体系之"中国特色"的集中体现。 其他国家的一些大城市尽管有类似的管理机构，但从职能、权力以及能力上来说，与中国城市街道体制相对应的管理机构还不曾见到。 更为重要的是，中国城市是处于快速现代化进程之中的。 在快速变动的发展进程中保持秩序与活力的统一，对于任何国家来说都是一项巨大的考验。 我们发现，在中国快速变动的发展进程中，正是依靠街道体制实现了政府治理与社会变动的无缝对接和快速对接。 从一定意义上来说，正是街道体制支撑起了中国大型城市社会治理体系这座大厦。 如果说社区是城市治理体系的"细胞"，那么街道就是城市治理体系的"基石"。 细胞可以再造，但基石不能坍塌。 本文正是以街道体制作为研究视角，分析中国城市尤其是大型城市治理的秘密。 一般来说，城市规模越大，城市人口越多，它们对街道体制的依赖度就越高。 换言之，街道体制的重要性是与城市规模成正相关关系的。

一、街道体制：空间治理与要素治理的合拢

　　街道体制诞生于 20 世纪 50 年代。 街道体制出现的重要动机在于城市空间的扩大。 从其源头来说，街道体制乃是空间治理逻辑的产物，即中国城市

---

　　① 根据刘建军教授于 2020 年 11 月 21 日在"构建基层社会治理新格局"主题论坛上的发言整理而成。

区级政府无法涵盖更为广阔的治理空间，于是作为区级政府派出机构的街道办事处也就应运而生了。街道体制有效地缓解了区级政府承载的空间治理的压力，从而实现了与社会的无缝对接。所谓"纵向到底、横向到边"说的就是一种无缝隙的空间治理形态的出现。但是，仅仅把街道体制置于空间治理的逻辑中来理解，还是有失偏颇的。随着中国改革开放大业的推进，大型城市中的街道体制承担的职能越来越庞杂。基层社会治理的所有问题几乎都汇聚到街道体制之中。如果说中国农村治理体系中县级政府是一线指挥部，那么城市治理体系中的街道就是基层社会治理的龙头与枢纽。

二、"政治速度"：解读街道体制的视角

本文用"政治速度"来解读中国城市治理体系中的街道体制。那么，我们为什么用"速度"而不用"效率"呢？先让我们从词源学的角度解释一下速度与效率的差异。

从词源学的角度来说，效率（Efficiency）有两重含义：（1）一种机械或装置在工作时输出的有用能量与输入能量的比值；（2）人或机器在单位时间内完成的工作量的大小。速度（Velocity）则是表征动点在某瞬时运动快慢和运动方向的矢量。它也有两重含义：（1）表示物体运动的快慢和方向的物理量；（2）事物发展变化的快慢程度。具体到城市治理过程中，我们可以看到，行政效率就是指行政主体在单位时间内完成工作任务的多少。从行政效率或办事效率中，我们看到的是单位时间内工作投入和工作产出的比例。从"效率"一词中我们看不到事物发展的形态与方向。相反，速度不仅包含着事物延展的快慢，而且还包含着前进的方向这一价值指向。正是基于这一词源学的差异，我们创造性地提出了"政治速度"这一概念，并用这一概念来解读中国城市街道体制的秘密。

所谓"政治速度"就是指政治发展、政治现代化的快慢与方向。邓小平在1992年南方谈话中提出"步子再快一点、胆子再大一点"的论断，就是针对中国发展的速度而言的。这一论断包含着邓小平对中国未来发展的期许以及对当时中国发展现状的着急之情。具体到街道体制而言，政治速度就是指街道体制与社会问题对接的快慢、街道体制运转的快慢以及街道体制推动城

市治理现代化程度的快慢等。

三、街道体制的角色定位

发端于 20 世纪 50 年代的街道办事处体制，在 20 世纪 90 年代之后，已经获得了突破性的发展与扩充。尤其是随着从"单位体制"向"社区体制"的转型，街道承担着越来越繁重的任务、更加复杂的管理职能和治理使命。以上海为例，在 2014 年对街道体制的改革中，我们看到的是街道体制与日益复杂的社会结构、日益多样化的社会议题的全方位对接。这可以从上海对街道的职能定位以及街道中的职能部门设置中得到准确反映。上海明确街道以公共服务、公共管理、公共安全为基本职责，承担加强党的建设、统筹社区发展、组织公共服务、实施综合管理、监督专业管理、动员社会参与、指导基层自治、维护社区平安等 8 项职能。精简街道内设机构，将原有的 11—15 个科室精简为 8 个，全市统一设置党政办公室、党建办公室、管理办公室、服务办公室、平安办公室、自治办公室 6 个工作机构；各区根据实际需要再设置 2 个工作机构。而且，上海还对街道赋予了如下 5 项权利：考核权、同意权、参与权、建议权、综合管理权。从街道规模来看，尽管从正式体制来看，包括 60—65 位公务员、50 个事业单位编制，上海还明确街道下属事业单位包括党群服务中心、社区事务受理中心、城市运行管理中心、城市建设管理事务中心，但是如果将各种协管员、各种与财政相关的人员全部包括在内，街道工作人员规模估计在 300—600 人不等。我们曾经提出对街道工作人员身份的三种划分方法，提出了"群体三分"的判断，即官僚群体、派生群体、雇佣群体。目前中国城市治理体系中的"街道"与 20 世纪 50 年代仅仅作为上级政府的派出机构的"街道"已经不可同日而语了。

从上海以及其他城市街道体制改革中，我们可以总结出街道体制中的如下 5 种角色：（1）作为党对接社会的基层枢纽（党工委体制）；（2）作为政府在基层实现公共政策的基层枢纽（办事处体制）；（3）作为横向整合资源的基层枢纽（联系街道与驻区单位）；（4）作为特定区域空间中领导基层社会治理的基层枢纽（联系街道与社区以及其他社会力量）；（5）作为特定地理空间中推动经济发展、优化营商环境的行动者。

四、街道体制与中国城市治理的"政治速度"

从中国城市治理的过程中来看，如今的街道不是简单的作为区级政府的派出机构而存在的。其背后的逻辑是街道体制在社会治理过程中的重新定位。尤其是随着资源下沉、权力下沉、职能下沉等一系列"街道再造"行动，街道体制作为一个横向到边的底盘托起了中国城市治理这座大厦。所以，街道体制承载的使命是日渐复杂的社会结构的全面对接，它要依靠横向扩展，通过多种多样的治理平台，将各种各样的新型社会要素和新型社会主体吸纳到社会治理体系中。以上海为例，街道体制与社会全面对接、构建无缝政治（seamless politics）的四大平台是区域化党建平台、社代会、商会，以及社区、居民区层面的"四位一体"会议（社区党组织引领下的居民委员会、业主委员会、物业公司这"三驾马车"的会议平台）。从中，我们看到的不仅是街道治理职能的调整，更是街道治理范围的拓展、治理机制的创新、治理主体的吸纳以及治理议题的扩充。恰恰是街道体制独特的政治定位为街道这一系列复杂职能的发挥提供了速度上的保证。

（一）干部培养的"政治速度"

这是城市治理体系中街道党工委体制与街道办事处体制的政治优势。我们可以说，党工委体制与办事处体制是中国城市治理中迅捷的"政治速度"的两大根源。首先，让我们分析党工委制与党委制的差异，因为这是理解街道体制中"政治速度"的政治源头。党工委制与党委制的区别体现在以下三个方面：（1）地位不同。党委是"党的基层委员会"的简称，是中国共产党的基层组织。党工委是一级党组织的委员会的专职或派出机构，是指党的中央和地方各级委员会为了加强对同级党和国家机关或某行业（系统）、某地区的领导而派出的领导机构。（2）产生方式不同。党委由党员大会或党员代表大会选举产生，任期三或四年。党工委的委员则是根据党的民主集中制原则由选举产生的。（3）职责不同。党委的职责主要是支持和保证行政组织、经济组织和群众自治组织充分行使职权；发挥政治核心作用，围绕企业生产经营开展工作。党工委的职责主要是负责地区的全面工作或本机关党的工作。 从以上三个方面的差异来看，街道体制中培养干部的"政治速度"优势立刻凸显出来了。 街道成为中国城市培养干部、锻炼干部的重要场所，街道体制中以块为主、直面各种议题成为干部的试金石。

(二)公共议题化解和公共危机处理的"政治速度"

所谓危机处理中的"政治速度"就是指街道处于面对各种社会问题、各种公共危机以及各种社会需求的最前沿阵地。 街道体制保证了国家与社会之间政治距离的最小化。 所谓"最后一公里""最后一米""家门口服务"等，都是要依靠街道体制的行政统筹、政治整合以及资源链接才能实现。 因为街道管理的对象不是具体的事务，而是特定空间范围内所有议题。 这与上级政府部门的条条管理、线性管理、对口管理是完全不同的。 条条管理一定会滋生各种缝隙与空白，而以块为主的管理则可以实现全覆盖、全包容、全方位以及全过程。

(三)确立责任主体的"政治速度"

正是街道以块为主的治理特征，才使各种议题在空间归属上的清晰度达到一种绝对的程度。 也就是说，某一问题在职能上的归属度不一定清晰，但在空间归属上确实是一清二楚、不容置疑的。 所以，我们发现，在中国城市治理中，管理空间上的追责往往比职能上的追责更为迅速、更为便捷、更为清晰。

从以上街道体制中的三重"政治速度"来看，保证了城市治理中的"属地"与"兜底"两大优势可以落地生根。 中国城市治理与其他国家城市治理的最大区别就在于"属地"与"兜底"这两点，而"属地"和"兜底"就是依靠街道体制实现的。 我们甚至可以说，没有街道体制，"属地"和"兜底"绝对是无法实现的。 从极端意义上来说，属地化治理确保了治理主体的明确性；兜底型治理确保了治理责任的明确性。 可以说，"属地"与"兜底"是我们理解中国城市治理最重要的，也是其他国家完全没有的两大特色。

然而，街道体制的特色与优势正是其劣势和缺点在相反方向上的反映。街道体制的劣势与短板体现在以下几个方面：（1）空间归属清晰，职能归属不清晰,抑制城市治理的专业化水平;(2)街道职能已经突破了办事处体制的边界与极限,成为事实意义上的"一级政府",导致城市体制从法理意义上的两级制演变为事实意义上的三级制;(3)小马无法拉动社会治理这辆大车,导致雇佣群体和经费规模持续增长,从上文提到的"群体三分"中,我们发现尽管干部群体、派生群体是常量,其规模受制于编制和预算等硬约束保持固定,但雇佣群体却在不断膨胀,从而增加了城市治理的成本;(4)街道成为支撑整个党政体系的"底盘",使中国城市治理体系出现独具一格的"倒三角"结构,从而出现了"上面千条线,下面一根针""上面千把锤,下面一根钉"的矛盾处境。

基于这样的判断,我们提出街道体制未来的发展方向如下:(1)"政治速度"优势的保持;(2)科学配置区街职能;(3)不能成为一级政府;(4)横向整合优势的强化;(5)成为社会资源的撬动者与社会协同格局的领导者、构建者(例如区域化党建、社区基金会等)。

城市越大,对街道体制的依赖度就越高。有些城市要废除街道体制,显然是不恰当的。

通过"属地"与"兜底"实现街道体制中的"政治速度"优势,是中国城市善治的秘密。

以块为主的空间治理与以条为主的专业治理相结合,是中国城市治理未来发展的方向。

社会治理创新重新定义治理[①]

中国人民大学公共管理学院教授　何艳玲

针对今天的主题，我们有必要在更深的层面上思考三个问题：一是国家目标驱动下的治理任务变迁；二是治理任务变迁中的政府和社会关系调整；三是社会治理创新中所体现出来的治理新特质、新要素和新结构。

一、社会治理双面向：秩序与活力

我们今天讨论的社会治理概念来自政策文本。党的十八届三中全会对社会治理进行了界定，其包含两个面向：一个是硬面向，维持社会秩序，也就是作为政府职能的社会管理，即所谓政府治理社会；另一个是软面向，促进社会活力，这个相当于社会建设的概念，也可以称为社会治理社会。这是社会治理的两个面向。在大多数地方社会治理的创新实践中，以秩序维度为主，活力维度也同时嵌入其中为辅。

二、中国改革进程与不同阶段的治理任务

中国的各项创新和改革，在本质上都可以看成是国家目标驱动之下的治理任务设计。其逻辑是：基于特定国家目标或政党使命，对不同阶段的基本矛盾进行判断和分析；基于基本矛盾的分析，设定不同阶段的中心工作，也就是具体治理任务。据此，中国的改革进程可以分为以下三个阶段。

[①]　根据何艳玲教授于 2020 年 11 月 21 日在"构建基层社会治理新格局"主题论坛上的发言整理而成。

第一个阶段，1978 年到 2004 年。 这个阶段的任务是重新认识市场和社会主义的关系，中心工作就是市场经济建设。 社会主义国家也可以做市场，意识到这个问题之后中国奇迹开始被创造，大量的增长研究、经济发展研究、企业家政府研究都是在讲这个阶段。

第二个阶段，2004 年到 2012 年。 2004 年中共中央第一次正式提出和谐社会，意味着国家目标除了增长发展外还有社会和谐、社会公平。 这个阶段的任务是重新认识社会与社会主义的关系，中心工作就是和谐社会的建设。当然，在不同的地方对和谐社会建设有不同的理解，比如广东提出"幸福广东"，而更多地方则具体化为维稳。

第三个阶段，2012 年之后，也就是新时代。 这个阶段的任务是更深刻地认识政党和社会主义的关系，中心工作就是政党建设。 政党建设，不仅仅是党务工作，而且是重新认识党和国家的关系、党和人民的关系、国家和人民的关系，其具体路径是以人民为中心的发展。

三、社会治理创新中的政府与社会关系调整

社会治理创新可以看成是一项治理任务。 根据前面所说的中国改革三个阶段，社会治理创新也经历了三个阶段（这三个阶段的划分标志不是绝对的时间点，而主要是逻辑划分）。

第一个阶段，社会分权。 在市场经济建设阶段，主要是向社会授权，向社会分权，体现为村民自治、居民自治、业主自治。 这个阶段的政府与社会关系调整机制是授权机制。

第二个阶段，社会建设。 这个阶段呈现出两个不同逻辑，一个将和谐社会建设直接等同于社会管理，体现为网格化的社会管控；另一个是用市场化的方式来增强社会活力，比如政府购买服务，试图用更商业化的方式来间接协助政府完成社会秩序的构建。 这个阶段的政府与社会关系调整机制是合同机制。

第三个阶段，社会治理，即党建引领下的共建共治。 这个阶段的政府与社会关系调整机制是引领机制。

授权机制、合同机制、引领机制，可以理解为社会治理创新内涵的发展

逻辑和路线图。

四、新元素、新结构与治理理论新挑战

基于以上分析，我们可以看出已经有一些新元素和新结构需要被确认和提炼。可以将其概括为以下十点。

第一，中国在改革之初强调的是权力划分（其隐含的问题是，权力应该是怎么划分的），但现在越来越强调服务的供给，主要是基本公共服务和政务服务，特别是政务服务已经到了一个全新的发展阶段。

第二，与社会组织的自主性相比，更强调社会组织的治理主体性，即更强调社会组织在治理过程中的主体性和承担的责任。

第三，与党的政治领导相比，更强调党组织在治理过程中的嵌入，或者说党组织作为治理过程主体的构建。

第四，与社会组织建设相比，更强调党的组织建设。

第五，基层以往都是作为行政末梢，但是在最近这些年，基层已经变成社会治理的前哨站。疫情防控更加凸显了基层的重要性，社会中的人们不仅是生活共同体，而且是生命共同体，同时也是价值共同体。

第六，关注到了城市的市域性。市域强调大空间尺度下的社会整合问题，这是一个新的议题，因为它的异质性、流动性、多元性更强。

第七，企业在某种程度上也成为准社会组织。特别是头部企业包括互联网企业和科技企业进入治理议程中，变成准社会组织或者承担了政府职能的组织，这意味着向过去的法律和规制发起挑战。

第八，技术已经在改变流程。改变观念，重新链接治理过程与政策制定过程，同时创造新的链接。以前很多问题都需要通过体制改革来解决，而现在通过技术的强化来解决（比如不可逆转的秒批自动过滤环节乃至部门）。

第九，与经济发展相比，社会治理创新也越来越成为重要的目标。

第十，文化元素不只是创新的背景，更是通过社会治理创新变成现代治理资源，这是一个很大的变化。

以上新元素和新结构，意味着新的逻辑开始产生，意味着治理被注入了更多新的内涵，也为这新的治理理论构建提供了可能。

数字中国背景下城市大脑理念与实践[①]

杭州市数据资源管理局教授级高工　齐同军

一、背景

数字中国是城市大脑产生最重要的背景。 2015 年 12 月 16 日，习近平总书记在出席第二届世界互联网大会时指出，我国正在推进数字中国建设。 数字中国的首要含义就是数字政府，城市大脑是构建数字政府的主要内容。 对于浙江省城市大脑的搭建，省委书记袁家军用"四横三纵"来阐述顶层设计。 具体而言为整体智治、唯实惟先，将来会建设网上政府，类似"政务淘宝"的概念，打破原有的体制机制的壁垒，激发政府主动作为，推动服务型政府的建立。 杭州市委书记周江勇曾提出，政府就是要改变，变"朝南坐"为"店小二"，这就是数字政府建设最重要的理念。

二、数字经济建设

数字中国最重要的是要推动经济发展，政府为老百姓服务、为企业创造营商环境，都是推动城市发展的行为。 数字中国背景下推动的就是数字经济发展，数字经济概念的核心是"数据要素"。 这种要素的关键观念是"无中生有"。 例如，贵州当年既没有人才，也没有基金，现在已经成为中国移动、中国电信、中国联通的数据中心，微软的亚洲数据中心，富士康的数据

---

① 根据齐同军教授于 2020 年 11 月 21 日在"构建基层社会治理新格局"主题论坛上的发言整理而成。

中心，数据从"无"变成了"有"，同时创业创新带来了新生态、新业态，吸引了大数据人才的流入，也带动了经济的发展。 从公开的 GDP 数据可以看到，2017、2018 年贵州在所有的省份里面增长速度排名第一，2019 年排名第二，这就是数字经济从"无"到"有"的魅力所在。

如何推动数字经济？ 每个城市在数字经济的发展过程中，一定要考虑平台化运作。 例如，科大讯飞每天汇聚 45 亿条数据资源；腾讯觅影可以 4 秒出一个报告，准确率达到 90％以上，而专家的平均水平只有 70％，可以高出专家水平 20 个百分点。 平台如果赋能传统产业，传统产业就会得到改造，所以数字经济和实体经济是一体两翼。 讯飞的智能语音平台如果赋能到门锁上，门锁就变成智能语音门锁；如果赋能到摄像机上，摄像机就可以跟着教师在讲台上走动，传统的一些制造业就可以变化。 而腾讯觅影这样的平台可以赋能医疗设备的新变化，如将 CT 机植入这个平台，就变成人工智能的CT 机。

三、数字社会进程

(一)产业数字化

产业数字化并不是让每个小企业都去投入研发基础平台，投入人才，投入基金，这种原始性的数字化的研究需要投入大量的时间、财力、物力，即使投入了也未必能够研发成功。 这种数字化在华为有个典型案例，华为为江苏一家企业做了全流程的数字化改造，改造之后产品生产周期从原来的 28 天变成现在的 6 小时，不仅仅是改变了生产效率，更重要的是改变了企业的竞争力。 成本大幅度下降，市场占有率大幅度提升，所以产业是否数字化不是可有可无，而是关系到生死存亡，今天不做数字化，未来打败你的可能不是这座城市里的竞争对手，而是来自另外一个城市甚至是另外一个国家。

(二)数字教育

新冠疫情带来最大的变化就是教育的线上化，线下交流能够参与的人数是有限的，而线上交流能够参与的人是无限的。 线上教育带来了公共资源教育的均等化。 优质的教育资源是稀缺的,现在学区制、学区房是社会治理的痛点和难点,也许在将来,学军小学所有课程都可以放在线上,淳安山区里的小朋友只要有一个投影,有一台电脑,有一根网线,也能享受最优质的教育。 未来通过大数据的碰撞,每个孩子做的作业不一样,能够有更多的时间去接触社会,去协调矛盾和问题,去接受父母的熏陶,也许在将来,孩子们会比今天更聪明。

(三)数字治理

习近平总书记提出,社会公众是国家治理体系、治理现代化的主体。 公众要改变自我的管理手段、管理模式、管理理念,其中最重要的就是管理理念,摒弃传统观念和靠人决策的行为惯式。 首先要数字化,才能做到智能化、智慧化。 从国家电子政务每年的报告中可以看到,没有数字化的部门,没有数字化的区县在50%以上,所以数字化还任重而道远。 城市大脑如同老百姓和企业的城市生活的界面,通过这个界面可以享受服务、感受温度;同时也是治理者的最佳工具,可以帮助实现决策的民主化、科学化。 这其中有四个关键概念:互联、在线、智能、开放。 互联,城市大脑联通了原来很多的孤岛,既要实现数据共享,更要实现能力的互相赋予,即数据赋能,赋能就是站在对方的肩膀上,使双方的工作都受益。 在线,即将所有的人、事、物都变成数据,如抢救一个病人永远用的是现在进行时数据,而不仅仅是过去完成时的数据。 智能,找到管理中的痛点、难点,通过数据分析找到这个领域的专家,把专家知识变成模型和算法,从而指导工作,这种方式可以催生工作中的智能工具。 开放,是从管理到治理最重要的转变,不仅仅是数据开放,而且是通过数据共享实现行为的协同和治理的合作。

四、城市大脑实践

城市大脑可以促进城市空间结构的优化,未来城市只需要消耗1/10的资源就可以支撑今天城市的运转,推动城市的绿色发展,在降低消耗、节能减排、培育新兴产业、改造传统产业方面,城市大脑都有用武之地。 怎么样改造传统产业? 虽然人工智能可以代替70%的工作岗位,但也会带来更多新岗

构建基层社会治理新格局

位，当年纺织机的出现导致欧洲出现纺织工人大罢工，现在看来，虽然失去了纺织工人的岗位，但是多出来了服装设计、服装销售人员的岗位，工种发生了巨大变化。

通过实时掌握第一手资料，可以做出更精准的决策，并通过资源协同共享，充分发挥资源的价值，提升治理能力。 通过数据能把原来大水漫灌式的管理变成精准滴灌式的管理。 不同的领域会存在不同的应用场景。 例如，杭州的停车政策：15 分钟内免费，先离场后付费。 在杭州火车东站的停车场，每年有 600 万辆次车享受到 15 分钟内免费，可以节约大概 6000 万元的停车费，给居民带来实实在在的获得感和幸福感。 这就是城市大脑建设的终极目标。

将来，城市大脑能够在城市的角角落落给公众提供各种各样的智能服务，让城市生活更美好；同时，城市大脑在这个过程中还需通过不断地自我学习继续优化，以期提供更好的服务。

基层社会治理创新之"邻治理"模式

胡传英　张　燕

习近平总书记强调指出,治国安邦重在基层,基层是一切工作的落脚点,社会治理的重心必须落到城乡社区。平湖市当湖街道认真贯彻中央决策部署和上级工作要求,牢固树立共建共治共享工作理念,主动适应新形势新任务新变化,以提升基层治理能力为重点,把资源、服务、管理放到基层,积极探索基层社会治理新模式,努力构建富有活力和效率的新型基层社会治理体系。

一、背景

当湖街道是嘉兴平湖市委、市政府所在地,是平湖市商业及服务业集中区,也是城市居民集中居住区。辖区区域面积 49.02 平方千米,总人口 16.7 万人,户籍人口 13.03 万人。目前下辖 19 个城市社区、8 个农村社区。近年来,随着政府、社会、居民对社区发展、社区治理的重视程度日益提高,当湖街道也不断加大投入和探索力度,社区在硬件设施、制度机制、社工队伍方面不断取得新的建设成果,较好地满足了上级要求和群众期待。但由于客观条件、思想解放方面的一些原因,仍然存在短板和不足:硬件建设上,老旧小区及部分新建小区社区配套用房(包括居民活动场所)面积不足,难以满足社区居民日益增强的文化娱乐活动需求;队伍建设上,社工年龄结构分布不合理、能力素质不足的现象依然存在;经费保障上,社区服务和社区建设所需经费逐年提升,政府资金补助还需要增加;治理体系上,社区各项管理服务工作的开展依然以社区干部为主,社区居民参事议事程度偏低,社会组织服务能力偏弱,自治活力依然不够。

为此,当湖街道依托 2016 年创建浙江省第一批"城乡社区治理和服务创新实验区"的契机,积极探索创新,提出围绕"以邻为伴、与邻为善"的自治理念,以"邻里"作为社区治理的创新突破,打造"友邻善治"社区治理新模式,将社区治理的触角延伸至小区、单元(楼道),将居民自治的理念传播到邻里间。有关工作取得了突出成效,2018 年 11 月街道顺利通过"省级城乡社区治理和服务创新实验区"验收,为我省的城乡社区治理提供了一个崭新的实践样本。

二、主要做法

(一)落实三项工作举措,完善"友邻善治"基础体系

一是调整了社区架构。根据民政部《关于在全国推进城市社区建设的意见》《关于加强和完善城乡社区治理的意见》及党的十九大提出的打造共建共治共享的社会治理格局,按照便于服务管理、便于开发资源、便于社区居民自治的原则,针对原有城乡社区管辖范围小、资源难以共享、功能弱等弊端,当湖街道积极进行社区体制改革,对各村和社区所辖区域做适当调整、合并,扩大了社区管理范围。进一步形成党委领导、政府主导、多元主体、协同参与、法制保障的协商民主机制,进一步完善共青团组织、妇女组织、工会组织、社区社会组织等,为社区发展注入了新的活力。

二是改善了硬件条件。经过合并调整,社区办公用房条件大大改善,截至目前,当湖街道已实现村、社区一站式服务大厅、居家养老服务中心,村文化礼堂等场所全覆盖,社区平均服务用房达 2370 平方米以上,为社区开展服务和活动提供了必要的条件,打造了以综合服务设施为主体、专项服务设施为补充、服务网点相配套的社区服务设施网络,健全了基本公共服务、便民利民服务、志愿互助服务相互衔接的社区服务体系,同时也为"友邻中心—友邻站—友邻点"三级友邻网络的建成完善提供了重要的基础条件。

三是落实了制度建设。与高校合作,重点就友邻网络的有效构建、良性运行、"友邻善治"品牌建设等展开调研;同时,为保证省级实验区的有序运转,街道先后制定了《关于加快当湖街道省级社区治理和服务创新实验区建设的实施意见》《关于当湖街道深化友邻体系建设推动三社联动发展的实施意见》《当湖街道社区"友邻基金"管理暂行办法》《关于加强当湖街道社区工作者队伍建设的实施意见》《当

湖街道加强社区社会组织孵化培育的实施意见》等,从运作体系、组织培育、人才培养、基础建设等方面落实主体,规范责任,推动工作机制细化实化,构建完善明晰的制度体系。

(二)构建三级友邻网络,营造"友邻善治"组织体系

一是小区级建立友邻点。友邻点依托社区(物业)用房、高楼架空层、党员先锋站及居民自有房屋等场地而建立,是三级友邻网络的末梢,主要承载社区居民交流沟通、社情民意收集、友邻活动开展、社区协商共治、社区服务等功能。街道先后建立友邻点 253 个,每个友邻点根据不同星级给予一定的补助,用于居民活动、提供服务及民主议事。

二是社区级建立友邻站。友邻站在村、居委会现有的场地、设备、人员的基础上,将村社区社工站、先锋站、居家养老、文化家园、志愿服务站等社区服务和活动载体有机整合,是三级友邻网络的关节,主要承载友邻中心与友邻点的衔接与协调、辖区友邻点建设与运营支持、组织协商议事、活动和服务的计划、推动、监督等功能。目前街道建有友邻站 27 个,友邻站在社区党组织的引领下开展工作。

三是街道级建立友邻中心。街道投入 450 万元建设面积 1500 平方米的街道友邻中心,是三级友邻网络的中枢,承担着枢纽作用,具有资源整合与共享、友邻站与友邻点的规范化运营指导、"友邻善治"社区治理与服务项目重点培育以及辖区典型案例的整理与推广等功能。友邻中心由专业社会组织进行运营管理,负责三级友邻网络的运行,将"友邻中心—友邻站—友邻点"串点成面,组面成体;同时,有专业督导社会组织对三级友邻网络运行及"友邻善治"工作开展专业督导。

(三)强化三大要素保障,夯实"友邻善治"支撑体系

一是建设友邻学院。为提高社区治理能力和水平,成立友邻发展学院,作为社区治理的智库组织和人才培养基地。围绕社区治理打造特色课程,重点培养社区治理"精英人才"、社区社会组织及居民领袖。高校在街道友邻中心设立教学实践基地,选派研究生到当湖社区开展调研实习,为社区发展建言献策。开设社区治理赋能增效"云课堂",打破常规化授课方式,依托网络搭建线上平台,提供全方位互动性创新课程,传播先进的治理理念,快速提高社区干部的治理服务水平。

二是培育友邻力量。"友邻善治"建设中的治理主体从"单一"向"多元"的转变

不可或缺。街道将社区"好帮手"、居民骨干、党员志愿者纳入"友邻使者",利用"老娘舅"的优势,重民生、解诉求,引导居民开展协商自治。选聘"三官一师"(法官、检察官、警官和律师)为社区特聘"友邻使者",借助其专业优势,为居民自治提供法律相关咨询和服务、矛盾调解等。培育成立 27 个支持型枢纽型社会组织社区、社会组织联合会,平均每个社会组织联合会有 18 个社区自治团队,与社区建立信息联通、项目联营、服务联手和培育联合的合作发展模式。目前,当湖街道登记社会组织有 524 家,其中注册登记的有 47 家,备案登记的有 477 家;长期活跃的有 398 家,占 76%。以小区单元、楼道为单位,建立楼道长队伍,具体负责邻里关系的协调、公共事务的协商解决、居民公约的制定完善等,联络居民感情、促进居民沟通、发挥居民能量,增强了居民对楼道与邻里的认同感和归属感,从而调动居民参与社区事务的积极性。

三是成立友邻基金。以政府出资为主,整合共建单位结对资金、社会捐助等,多元投入设立社区友邻基金,推动社区治理由"政府投入"向"多元投入"转变。近两年,街道投入财政资金 110 万元,社会捐助资金 67.35 万元。同时,也积极鼓励社会各界通过实物捐助形式来支持社区治理,比如很多友邻点使用的是业委会的房子,由业委会负责水电等日常开支;有些小区的公共空间,平时的水电费由物业服务企业承担。基金使用以项目化运作,对接社区治理问题和居民公共需求,经立项申报、预审优化、答辩评审、立项审批、项目实施、监测评估和考核总结等环节,确保资金专业规范使用。近两年来,共开展项目 39 个,梅兰苑"楼道微自治 和谐 e 家亲"、水洞埭"商圈自治"、永丰"儿童梦想中心"等优秀项目,成为助推"友邻善治"发展的动力源。

(四)运用三维工作方式,创新"友邻善治"运行体系

一是推行"六事"工作法。街道在"友邻中心—友邻站—友邻点"三级友邻网络体系基础上,探索出了一套以"自主提事、民主议事、约请参事、项目定事、专业评事、按需推事"为步骤的"六事"运行流程。在末梢神经——友邻点实行"自主提事",提交友邻站组织进行"民主议事",需要多方联动的由社区党组织牵头邀请相关人员进行"约请参事",需要通过项目化运行的提交友邻中心进行"项目定事",以专业化、规范化社区项目运作,整合社区资源、充分激发社区自治活力;再由专业机构进行"专业评事",评审及督导项目的开展;最后是友邻中心"按需推事",根据社

区需求,结合街道中心工作,选取一批优秀项目及其中的自治共治经验进行总结推广。"六事"工作法串起了"友邻善治"三张网,即友邻点小区熟人网、社区友邻站空间网、友邻中心的资源网。这种由下而上的自治模式,形成了社区"内部问题"在议事机构(友邻点、友邻站议事厅)"内部消化"的良性循环。

二是弘扬"友邻善治"文化。邻里文化是社区文化的核心。一方面,社区党组织牵头制定"邻里公约",倡导全民守约,推动形成办事依公约、遇事找公约、解决问题用公约、化解矛盾靠公约的良好社区环境。另一方面,通过举办友邻节、友邻活动、开展居民喜闻乐见的友邻服务,促进多元主体参与睦邻友好体系建设,增进社区邻里交流,重新发挥"远亲不如近邻"的新型邻里互助功能,营造"睦邻 安邻 富邻"的友邻文化氛围,社区共同体精神内涵日益丰富充实。例如,梅兰苑社区每年一届的"五子棋"联赛,全体居民,不分男女老少,都可参加,大大增进了邻里感情。

三是构建信息互通平台。以社区为单位建立友邻信息平台,及时收集回馈基层管理服务问题。每个社区开通三级即时沟通微信群,打造网上社区,实现社区—网格长—楼道长—户沟通零距离。其中第一级是以社区书记(主任)为群主、各网格长为群员的"社区楼道微自治一级工作群";第二级是以网格长为群主、各楼道长为群员的各小区"和谐 e 家亲楼道长群",主要用于网格长向楼道长发出政策宣传、通知、通报,楼道长向社区请示、汇报、求助、反映意见、提出建议,楼道长互相之间分享工作经验、心得、沟通信息;第三级是以每个楼道长为群主、本楼道居民(每户一个代表)为群员的各小区"×幢×单元微自治群",主要用于楼道长向本楼道居民传达有关政策、通知、通报等,居民向楼道长求助、反映意见、提出建议,本楼道居民就有关本楼道自治范围内的事务进行协商以及相互沟通感情、增进了解、互帮互助。

三、特色成效

当湖街道以"友邻善治"为社区治理的主题,始终坚持"党政主导、专业承接、项目运作、整体联动"的工作思路,不断编密友邻体系、优化友邻服务、创新友邻机制,加快形成政府治理、社会参与和居民自治的协同共治格局。通过三级友邻网络建设,进一步拓展了社区协商渠道,培育发展了社区社会组织,有效引导居民有序参与社会治理,打造了一批管理更先进、制度更健全、氛围更融洽、活力更充沛的新社区。在工作推进中,探索形成了以下工作亮点。

一是搭建议事平台,探索自下而上的"循环体"。当前社区工作以行政事务为主,忽略或无暇顾及社区自治功能,一定程度上提升了社区管理成本,影响了服务效率。对此,三级友邻网络作为行政体系的有益补充,既整合了现有资源,又搭建了一个自下而上的自治体系。将三级友邻网络的第三级友邻点的重点,从行政维度的"活动空间"概念,转为政治维度的"议题网络"概念,强调以居民参与来激发社区自治的内生动力,组建完善"三会三团"(基层治理协调委员会、乡贤议事委员会、党群议事会和法治服务团、德治评议团、自治议政团),重点从社区需求和居民反映比较集中的问题入手。通过友邻社区议事"六事"工作法,推进问题在友邻点议事机构实现内部消化,引导居民化解居民内部问题,进一步激发居民参与社区治理积极性,真正打造起共享共建的社区"小单元"。

二是构建邻里互助体,撬动"友邻善治"的"新支点"。友邻网络体系的形成为社区治理提供了新的思路和新的方法,形成政府治理与居民自治的良性互动,一定程度上减少了社区管理成本,提高了服务效率。三级友邻网络作为行政体系的有益补充,激活街道内所有资源,构建社区治理多元协同网络,消解现有社区治理资源不足的困境;完善"友邻使者"队伍建设,建立长效化的管理机制,确保友邻网络体系的生命力,为社区治理提供造血支持。与此同时,以友邻基金扶持挖掘社区居民内在需求,转变社区治理的方式。

三是编密友邻信息网,形成"横向到边、纵向到底"的"服务体"。一方面,持续建设完善友邻信息平台,不断提高居民入"群"率,打造一个在网上互动、交流、协商的社区熟人社会,创新治理方式,适应当前社会的信息化趋势。另一方面,依托"我为乡亲跑跑腿"微信平台、"微嘉园"平台等将社区层面无法解决的问题流转到街道综合信息指挥平台,由平台对问题进行统一收集、分类、交办,实现资源整合、数据共享、处置及时;同时,居民还能通过各平台对办理结果进行评议,以"社区与居民"双向互动的方式,促进居民主动自觉参与到社区自治各项活动中。

四是营造友邻公共空间,助力交往"有温度"。以三级友邻网络体系为载体,营造共享性的友邻空间,促进重塑了基层治理空间的骨架,拓展深化了三级友邻网络体系服务社区居民、基层组织、基层团体的新载体,推动友邻网络凝聚社区居民、改善社区民生、培育睦邻精神的发展,实现社区居民间、社区与居民间以及街道与社区居民之间的紧密联系,提高各主体间交往的亲密度、温度,从而向"有温度的社区"转变。

四、今后方向

虽然当湖街道在"友邻善治"模式方面进行了很多探索,获得了很多成果,但仍然存在不少需要进一步改进和完善之处。下一步,街道计划从以下几方面着手继续深化有关工作。

一是推进社区居委会职能转到基层治理和服务上来。社区工作行政条线多,中心任务重,造成社区无暇更好开展居民服务。居民能做的事交给居民做,注重培育"友邻善治"社区治理参与主体,将社区工作重心向居民自治、居民自我服务、社区社会组织和团体培育等方面的转化,社区工作的考核侧重点也将从工作量向群众满意度转变,实现社区自治与公共服务职能的"强化",不断推进社区转型,将社区的职能引向本位。

二是开拓社区经费渠道,推动社区服务延伸。当前街道城市社区建设支出经费90%以上来自市级和街道的补助支持。社区经济收入少,难以支持社区建设和发展。下一步,街道将积极探索大党委制,整合社区辖区资源,通过盘活资产经营、兴办服务项目、抱团联合建设商铺等途径,不断增强"造血"功能,以带动社区经济发展。社会筹集资金将全部放入"友邻基金",由专业机构统一管理,各社区社会组织和居民团体填写"友邻基金"项目申请书和资金预算,经审核后,进行项目化运作,减小社区间发展差距,推动社区服务专业化发展。

三是完善社区自治机制,促进优质服务项目培育。探索社区圆桌汇、"社区新闻发言人"等多元参与机制,创新自治与治理服务有机统一的基层矛盾化解机制。完善居民议事会、业委会等自治组织体系,强化小区(网格)自治、楼道自治。在友邻点设立"议事箱""议事栏",规范议事流程,实现居民诉求"专人收集、集体研判、有人办理、多方监督"。在居民自治服务项目方面,建立政府购买社区公共服务制度,激发社团和居民参与社区建设的活力。通过定期评优、街道扶持、社区主导、专业督导、居民参与等多层联动,重点培育一批优秀服务项目。社区居民根据需求向社区居委会申报项目,街道委托专业机构对项目进行评估优化,邀请专业评审对项目从公益性、参与性、可行性与可持续性等方面进行评审。在社会组织公益服务项目方面,完善社团组织体系建设,由社区指导,加强社区义务执勤队、文艺团体、楼道自治联盟委员会等社团的规范建设,力争到2021年,培养规范、有活力的社区社会组织800个。重点衡量社会组织公益项目的可持续性,通过连续年度的"友邻基金"资助扶持,让一批服务效果优、成长性好的优质公益项目脱颖而出,打造社会组织的服务品牌。

【作者】

　　胡传英,平湖市人民政府当湖街道办事处副书记

　　张燕,平湖市人民政府当湖街道办事处办公室主任

"新时期"到"新时代"的城市社区治理变迁探微

——基于浙江重要窗口建设的实践

吴 帅 李 勇

党的十九大指出:"要加强社区治理建设,推动社会治理重心向基层下移。"[1] 这意味,在基层社会治理中要加强社区治理机制建设。随着城市化进程不断推进, 传统以散居为主的居住方式已被集中规模化的社区居住方式所取代。社区治理必 然成为基层社会治理的重点。社区不但是当前城市居民的基本居住方式,也是城 市治理的主要领域。从"新时期"到"新时代",社会主要矛盾已经转变,发展不平衡 不充分的矛盾同样体现在全国近 10 万个城市社区的治理中。浙江省委书记袁家 军在出席浙江省委党校 2020 年秋季学期开学典礼并作开学第一课时提出浙江在 新阶段面临的十大新课题,要求浙江交出包括民生、平安、生态等在内的"高分报 表"解答这十大新课题,打造"重要窗口"。作为基层最小单元的社区能否在打造 "重要窗口"中探索出一条浙江道路,对展现浙江的治理水平无疑具有重要意义。 "城市社区治理实质上是社区范围内,依托治理主体的多元化和治理方式的多样 性,共同对社区公共事务进行有效的管理,从而增强社区凝聚力、提高社区自治能 力、增进社区公共生活整体利益最大化和可持续发展的过程。"[2] 城市社区治理在 新时代取得了重大进展,为城市发展及社会进步做出了重要贡献,但是社区认同感 归属感不强、社区服务不完善、社区治理主体单一等问题还依然存在,新时代的社 区治理要改变长期以来社区的逆向负责制,改变只对上级负责而无暇顾及基层群 众切身需要的状况,探索未来的社区治理机制。

一、从"新时期"到"新时代"城市社区治理范式的转变

新时代我国社会主要矛盾的变化是城市社区治理转变的基本依据。社会质量

理论提出:"以人的发展为起点,从人的'社会性'出发,超越个人与社会的二元对立——既承认社会体系的制约性,也强调个人行动的能动性……为公民提供社会经济保障是基础和前提,社会凝聚、社会包容和社会赋权,既是手段也是结果。"[3]进入新时代,社区对于居民来说不仅是"住"的需要,按照马斯洛需求理论,人们对社区的需求已经从基本的生理、安全需要逐渐上升到爱与归属感、尊重和个人实现。"人是社会关系的集合,这一性质决定了人们不仅有生存的基本需求,还有与时代发展相适应的多元化、多层次需求。比如,个人及其家庭融入社区、社会的需求,自我实现的需求等。"[4]要求"社区是基层基础,只有基础牢固,国家大厦才能稳固"[5]。根据马克思主义关于人的全面发展理论,社区已经成为人的全面发展和社会全面发展的重要载体。社区治理作为基层社会治理的重要内容是国家治理体系的基础,党的十九大以来,特别是随着十九届四中全会对治理体系和治理能力现代化的空前重视,城市社区治理范式必将发生重大转变。

实现社区治理体系和治理能力现代化既是在新时代实现社会治理重心下移和服务下沉的必然要求,也是完善国家治理体系、实现国家治理能力现代化的重要保证。[6]因为城市社区的重要性,很多地方政府都有创新社区治理的冲动,在"GDP锦标赛"逐渐落幕之后,社区治理创新逐渐成为基层政府政绩的重要标尺。然而,各地的探索效果各异,更多的是盆景式的昙花一现,缺乏长效可推广的社区治理模式。在社区治理的区域、领域以及群体发展中,治理不平衡不充分的矛盾依然存在,同时,随着新一代信息技术的应用,强者越强、弱者越弱的马太效应显现,进一步拉大了发达地区与欠发达地区之间的差距。[7]

浙江作为中华人民共和国第一个居委会的成立地,在城市社区治理方面做了很多探索,涌现出西湖区翠苑一区的"美丽家园"建设、浙江省最大公共租赁房小区拱墅区夏意社区的"参与式治理"、创新发展"枫桥经验"、象山"村民说事"、武义"后陈经验"、桐乡"三治融合"等实践创新做法,都从不同角度和方面提供了可资总结与鉴照的重要实践样本。浙江社区治理的经验做法在《社区》《中国社区报》被大量报道,发文数量上在2019年度排全国第四,明显高于其他省份。[8]2001年浙江部署实施社区体制改革,以原居委会范围为基础建立城市社区;2007年下发了《关于推进和谐社区建设的意见》;2018年下发了《关于加强和完善城乡社区治理的实施意见》,全面推进社区治理体系和治理能力现代化,按照1500—3000户左右的标准指导各地新建城市社区。到2018年底,全省城市化率已达68%,常住人口5657万人,建有 3857 个社区。

与此同时,城市化进程已进入新阶段,粗放型"摊大饼"式城市空间资源利用模式已难以为继,寻找城市高质量发展转型突破口已成当务之急。[9]在城市化急剧推进及城乡互动融合不断加深的情况下,新时代城市社区呈现出一些相似的特点。一是人口快速流动。主要表现为城市及城市边缘的社区人口不断积聚,乡村社区则正在趋向于人口空洞化的另一端。二是居住不断集中和多样化。城市边界不断扩大,集居成为常态,居民结构也随之发生改变,城乡人口、本地与外来人口以及各阶层居民不断汇集,不同生活习惯、行为方式乃至不同文化,在集居中同时呈现并发生碰撞,使社区既充满变化和活力,也面对如何取得"最大公约数"的难题。三是对社区治理的要求不断提高。新建小区(社区)不但需要专业的物业管理,也需要建设社区文化以及提供其他必要的社区服务,如养老、心理服务等。有社区工作人员笑谈:"G20 峰会之后的社区工作每天都是 G20 峰会模式,而且不再有部门协同作战。"上级部门对社区的要求越来越高,群众对加装电梯、弱点改造、小区绿化等事关生活品质的项目有较高期待。而社区工作千头万绪、分身乏术,导致很多社区的原本服务居民的工作难以落实。如杭州市 2000 年以前建成的老旧小区有 2000个,占全市小区总量的 44.6%。即使是老旧或较为低端的小区,伴随着居住条件的改造升级和居民身份结构的变化,也对社区化管理提出了更多和更高的要求。城市社区一方面正在从传统的居民管理向现代社区治理转变,在探索实践中形成了许多有益的经验,另一方面矛盾和问题也正在不断积聚和深化,亟待通过创新基层治理的体制机制加以解决。

二、新时代城市社区治理的特征和存在的问题

社区治理的核心在于利益相关方的平等参与,制定出具有约束力的规则,构建有效的、回应性的治理结构。[10]从"新时期"到"新时代",各地紧紧围绕社区治理和服务创新关键环节,在提升社区治理精准化、精细化水平方面追求实效,不断推陈出新。其特征一是突出党建引领作用,强调"党是领导一切的"。在社区治理中,党组织的设置更加规范化,党建在社区工作中占了很大的分量。二是积极探索"互联网+社区服务"的新方式。2018 年,城市社区服务供给的投入力度不断加大,这为构建智慧型城市社区提供了基础。[11]社区治理逐渐改变过去人工为主的治理模

式:信息化和职能化带来智能垃圾分类设备;物联网系统大范围使用;以微信群等社交网络逐渐形成虚拟社区。三是各地社区治理创新举措频出。存在过度创新和成功的创新经验难以扩散到竞争性地区等问题。当前基层治理创新领域不乏"盆景",但缺乏"森林"之现状。[12]四是社会资本参与。一些社会组织通过政府购买服务的形式成为社区服务的第三方,为社区治理注入了新的力量。基于"打造共建共治共享的社会治理格局"的总体目标,新时代城市社区治理的特征与其说是新特点,不如说是社区治理探索的延续,围绕"提高社会治理社会化、法治化、智能化、专业化水平"持续解决问题中逐渐构建新的社区治理机制。在调研中,城市社区治理表现出来的问题与矛盾即"人民日益增长的美好生活需要和不平衡不充分的发展之间的矛盾"依然明显。

(一)物业的专业化管理能力及服务水平与居民对社区和谐美好生活的需求存在较大差距

据调查,杭州目前有90%以上的社区居民对其所在社区的物业管理不满意,即便在一些高档社区,物业管理水平及服务能力也仍有较大提高或改善的空间。2017年6月下旬发生在杭州蓝色钱江小区的保姆纵火案,反映了品牌物业在非常态物业管理上的窘境及其背后的诸多管理漏洞,尤其对受难者及小区居民在灾后所期望得到的善意未能给予及时有效的回应和充分表达,凸显了当前社区物业管理中普遍存在的重物轻人、重理轻情的严重失衡倾向。高档社区管理尚且如此,一般社区中的类似问题可想而知。

(二)业委会运作的水平及能力与居民对社区和谐美好生活的需求存在较大差距

现在,城市社区大部分都成立了业主委员会。但是,业委会成立时不合规的情况比较突出,不少小区业委会在初创时并不具备按照业主大会议事规则由业主选举产生的条件,因此往往顶着规则走个过场,或者由社区指派人员组建,或者由个别业主匆匆上位。由于先天不足,许多业委会在实际运作时,或形同虚设,或过度作为甚至乱作为。因此,社区的业主与业委会之间常常形成社区中矛盾和问题的焦点,尤其当社区物业管理等一系列现实问题发生,而居民的有关诉求得不到业委会积极回应的时候,矛盾就会不断加剧。社区业委会非正常更换的频率相当高,并且基本上是业主为维护自身在社区中的权益而自发动议更换。更换后的业委会,具有较好的群众基础,其合法性得到了加强。但是,一方面在客观上,它必须面对之前面临的与社区的行政性机构如何开展有效的合作等种种难题,另一方面在主观上也面对自身水平及能力亟须提升的问题。

(三)社区党组织的职能发挥与居民对社区和谐美好生活的需求存在较大差距

浙江城市社区实现了党组织(居委会)全覆盖,这项基本制度对于把党和政府的相关政策和要求及时有效地贯彻到社会基层具有重要意义。但是,现在的社区党组织的工作职能与社区的工作实际存在着错位问题,突出表现为前者在社区工作中"自上而下"地号召多,上下有机结合的工作举措少;围绕社区实际展开的工作职能少,应对上级管理部门考核要求的事务多。经调查发现,目前不少社区的党组织难以在基层工作中发挥核心和引领作用。基层党建与社区治理存在着较为严重的"两张皮"现象。因此,在社区运行中,带有行政性色彩的社区组织往往成为社区中矛盾和问题的另一个焦点。"结对竞赛"的这种创新要素叠加机制很容易导致与实际需求脱节的形式主义作风,这也成为基层负担日益加重的重要影响因素。[13]如何有效发挥社区党组织的作用,直接关乎党委政府在基层的工作成效和工作形象。

(四)社区居民的素质与居民本身对社区和谐美好生活的需求存在较大差距

急速城市化造就的集中规模化的社区生活,不但带来人口数量不断增加,更带来社区人口结构和来源的多元多层及复杂化。因此,社区居民素质参差不齐,整体水平有待提升的情况普遍存在,这也成为目前社区矛盾多问题多的重要原因。"未能通过相应的网络服务平台向群众推送相应的公共文化服务和文化产品……由于面对的是相对自由的群体,难以集中起来发布信息,因此通过纸质、言传的方式各种活动宣传效果明显不佳,导致社区活动参与度低。"[14]当前社区发展中存在注重居住功能、忽略教化功能,多"闭门不出"、少邻里交往现象,这些都给孕育社区文化、推动社区教育带来很大的困难,成为社区提升民众生活质量的一大难题,也是当前社区建设中必须破解的一个基础性问题。

（五）社区基本的生活功能与社区周边的商业活动不能得到合理有效的平衡，给社区建设和谐美好生活带来严重的困扰

据调查，目前不少城市社区周边的商业行为存在破坏社区环境以及油烟、噪声、污水等扰民的问题，也经常引起社区居民和商家之间的矛盾冲突。在政府组织的多次整顿下，尤其在近期大力度的环保整治下，问题有所缓解或解决，但是在整顿整治"风头"过去后，往往又死灰复燃，逐渐成为社区生活中的一大顽疾。它显示了基层社会治理中必须面对的如何破解片面行政化及其消极影响的重大课题。

综合来看，当前城市社区治理中受制于政府管制模式、社会组织发展、居民参与意愿等因素，还需要充分利用社会资本、社区精英阶层、志愿者等重要资源，拓展公民参与路径，提升社区自治能力，优化社区治理机制。

三、新时代城市社区治理机制的变迁和构建路径

治理是通过一定权力的配置和运作对社会加以领导、管理和调节，从而达到一定的目的。在市场化、城镇化、工业化、信息化交织的时代背景下，城市社区治理面临着前所未有的挑战。社区是城市的细胞，城市政府需要建构扎根社区的城市服务网络，才能保证对城市居民服务的有效递送，并动员社区居民积极参与城市管理。[15]伴随着快速的工业化和城市化，传统关系纽带出现断裂；同时，市场经济的发展使得人们往往只关心自己的私人生活，而忽视公共生活，社区内部出现原子化状态，社区缺乏凝聚力和向心力。正如《使民主运转起来——现代意大利的公民传统》中描述的："在个体居民的眼里，公共事务是别人的事务——高级人士的事务，'老板们的''政治家们的'——不是自己的事务。很少人有心去参加关于共同利益的思考，这样的社会提供给他们的机会也不多……陷在这种恶性循环里，几乎每个人都觉得无力、受剥削和不幸福。"[16]这种状况在新冠疫情暴发时暴露了城市社区传统治理机制的弱点，人们迫切需要一个能够提供更多资源、服务，更加精准、精细，能够实现政府治理与社会调节、居民自治良性互动的社区治理机制。党的十九大明确指出，要加强社会治理制度建设，完善党委领导、政府负责、社会协同、公众参与、法治保障的社会治理体制，提高社会治理社会化、法治化、智能化、专业化水平。在新时代，针对社区人文价值缺失，如何树立'以人为本'价值坐标，重塑邻里关系，推进历史文脉传承和文化再生，强化人文氛围、规则意识等社区软实力，推进

社区自治与居民参与式治理,创造有利于人才落户的新机制等,已成社区治理补短板的重中之重。[17]这是在进入中国特色社会主义新时代后,加强社会建设及基层社会治理创新的基本遵循。针对当前城市社区治理中存在的亟待解决的矛盾和问题,需要通过加快社区治理和服务创新来带动基层社会治理水平提升,夯实社会建设的基础。

(一)加强各级党委对城市社区工作的领导,落实各级政府对城乡社区必须履行的工作职责

要从中国特色社会主义新时代"五位一体"总体布局的高度,充分认识新时代社区治理的重要性。探索在各级党委建立社会建设委员会(领导小组),统筹指导社会建设及有关的各项工作,并领导协调各级政府(部门)承担落实相关的工作责任。从当前城市社区治理运行的现状和发展的需求来看,仅把社区治理定位于社区平安建设是不够的;把政府对社区工作的责任落实仅归口于一个管理部门也是不够的。现行的社区治理体制使社区中存在的矛盾和问题并不能得到及时有效的反馈和处理;党和政府在社区中设立的基层组织也难以充分发挥应有的作用。在基层社会治理体制的总体考虑上,应从新时代加强社会建设的高度,充分考虑城市化发展进程中社区治理的重要性、复杂性和全面性,遵循党的十九大对社会治理制度建设的要求,通过创立以党委社会工作委员会(领导小组)为中心的社会治理体制机制,进一步强化党和政府对社区工作的领导。

(二)要以社区党组织为核心,同时充分兼顾并发挥不同社会主体在社区中的地位和作用

当前社区治理中普遍存在着多个社会主体并存的格局,其中既有业主及居民等社区的主体人群,又有在社区运行管理中发挥不同作用的党组织、业主委员会、物业管理机构(企业)以及相关社会组织等。目前的基本状况是:一方面,社区党组织在通过社区的其他社会主体贯彻落实上级要求和部署的过程中,由于手段单一,加之不少"自上而下"的指示并不能反映社区的实际需求,因此实际作用和效果均相当有限,往往流于形式且难以持续;另一方面,社区中居民的真实需求以及由此产生的种种问题并不能得到社区管理的相关各方及时有效的回应,或者在某方面得到回应也不能在相关各方之间得到有效的协调和处理。长此以往,社区中矛盾就会持续累积并逐步升级。要理顺和完善社区运行的关系,开创和维护和谐美好

有品质的社区治理局面,首先,必须强化社区党组织在社区的核心领导职能。一是在社区党组织与上级党委的社会建设委员会(或领导小组)及上级政府的相关职能部门之间建立直接联系沟通的工作机制,落实上级党委政府对社区工作的指导、协调与责任;二是把党和政府对社区工作的政策要求与社区的工作实际有机结合,依据社区工作需要,调整和完善现有对社区工作的考核体系及考核办法,使后者真正成为社区党组织在社区中发挥核心领导作用的"发动机"、做好社区工作的"指挥棒"、衡量社区社会生态好坏的"晴雨表"。其次,在社区党组织的指导和督促下,依据社区事务由居民自治的原则,鼓励更多社会主体参与社区的民主协商,基于社会共识,在社区各主体之间构建起相关方合作的工作机制,做到"有事好商量,众人的事情由众人商量"。在这方面,应充分借鉴近十余年来杭州实践"社会复合主体"的有益经验,把社区中各主体的外在关联,通过"社会复合主体"的架构和运作机制,转化为内在关联。

(三)有效整合外部社会资源,引入相关社会组织参与社区治理,在提供社会化、专业化服务方面发挥积极作用

缺少社会资本是社会解体社区的基本特征之一。"长期以来,邻居层面的社会资本——社区的监督、社交、指导,以及组织——的下降,是中心城市危机的一个重要特征。"[18]"在一个继承了大量社会资本的共同体内,自愿的合作更容易出现,这些社会资本包括互惠的规范和公民参与的网络。这里所说的社会资本是指社会组织的特征,诸如信任、规范以及网络,它们能够通过促进合作行为来提高社会的效率。"[19]帕特南的社会资本理论对未来社区治理机制的构建依然具有重要意义。新时代的社会组织建设有了长足发展。不同类型、不同性质的社会组织在为社会提供社会化、专业化等服务方面发挥了重要作用。一方面,要积极开展与相关社会组织的合作,把能为社区提供社会化专业化服务的社会组织积极引入社区的建设之中,尤其在教育、养老、文化等方面使之充分发挥专业机构及专业人才的作用;另一方面,相关社区党组织也要注意引导社区避免出现"泛社会化"的倾向,即在社区中发生党组织的领导作用弱化,由社会组织取代其职能,以及完全向社会组织购买社区服务的问题。在有一定条件的新建小区、城市老小区和城乡接合部小区,根据具体情况探索各具特点的社区治理模式。社会资本能够缓解社会经济不利所产生的潜在影响。[20]在当前的经济条件下,未来社区建设既利于完善民生、促进投资、

拉动产业,更利于推动经济社会转型发展。

(四)以未来社区建设为契机,推动数字技术赋能社区治理

这次疫情防控中,大数据、人工智能、云计算等数字技术发挥了重要作用。未来社区概念是时任浙江省长的袁家军提出的,希望通过未来社区建设造福民生,拉动内需,带动产业发展。在未来社区建设中要进一步加强数字技术应用,结合"最多跑一次"改革,搭建跨部门"多元协同"社区治理基础数据库,通过阿里云等平台实现各业务各条线专业数据信息流畅对接和交互相行。抓住疫情后进行新基建的有利时机,建立一个基于未来社区的建设开放、标准、统一的数字化基础设施。加大未来社区的物联网、5G等先进技术装备力度,与阿里社区云等专业平台深度合作,建立完善便捷的社区数据系统和线上服务平台,减少由于信息不对称或信息发布延时而造成的公共卫生风险。

四、讨论和结语

基于新时代我国社会主要矛盾的变化,人民对美好生活的需要对城市社区治理提出更高的要求。"新时期"与"新时代"城市社区治理的区别,在于党的建设要求、数字治理的理念、治理创新的动力、社会资本的参与等方面出现了一些积极的变化。新时代的社区治理更多地体现在促进人的全面发展和社会的全面进步的举措上。因为新时代城市社区治理还在探索中,一个完善的、可复制可推广的社会治理机制尚未完全建立,对社会治理机制的探讨更多的还处于理论探索阶段,比如是否可以尝试从社区的人文价值、公民参与、智能化水平来衡量当前的社区治理水平。针对社区人文价值缺失,如何树立"以人为本"价值坐标,重塑邻里关系,推进历史文脉传承和文化再生,强化人文氛围、规则意识等社区软实力,推进社区自治与居民参与式治理,创造有利于人才落户的新机制等,已成补社区治理短板的重中之重。[21]当前城市社区治理迫切需要探索新路径,其中未来社区是浙江省对社区治理机制探索的有益尝试。通过未来社区的未来邻里、教育、健康、创业、建筑、交通、能源、物业和治理9个纬度对新时代社区治理进行衡量,亦具有实践意义。建构在管理技术演进和高科技发展基础上的城市管理的"超前治理",更大的意义体现在对城市管理理念的重构和城市管理流程的再造,而不仅仅是硬件平台建

设。[22]所以,社区治理不应该过度迷信新技术,而应基于当前社会主要矛盾的变化,以以人为本为价值准则,针对社区治理存在的问题,构建一种新型社区治理模式。尽管这种机制还未完全建立,但是我们依然可以从"未来社区、老旧小区改造、未来社区建设与城中村改造、拆迁安置房建设、老旧小区综合改造提升、智慧安防小区建设"等各种社区建设探索中看出未来趋势。以未来社区为代表的社区治理新探索有望成为浙江打造中国特色社会主义"重要窗口"的一个支撑点,为全国的社区治理探索出一条坚持以"社区性"主导性,可借鉴、可复制、可推广的中国社区治理道路。

参考文献:

[1] 习近平. 决胜全面建成小康社会　夺取新时代中国特色社会主义伟大胜利[N]. 人民日报,2017-10-28(1).

[2] 张平,隋永强. 一核多元:元治理视域下的中国城市社区治理主体结构[J]. 江苏行政学院学报,2015(5):49-55.

[3][4] 李迎生,吕朝华. 社会主要矛盾转变与社会政策创新发展[J]. 国家行政学院学报,2018(1):67-73,150.

[5] 习近平. 社区是国家大厦的基层基础[EB/OL]. (2018-04-27)[2020-11-21]. http://www.cncn.org.cn/laba/2018-04-27/45504.html

[6][8] 周立,曹海军. 中国城市社区治理报告(2019)[M]. 北京:中国社会出版社,2020:29.

[7] 周立,曹海军. 中国城市社区治理报告(2019)[M]. 北京:中国社会出版社,2020:39.

[9] 孟刚. 未来社区建设的时代背景和浙江追求[J]. 浙江经济,2019(7):8-11.

[10] 何艳玲. 变迁中的中国城市治理[M]. 上海:上海人民出版社,2013:230.

[11] 周立,曹海军. 中国城市社区治理报告(2019)[M]. 北京:中国社会出版社,2020:97.

[12][13] 黄晓春,周黎安. "结对竞赛":城市基层治理创新的一种新机制[J]. 社会,2019,39(5):1-38.

[14] 周立,曹海军. 中国城市社区治理报告(2019)[M]. 北京:中国社会出版社,2020:124.

[15] 徐林. 花园城市的"管"与"治":新加坡城市管理的理念与实践[M]. 北京:中国社会科学出版社,2019:284.

[16] 罗伯特·D. 帕特南. 使民主运转起来:现代意大利的公民传统[M]. 北京:中国人民大学出版社,2015:121.

[17][21][26] 孟刚.未来社区建设的时代背景和浙江追求[J].浙江经济,2019(7):8-11.

[18] 罗伯特·D.帕特南.独自打保龄[M].北京:中国政法大学出版社,2018:329.

[19] 罗伯特·D.帕特南.使民主运转起来:现代意大利的公民传统[M].北京:中国人民大学出版社,2015:197.

[20] 罗伯特·D.帕特南.独自打保龄[M].北京:中国政法大学出版社,2018:337.

[21] 徐林.花园城市的"管"与"治":新加坡城市管理的理念与实践[M].北京:中国社会科学出版社,2019:281.

[22] 丁云竹.社区的基本理论和方法[M].北京:北京师范大学出版社,2009.

【作者】

吴帅,杭州职业技术学院讲师

李勇,杭州职业技术学院讲师

协商治理：一个构建政府调控
同社会协调的互联机制

王燕锋

协商治理是推进国家治理体系与治理能力现代化的重要方案，主要是指通过城乡社区居民的共同协商，产生一种既满足城乡人民对社会生活的新需求又兼顾实现社会公共治理利益目标的特定政治机制。这种机制把政府的善治目标和理念通过科学化、程序化的协商治理嵌入城乡社区居民的自治生活中。

当前，随着新型工业化、信息化、城镇化、农业现代化的深入推进，我国经济社会发生深刻变化，利益主体日益多元，利益诉求更加多样。社区是社会的基本单元，加强城乡社区协商，有利于解决群众的实际困难和问题，化解矛盾纠纷，维护社会和谐稳定；有利于在基层群众中宣传党和政府的方针政策，努力形成共识，汇聚力量，推动各项政策落实；有利于找到群众意愿和要求的最大公约数，促进基层民主健康发展。2017年，中共中央、国务院在《关于加强和完善城乡社区治理的意见》中明确指出，要不断提升城乡社区治理水平，增强社区居民参与能力。提高社区居民议事协商能力，凡涉及城乡社区公共利益的重大决策事项、关乎居民群众切身利益的实际困难问题和矛盾纠纷，原则上由社区党组织、基层群众性自治组织牵头，组织居民群众协商解决。支持和帮助居民群众养成协商意识、掌握协商方法、提高协商能力，推动形成既有民主又有集中、既尊重多数人意愿又保护少数人合法权益的城乡社区协商机制。探索将居民群众参与社区治理、维护公共利益情况纳入社会信用体系。推动学校普及社区知识，参与社区治理。拓展流动人口有序参与居住地社区治理渠道，丰富流动人口社区生活，促进流动人口社区融入。

当前，我国城乡社区治理进入新时代、面临新挑战。党和政府明确将国家治理能力和治理体系现代化一直下沉到城乡社区。一方面，在社区层面的自治中仍然保持党和政府领导。另一方面，必须加快形成党领导下的政府治理、社会调节与居民自治良性互动的格局。城乡社区居民对就在身边的社区治理和服务有了新要求，产生了新矛盾，因此，要满足城乡居民的新需求，直接的做法就是让城乡居民通过有组织的、规范化、程序化、制度化的民主协商来达成共识，制定大家同意的行动方案。只有这样，才能满足城乡社区居民的新需求，解决新矛盾。从而增强群众获得感、幸福感、安全感，以夯实基层社会治理基础。在异质性强和社会分层的城乡社区，面对新挑战，如何做好群众工作，坚持党和政府的领导，发动居民自治，这是现在和将来的社区工作重点。

一、新时代社区协商治理的内涵

正确把握新时代协商治理的内涵，是不断提升城乡社区治理水平的基础。国内已有的对协商治理的理解，有宏观、中观、微观三个视角。宏观视角认为，协商治理是一种治理模式[1]，"协商治理是在公共事务的管理中，通过理性的公民参与，在公共决策中发挥重要作用的治理方式"[2]。这个协商治理理解源于西方协商民主理论，是协商民主的包容性、有效回应性和公共责任性为协商治理实践提供了丰沃的理论土壤。[3]认为协商治理是一种治理模式的第二种观点是：中国语境下的协商治理有追随西方善治理论的一部分，更大程度上是在马克思主义国家观基础上，中国历代领导集体与人民在中国革命与建设历程中对马克思主义国家理论创新性转化与创造性发展的结果。同时"和则相生""为政以德"等中国传统治理思想与实践是其生存发展的土壤，中国特色社会主义制度是其存在场域。[4]中观的视角认为，协商治理是实现国家和公共治理利益目标的特定政治机制。[5]微观的视角认为，"协商治理是多元治理主体在特定的公共主题下，围绕相关议题开展对话和协商，话语结构的共享和理解，达到消除分歧与偏见，实现'重叠共识'的协商过程"[6]。

回顾党中央、国务院《关于加强和完善城乡社区治理的意见》，发现新时期国家在城乡社区开展协商治理，包含了上述宏观、中观、微观的三个维度。从表面上看，国家部署和社区实践的协商治理是一个技术性过程，其实是社区实现公共治理利益目标的特定政治机制，也是一种在社区培育理性公民、依靠理性公民参与的治理模式。

2012 年，面对社区管理中出现的社区居民"弱参与"等问题，党的十八大提出必须增强社区居民自治的主动性和参与性。这反映了国家鼓励公民参与社区自治的立场。

一些先进的城市开始探索社区居民主动参与社区自治的方式。比如，宁波海曙区于2013年开始在社区试点和推广"开放空间"，通过"议事人员不受限，议事范围不受限"吸引社区居民参与自治，并将其推广运用纳入基层工作目标考核，通过购买专业机构项目服务加强人员培训，委托第三方对项目实施效果进行评估，建立"一套流程、一个议事厅、一个地方标准"。目前，"开放空间"逐步完善，基本实现了在全区102个社区的全覆盖。今年已是项目实施第8个年头，共解决大小问题8000余个，居民满意度达95％。

2015年，经党中央、国务院同意，中央办公厅、国务院办公厅印发了《关于加强城乡社区协商的意见》，对城乡社区协商做出整体部署，要求将城乡社区协商贯穿于党组织领导的充满活力的基层群众自治全过程，这是新时期党治国理政一项新的制度安排。2016年，民政部发布了《民政部关于深入推进城乡社区协商工作的通知》。由此，浙江省民政系统开始统一部署落实到城市社区和村庄层面的协商治理工作。

随着党政系统自上而下地贯彻《关于加强城乡社区协商的意见》，党和政府着手在社区治理中建设协商治理，在社区治理层面思考并实行协商治理，村庄和社区成为了解并吸纳民意、汇聚民智的重要平台，成为协商治理最前沿的阵地。城乡社区协商治理的主要目标不是追求片面的个人利益，而是运用公共理性以最大限度地满足利益相关者的愿望。[7]

二、社区协商治理的原则

党和政府着手在城乡社区开展协商治理，需要把握党的领导、基层群众自治、主体平等、程序合理合法、民主集中等几个基本原则，构建长效保障机制，在此基础上完善和健全社区协商治理机制。

第一，要坚持党的领导，充分发挥村（社区）党组织在基层协商中的领导作用。农村社区协商治理要在基层党组织的领导下，组织基层群众性自治组织、党员代表、居民代表、乡贤代表、特邀代表、利益相关群众按照党和政府的政策、法律、道德、民情乡风进行协商。城市社区协商治理要在社区党组织领导下，充分调动社区公共事务相关居民自由、积极、主动地参与协商。第二，坚持基层群众自治制度，充分保障群众的知情权、参与权、表达权、监督权，促进群众依法自我管理、自我服务、自我教育、自我监督。坚持依法协商，保证协商活动有序进行，协商结果合法有效。第三，在基层社区开展民主协商，要保证协商主体的平等性。协商地位不存在孰高孰低的区别，所有参与民主协商的主体都按程序公开表达意见。这不仅方便寻找居民群众意愿和诉求的最大公约数，实现众人的事情由众人商量着办，而且可以有效促进治理主体之间的协调配合，使得各主体在协商中找到均衡，从而凝聚社区治理共识，形成多方合力。第四，在社区开展协商，要制定合理合法的民主协商程序，这样的程序不仅体现公平、公正、公开，还体现公信力，从而增加协商过程和结果的合法性。第五，坚持民主集中制，实现发扬民主和提高效率相统一，防止议而不决。第六，坚持因地制宜，尊重群众首创精神，鼓励探索创新。各地探索协商治理模式要根据本地的文化、历史和现实而定，采取当地群众乐于接受的方式，比如城市社区与农村社区可能需要不同的方法。

三、社区协商治理的关键：有能力、有方法的公众参与是基础

随着党的十九大提出社会主要矛盾向人民日益增长的美好生活需要和不平衡不充分的发展之间的矛盾所转变，中共中央、国务院在《关于加强和完善城乡社区治理的意见》中明确指出，要不断提升城乡社区治理水平，增强社区居民参与能力。提高社区居民议事协商能力，凡涉及城乡社区公共利益的重大决策事项、关乎居民群众切身利益的实际困难问题和矛盾纠纷，原则上由社区党组织、基层群众性自治组织牵头，组织居民群众协商解决。支持和帮助居民群众养成协商意识、掌握协商方法、提高协商能力，推动形成既有民主又有集中、既尊重多数人意愿又保护少数人合法权益的城乡社区协商机制。

这非常清晰地把提高社区居民参与能力、协商能力作为协商治理的关键。在基层党组织和基层群众性自治组织的牵头下，只有让居民掌握协商方法，拥有协商能力，这样的协商才能表达居民的真实想法和意见，才能反映居民的诉求，才能让居民在涉及社区公共利益的重大决策事项上或关乎切身利益的困难、纠纷上自由表达意见，从而维护自己的合法权益。而有效的协商反过来会提高居民的协商意识和自治能力。最终实现在协商中培育能力，在协商中实现诉求，在协商中提高满

意度,从而激发社区居民参与社区日常公共事务的积极性和能力,激发社区作为居民生活共同体的属性,提升群众对于社区的认同感、归属感。这是把人民群众满意作为城乡社区治理工作出发点和落脚点的生动实践。

四、社区协商治理的重点:把握城乡社区协商治理的差异

在城乡社区开展协商治理,要把握城乡社区治理的差异。城乡社区最大的差异在于城市社区没有集体经济实体,而农村社区是一个集体经济组织。这就会造成在城乡社区治理方面的差异,两者的差异也表现在城乡社区协商方面。

(一)城市社区协商治理与社区凝聚力互为条件

同一个城市社区中的居民异质性强,彼此之间不熟悉,对社区开展的工作也很陌生。社区协商治理与社区凝聚力是互为条件的。社区协商治理由社区党组织、社区居民委员会负责,组织专业社工发起社区居民民主协商议事,让居民树立协商意识,学会协商方法,提高协商能力,在协商的良性结果付诸实施后,自然会提高社区居民参与协商的效能感和满足感,从而激励居民关注并参与社区公共事务,提高居民对社区的归属感、认同感,形成社区凝聚力。而社区凝聚力提高了,自然会促使社区居民更多地参与社区民主协商,从而推动社区居民自治与政府行政功能互补,构建政府调控机制同社会协调机制互联、政府管理力量同社会调节力量互动的基层社会治理新格局,这是推进社会治理体系和治理能力现代化的一项创新举措。

(二)农村社区协商治理建立在原有的村庄各种关系基础上

当前的农村社区相较于城市社区而言,最重要的是拥有村庄集体经济组织,这是全村人共有共享的。因此,村民对村庄的集体资产有共同的高度的关注。村庄成员有共同体感,彼此熟悉。如果说陌生,可能是同村的距离稍远的上几代村民对最新出生的"2010后"不熟悉。但社区内的村民只要一聊天,就能追溯这些后生的上几代家庭成员,感觉到整个村庄还是一个共同体。不可否认的是,这种共同体感从改革开放开始至今,正在逐渐松散。因为人们不再像过去一样一起在田间地头劳作,人们开始在不同的空间从事各种行业,开始呈现一定的异质性,原本同为农民的人们开始出现社会分层。随着农村社会的变迁,村民之间利益复杂化了,矛盾

变多了。面对这种现实，把好农村集体经济的门，不让集体资产流失，给集体经济做增量，是村民最关心的村庄大事。所以，为了让村民对村庄的大事小事都有知情权、发言权、决策权，就要发挥民主协商的作用。民主协商是建立在原有的村庄经济关系、社会关系基础上的。

因此，在村庄落实民主协商，其成员要有一个科学的架构，尽可能具有广泛的代表性，要有党组织、村民委员会、党员代表、两代表一委员、乡贤代表、村民代表，可能还有特邀代表、利益相关村民。这样形成的方案才能为全村人认可。而在城市社区落实民主协商，更多的是在规范化、程序化的前提下，发动相关居民本身作为议事主体。城乡社区的协商议事主体也不同。

五、城乡社区协商治理的主要任务

(一)明确协商内容

根据当地经济社会发展实际，坚持广泛协商，针对不同渠道、不同层次、不同地域特点，合理确定协商内容，主要包括：城乡经济社会发展中涉及当地居民切身利益的公共事务、公益事业；当地居民迫切要求解决的实际困难问题和矛盾纠纷；党和政府的方针政策、重点工作部署在城乡社区的落实；法律法规和政策明确要求协商的事项；各类协商主体提出协商需求的事项。不管涉及事务是村民个人、村民之间的事务，还是村庄的政治、经济事务，事务不分大小，群众的事无小事，都可列入民主协商的范围。例如浙江实行协商治理的城市社区和村庄，民主协商的议题有多种入选途径：可以由网格员从群众中收集，也可以直接把涉及社区或村庄全体成员或大多数人的事情列为议题；涉及个人或者少数村(居)民的事项，比如化解村(居)民家庭或者个体之间的矛盾纠纷，由社区调解委员会或村民调解委员会解决，解决不了的，经调委会梳理该事项的来龙去脉后，上交社区(村)党委，党委再提议召集议事团评议。浙江余杭以小古城村为榜样，不少村庄实行了民主协商"工作由群众提—议题由网格审—方案由班子议—决策由代表决—过程由专人督—结果由群众评"的工作闭环。

(二)确定协商主体

基层政府及其派出机关、村(社区)党组织、村(居)民委员会、村(居)务监督委员会、村(居)民小组、驻村(社区)单位、社区社会组织、业主委员会、农村集体经济组织、农民合作组织、物业服务企业、当地户籍居民、非户籍居民代表以及其他利益相关方可以作为协商主体。涉及行政村、社区公共事务和居民切身利益的事项,由村(社区)党组织、村(居)民委员会牵头,组织利益相关方进行协商。涉及专业性、技术性较强的事项,可以邀请相关专家学者、专业技术人员、第三方机构等进行论证评估。协商中应当重视吸纳威望高、办事公道的老党员、老干部、群众代表,党代表、人大代表、政协委员,以及基层群团组织负责人、社会工作者参与。协商主体多元化,可以充分代表各方不同意见,使得协商结果容易被各方接受。比如,浙江余杭高地社区的"板凳议事会"作为该社区的民主协商方式,议事成员上下贯通,横向铺开,外聘法务工作者,遇事多商量,不积累问题。建立街道、村、组三级协商议事队伍,坚持议事代表的广泛性、专业性、相关性,让村庄中不同身份的人有序参与,形成由固定代表(包括特邀代表)、涉事代表、自由代表共同参与的协商议事代表队伍。希望通过村里村外各方面代表组成的"板凳评议团"协商,能最大限度地满足广大村民的需求,解决相关方面的疑惑,推进村级重大项目。①

(三)拓展协商形式

坚持村(居)民会议、村(居)民代表会议制度,规范议事规程。结合参与主体情况和具体协商事项,可以采取村(居)民议事会、村(居)民理事会、小区协商、业主协商、村(居)民决策听证、民主评议等形式,以民情恳谈日、社区(驻村)警务室开放日、村(居)民论坛、妇女之家等为平台,开展灵活多样的协商活动。推进城乡社区信息化建设,开辟社情民意网络征集渠道,为城乡居民搭建网络协商平台。当前,浙江省在城乡社区开展广泛的形式多样的协商议事形式,在当地受到群众的欢迎。

---

① 余杭高地社区调解评议成员由街道组团(相当于驻村干部),他们负责解释政府层面的政策;有村党委委员、居委会成员;有两代表一委员;有专业指导(包括区法院民事庭庭长、南苑司法所所长、社区片区民警、社区法律顾问,这四位法务专业人士是由村里无偿聘请的);乡贤代表由村两委推选产生。以上23位成员负责村庄事务的调解评议。负责评议监督的有20位,其中党员代表是由各支部推荐、村党委推选的;而居民代表是由村民选举产生的居民组长;新居民代表是由村两委推选的;另外议事会每次都将邀请20名左右涉事群众代表及其邻里参与评议。每次板凳议事的人数大概在50—60人左右,这样做到方方面面有人发表意见。

（四）规范协商程序

协商的一般程序是：村（社区）党组织、村（居）民委员会在充分征求意见的基础上研究提出协商议题，确定参与协商的各类主体；通过多种方式，向参与协商的各类主体提前通报协商内容和相关信息；组织开展协商，确保各类主体充分发表意见建议，形成协商意见；组织实施协商成果，向协商主体、利益相关方和居民反馈落实情况等。对于涉及面广、关注度高的事项，要经过专题议事会、民主听证会等程序进行协商。通过协商仍无法解决或存在较大争议的问题或事项，应当提交村（居）民会议或村（居）民代表会议决定。协商程序规范，使得协商更为科学、有效，同时具有合法性。目前浙江各地推行的社区或村庄的协商治理，正是按照这些规范来安排协商程序的。无论是作为城市社区协商治理典型的宁波海曙区的"开放空间"模式，还是作为农村社区示范的余杭小古城村和高地社区的"工作由群众提—议题由网格审—方案由班子议—决策由代表决—过程由专人督—结果由群众评"的工作闭环，都建立了适合本地村（居）民自治的协商运作体系，构建多元主体参与协商的治理新格局。

（五）运用协商成果

建立协商成果采纳、落实和反馈机制。需要村（社区）落实的事项，村（社区）党组织、村（居）民委员会应当及时组织实施，落实情况要在规定期限内通过村（居）务公开栏、社区刊物、村（社区）网络论坛等渠道公开，接受群众监督。受政府或有关部门委托的协商事项，协商结果要及时向基层政府或有关部门报告，基层政府和有关部门要认真研究吸纳，并以适当方式反馈。对协商过程中持不同意见的群众，协商组织者要及时做好解释说明工作。协商结果违反法律法规的，基层政府应当依法纠正，并做好法治宣传教育工作。落实协商结果，是提高协商信度的重要条件，能够提高居民的协商意识。宁波海曙区的本土化"开放空间"增设了在讨论前收集民情，讨论结束后邀请居民参与项目管理的举措，这对社区落实协商成果起到了监督和促进作用，使得成果落实得更好，也更受居民认可。

党的十九届四中全会首次将"民主协商"纳入社会治理体系。将基层民主协商作为社区治理体系建设的重要方式，落实到城乡社区治理体系建设中，不仅可以寻求居民群众意愿和诉求的最大公约数，实现众人的事情由众人商量着办，而且可以有效促进治理主体之间的协调配合，使得各主体在协商中找到均衡，从而凝聚社区治理共识，形成多方合力。

习近平总书记指出，涉及人民群众利益的大量决策和工作，主要发生在基层。要按照协商于民、协商为民的要求，大力发展基层协商民主，重点在基层群众中开展协商。基层民主协商是我国协商治理建设的重要组成部分，是提升党在人民群众心目中的形象的重要基石。抓好基层民主协商，对于维护好最广大人民群众的切身利益、密切党群干群关系、提高基层党的执政能力、巩固党的执政地位具有重要作用。

参考文献：

[1] 闫兴俊.中国协商治理研究文献综述与评析[J].北京印刷学院学报,2019,27(10):81-85.

[2] 张敏.协商治理：一个成长中的新公共治理范式[J].江海学刊,2012(5):137-143.

[3] 钟金意,钱再见.公共权力运行公开化语境下协商治理研究[J].岭南学刊,2015(6):42-48.

[4] 王岩,魏崇辉.协商治理的中国逻辑[J].中国社会科学,2016(7):26-45,204-205.

[5] 王浦劬.中国协商治理的基本特点[J].求是,2013(10):36-38.

[6] 陈亮,王彩波.协商治理的运行逻辑与优化路径：一个基于"话语、公共主题与协商过程"的分析框架[J].理论与改革,2015(4):15-19.

[7] 吴晓霞.基层治理现代化中的协商民主[J].科学社会主义,2018(2):121-125.

【作者】

王燕锋,浙江工商大学公共管理学院副教授

乡贤参与基层社会治理：机理、问题与完善路径

——基于浙江上虞的实证研究

胡立刚

"乡贤"是指一个地区有道德、有能力、有威望的贤人。"乡"主要是强调地域性，"贤"就是要求德才兼备。"乡贤文化"就是这个地域历代名贤积淀下来的榜样文化、先进文化，是这个地域有激励作用的思想、信仰、价值的一种文化形态。[1]习近平总书记指出，中华优秀传统文化的丰富哲学思想、文人精神、价值理念、道德规范等，蕴藏着解决当代人类面临的难题的重要启示。[2]乡贤文化作为中华优秀传统文化的组成部分，蕴含着丰富的社会治理思想和经验启示；乡贤作为乡贤文化的承载主体，在基层社会治理中发挥着积极的作用。

一、乡贤参与基层社会治理的机理解析

（一）乡贤的群体特征

乡贤是一个乡村比较特殊的群体，既是一个乡村中的普通一员，但又有自己的鲜明特点和独特作用。总体而言，乡贤具有地域性、德行高和有威望等群体特征。

1.地域性

地域性是乡贤群体的一个自然特征，也是乡贤群体的首要特征。因为乡贤基本上生于斯、长于斯，或是祖籍在此地。也正是因为乡贤的这样一个地域性特征，才使乡贤即使离开家乡多年，还依然对自己的故土保留感情，并愿意以己之力回馈家乡建设，帮助父老乡亲。也就是说，这样一种地域性的特征，架构起了乡贤与家乡的联系纽带。

2.德行高

德行高是乡贤群体的一个内在特征,也是乡贤群体的必备特征。乡贤并不是因为其在某地域而成为该地区的乡贤,而是因为其具有较高的道德和品行,并为自己的家乡做出过贡献,才有可能被认定为乡贤。也就是说,贤善的人格是成为乡贤的必要条件。换言之,一个人哪怕家财万贯,但道德品行不过关,也成为不了乡贤。

3.有威望

有威望是乡贤群体的一个外在特征,也是乡贤群体的社会特征。由于乡贤是一群有较高德行的人,积极为家乡发展做贡献、谋福利,又是为大家所熟悉的人,因而在群众中具有良好的口碑和形象。换言之,乡贤通过自己的言行举止,普遍被群众所认可和接受,逐渐树立起了自己的威信,成为普通百姓所钦佩和信任的人。

(二)乡贤在基层社会治理中的价值

基于乡贤的群体特征,乡贤在基层社会治理中主要发挥着维护社会稳定、引领乡风文明、激发尚善力量、凝聚社会共识等方面的时代价值,是实现基层社会治理现代化的一股重要力量。

1.化解矛盾,有利于维护社会稳定

在社会转型时期,乡村社会各个主体的利益诉求呈现多元化、碎片化的发展趋势,人与人之间的冲突明显增加,基层社会矛盾纠纷明显增多。而乡贤有着威望高、公信力强、有说服力等天然优势,通过"大调解中心"、乡贤调解工作室和"老娘舅"工作室等平台的搭建,能够有效调解化解各类纠纷矛盾,发挥"矛盾调和剂"的作用,有力地维护了乡村社会稳定。

2.道德教化,有利于推动乡风文明

乡贤,是"道德"的代名词,发挥着道德教化的作用,能够起到教育引领、辐射带动的效果。在实际生活中,乡贤的人格魅力、高尚品德、善行义举、奉献精神,以行不言之教的方式,潜移默化地影响着周围群众的思想观念、言行举止,激励着广大群众从自身做起、从自己家庭做起,努力做一个有道德、讲奉献的人。从而,引导社会形成见贤思齐、崇德向善、从善如流的良好氛围,有力地推动了当地的乡风文明建设,促进了社会文明程度的提高。

3.捐资出智,有利于激发尚善力量

乡贤通过设立公益基金,出资建学校、造桥修路、建文化礼堂等方式,反哺家乡建设、反哺家乡人民。如,浙江省绍兴市上虞区有由 160 多位乡贤出资的公益基金达 190 余个,涉及文化、教育、养老、环保等多个领域,本金总额超 20 亿元。[3]自基金成立以来,累计受益人数达 30 余万人(次),被《人民日报》等媒体誉为"上虞基金现象"。同时,乡贤利用自己的学识为家乡发展出谋划策。乡贤通过善举义行,为整个乡村社会营造了良好的尚善行善氛围,激发了社会正能量。

4.价值引领,有利于凝聚社会共识

随着经济社会的深刻变革,人们的思想意识、价值取向和道德观念等也呈现出差异性、多变性,不断解构着传统稳定的、内在的、共同的社会价值体系,使乡民、社群之间的观念冲突不断加深,难以统一思想、凝聚人心、形成社会共识,增加了基层社会治理难度。而乡贤群体身上蕴含着的"饮水思源、崇德向善、无私奉献"的精神,成为乡间里外的一股价值清流,逐渐成了影响民众价值判断、价值塑造的一股重要力量,刻画着最大的价值同心圆。同时,乡贤引领的价值观,与社会主义核心价值观的价值诉求相吻合,既为社会主义核心价值观的落地生根提供了本土化的载体、途径,也有效地提升了基层意识形态的凝聚力和引领力。

(三)乡贤嵌入基层社会治理的三个层级

乡贤嵌入基层社会治理的层级与乡贤的价值作用密不可分。概而言之,乡贤嵌入基层社会治理的层级可以分为"影响人的行为—进行道德引领—塑造价值观念"这样由浅入深、由表及里、由易到难的三个层级。在这里,"影响人的行为"是最外层,"进行道德引领"是中间层,"塑造价值观念"是最内层,也是最核心的层面。

首先,影响人的行为是乡贤嵌入基层社会治理的最外层。所谓最外层其实也就是乡贤在基层社会治理中发挥治理作用最直接、最明显、最浅层的方式。换句话来说,乡贤的治理作用最先就是通过影响人的行为来实现的。比如说,乡贤参与调解人与人之间的矛盾纠纷、行为冲突等,直接就是通过影响人的行为,调节人与人之间的行为来发挥乡贤的治理作用。

其次,对民众的道德进行引领是乡贤嵌入基层社会治理的中间层。这是乡贤参与基层社会治理中比较间接和深层次的一个方面。在这个层面,乡贤通过对民

众的道德进行教化、引领来调节人与人之间的社会关系,发挥社会治理作用。但在中间这个层面,还只限于对民众的道德进行教化和引领,而不能达到决定民众道德判断、行为抉择的程度。比如说,通过乡贤的道德行为和道德力量来引领社会风气,推动基层社会治理。

最后,塑造民众的价值观念是乡贤嵌入基层社会治理的最内层即核心层。对民众价值观念的塑造,是乡贤参与基层社会治理中最为关键的一个环节。乡贤对基层治理的影响是否深远,关键就在于此。因为在这个层面,直接涉及民众个人的核心价值观的重构和塑造,会对人的一生产生影响。同时,对个人价值观进行塑造,才能影响人的道德判断和行为抉择。

这三个层面之间,既相互联系,又相互独立;既是并列关系,又是递进关系。在实际的基层社会治理中,这三个层面既单独发挥作用,又同时产生效果。所以说,虽然将乡贤嵌入基层社会治理在理论上作了三个维度的区分,但实际是一个作用联合体,整个运作机理是不可分割的。

二、乡贤参与基层社会治理的上虞实践:做法与问题

浙江省绍兴市上虞区很早就启动了乡贤文化的研究推广工作,多年来致力于推动乡贤参与基层社会治理,取得了较好的效果。2015 年中国伦理学会授予上虞区"中国乡贤文化之乡"的称号,中宣部和《光明日报》等媒体称上虞的成果为"乡贤文化的上虞现象",吸引了国内 200 余批次的各级党政考察团前来学习取经。

(一)乡贤参与基层社会治理的上虞实践

为充分发挥乡贤在基层社会治理中的价值作用,上虞区从乡贤文化资源挖掘、组织体系架构、人才队伍组建、载体机制建设、先进典型树立等方面着力,探索乡贤参与基层社会治理的具体路径。

1.挖掘乡贤文化资源,汇聚社会治理能量

上虞区紧紧围绕"挖掘古贤、联络今贤、培育新贤"的工作目标,深挖乡贤文化资源,不断汇聚社会治理能量。挖掘古贤资源,整理完成乡贤史料 1000 余篇,编印出版书籍 30 余本,刊出《上虞乡贤报》30 余期;发起、组织、参与各类乡贤研讨会、纪念活动 50 余场次,充分挖掘上虞先贤名人的思想资源,阐释其当代社会价值。

联络梳理今贤资源，除联系生活在本地的乡贤外，还通过"走出去、请进来"等方式，每年开展"走近虞籍乡贤"活动，与在外乡贤建立广泛联系。培育新贤资源，开展"乡贤文化'四进'活动（进校园、进社区、进家庭、进企业）"和"新乡贤培育青蓝工程"，使乡贤文化、乡贤精神深植于年轻一代的精神血脉，从感情上、精神上鼓励青年学子走上乡贤之路，积蓄乡贤后备力量。

2. 构建乡贤组织体系，形成社会治理网络

乡贤组织是乡贤参与基层社会治理的工作机构，为推动乡贤参与基层社会理提供了重要的组织保障。上虞区按照"成熟一个，建立一个"的发展思路，积极推进乡贤组织的建设，努力实现区、镇、村三级乡贤组织全覆盖。经过多年来的努力，基本构建起了"区—镇—村"三级乡贤组织体系。在区级层面，成立了全国首个乡贤文化研究民间社团——上虞乡贤研究会，内设乡贤理论研究中心、对外联络发展中心、社会治理研究中心等9个中心；在乡镇（街道）层面，成立乡贤研究分会21个，实现全覆盖；在村级层面，成立乡贤参事会228个，从而构建起"覆盖全面、功能完备、作用显著"的乡贤组织体系，形成良好的社会治理网络。

3. 建设乡贤人才队伍，培育社会治理主体

建设乡贤资源人才库，打造乡贤人才队伍，是实现乡贤参与基层社会治理的关键一环。上虞区主要按照"有德、有才、有威"的选贤标准，把一大批经商成功人士、各级领导干部、专家学者、著名社会人士、退休老干部、退休民警和资历深、威望高、经验丰富的乡土精英吸纳进"乡贤资源人才库"。同时，根据乡贤在社会治理中作用发挥的不同，将其分成"智库型""经济型""维稳型""公益型""领导型""道德型"6大类。"智库型"主要是指根据自己的专业所长，为乡村经济社会发展出谋划策，当好参谋、发挥智库作用的乡贤；"经济型"主要是指通过项目回归等方式积极参与乡村经济建设的乡贤；"维稳型"主要是指利用自己的威望或影响力，帮助调节矛盾纠纷，维护乡村社会稳定的乡贤；"公益型"主要是指或捐款或出力，积极参与社会公益事业的乡贤；"领导型"主要是指一些管理才能突出的乡贤，可以进入村（社区）干部队伍，成为村（社区）基层干部队伍的领头羊；"道德型"主要是指一些口碑好、道德素质过硬的乡贤，他们引领乡风文明，提升民众素质。

4. 搭设乡贤参与平台，构建社会治理机制

乡贤参与平台，是乡贤参与基层社会治理的具体载体和路径，也是乡贤参与基

层社会治理的具体运作机制。上虞区结合实际需求,坚持以问题为导向,积极探索乡贤参与乡村治理的创新平台,努力构建和形成比较稳定的乡贤参与乡村治理的机制体制。如,建立乡贤重大决策征询机制,要求村里有重大事项需要讨论商定时,需要征询乡贤的意见建议,帮助村"两委"决策民主化、科学化;建立乡贤调解工作室,帮助调解各类纠纷矛盾,有效维护了社会稳定;建立乡警回归机制,让民警回出生地或原籍地进行"两地"报到,利用其"人熟、地熟、情况熟"的特点,协助村干部和驻村民警做好法律咨询、纠纷调解等工作;建立乡贤进网格机制,实行"一村多组、一组一乡贤"网格化管理模式,打通基层治理"最后一公里"。此外,还积极探索"乐和家园"、村规民约"五字"监督法、"联浦要诀"、"四不出村"等社会治理机制,积极发挥乡贤在乡村社会治理中的作用。

5. 加强乡贤表彰宣传,营造社会治理生态

通过表彰优秀乡贤,激发乡贤群体参与基层社会治理的积极性,营造良好的社会治理生态。组织开展了"杰出虞籍越商""十大道德模范""十大民间爱心人物""学最美人、做最美事""人人崇尚美、个人奉献爱"等评选表彰活动,通过树贤立杆,激发乡贤的荣誉感,提高了乡贤的参与热情。积极推进乡贤文化硬件建设,集中展示和宣传乡贤参与乡村治理的先进事迹。在区级层面,建设上虞乡贤文化广场、"乡贤之家"、上虞乡贤馆等;在乡镇(街道)层面,设立乡镇(街道)乡贤馆,展陈乡贤内容,宣扬乡贤事迹。

(二)乡贤参与基层社会治理存在的问题

上虞区虽然在创造性地利用乡贤资源推进基层社会治理方面取得了一定的成效,探索了乡贤文化融入基层社会治理的新路径,开创了基层社会治理的新视野,但也存在着一些不足之处。

1. 乡贤的界定缺乏统一的标准

当前,关于乡贤的认定,只是以"德、能"等一些笼统的基本原则为依据,而没有具体的认定标准和细则,在实际操作中很难把握。虽然有些地方也在探索乡贤的具体界定标准,但只是从反向来界定,列出剔除标准,明确规定哪些人不能被认定为乡贤。由于乡贤的界定缺乏统一的标准,在挖掘乡贤资源时往往过多偏重创业成功人士、党政军领导等这类比较突出的群体,而本地的一些老党员、道德模范、文

化能人等基层一线的贤达人员淡出了乡贤的选择范围。

2.乡贤作用的发挥面临着一些难题

首先，对乡贤作用的认识比较单一。虽然乡贤在基层社会治理中有着激发社会正能量、引领社会风气等多方面的作用，但有时候一些村级组织过于注重乡贤在捐资捐物方面的作用，遇事找乡贤也只是看其能否为村里捐点钱，忽视了乡贤在民风改善、文化传承和智库参谋等方面的作用。其次，乡贤发挥作用存在着可持续性的问题。也就是说，如何让乡贤持续为当地经济社会发展贡献自己的财力、物力和智力等是当前面临的一个难题。最后，乡贤作用的发挥还存在着自身定位的问题，即如何处理好乡贤与村干部的关系，如何在树立自己威信的同时不影响村干部的威望，如何做到补位而不越位、帮正忙而不帮倒忙。

3.乡贤参与治理的载体还不够丰富

乡贤参与基层社会治理的广度和深度如何，乡贤在基层社会治理中的作用发挥得如何，关键还在于乡贤参与的载体设计是否贴合实际、是否丰富多样。当前，虽然探索实施了乡警回归、乡贤调解工作室、乡贤重大决策征询机制等一些平台载体，并取得了很好的效果，但离基层实际需求的差距还很大。也就是说，基层社会治理中还有很多领域需要乡贤的参与和介入，乡贤在基层社会治理中的作用还有很大的潜力可以开发和挖掘，需要更加丰富、更加多样的载体，铺设乡贤参与基层社会治理的通道。比如，应整合乡贤资源，设计有效载体，让乡贤在农村集体经济发展壮大中发挥作用。

4.乡贤管理的相关制度需建立健全

乡贤的准入和退出机制尚需建立。在当前实践中，乡贤的准入缺乏一套规范的程序，带有一定的随意性和指向性，有时候造成推选的乡贤在群众中缺乏知晓度、公信力，乡贤自身荣誉感也不强；与此同时，也缺少乡贤的淘汰退出机制，长此以往不利于乡贤队伍的管理。乡贤的奖励和监督机制有待建立，对乡贤的激励褒奖和日常监督等缺乏常规性的评议管理手段。乡贤参与基层社会治理的价值理念、基本原则、底线要求等也缺乏统一的规定。此外，乡贤在基层社会治理中探索形成的好做法、好经验，缺乏行之有效的提炼、推广机制，难以真正做到固定化和制度化。

三、完善乡贤参与基层社会治理的对策建议

在新时代高标准地推进乡贤文化建设,高质量地发挥乡贤在基层社会治理中的时代价值,不断提升乡贤文化的社会治理效应,关键在于实现乡贤参与乡村治理的"四个化",即标准化、最优化、载体化和制度化。

(一)突出"标准化"理念

一要探索制定"乡贤"的界定标准。建立"乡贤"界定的正面清单和负面清单,提出必备条件,划定底线要求,明确"一票否决"事项;同时结合地方实际,制定"乡贤"界定的实施细则,进一步细化、明确认定标准和要求。这样,既为"乡贤"的认定提供原则性的指导意见,又因地制宜地推进"乡贤"界定,实现了原则性和灵活性相统一,最大可能地扩大"乡贤"的选择范围。二要探索乡贤机构的标准化建设。积极推进乡贤组织机构在硬件建设标准、组织机构设置、人员队伍配备、工作职责任务、具体参与方式、日常运作机制、党组织建设等方面的标准化、规范化建设,切实提升乡贤机构的软硬件配备档次,着力提高乡贤机构的工作水平。三要探索乡贤参与基层社会治理载体设置的标准化建设。对于一些已经比较成熟的乡贤参与载体,要推动其标准化建设,对其工作要求、工作流程等进行进一步的细化、完善和规范,全力打造基层社会治理品牌。

(二)实现"最优化"利用

一要推进乡贤信息数据化。开展"乡贤人士摸底"工作,进一步摸清乡贤"家底",完善乡贤各类登记信息,全面梳理乡贤资源;建立乡贤信息数据库,打造乡贤大数据平台,做好乡贤信息维护更新。二要全面认识发挥乡贤价值的作用。通过多种途径加强宣传引导,引导社会既要注重乡贤在物质方面的作用,也要注重乡贤在精神领域的价值,使乡贤在基层社会治理中发挥全方位的作用。三要多途径地营造浓厚的"尊贤敬贤"的良好氛围。运用微信、电视等现代传媒手段,创新传播方式,广泛宣传乡贤典型事迹,营造"尊贤敬贤"的浓厚氛围。通过对氛围的营造,让乡贤群体既产生一种获得感和被需要感,同时也产生一种自我约束力,实现其作用的可持续发挥。四要理顺乡贤与村干部之间的关系。让一部分优秀乡贤通过选举

进入村"两委"班子，使其在基层治理中扮演两个角色、发挥双重作用；实行村级乡贤机构双重领导，使其既接受上级的领导，同时也接受村级党组织的管理。

（三）推进"载体化"创新

一要坚持以乡贤特长为导向，持续推进载体创新。不同的乡贤群体，其所长之处各不相同。要依据乡贤的特长、优势，坚持"以人设岗"的原则，设计适合乡贤参与基层社会治理的有效载体，让不同的乡贤群体能够以不同的形式参与家乡建设，充分展示乡贤的才能，发挥乡贤的作用。如，针对专家类乡贤群体，可基于其专业特长，设计"乡贤智库工作室"载体，为重点工作任务和重大决策部署提供有针对性、前瞻性、创新性、战略性的对策和建议。二要坚持以实际需求为导向，持续推进载体创新。基层社会治理中存在着的一些薄弱环节和工作难题，就是乡贤大显身手和发挥作用的领域。坚持"以岗配人"的原则，根据实际需求设计工作载体，配以相应的乡贤工作队伍。比如，针对村级集体经济薄弱难题，可以设计"百企联百村·村企共建"载体，让企业家乡贤利用自身优势帮助村里发展经济。三要坚持以实践问题为导向，持续推进载体创新。乡贤参与载体的设计是一个不断完善的过程。现有乡贤参与载体在实践过程中会产生一些问题，影响乡贤作用的发挥。因此，要以实践中出现的问题为导向，坚持"人岗相适"的原则，不断完善和深化载体创新。

（四）强化"制度化"建设

一要建立乡贤准入和退出机制。探索乡贤准入机制，依据"乡贤"界定标准，严格设置"乡贤"准入程序，以一套规范合理的认定办法提高乡贤认定的科学性和公信力；探索乡贤退出机制，严格设置"乡贤"退出程序，及时清退不合格的乡贤，以保障乡贤队伍的风清气正。二要建立乡贤激励和监督机制。探索建立并出台完善的、常规化的激励政策，既要注重精神上的认可，也要重视物质上的奖励；探索建立乡贤评议积分机制，对乡贤的"德、能、廉、绩"等方面进行年度正向量化积分，作为各类荣誉评选的参考依据。三要制定乡贤工作日常规范。制定乡贤参与基层社会治理的日常行为规范和底线要求，推动乡贤工作的规范化。四要建立乡贤工作试点推广机制。通过试点推广机制的建立，把乡贤参与基层社会治理的好经验、好载体制度化，以完善长效的制度机制，为基层治理提供持久动力。

四、结论

　　十九届四中全会指出，必须加强和创新社会治理，完善党委领导、政府负责、民主协商、社会协同、公众参与、法治保障、科技支撑的社会治理体系，建设人人有责、人人尽责、人人享有的社会治理共同体。探索乡贤参与基层社会治理，既是对融"公众参与"于治理体系中进行有益的尝试，也是对打造人人有责、人人尽责、人人享有的"社会治理共同体"的不懈努力，是在全面建成小康社会征程上的创新之举；同时，也需要围绕这两个目标，根据变化的实际，继续提升和创新乡贤参与基层社会治理的模式，助推国家治理现代化。

参考文献：

[1] 王志良. 继承和弘扬乡贤文化　践行社会主义核心价值观[N]. 光明日报,2014-07-23(1).

[2] 中共中央宣传部. 习近平新时代中国特色社会主义思想学习纲要[M]. 北京:学习出版社,2019.

[3] 童波,严竹萍,傅海港,等. 共建共治共享的社会治理新格局[N]. 绍兴日报,2018-12-24(16).

【作者】

胡立刚,中共绍兴市上虞区委党校讲师

浙江省社区社会组织培育发展和
作用机制调研报告

王学梦

改革社会组织登记管理制度、大力培育社区社会组织,是党的十八大上提出的重要历史任务。2018 年最新出台的《社会组织登记管理条例》将社区社会组织概念界定为"为满足城乡社区居民生活需求,在社区内活动的城乡社区服务类社会团体、社会服务机构"。中华人民共和国成立以来,浙江省社区社会组织的培育发展先后经历了需求蛰伏的前奏期(1949—1998 年)、需求激活的初探期(1999—2011年)和需求释放的加速发展期(2012 年—至今)三个历史阶段,呈现出由少到多、由小到大、由弱到强、由模糊到清晰的社会变迁历程。在推进社区社会组织发展中,浙江省坚持培育、管理并重,使之呈现出蓬勃发展的良好态势。

一、浙江省社区社会组织面貌总述

浙江省的社会治理创新一直走在全国前列,中央到地方不断松绑的政策环境,地方创新基层社会治理体制的压力,以及社区日益膨胀的个性化和多元化需求,汇聚成一股强大洪流,将社区社会组织的发展推向一个全新的阶段。早在 2012 年杭州、宁波、温州等地就开始率先探索了社区社会组织培育发展、登记管理、三社联动等指导性文件,开启了政社分开与合作的新局面。近几年,浙江省领先于全国先后出台了《关于进一步加强社区社会组织建设的指导意见》《关于改革社会组织管理制度促进社会组织健康有序发展的实施意见》等省级层面的政策文件,为促进政社分开与合作以及壮大社区社会组织提供了利好空间与契机。

目前,浙江全省有 16 万家社区社会组织,涉及社区服务、卫生、教育、救助、帮扶、养老、助残、维权、文体等各个领域。据统计,截至 2017 年底,浙江全省社区社会组织共计 160883 家,从城乡分布来看,城市有社区社会组织 58690 家,农村有社区社会组织 102193 家,农村比城市多出 74.12％;从规范化程度来看,注册类社区社会组织 15081 家,备案类社区社会组织 145802 家,注册类社区社会组织仅占 9.37％;从行业分布来看,排名前三的社区社会组织类别分别是公益慈善类、文体活动类和生活服务类,分别占总数的 30.29％、29.36％、23.96％,累计占总数的 83.61％,排名最后一位的是环境保护类社区社会组织,仅占总数的 3.57％;从专业化程度来看,已建成的社区社会工作室 9146 家,占总数的 5.68％,其中注册类 708 家,备案类 8438 家,注册类占总数的 7.74％;从人员配备情况来看,共有工作人员 27951 人,平均每家达 3.06 人,其中取得社会工作职业资格人数 7642 人,平均每家持证人数仅 0.84 人。

另据不完全统计,与 2016 年相比,全省新增备案社区社会组织 1.1 万家,新增社区社会工作室 503 个;与 2015 年相比,全省新增备案社区社会组织 2.5 万家,新增社区社会工作室 3690 家。由上可知,从纵向对比来看,社区社会组织发展数量逐年攀升,其中 2016 年增长最快;从横向对比来看,社区社会组织的行业分布较为广泛,主要分布在公益慈善、文体活动、生活服务、经济合作等领域,这些领域与居民的日常生活息息相关,具有公益性、亲民性的特点。

二、浙江省社区社会组织发展局限及其根源

自 2000 年我国开始大规模推进城市社区建设以来,出于基层政权和社会稳定的需要,党委政府始终在社区工作中占据主导性地位,主要体现在对社区建设和服务中人、财、物等资源配置的全面掌控上。受这一发展传统的影响,近年来,政府在反思已有社会管理模式积弊和建构新型政社关系的同时,也在社区社会组织顶层设计方面做出了一系列改善和努力,特别是在登记管理、财政投入、技术平台和社会倡导方面不断"松绑",为社区社会组织的发展壮大提供了大好时机。但综观各地社区社会组织发展的客观现实,仍然普遍存在诸多内源性和结构性困境。这些困境表现如下。

(一)速度、数量与质量存在结构性失衡

政府早期对社区社会组织的干预策略主要采用备案管理方式,使得众多不满

足登记条件的社区社会组织能够以合法身份开展活动。如杭州于 2008 年在全市推行了备案制度,嘉兴于 2009 年开始加强社区民间组织管理。随着 2013 年党的十八届三中全会明确了社会组织在国家与社会治理现代化中的重要作用后,政府对社区社会组织发展的政策支持体系更加完善。如民政部《关于大力培育发展社区社会组织的意见》提出,支持社区社会组织承接相关服务项目,到 2020 年实现城市社区均有不少于 10 个社区社会组织。特别是浙江省提出,到 2020 年,平均每个城市社区有 15 个以上、农村社区有 5 个以上社区社会组织,枢纽型、支持型社区社会组织基本覆盖每个街道(乡镇)和城乡社区,民办社会工作机构基本覆盖城市社区和 1/3 以上的农村社区,登记和备案的社区社会组织达到 15 万个后,全省社区社会组织数量激增。

在社区社会组织数量极速膨胀的背后,仍有一些问题需要我们反思。如从组织规范性来看,浙江省 2017 年注册类社区社会组织仅占所有社区社会组织总数的 9.37%;从行业分布来看,公益慈善类、专业调处类、环境保护类等社区急需的社区社会组织占到总数的 39.79%;从专业化程度来看,已建成社区社会工作室 9146 家,占社区社会组织总数的 5.86%,其中注册类社区社会工作室占总数的 7.74%;从人员配备情况来看,平均每家社区社会工作室达 3.06 人(实际上多由社区工作者兼任)。由是观之,当前社区社会组织在组织规范化、行业分布、专业化和人员配备等方面均存在一定的结构性问题。尽管政策刺激带来了数量的"正增长",但这些硬性指标的背后是拔苗助长和"被增长",其直接后果是导致了社区中大量形同虚设的"僵尸"类社区社会组织产生,对社区社会组织整体结构的优化和服务能力的提升带来较大挑战。调研发现,多数社区社会工作室有名无实,只是按照政府考核要求进行机械登记备案,实际上既没有配备相应人员,也不了解社区社会工作室为何物,更不用说开展专业服务了。

这种社区社会组织增长速度、数量与质量结构性失衡的状况,也意味着浙江省未来社区社会组织的发展应突出重心下移、自外而内、量质共进的发展策略,特别是要在社区社会组织的发展质量、能力提升、参与深度上对症下药、综合施策。

(二)"金字塔式"服务需求与"倒金字塔式"资源配置错位

结构功能主义的观点认为社区关联性(在场或不在场)、服务性质(直接或间接;利己或利他)、组织形态(正式或非正式)是理解社区社会组织的三个核心要素。

构建基层社会治理新格局

根据这三个核心要素,大量的民生服务需求广泛分布于社区千家万户和公共场域,"金字塔式"的服务需求决定了社区公共服务的供给和公共资源的配置亦应遵循这一原则。

但从当前政府的资源投放和政策支持来看,其重心主要放在外生型、枢纽型、注册类社区社会组织层面,备案类、准社区社会组织处于最下层,呈现出一种"倒金字塔式"形态。原因在于这三类社区社会组织在法人治理结构、责任主体明晰、资源摄取能力、专业服务能力方面均优于备案类社区社会组织和准社区社会组织,便于政府实施监管和评估。这些组织为了吸引政府、媒体、居民的眼球,刻意追求新意、前沿和与众不同,高度关注居家养老、爱心义卖、亲子活动、临终关怀、心理咨询等热词,而对居民不够高端的大众性需求如环境卫生、绿化美化、纠纷调解等鲜有关注和承接,呈现出组织目标与手段的替换,即首要目的不是为了提供与居民需求对应的公共服务,而是为了组织的生存和维续有意寻找创新和亮点对接。而由于多数备案类社区社会组织处于社会组织及社会层次的最低端,并不具备政府合作的常规条件,在实际操作中,法人资质不充分,加上众多的数量和类型,使得监管和评估无从着手,结构缺项、功能失调最为明显。2016年底,杭州市某城区纪委在对2014—2016年承接全区公益创投项目的社区社会组织进行专项审计时,对备案类社区社会组织的财务管理、服务能力提出疑问,暴露出备案类社区社会组织内部治理的极度不规范性。

"金字塔式"服务需求与"倒金字塔式"资源配置,在一定程度上造成了社会资源配置的错位和浪费。当大量的上游资源漂浮在上层,其向下流动的过程受阻时,意味着一些真正扎根本土、服务民生的专业类社区社会组织只能以小打小闹、自娱自乐的方式参与社区服务与治理,反而导致了社区社会组织参与社区治理的"失灵"状况,加剧了社区社会组织整个生态系统的恶性循环。按照各类社区社会组织功能结构,从长远来看,尽管备案类社区社会组织存在法人治理结构缺失、责任主体模糊、规模微小、监管不便等现实困难,但其在协助社区居委会工作、发动居民群众、满足社区微型和异质社会服务需求等方面,发挥的作用意义甚至超过了注册类社区社会组织。并且只要及时得到外生型和枢纽型社区社会组织的专业指导,这类社区社会组织完全可以向注册类、专业类社区社会组织转换升级。基于以上原因,政府在资源投放和扶持上应侧重于注册类和备案类社区社会组织,重点在于提高其社区活动参与和服务能力,特别是加快类似于社区社会工作室这样的"僵尸"

类、空转类社区社会组织的服务激活和专业运作。

（三）需求的异质性与服务的碎片化互为张力

社区社会组织发轫于社区,同社区一样,社会性是社区社会组织的本质属性。社会转型期的到来,使得大量异质、多元、个性的服务需求广泛分布于社区,政府所应并且能够提供的主要是低保救助、居家养老、教育就业等"兜底性"基本公共服务,社区社会组织由于其行业领域的多样性和广泛性,理想情况下在对接和回应居民需求方面比政府有着更天然的优势。但实际情形是二者并非精准对应,多样性的特征难以体现,反而是狭小性和单一性占据主流。主要表现在以下几个方面。

首先,参与主体的单一性。长期以来,社区中各类活动的参与对象主要以下岗待业妇女、学龄前儿童和离退休老人等居多,热心社区公共事务的总是那群"老面孔",而作为社会建设主体和骨干的大量白领和亲子家庭游离于社区事务之外,使得社区社会组织在参与社区治理方面后劲不足、效用有限。

其次,资金来源的单一性。从当前社区社会组织的发展现状来看,政府仍然掌握着各类社区社会组织的生存命脉,除了个别社会影响力较大、资源摄取能力强的社区社会组织能够达到政府资助比例在 70%(如上城区明德公益事业发展中心、台州天宜社会工作服务社、嘉兴市阳光家庭社工事务所)以外,绝大多数社区社会组织依赖政府购买服务和公益创投维持生计。多数公共服务资源悬浮于上层,使得真正扎根民生的社区社会组织仅能得到"撒胡椒面式"的资助额度,导致服务的碎片化、零散性、形式化问题突出,组织生命力不强、稳定性不高。

最后,组织规模的狭小性。调研发现,除了居家养老、文体类社区社会组织规模稍大外,其他社区社会组织规模普遍较小,无固定场所、无专职人员、无经费来源的社区社会组织占到80%以上。

（四）社区公益服务广度要求限制服务深度实效

社区社会组织的一大优势是专业性,相对于规模庞大、高度科层化的政府,社会组织集中在特定活动领域,定位精准、任务明确、优势突出,在此理想设定下,"让专业的人做专业的事"呼声高涨。但在实际运行中,许多社区社会组织在承接项目时,往往被要求以活动化、跨地域的形式承接社区公共服务,广度要求往往超过深度。

以杭州市近三年的公益创投活动为例,政府将福彩公益金、社区服务业等资金整合在一起,每年投入约1500万元,重点资助社区治理和服务类、为老服务类、救灾救济类、培育扶持类项目,每个项目资助额度在10万—20万元之间,周期基本保持在一年以内。其中,除社区治理和服务类直接面向社区提供服务外,其他社会组织如为老服务类、救灾救济类也都在一定程度上落地社区开展服务。关键在于,这些公益服务项目的资助规模、服务地域和项目周期之间存在内在矛盾和失调,具体表现在:在社区治理与服务类项目中,项目承接单位在项目申报书中必须明确项目服务区域至少覆盖主城区的3个区,并且服务10个社区以上。与香港、深圳、上海等先发地区相比,这一资助模式在资助规模上资金体量偏小;在项目周期上时间周期过短;在覆盖范围上涉及区域过广。这些外在的硬性约束使得社区社会组织在服务开展中,由于资金和人手不足,只能低水平、形式化、重复式地提供服务,实际服务成效大打折扣。在接受成效评估时,从表面上看,台账齐全、财务规范、指标完备,实际上取得的社会效果是"雨过地皮湿"。长此以往,将大大降低政府、社区居委会、居民等对社区社会组织的认可度,为社区社会组织未来可持续发展埋下隐患。

(五)多元协商共治机制和平台不畅

从表面上看,社区社会组织提供的服务扎根并回馈于社区,但从更大社会生态系统来看,社区社会组织的发展壮大面临多种复杂的社会情势,受多种权力关系集合与博弈的影响。通常来说,一个社区社会组织从组织成立到服务落地,必将经历党政关系(与党委的关系)、政社关系(与政府的关系)、社社关系(与社区居委会、公共服务工作站、其他社区社会组织的关系)、社群关系(与居民群众的关系)等多重"关系丛"和风险挑战。如在党政关系中,民政部要求各地民政部门在社会组织登记管理工作中,应及时要求社会组织在章程中增加党的建设和社会主义核心价值观有关内容,并在成立登记和章程核准时加强审查,正在办理成立登记和已经登记的社会组织尽快按照通知有关要求,将党的建设和社会主义核心价值观有关内容写入章程,"党性"成为当前社区社会组织注册成立的前置条件;在政社关系中,政府垄断着社区社会组织生存发展最为亟须的公共资源,往往那些与政府有长期丰富合作经验、社会影响力较大的社区社会组织更容易博得政府关注和支持;在社社关系中,社区社会组织不是单打独斗,如果没有社区居委会、公共服务工作站的认可与协助,将直接导致服务难以落地;在社群关系中,居民群众既是社区社会组织的直接服务和受益对象,在更大程度上也是社区社会组织推动居民自治、培养社区精神的依靠力量。理想情况下,能够较好应对和协调以上关系的社区社会组织,无论对政府、社区还是社区社会组织自身而言都是比较成功并能大受欢迎的。但从实践经验来看,政社协作、社社协作和社群协作似乎是矛盾体,党政、政社、社社、社群关系之间存在协商共治的"鸿沟"。对于多数社区社会组织而言,他们仅有能力处理其中一对或者两对公共关系,要么是政社协作良好,但社区和群众基础薄弱;要么是深受社区居委会和居民认可,但政社关系受阻,得不到政府的大力支持和重视。

以上问题的症结在于基层协商共治机制和平台的缺失。社区治理本身是一项系统工程,需要党委、政府、社区居委会、社区社会组织、业委会、共建单位等多元主体在治理理念、目标和内容等方面具有内在的同一性和默契性。然而长期以来,社区社会组织处于社区治理的神经末梢,组织规模的单一性和资源来源的依赖性,使其在强大的党委、政府面前处于弱势或"失语"状态,成为行政化事务的附庸。这种微妙而复杂的公共关系使得社区社会组织难以统筹兼顾,其一旦过度主张组织的自主权,便极易导致与重要相关方协作关系的终止。而在当前情势下,无论社区社会组织与哪一方协作关系的终止,都将对组织的未来发展带来致命冲击。这一现实也在客观上要求政府和社区需将社区社会组织作为一个平等参与基层治理的主体,在此基础上建构一个能够容纳多元主体平等参与的支点和平台,赋予社区社会组织一定的自主权和参与权,真正将其吸纳到社区治理和服务体系中来。

(六)从监管悬置走向监管过度

《关于改革社会组织管理制度促进社会组织健康有序发展的意见》中提出,要大力培育发展社区社会组织,要降低社区社会组织准入门槛、积极扶持发展增强服务功能,建立多元主体参与的社区治理格局。在此背景下,各地对社区社会组织采用登记、备案双重管理制度,即对符合登记条件的社区社会组织,优化服务,加快审核办理程序,并简化登记程序;对达不到登记条件的社区社会组织,按照不同规模、业务范围、成员构成和服务对象,由街道办事处(乡镇政府)实施管理,加强分类指导和业务指导。从表面上来看,社区社会组织服务管理的责任主体更加明晰了,监管任务更重了,但从实际运行来看,社区社会组织监管正在由原来的监管"真空"走向多层、多头、重复监管。

以一家在区级民政部门登记注册的社区社会组织为例,其在承接政府购买公益服务项目时,从项目申报到项目执行再到项目评估,往往要经历区、街道、社区、第三方评估机构、居民五重关口考验。就区级层面而言,除了民政部门作为登记管理机关必须履行监管职能外,其他如纪委、审计等部门也有可能随时抽查。以杭州市上城区为例,自 2017 年以来,该区实施"民政备案、街道管理、社区落地"的社区社会组织分级管理制度,对资助的辖区公益服务项目实施区及街道社会组织服务中心、社区居务监督委员会、居民骨干四级动态监管体系。这意味着一家社区社会组织在申报公益服务项目时,首先要通过登记管理机关资格审查;在项目落地服务时,要征得社区居委会同意,并向社区社会组织监督员报备;在项目结束后,要经得起民政、纪委、审计等部门和第三方评估机构的检查评估。层层监管的背后,实际上是对社区社会组织服务的不信任和防范心态。对于政府而言,多级监管的主要责任主体在民政,除了区级民政部门具有配置社会组织监督管理行政执法人员(一般 1—2 名)外,街道级民政既无行政执法权,也没有足够的人力配置,只能由枢纽型社区社会组织——街道社区社会组织服务中心代为行使监管职责。而社区居委会、居民监督员、纪委、第三方评估部门等多个部门的介入,从表面上来看弥补了监管真空,监管力量得到了充实,但实际上这种分散授权的运行方式,割裂了政府的总体性功能,既加重了基层的工作负担,也造成了人力资源的浪费。对于社区社会组织而言,每个监管主体都"得罪不起",往往被各级监管折腾得"苦不堪言",在言听计从、循规蹈矩的背后,是对组织生命力的压制。

三、基本对策:"六大转向"加推社区社会组织供给侧结构性改革

2018 年出台的《社会组织登记管理条例》明确提出,国家制定扶持鼓励政策,支持社会组织发展。《关于大力培育发展社区社会组织的意见》也指出,要以满足群众需求为导向,以鼓励扶持为重点,以能力提升为基础,引导社区社会组织健康有序发展,充分发挥社区社会组织提供服务、反映诉求、规范行为的积极作用。这些政策导向,明确了新时代浙江省社区社会组织培育发展的时间表和路线图。对照党中央的崭新期待和要求,结合浙江省当前社区社会组织发展的内源性困境,笔

者建议未来社区社会组织发展应加快推进社区社会组织服务供给侧的结构性改革,重点突出"六大发展转向"。

(一)培育思路由重量轻质向量质共进转变

2016 年以来,浙江省的社区社会组织如雨后春笋般涌现,其发展速度和总体数量位居全国前列。但社区社会组织在突飞猛进发展的同时,也暴露出了一些深层次问题。例如,虽然农村的社区社会组织数量明显高于城市,但其备案率仅高出城市 3.58%;注册类社区社会组织仅占社区社会组织总数的一小部分,说明大多数社区社会组织都处于发展初期,组织化程度和规范化治理仍有较大的改善空间。在行业分布上,能够反映社区社会组织专业性的专业调处类和社区社会工作室的发展现状亦不尽乐观,如专业调处类社区社会组织仅占总数的 5.93%,社区社会工作室仅占社区社会组织总数的 5.68%,并且取得助理社会工作师及以上资格人数仅占工作人员总数的 27.34%。近几年浙江省社区社会组织的发展数量虽然取得了重要突破,但就现实而言,尽管前期政府关于社区社会组织发展的刺激政策带来了数量上的"突飞猛进",但一些硬指标的达成却是拔苗助长的结果,其直接后果是导致了社区中大量形同虚设的"僵尸"型社会组织产生,对社区社会组织的整体结构优化和服务能力提升带来强烈冲击。总而言之,省内社区社会组织在仍然存在行业分布、结构类型、组织规模等方面有不尽合理之处,其内在结构和服务能力有待进一步优化和调整。

它山之石,可以攻玉。综观上海、广州、深圳等地的发展历程,社区社会组织的培育发展也经过了一条由少到多、由小到大、由弱到强、由模糊到清晰的变迁之路。由此可见,社区社会组织发展在速度、数量与质量上存在结构性失衡和张力的"阵痛"不可避免,大浪淘沙、优胜劣汰也是社区社会组织要经历的必然阶段。关键在于,尽快缩短这样的阵痛期,加快社区社会组织转型升级。

就党委和政府而言,作为"掌舵人",需要在顶层设计层面高瞻远瞩,理性而客观地看待当前社区社会组织发展面临的问题。特别是跳出发展"数量=质量"的思维怪圈,在保持数量稳步增长的同时,更应注重发展规模、组织质量和服务能力的培养。特别是结合当前社区治理实际,对那些长期活跃于社区一线,具有良好的群众基础,但又缺乏资金来源和专业能力的社区社会组织进行强化支持和引导,如对能够整合社会资源、融入社区发展、参与社区治理的党建引领型、文明提升型、社区营造型、问题解决型社区社会组织,可促进其由备案类、准社区社会组织向专业类、注册类社区社会组织转型。

就社区社会组织自身而言,要始终铭记自身的公益理想与组织使命,经常性参加党委政府的"不忘初心"使命教育,不仅在组织运行、财务管理、人才培养、人际协调等方面苦练内功,加强自我能力建设,还应放眼全局,借助裂变式创业、体制内转型、渐进式"蜕变"、组团式协作等手段,争取和链接社会资源,朝着规模化、专业化、系统化方向发展,真正成为党委政府"好帮手",社区居委会的"减压阀",居民群众的"贴心人"。

(二)发展导向由外引支持向本土内生转变

社区社会组织具有内生型、外生型、枢纽支持型、服务民生型等多种类别。这也意味着党委、政府需要清晰认识不同类型社区社会组织的功能特性,根据不同发展时期、不同社会需求,因地制宜、分类施策。通常而言,内生型社区社会组织发轫于社区,是在社区内部生根发芽、土生土长的社会组织,遵循"居委会—积极分子—居民"的社区参与和治理模式,具有组织嵌入社区、成员嵌入社区的"嵌入性"特质,社会组织和社区无严格边界并从属于社区,社会组织的积极分子往往也充当社区活动的积极分子,其行为具有高效率、低成本特点。外生型社区社会组织主要由当地政府或社区居委会引进,一般拥有先进的服务理念、专业的人力资源和丰富的内部治理经验,在项目策划、资金管理、规章制度等方面有明显的专业优势,社会组织与社区、居民之间边界明晰,其行为具有低效率、高成本特点。外生型社区社会组织由于倾向于照搬照抄发达地区的经验模式,过于注重用时髦词汇打造概念,关注社会前沿和形式创新,往往因以表演性短期活动替代长期的细致专业服务而广受诟病。但实质上,二者并非非此即彼,可能存在多维交叉、动态转换的共生关系。在一定社会条件下,或者当时机成熟时,内生型和外生型社区社会组织可以优势互补、相互转化。

在社区社会组织发展早期,由于社会环境、成长经验、政策资金等因素制约,外引的社区社会组织培育相对重要。如当前杭州大力推行的街道和社区党群服务中心、社区社会组织服务中心等,就扮演着亦内亦外、亦官亦民的双重角色。许多街道社区社会组织服务中心采用外引的第三方专业社会组织托管模式,一方面由党委和政府直接培育、监管,既规避了内生社区社会组织专业经验和人才不足的现实困境,又很好地联结了属地党委政府、社区居委会、服务注册类社区社会组织和备案类社区社会组织等服务资源,起到了承上启下、连通各方的神经中枢作用,可以说是内生型社区社会组织和外生型社区社会组织的完美集合体;另一方面,在居民的需求中,一部分是特定群体的特定需求,需要外部的专业性社会组织进行服务,而更多更基础的部分则是居民的日常性需求,这些需求琐碎、突发且希望得到即时解决,只能由常驻社区、熟悉情况并有长期驻地服务经验的社区社会组织承担,并辅以社区积极分子的热心帮助。显然,这两种社区社会组织类型都是未来社区治理不可或缺的组成部分。

更进一步,社会建设更重要的是实质而非形式。对于社区治理的实效性而言,社区社会组织发展的导向和重心应由那些直接面向社区公众诉求、协助社区居委会及时发现社情民意,更有群众基础和资源优势的内生型社区社会组织来承担,因而社区社会组织培育的重心应是土生土长的内生型社区社会组织。他们可在枢纽型和外生型社区社会组织的专业指导下,学会发现社区的深层次需求,链接社区的优势资源,将公益和专业服务一步一步地渗透到社区治理实践当中,最终获得组织的蜕变转型和公众的接纳认可。在这一逻辑前提下,因势利导地引进外生型社区社会组织,有的放矢地培育内生型社区社会组织,才能积极回应社区治理的弹性需求,解决社区的疑难杂症,实现二者的优势互补。

(三)公共参与由垂直单一向多元共生转变

社区社会组织作为基层社会治理的新生力量,是社会协同与公众参与的重要承载,也是社会治理社会化、专业化的有力依托。但从当前社区社会组织的发展现实来看,绝大多数社区社会组织仍依赖居委会和街道提供的资源来支撑自身发展,总体发展脉络呈现出一种"党社—政社—社社—社群"的线性发展态势。这种自上而下单向度"供血"的方式,将使社区社会组织倾向于"眼睛朝上"而非"眼睛朝下"发展,从而渐失社会自主属性和专业服务属性。因此,要破除这一畸形发展的僵局,需要党委、政府、社区、居民等多方力量内外联动,积极构建一种从"父子从属"关系迈向"伙伴合作"关系的增能发展平台。具体来说,应从以下三个方面着力。

首先,党委、政府多重赋权。传统意义上,我国的社会治理结构呈现出政强社弱、上强下弱的发展局面,社区社会组织呈现出先天发育不良、后天优势不足的窘境。在各级党委和政府的各种参政议政中,社会组织的参与度、发言权微乎其微。

因此,想要更好地发挥社区社会组织在社会治理中的重要作用,需要党委、政府除了提供基本培育资金支持以外,还要在人才、场地、设备、办公、平台等方面强化配套,并赋予社区社会组织这一社区治理新生主体更多自主权,特别是鼓励社区社会组织为地方发展建言献策,大力推广先进服务案例,推动社区社会组织与政府有效联动。

其次,社区社会组织自我革新。打铁还需自身硬。当前社区社会组织发展困境的症结除了政策法规层面的不完善外,更大一部分原因在于社区社会组织自身造血功能和社会动员能力不足。因此,社区社会组织需要具备敏锐的社会需求识别和破解能力,通过社区基金会资助、市场化运作低偿收费、社会企业转型等方式,持续增强自我造血功能,将自身的公益使命和服务专长相结合,组织动员和培养越来越多的居民群众参与社区服务,真正焕发出强大的组织生命力和社会适应力。

最后,社区居委会搭好协商共治平台。社区居委会是社区居民依法实行自我管理、自我教育、自我服务、自我监督的群众自治组织,也是引领和监督社区社会组织开展社区协商共治的主体性力量。在当前社区社会组织普遍"失语"的状况下,社区居委会更要肩负起组织社区居民、社区社会组织、共建单位等各方力量共治共建共享的重要使命。因此,在新的时代条件下,社区的多方参与迫切需要以社区居委会为主导,建设容纳各类社区社会组织参与的议事协商和监督平台、规则、程序和载体,创新各种参与载体和形式,将各类不同的组织和利益相关主体整合吸纳到社区协商共治组织架构中来,真正推动各方共建共赢。

(四)资源重心由"上游悬浮"向"下游沉积"转变

社区社会组织作为一种社会治理的新型策略和新生力量,在"自上而下"的行政力量助推下,短时间内以政策激励的方式迅速增长并实现全面铺开,走上了加快发展的道路。但政府仍然掌控着外生型、枢纽型、注册类、备案类等社区社会组织的生存命脉,加上多数公共服务资源浮于上层,使得真正扎根民生的社区社会组织仅能得到"撒胡椒面式"的资助额度,导致服务的碎片化、零散性问题突出,组织的生命力不强、稳定性不高。针对这一现状,未来的社区社会组织培育仍需从以下三个方面着力。

首先,政策和资金配置从"倒金字塔式"转向"金字塔式"。以往"倒金字塔式"的资金配置扶持机制,导致大量社会资源在"上游悬浮",公共服务落地社区的通道受阻,导致本土社区社会组织资源枯竭,发展受限。而"金字塔式"的资金配置方式遵循资源下沉、权力下放的发展规律,有利于科学切分社会服务的"蛋糕",盘活社区服务资源,满足基层群众的大众化、精细化服务需求,使得真正扎根社区服务的社区社会组织获得稳定、可靠的资金来源。

其次,建立分类培育机制。不同的地域特点、不同的发展阶段、不同的组织类型决定了社区社会组织的培育方式不能"一刀切"。因此,政府需在社区社会组织的培育中立足当下,放眼全局,从战略发展的高度科学制定社区社会组织发展的中长期规划,针对不同时期、不同类别的社区社会组织有的放矢、分类培育,努力打造一批作风优良、结构优化、队伍精干、作用突出、口碑一流的社区社会组织。

最后,开放包容,吸收先进经验。应借鉴国内外成功社会组织的经验,积极培育社区发展公益基金(如深圳市桃源居社区基金会、杭州市下城区石桥社区发展基金会),并辅以获取企业赞助、面向居民众筹、面向社会企业转型等形式,减少对党委和政府资金的过度依赖,增强社区社会组织的社会化发展和自我造血功能,最大限度地凝聚各类社区公共资源共同推动社区治理。

(五)服务供给由碎片化服务向系统性治理转变

速度、数量与质量存在结构性失衡,社区服务需求的异质性与社区社会组织服务的碎片化互为张力,以及社区社会组织现阶段服务广度与深度的内在矛盾,制约了社区社会组织的可持续发展,也提示了未来浙江省社区社会组织发展应加快系统性治理转型。具体来说,应从以下三个方面加大培育扶持力度。

首先,明确社区社会组织的发展重心。由于内生型社区社会组织天然的群众基础优势,以及枢纽型社区社会组织在资金支持、场地支持、方向引导和能力提升方面的专业优势,未来社区社会组织的发展方向应为在枢纽型社区社会组织的孵化指导下,明确组织发展目标,整合社区公共资源,培养专业服务人才,引导组织成功蜕变成为切合社区需求的党建引领型、文明提升型、社区营造型、问题解决型社区社会组织,逐步从社区治理的"外围"走向"内核"。

其次,激活社区社会组织运行的"微循环"机制。居民是社区真正的主人,居民自治的实质是每一个居民都能够以平等的身份参与自治,这就需要规模适度的自治单元。社区社会组织的规模和服务人群的微小性,决定了其内在运行的微循环机制,即针对不同的微需求、微群体和微社团,设计不同的微公益、微项目,因地制宜地开展社区微治理，培养居民的社区公共精神，实现社区的微自治。

最后，搭建社区社会组织服务联盟。从目前社区社会组织参与社区治理的调查结果来看，参与人员主要集中在离退休人员和一些弱势群体之中，而那些本应成为社区社会组织的领军人物——社区中广泛分布的精英人物、年轻白领、有着很高威望的社会人物等，由于缺乏参与社区公共事务的动力以及社区归属感和凝聚力不足，反而游离于社区社会组织之外，不利于社区治理实效的提升。因此，未来社区社会组织发展应立足社区治理和服务现实，加强社区智库和网络社团培育和规范，引导各类社区精英积极为社区发展建言献策，通过横向联合，搭建服务联盟，强化社区社会组织参与社区治理服务实效。在这方面，杭州市上城区湖滨街道的经验探索值得推广，该街道通过成立社会组织公益联盟联合党支部，搭建了由社会组织、辖区热心公益的党组织和社会企业、社区居委会共同参与的公益联盟，并提供了线上和线下的交流沟通平台。借助该平台，目前在湖滨街道开展活动的社会组织之间、社会组织和辖区企业之间实现了资源有效对接、项目共同承接、团队优势互补、组织相互学习、能力共同提升。

（六）管理方式从行政管控向正面引导转变

社区社会组织实行三种管理方式：一是符合具备法人资格的由县级民政部门进行登记管理；二是由街道办事处（乡镇政府）实施管理；三是在街道（乡镇）成立社区社会组织联合会，"以民管民"。在社区社会组织实际运行中，除了区、街道、社区联管外，社区居委会和第三方评估机构也在承担着同样的监督职责，纪委也不定时地介入其中。越是规范化、专业类的社区社会组织，面临的监管层级越多。诚然，统一、权威的监管体系和机制，有助于社区社会组织更加规范化、制度化地发展，但政府培育和发展社区社会组织的最终目的是使社区社会组织能够成为自我组织、自我管理、自主自律、自我服务和有效提供社区公共服务的自治主体，为社区居民提供高质量的公共服务，而不是将其完全置于政府的管控之下。因此，政府部门必须有所为、有所不为，甚至可以说只有有所不为，社区社会组织才能有所为。未来社区社会组织的发展应从以下几方面入手：

首先，从多头监管走向联合监管。当前，凡是一些粗具规模的社区社会组织，在承接政府购买公益服务项目时，从项目申报到项目执行再到项目评估，不可避免地要遭遇五重关口考验。调研发现，多家社区社会组织负责人抱怨，不少时间和精力都在应付各种评估和台账检查。这种状况一方面分散了社区社会组织服务民生的精力,偏离了其组织成立的初衷;另一方面也造成了部分社区社会组织"唯台账是从",在一定程度上放任了弄虚作假、形式主义现象的滋生。各级政府部门需进一步转变工作思路,逐步明晰各级监管主体职责,减少不必要的监管人力、物力成本内耗,从源头上杜绝多头监管和重复监管,提高监管效率;社区社会组织自身也要加强规范化建设,在财务管理、档案留存等方面实事求是、诚信为本,真正经得起各方检验,赢得百姓满意。

其次,加强正面宣传和引导。在登记管理上,对符合法律法规要求的社区服务类社区社会组织应降低登记准入门槛,简化登记手续;在基层民主建设中,完善社区听证会制度和重大事项社会公示制度,吸纳社区社会组织以组织化力量参与社区内部公共事务的民主协商和民主决策,畅通社情民意;在宣传动员上,针对居民自发参与热情不高、社会支持力度微弱的问题,通过党委、政府、社区内部、新闻媒体等途径,加强社区社会组织参与社区治理典型案例和服务成效的宣传推广;在人才培养上,要坚持人才是社区社会组织的第一生命线,通过提高薪酬待遇、加强教育培训等途径,吸纳社会工作骨干人才加入社区社会组织,发挥"顶梁柱"作用;在内部治理上,要严格按照章程依法合规开展社区服务,同时紧跟时代发展大潮,将自身未来发展目标与社区发展形势相结合,使二者能够互利共赢,时刻保持组织运行活力。

社区社会组织发展的历史和现状表明,其本身兼有政治、社会、经济等多重功能,是经济、政治和社会发展交互耦合的产物。就其社会属性而言,社区社会组织的角色功能与社区居委会的角色功能最为接近,是修复社会机能、纾解社会矛盾一大利器。因此,浙江省未来社区社会组织的发展仍需将其置于社会治理体系和治理能力现代化的高度,从培育思路、发展导向、资源重心、公共参与、管理方式等多个层面因地制宜、精细施策,从源头上、整体上、系统上提升社区社会组织参与社区治理的服务实效。

参考文献:

[1] 耿羽.内生型社区社会组织的公共服务能力研究[J].云南行政学院学报,2017,19(2): 37-42.

［2］吴素雄,陈宇,吴艳.社区社会组织提供公共服务的治理逻辑与结构［J］.中国行政管理,2015
（2）:49-53.

【作者】

　　王学梦,杭州市上城区紫薇原点社会工作发展中心理事长,华东理工大学社会
与公共管理学院博士生、助理研究员

乡村振兴背景下乡贤回归与乡村治理格局重构

李传喜

乡贤是我国传统社会中特有的一个群体，在传统乡村治理中发挥着重要作用。如今，随着我们对古代治国理政智慧的重视，乡贤重新回到了人们的视野中。但是，新乡贤作为在新的时代条件下重新建构起来的一个群体，与传统乡贤有较大的区别，其与乡村的关系已然发生了变化，具有典型的"内生的外部性"。新乡贤作为一个群体重新"返场"[1]，尤其在乡村治理领域的"返场"，必然面临着与现有乡村治理格局的互动与整合。因此，探索乡贤回归与当前乡村治理格局的互动机制，对于实现乡村的有效治理和乡村振兴有重要意义。

一、学术回顾与分析视角

改革开放以来，学界非常关注对乡村精英、能人治村、富人治村的研究，如张厚安、徐勇、项继权、卢福营、于建嵘、贺雪峰、吴毅等一大批学者发表了很多研究成果。新乡贤是政府根据农村社会发展需要而重新建构起来的一个群体概念，与这些学者笔下的乡村能人、乡村精英既有联系又有区别，应该在内涵、外延上与其区别开来。随着乡贤回归实践的开展，对新乡贤的研究日益深入。

(一)新乡贤的角色定位研究

有学者通过追溯乡贤的历史渊源，从儒家文化中寻找乡贤存在的历史依据，并将新乡贤与传统乡贤进行对比，论述新乡贤文化的伦理内涵。作为一种区别于传统乡绅的新乡贤，在不同学者看来，其内涵各不相同，有学者强调新乡贤的时代性、资源禀赋及主观意愿，有学者强调新乡贤的地域性与贡献性，有学者强调新乡贤的教育背景、经济基础和社会权威,有学者强调新乡贤的自身客观影响力、民众主观认定、特定文化土壤与本土地域边界,有学者将新乡贤放在现代民主政治框架内来考量其现代地位。

(二)新乡贤的社会功能研究

学界对新乡贤在乡村治理中的参与及功能有丰富的研究成果。新乡贤因具有"软约束""软治理"的特征,能够突破体制约束、完善资源及配置机制、弥补乡村治理人才短缺,有助于缓解中国乡村治理内卷化趋势。当前,对于新乡贤的性质有内生与外生的讨论,有学者认为城乡关系的变化使原生型乡贤没有了生成土壤,新乡贤的优势更多的是受到城市文明影响而产生,甚至有学者将新乡贤称为"村外人";也有学者强调新乡贤的内生性权威。虽然对新乡贤性质存在争论,但是学界对新乡贤嵌入或介入村庄治理却达成了共识。

(三)乡贤组织研究

在新乡贤研究中,对乡贤组织即乡贤会、乡贤理(参)事会、乡贤联谊会的研究也是一个重要内容,尤其是在乡贤组织的组织特征、制度设置、治理功能等方面,多位学者认为,乡贤组织能够在农村内生秩序构建、公共物品供给、化解矛盾纠纷等方面具有积极作用。党的十九大以来,针对新乡贤与乡村振兴的相关研究不断涌现,众多学者都认为,培育新乡贤文化是乡村文化建设中固本培元的根本之路。但也有一些学者提出了在新乡贤文化的操作实践中可能存在的风险,要注意规避其运行偏误,避免因为乡贤权威的不恰当运用而导致农村基层民主的萎缩,也必须在道德和法律层面构建相应的约束机制,防范新乡贤在乡村治理中阻碍民主和发生腐败的风险,使乡贤参与村庄治理实现从"权威治理"向"规则治理"的转变。

综上可见,既有乡贤研究既重视历史传统,也强调现时的建构,视野开阔,角度多元,对本研究有诸多启发。但相关研究仍有许多值得深入探讨之处:一是现有研究多是遵从"传统—现代""国家—社会"的二元分析框架,容易导致研究面向的片面化,忽视新乡贤文化在实践中所体现出来的独特逻辑;二是现有研究更多强调乡贤回归参与乡村治理的既定事实,对新乡贤如何有效融入乡村社会治理格局,又是通过何种机制来影响乡村治理格局缺少关注。本研究拟在前人研究基础上,对乡村振兴背景下乡贤回归与乡村治理格局重构这一主题进行研究。

何为"治理格局"？自党的十九届四中全会提出要"加强和创新社会治理，构建基层社会治理新格局"以来，治理格局成为近年来完善基层社会治理方面研究中的热词。从词意分析，"格"用于形容物体的空间结构和形式；"局"指布局，分布，摆放，安置位置。鉴于以上定义，治理格局可以用"结构—功能"的框架来加以界定，所谓乡村治理格局由乡村治理结构体系及其相应功能和影响等因素共同组成。据此，本文将乡村治理格局界定为乡村治理结构、乡村权威、乡村道德文化三部分。乡贤的回归，是乡村治理中嵌入的一个新变量，必然会对整个乡村治理格局产生重要影响。

二、乡贤回归与乡村治理结构重塑

传统乡土社会，乡村治理是"皇权不下县，县下皆自治"的"集权的简约治理"模式[2]，中华人民共和国成立后，国家政权重塑了乡村治理结构，形成了"村社合一"的集权式乡村动员体制[3]。改革开放以后，乡村治理变成了"乡政村治"结构下的村民自治，具有鲜明的简约治理色彩[4]。同时在精准扶贫和乡村振兴等国家战略背景下，乡村治理更加强调有效性。但是，在乡村治理的社会基础整体弱化的情况下，村民自治制度的作用并没有得到充分发挥。"乡村振兴"战略二十字方针中明确提出的"治理有效"，首重有效，更加强调因地制宜、与时俱进，而不拘泥于形式。未来的乡村治理必然会以一种更加开放包容的态度接纳各种行之有效的治理元素，乡村治理的体制机制必然更加灵活多样，从而实现治理之本质与有效之形式的良性结合，有力地推进乡村治理的现代化。乡贤作为传统乡村治理的重要组成部分，其治理经验和价值正在被充分发掘出来，通过乡贤回归，新乡贤重新嵌入到乡村治理结构中，能够为提升乡村社会治理有效性提供有益助力。

（一）体制吸纳

乡绅曾经作为反面群体被排斥在体制之外。近年来，乡村治理困境凸显，其治理逻辑也开始从"乡政村治"向"多元共治""协作善治"转变，新乡贤也受到越来越多的重视，很多地方开始探索将新乡贤吸纳到体制中，使其发挥更大的作用，其背后反映出基层政府、村委会、村民、乡贤精英等多元主体正在不断融合。吸纳有两种方式。一是正式吸纳。如通过将优秀新乡贤纳入"两代表一委员"、鼓励新乡贤竞选村干部等形式,给予其正式身份,引导其更好地发挥作用。如浙江省台州市永丰镇、四川省眉山市彭山区等多地将优秀新乡贤纳入"两代表一委员",或邀请乡贤代表列席乡镇"两会",拓宽新乡贤参政议政渠道,不断丰富新乡贤发挥作用的载体。台州市仙居县 2017 年村级组织换届,动员了 400 多名新乡贤返乡竞选村干部,其中 237 人当选新一届村两委干部。二是非正式吸纳。如通过担任"乡(镇)长顾问""挂职村官",或参与"乡贤民主恳谈会"等非正式形式,吸引新乡贤参与乡村治理与发展。台州市三门县海游街道探索建立选聘优秀新乡贤担任"名誉村主任"制度,增强其主人翁意识,鼓励其积极参与乡村治理与发展。

将新乡贤吸纳入体制实际上暗含了对"双轨政治"的修复。在"乡政村治"格局中,包含了自上而下的权力介入和自下而上的民意传达,其中村两委承担了上传下达的职能。但是随着各种项目、资源、规范的下乡,村两委也日益行政化,各类考核及临时性任务挤占了村干部的大量时间和精力,村干部作为民意传达渠道的功能不断弱化。在此情况下,新乡贤的优势得以充分发挥,他们普遍有视野、有资源、有能力,能够为村民及村庄发展出谋划策,并向上反映村民及村庄的诉求。乡镇则可以通过给予新乡贤一定的社会地位与权力,借力他们所拥有的各种资源优势,实现权力与资源的互构。这样,新乡贤群体便成了乡村治理中衔接国家与农民的中间体之一。在治权弱化的背景下,乡镇政府吸纳新乡贤并对其有限赋权,同时强化考核监督等举措,从而引导新乡贤群体投身乡村治理与发展,使乡村两级的关系在"资源—权力"互构中呈现出从控制到交换的转变,乡镇政府、村庄、新乡贤也在动态互构过程中寻求治理合作的可能性,三方目标的一致性和利益的契合性使这一互构具有较强的正向绩效。

(二)组织建构

为将本土本乡的乡贤团结起来更好地为家乡服务,各地纷纷建立了乡贤理事会、乡贤参事会、乡贤联谊会等社团组织(下文简称乡贤会),并以其为桥梁和纽带,与乡镇政府、村庄有效对接。"村两委＋乡贤会"的村庄治理模式,通过发挥乡贤会在乡村治理中的补位和辅助作用,实现新乡贤参与乡村治理的制度性、乡土性、现代性、公益性的有机统一。长期以来,村民自治的四个民主发展并不均衡,在实践中往往更注重民主选举而忽视其他三个民主,这种取向导致乡政与村治之间产生了张力。[5]但从村民自治发展状况来看,单一的制度化路径已经无法满足乡村社会的治理需求,乡村治理面临着如何将村庄内部的政治能量引入有序治理轨道的问题。在农村社会建设和公共服务中,乡镇政府因财权与事权不对等,面对乡村发展需求往往有心无力。而乡贤会在社会治理中恰好承担了乡镇政府想管但管不了、管不好的事务,因而成为乡镇政府、村委职能的有益补充,成为乡村治理中一种非正式的治理主体。乡贤会通过挖掘乡土社会内部积极因素"重达自治"[6],通过合理转化传统社会资源及高效利用现代资源,为主体性村民自治提供了一条可能路径,并与乡镇政府、村委构成了乡村治理的合作伙伴,形成了一个多元协同的乡村治理结构。从实践效果来看,乡贤会作为纳入村庄治理结构的一个非正式治理主体,能够有效地纠正村民自治制度目标与实践效果的偏离,而其构建的稳健且富有弹性的乡村治理结构也有助于弥合国家与乡村社会的治理张力。

三、乡贤回归与乡村权威再造

改革开放以来,乡村社会处于激烈变动之中,人口结构、经济结构的变化使乡村的权力结构、权威结构也随之发生变化,并对乡村治理产生巨大影响。韦伯曾经将权威划分为三种类型:魅力型权威、传统型权威和法理型权威。在传统中国社会中,魅力型和传统型权威占主导,皇帝及皇权、宗法、礼治构建了封建社会社会秩序的根基。中华人民共和国成立后,乡村社会更多倾向于法理型权威,以政治体制及生产关系的改造建立起了乡村社会秩序。改革开放以来,经济、社会发展日益多元化,乡村社会也逐渐碎片化,导致乡村政治生活领域的传统权威被消解,尤其是以亲缘秩序为基础的农村内生秩序与以行政秩序为基础的制度性规范均出现种种"断裂",乡村社会秩序陷入一种整体"失序"状态。党的十九大提出建设"法治、自治、德治"相结合的乡村治理体系,其意图也在于重塑乡村社会权威结构,强化法律法规、村民自治制度和道德文明的权威性。由此可以预测,乡村社会秩序的维持将会呈现出多元化权威共同作用的复杂状态,即由"法治秩序""礼治秩序""人治秩序""宗法秩序"等组合而成的"多元复合秩序"[7]。新乡贤作为乡村社会中有德行、有能力、有威望的精英,其回归也有助于重新构建乡村社会的权威结构,在助力乡村"德治"方面发挥巨大作用。

(一)重塑乡村精英结构

改革开放以来,尤其是家庭联产承包责任制推行以来,在工业化、城市化大潮的冲击下,大量农民开始涌向城市,农村开始出现"空心化"。这一巨大社会变迁给我们带来了一个巨大困扰:出现了越来越多"回不了家的乡村子弟",而他们"'已经回不了家'是不愿,也是不能。他们与乡土的联系已经割断了"。[8]尤其是乡村精英的大量流失,必然使乡村如"大雨冲洗的土地,由肥田而成瘠土,由农地而成荒区"[8],使"落叶归根的社会有机循环"被打破了,乡村社会治理陷入结构性困境,这使得"乡村振兴"战略面临着巨大挑战。

城市与乡村是一个有机联系的整体,一个理想的社会状态是城市和乡村人口能够双向流动。但在城市化发展进程中,一直处于农村人口大量流入城市的单向流动阶段,城乡有机循环一度瘫痪。近年来,在"乡村振兴"战略大背景下,三农问题越来越受关注,农村开始重新回到人们的视野中,越来越多的人开始回流,尤其是在政府的招引下,新乡贤群体回归乡村,"作为一种生发于本土、成长于他乡而又强势返场的社会力量,乡贤回归在一定程度上再造了乡村精英结构"[9]。新乡贤与乡村精英、乡村能人有一定联系,也有较大区别。新乡贤必然是乡村精英,而乡村精英未必是乡贤,因为新乡贤乃是威望较高的贤德人士。乡贤回归对乡村精英结构产生巨大影响,短期内为乡村社会集中注入一股新的发展动能和文明气息。但需要注意的是,乡贤回归并不能替代既有的"乡政村治"格局,其主要是以"辅助者、输入者、指导者、驱动者"的身份定位参加乡村治理,发挥"补位、辅治"作用。

一方面,乡村精英职业结构日益多元化,为乡村治理树立了新权威。传统乡贤的身份较为单一,是以科举制为核心产生的一系列衍生群体,正如费孝通所言,"绅士是退任的官僚或是官僚的亲亲戚戚"[8]。而新乡贤诞生于多元化的社会环境,因此,其职业身份也日益多元化。从新乡贤身份来看,主要包括以下几类:一是经济乡贤,即本地外出经商、办企业,在经济上有成就的乡贤。从多地乡贤构成情况来看,经济乡贤占大多数,这也契合了当前乡村社会的最大诉求,即经济发展。通过积极吸引经济乡贤资金回归、项目回归,可以为乡村经济发展注入新的活力。另外,经济乡贤因其出色的经营能力、开放的视野、丰富的资源,往往被作为村干部选拔的对象,成为乡村治理的直接参与者。二是政治乡贤,即出自本地,曾任党政领导干部的乡贤。三是文化精英,即从事教学、艺术等工作且具有一定专业技术职称的乡贤。四是道德乡贤,即因其道德品行而受到乡民推崇的乡贤。

另一方面,乡村精英功能结构日益多元化,为乡村治理注入了新动能。传统乡贤的功能主要体现在道德教化、矛盾调解、兴办公益等方面,既为地方谋取利益,也为自己赢得声望。而新乡贤则因其职业身份多元化而呈现功能结构多元化的特征。如浙江省台州市仙居县依托乡贤联谊会,根据行业、年龄、专业特长等将有志参与乡村振兴工作的乡贤进行分类,分为"人才回村""生态美村""产业旺村""善治安村""文化育村""公益助村"六大类新乡贤,并组建了资政顾问团、青年乡贤议事团、"六老"帮扶团和乡贤巡调组等一系列平台组织,一大批具有专业技能特长的新乡贤分布在各支专业服务队中,不同新乡贤的优势得到更精准、更有效地发挥。

(二)构建复合型民间权威

新乡贤作为生于本土、长于他乡,在政府招引下回乡的各界精英,已成为乡村治理权威的一极。新乡贤的权威来源兼具内在和外在因素,是一种由行政力量、民间认同和支配能力三个方面构成的复合型民间权威,这一权威的嵌入使乡村建立起了一套调节机制。

1.行政力量

与传统乡贤的生成路径不同,新乡贤是"随着时代变迁和经济社会发展而重新建构起来的一个群体",并通过行政力量被"嵌入"基层治理结构中[10],因此,行政力量是乡贤权威的主要来源之一。一方面,通过政策话语为乡贤营造社会氛围。2015年的中央一号文件指出,要创新乡贤文化,弘扬善行义举,以乡情乡愁为纽带吸引和凝聚各方人士支持家乡建设,传承乡村文明。2018年的中央一号文件指出,要深化村民自治实践,积极发挥新乡贤作用。中共中央、国务院印发的《乡村振兴战略规划(2018—2022年)》指出,要提升乡村德治水平,积极发挥新乡贤作用。另一方面,通过乡贤回归实践使新乡贤重新进入乡村。如今全国各地都在积极引导新乡贤回归,地方政府给予新乡贤充分肯定,通过制定一系列政策为乡贤回归提供制度保障和工作机制。如浙江省台州市仙居县的《关于深入推进乡贤统战工作的若干意见》《乡贤回归投资民宿产业管理办法》《乡贤联谊会议事规则》《乡贤领办五步五法助推绿色调解》《重大事项乡贤征询制度》等一系列制度文件,为新乡贤回归创造了更好的环境和条件。

2.民间认同

认同是权威来源之一,新乡贤具有典型的地方性及民间性,民众对新乡贤的认同也是新乡贤能够顺利融入村庄的前提和基础。从权威类型来看,新乡贤在民间的权威类似于韦伯所提出的"克里斯马型权威",新乡贤更多的是以其个人魅力和成就获取村民的认可和服膺。一方面,新乡贤以其自身成就得到村民的认同。从身份结构来看,新乡贤都是在某一领域取得了一定成就的人士,具有较雄厚的财富、较高的学识、较高的权力地位、较强的经营能力以及高尚的品德,这些因素使乡贤在民众中具有较高的个人威望。另一方面,新乡贤在乡村建设及治理中发挥的作用得到村民的认同。乡贤作为农村中有能力、有威望的贤达,历来都在乡村治理中发挥重要作用。但是与传统乡贤相比,新乡贤更强调奉献性。传统乡贤往往基于宗族和血缘,更强调个体利益,其作为多是利己基础上的利他,而新乡贤指代范围扩大,也逐渐脱离了宗族和血缘的束缚,其回归乡村多是为造福桑梓、反哺家乡以实现其更大的人生价值,其作为多是利他基础上的利己。因此,要积极发挥乡贤的优秀品质与治理能力的合力效应,将解决经济发展与收入提高、孩子教育、老人养老、乡村贫困与公共产品提供不足等问题,作为乡贤获得自身认同与形成权威的最重要着力点。[11]也只有获得群众的普遍认同,才能更好地发挥其服务与泽被乡里的作用。

3. 支配能力

韦伯的权威理论也包含着"支配",韦伯认为支配意味着"某种特定命令被特定人群服从的可能性……合法性的支配形式即权威"[12]。以乡贤为代表的"民间权威"同样具有某种合法性的支配形式。一方面,乡贤与乡村精英有着密切关系,其共同点之一即具有对某种资源的支配能力,贺雪峰曾指出精英属于社会分层的范畴,他也从社会分群与社会分层相结合的角度提出,村庄精英分裂为以"名望、地位、特定文化中的位置乃至明确的自我意识为前提而形成"的传统型精英,以及以"市场经济中脱颖而出的经济能人"为主的现代型精英[13]。另一方面,新乡贤也具有对地方的"支配"性,其支配力量的来源是对网络、庇护、经纪、调解等种种策略的运用以及对物质、社会、个人或象征性资源的控制。[14]新乡贤将其所掌控的资源延伸应用到乡村,而村民也往往因为新乡贤在某一方面的成就或其在本土文化网络中的威望而对其服膺。正如恩格斯所说:"一方面是一定的权威,另一方面是一定的服从。"[15]新乡贤利用其"民间权威",可以对乡村建设、发展、治理发挥影响力和号召力,从而有效维护乡村社会秩序。与传统乡绅在乡村治理中对乡土资源的直接支配不同,新乡贤更多是基于村民自治等正式制度基础上的具有辅助功能的间接支配,他们可以带来资金、项目,也可以为村庄出谋划策、普及文化、引领道德,利用他们的"权威"辅助乡村治理和发展。

四、乡贤回归与乡村道德文化修复

乡贤本身具有较强的文化属性,中央文件强调要培育新乡贤文化,并将其作为社会主义精神文明建设的重要组成部分。2018年以后,开始强调要发挥新乡贤作用,从而将乡贤的功能范畴从文化延伸到了村庄治理与发展,但是乡贤文化依然是乡贤回归的重要基础。

(一)乡贤的文化特征

乡贤具有时代性。中国乡村有着悠久的自治历史与传统,所谓"皇权不下县,县下皆自治",其中,乡贤(乡绅)作为自治的主体,一直在乡村社会发挥着维持秩序、道德教化等作用,是一个尊奉儒家文化的同质性社会阶层,由此形成了以"崇德、向贤"为内涵的乡贤文化,并成为中华优秀传统文化的重要组成部分。而经历了几十年断层之后又重新"返场"的新乡贤文化,除了继承和延续传统乡贤文化的优良传统和文化精神之外,不可避免地被打上了时代烙印。新乡贤应注重于对传统乡贤文化精神的践行和创新,即"创造性继承,创新性发展",将中国特色社会主义核心价值观与新乡贤文化相结合,为新乡贤文化注入新的价值规范;同时新乡贤作为一种非正式的"魅力权威",应充分发挥其在道德文化引领、乡风文明培育、治理模式优化方面的积极作用。正如有学者所言,新乡贤的核心作用在于凝聚乡邻,以道义整合利益,发展出在新时代下适应乡村发展的共享价值规范体系。在此基础上,为乡民提供一套行动准则。[16]新乡贤应彰显出新的时代价值,重建乡村精神文化。

乡贤具有地域性。乡贤之"乡"即"本土本乡",这就限定了乡贤的地域范围,即乡贤具有"在乡性"或者具有"特定的文化土壤""本土的地域边界"[17],这是乡贤得以产生的基础,也是乡贤能够发挥作用的范围。不同地域涵养了不同的文化观念和价值规范,乡贤之所以能够在乡民间具有权威性,除了其本身的成就之外,还因为其满足了当地文化观念,尊重当地的价值规范,被当地村民所认同。乡贤的地域性可以理解为有本地生活经历以及有本土文化认同,有学者曾将新乡贤的主体定位为居住在乡村的复合型精英,难免遮蔽了当前乡村社会的流动性,把新乡贤定位狭义化了。当前,社会流动日益加速,农村社会日益分化,不能简单以居乡与否作为判定乡贤的必要条件。新乡贤更倾向于以乡愁乡情为纽带,基于地域以及附着在经济、社会、文化上的特殊情感及认同所构筑的"乡情治理"[18],即强调对于本乡本土的回馈意愿和公共精神。

乡贤具有伦理性。传统乡贤以儒家文化为根基,强调"尊尊""亲亲"基础上的礼治,如在传统乡土社会"宗族皆自治"的治理结构中,自治依靠的是伦理教化,而乡绅因其掌握着知识资源而天然成了伦理的执掌者、教化的实施者;同时乡绅对家乡和家人有一种"报本反始"的义务和责任[9]。这一精神以"孝道"为内核,深具儒家伦理特色,它所表达的是一种受恩思报、得功思源的感恩戴德之情[19]。乡贤的伦理精神是"贤—乡""乡—贤"正反运动过程及"乡—贤"合一的精神存在相融合,即乡贤体现了个体生命与其公共本质的合一、道德价值的特殊性与普遍性的辩证综合、道德主体与伦理实体之间的良性互动等道德哲学品性[20]。但是与传统乡贤相比,新乡贤超脱出了以血缘为基础的家庭及宗族,而是以地缘性的家乡为活动场域;同时,新乡贤也在儒家的德行和伦理思想上添加了理性、民主、包容等新时代元素。

乡贤具有公益性。乡贤沿袭了传统乡贤"以天下为己任"的社会责任意识及"达则兼济天下"的社会理想[21],并形成了"修身、齐家、治国、平天下"的差序化思想。新乡贤与传统乡贤同样对乡村公益投入财力、物力和精力,但是与传统乡贤相比,新乡贤的公益性更强,他们在公益助善、扶危济困、基础设施兴建等方面积极投入,力度更强、规模更大、范围更广,努力为家乡建设和发展做出自己的贡献,甚至是否热心家乡公益事业已经成为评判新乡贤的必要条件,也是新乡贤获得乡民认同、彰显现代乡村社会道德价值的必然要求。

(二)乡贤回归的道德文化意义

梁漱溟认为,"中国问题并不是什么旁的问题,就是文化失调"[22],费孝通提出"复员乡土"的时代命题,贺雪峰也认为"文化建设是当前新农村建设中的战略任务"[23],可见,只有做好乡村文化振兴,才能解决农村、农民的观念问题,也才能使乡村建设具有强大的内生力量。面对当前乡村道德衰落、乡村文化观念滞后的现实,乡村文化振兴极为必要,也极其重要,新乡贤正契合了当前乡村治理主体缺位的现实背景以及重建乡村精神文化的迫切需求。其所蕴涵的人文道德价值对推动乡风文明、引领乡村道德具有特别重要的意义,也有助于激活乡村文化生态系统。因此,培育乡贤文化已经成为实现乡村文化振兴的一个重要推手。

第一,再造乡村文化空间。古代中国有专为乡贤建立的乡贤祠,作为缅怀乡贤、延续乡贤文化的社会空间。新乡贤回归后,为传播乡贤文化、推广乡贤道德事迹,修复乡贤祠以缅怀古贤,充分利用农村文化礼堂、书院等乡村公共平台,创设乡贤馆、修建乡贤墙以宣传今贤。通过再造这些社会空间,为乡村社会打造了文化活动场所,带来了丰富多彩的文化活动。如浙江省台州市新河镇建设的"授智书院",集乡贤馆、乡贤书吧、乡贤讲堂、乡贤会议室、乡贤接待站为一体,并以此为阵地,每年举办乡贤文化节系列活动,开展各种文化交流及宣传。这些空间及活动有助于弘扬优秀传统文化、培育乡贤文化、滋养主流价值观,也有助于用新乡贤的嘉言懿行垂范乡里、涵育乡风、敦化民风、温暖人心。

第二,重塑乡村社会规范。我国古代的乡约中即提出"德业相劝、过失相规、礼俗相交、患难相恤"四大纲要,并明确"众推一人有齿德者为约正,有学行者二人副之"。所谓"齿德者""学行者"即指乡中"贤者",可见这一乡约力主乡贤对乡村的规制,强调礼治的教化。新乡贤也传承了传统乡贤这一功能,具有道德感召力和亲缘力量的新乡贤,通过熟人社会彼此之间的伦理制约、舆论评价来规训乡人的言谈举止、进退揖让,使中华优秀传统文化落地生根。如浙江省临海市东溪单村由本村乡贤自发建立"孝心基金",众乡贤以身作则,并积极引导村民敬老爱老,以"孝道"为基础,有效地规范了公序良俗、转变了思想观念,该村家庭成员之间、村民之间乃至该村与别村之间的关系更加和谐。

第三,维系乡村历史记忆。乡贤文化是乡村本土人文精神的重要组成部分,引导乡贤回归、发展新乡贤文化有利于激发乡土情感,维系乡村的集体认同感,而"地域性的历史记忆是维系集体认同感的关键"[24]。改革开放以来,工业化、市场化、城市化的冲击以及现代信息技术的普及,使得乡村社会与外界的联系越来越紧密,日益脱离传统,进入剧烈的现代化变迁进程中,乡村社会的历史记忆也日益被封存,似乎没有什么力量能够将这种记忆激发出来。但乡贤回归为开启乡村的历史记忆提供了一把钥匙,新乡贤回归既出于"报本反始""落叶归根"的传统道德观,也出于对故土的留恋和对于历史记忆而生发的"乡愁"。这种历史记忆使已经离开故土的新乡贤始终心系桑梓,而新乡贤回归也能够充分激发这种历史记忆,使乡村的集体认同、乡土情感能够不断维系下去,并努力重建乡村这一精神家园,让乡愁能够有寄托之地。

第四,培育文化建设主体。费孝通批判了城乡之间"采矿式的消耗",并认为城乡之间"必须有个循环","社会才能维持它的水准"。长期以来,我国城市化进程都是单一的,人口单向度地从乡村流入城市,"乡贤力量继替的制度保障产生了历史性断裂"[25]。乡村振兴战略实施以来,越来越多的农民开始回流,返回乡村创业、就业,为乡村振兴注入了巨大动力。而新乡贤就是返乡队伍中的一员,新乡贤回归不仅使自己成为乡村文化建设的主体,而且也积极带动和培育其他主体,从根本上解决乡村文化建设内生力量缺乏问题。新乡贤回归之后,积极建设乡村共同体、树立民间权威、涵育乡风、教化乡里,营造了共同参与乡村建设的浓厚氛围,激发了村民参与乡村事务的积极性,提高了村庄的凝聚力和自治能力。正如费孝通所言:"跳了龙门的人并不忘记他们的故乡……地方上出了一个杰出人物,就会有更多的人出头,因为他们会帮助其他人起步。"[8]

五、小结

长期以来,我国农村已经形成了以"乡政村治"为主的治理格局,但是随着经济社会的发展,乡村社会发生了巨大变迁,原有治理体系表现乏力,迫切需要新元素加入。2014年的中央一号文件强调要"探索不同情况下的村民自治有效实现形式",党的十九大提出的"乡村振兴"战略强调要实现"治理有效",这些为乡贤的回归提供了制度保障,也为新乡贤回归提供了前所未有的机遇。但是,我们也要认识到以下两个问题:一是新乡贤多为离乡精英,由于常年在外,其在乡村治理结构中的"返场",必然面临着现有治理结构和群众的适应和接纳问题,新乡贤要充分发挥自身优势,借助各种要素实现顺利"返场",如果处理不当,有可能引起现有治理体系和群众的不满或排斥;二是新乡贤回归对乡村实现有效治理具有一定的积极作用,但不可否认的是部分乡贤反哺乡村的积极性、主动性尚未被充分调动起来,很多时候是被动参与,甚至也有个别人虽被认定为新乡贤但并未发挥其应有作用,甚至发挥了负面作用。如某地一位乡贤在基层换届选举中利用自身身份,私自干预选举进程,影响了选举的顺利开展。在相关机制尚不健全的情况下,这种现象会对新乡贤回归产生负面影响。因此,在实际工作中,要注意避免上述问题,使新乡贤能够发挥更加正向、积极的作用,从而成为完善乡村治理机制和促进乡村治理现代化的有效推手。

参考文献:

[1] 李传喜,张红阳.政府动员、乡贤返场与嵌入性治理:乡贤回归的行动逻辑:以 L 市 Y 镇乡贤会为例[J].党政研究,2018(1):101-110.

[2] 黄宗智.集权的简约治理:中国以准官员和纠纷解决为主的半正式基层行政[J].开放时代,2008(2):10-29.

[3] 于建嵘.岳村政治:转型期中国乡村政治结构的变迁[M].北京:商务印书馆,2001.

[4] 吕德文.乡村治理 70 年:国家治理现代化的视角[J].社会科学文摘,2019(12):57-58.

[5] 刘友田.论村民自治对中国民主政治发展的意义[J].山东社会科学,2014(6):153-158.

[6] 徐勇,吴记峰.重达自治:连结传统的尝试与困境:以广东省云浮和清远的探索为例[J].探索与争鸣,2014(4):50-53.

[7] 于现忠.多元权威运作与乡村秩序的维持[J].理论与实践,2003(4):63-64.

[8] 费孝通.乡土中国[M].上海:上海人民出版社,2006.

[9] 姜方炳."乡贤回归":城乡循环修复与精英结构再造:以改革开放 40 年的城乡关系变迁为分析背景[J].浙江社会科学,2018(10):71-78,157-158.

[10] 李传喜.治理型统战:新乡贤统战的功能定位与实践发展[J].统一战线学研究,2019(4):92-100.

[11] 陶丽萍、李技文、刘科军.乡贤参与乡村社会治理应处理好的五大关系[J].领导科学,2020(4):113-115.

[12] 马克斯·韦伯.经济与社会[M].林荣远,译.北京:商务印书馆,1997.

[13] 贺雪峰.村庄精英与社区记忆:理解村庄性质的二维框架[J].社会科学辑刊,2000(4):34-40.

[14] 李晓斐.当代乡贤:地方精英抑或民间权威[J].华南农业大学学报(社会科学版),2016(4):135-140.

[15] 马克思,恩格斯.马克思恩格斯选集[M].北京:人民出版社,1972.

[16] 胡鹏辉,高继波.新乡贤:内涵、作用与偏误规避[J].南京农业大学学报(社会科学版),2017(1):20-29,144-145.

[17] 李晓斐.当代乡贤:理论、实践与培育[J].理论月刊,2018(2):161-166.

[18] 蓝煜昕,林顺浩.乡情治理:县域社会治理的情感要素及其作用逻辑:基于顺德案例的考察

[J].中国行政管理,2020(2):54-59.

[19] 李翔海."孝":中国人的安身立命之道[J].学术月刊,2010,42(4):29-36.

[20] 赵浩."乡贤"的伦理精神及其向当代"新乡贤"的转变轨迹[J].云南社会科学,2016(5):38-42,186.

[21] 吕霞,冀满红.中国乡村治理中的乡贤文化作用分析:历史与现状[J].中国行政管理,2019(6):63-68.

[22] 梁漱溟.乡村建设理论[M].上海:上海人民出版社,2011.

[23] 贺雪峰.为什么要强调新农村文化建设[N].解放日报,2007-11-22(7).

[24] 季中扬,胡燕.当代乡村建设中乡贤文化自觉与践行路径[J].江苏社会科学,2016(2):171-176.

[25] 曾鹰,曾天雄."新乡贤"文化:"后乡土"乡村治理的内生价值之维[J].城市发展研究,2019,26(5):12-18.

【作者】

李传喜,中共台州市委党校讲师

行政村规模调整背景下新村治理研究

——基于村民自治基本单位的案例分析

章一多

随着党的十九届四中全会以及浙江省委十四届六次全会的召开,国家治理体系和治理现代化、省域治理现代化等理论问题不仅被学者广泛关注,而且也被推向实践层面。而乡村治理作为国家治理体系中的有机组成部分,与基层广大群众密切相关,自然受到更多关注。如何在"乡土中国"向"城乡中国"转换的时代背景下,破解当前行政村在规模调整后产生的新村融合难题、实现乡村的有效治理,是本文思考的核心问题。

一、行政村规模调整对乡村治理形成的挑战及衍生的理论争议

过去 20 年以来,行政村规模调整(简称村调)不断在全国各地逐步推进,俨然已经成为农村基层组织创新的一股主流。从优点来看,村调有利于整合各种生产要素向中心村集聚发展,有利于解决当前工业化和城镇化所带来的乡村"空心化"和"过疏化"等难题,有利于提高财政资金使用效率。然而从缺点来看,村调也带来了乡村治理的诸多问题,党国英也认为一刀切的"大村庄制"不可取,尤其是打破了原有的"熟人社会"格局,带来了村民自治的新挑战,并衍生了学者们对乡村自治基本单位的大讨论。

(一)村调导致乡村治理面临诸多难题

自然村是历史上因居住和生产习惯而天然形成的,村民之间彼此熟悉,"熟人社会"也成为理解中国传统乡村的关键词;而行政村是规划变迁的产物,产生了诸

如天然规矩变商议规章、舆论压力变制度压力、长老政治变能人政治等变化,因此"半熟人社会"是更适用于行政村的标签。近些年,村调不仅推动了更多的自然村撤并,而且将部分行政村合并为规模更大的行政村,从而导致"半熟人社会"向陌生人社会转变、"互识社区"向"匿名社区"转变。王灿灿等以浙江省永康市为例,指出村调后新村融合存在村民认同度低、三资融合难、规划落实难、社会治理难等问题。郭占峰等则基于社会学的学理分析,认为村调后村庄的自然边界和社会边界扩大,文化边界[1]被打破,村民社区认同减弱;村委会与村民的关系弱化,村庄治理结构日益科层化,村域组织管理难度加大;村庄的内部冲突减弱,而农村与政府间的外部冲突加强;村民面临村民小组、原属行政村、新合并村的三级治理结构,当自上而下的资源分配不公时,自下而上的利益表达渠道就会被堵塞。正是因为村调后的乡村治理遇到的诸多问题,农村自治陷入了"失落",更有学者宣告"自治已死"。

(二)乡村自治基本单位的抉择:"下沉"抑或"上移"

不过,即使学者有质疑,也无法阻碍村民自治在不断实践中开辟新道路。以华中师范大学中国农村研究院为代表的学者发现,在广东等地区出现了乡村自治基本单位的"下沉",并焕发出新的生机。如徐勇等指出村民自治在经历自然村自发产生的第一阶段以及建制村规范发展的第二阶段后,正在经历建制村以下内生外动的第三阶段。此外郝亚光等认为行政村基层组织划分的标准在法定上是自治的,而实际上是行政的;而对行政村之下的基层组织划分标准进行梳理,又可发现这是便于农民直接参与的自治单元,并总结出四种模式[2]。在此基础上,学者对自治"下沉"的有效性进一步验证。如徐勇从"祖赋人权"的理论视角,解释了中国人的血缘理性,即因同一祖宗而赋予同一血缘关系的人的存在与行为的合理性和依据,为村委会下村民自治的有效性提供了进一步的理论依据。

除了在行政村之下"找回自治"外,以"江南五村"为代表的村际治理也为村民自治提供了"上移"的思路。"江南五村"对外统一宣传、统一交流、统一投资,建立"五村合作组织"进行定期协商,成立"五村联合控股有限公司"致力于产业合作。当然"江南五村"的案例绝非个案,本质上是产权相关的"利益共同体",正如邓大才指出的一样,村民自治的有效性受利益、文化、地域、规模及个人意愿等因素影响,其中以产权相关为基础的利益相关是村民自治有效实现的经济基础。徐勇等也主张构建多层次、多类型的村民自治实现形式体系,并指出"一些地方的村民自治形式超出建制村范围"。

无论农村自治基本单位是"下沉"还是"上移",至少有一点是确定的,就是农村基层自治组织一定要设立在最便于村民自治、最能调动村民积极性的层面,就如邓小平所述的,"调动积极性是最大的民主"。相比"下沉","上移"的治理经验对村调后新村如何治理更加有借鉴意义,因为原有的行政村之间是一种"外部关系",而村调后则转化为"内部关系",一般来说前者的关系处理更加复杂。然而通过对村调前后浙江省三门县船帮里案例的对比分析,我们发现村调前船帮里村作为治理"上移"的"成功"案例,在村调后却遭遇了直接融合难等治理问题,这无疑是一种悖论。因此本文希望通过深入审视船帮里的案例,对村民自治基本单位进行进一步理论反思。

二、案例:船帮里村调前后的对比

(一)船帮里村调情况简介

船帮里是浙江省三门县沙柳街道相邻 2 个村庄(船帮里村、曼岙村)的统称。村调前,船帮里由曼岙村、大周村、卢家塘村这三个同依笔架山、共傍旗门港的小渔村组成,并以"浪漫曼岙、文化大周、多彩卢家塘"为口号组团式发展。村调后,大周村、卢家塘村携手笔架山北面的东头村、外黎村,合并为目前的船帮里村,而原有的曼岙村维持原状(见表1和图1所示)。近年来,该区域村落信访案件零出现、重大刑事案件零发生、矛盾纠纷零上交,获得了省级民主法治村、卫生村、宜居示范村等荣誉称号。

表1 船帮里村调前后区域范围对比

旧行政村	旧区域名称	新行政村	新区域名称
曼岙村	旧船帮里	曼岙村	新船帮里
大周村		船帮里村	
卢家塘村			
外黎村	未纳入		
东头村			

图 1　船帮里区域地理分布图

（二）村调前的船帮里：村际协同治理[3]的创新探索

在村调前，旧船帮里所辖的沙柳街道利用三个村地缘相亲、生态相融、产业相似的优势，将三个村有机串联、组团发展，将治理单元"上移"，以村际协同治理破解条块分割的问题。

1. 协同靶向，党建引领示范

协同治理强调政府的主导性，并以解决公共问题为目标。沙柳街道在打造船帮里过程中起到了主导地位，将原先分割而治的行政村通过"抓书记、书记抓"、红色网格等方式凝聚在一起。在帮助提炼"同船共渡、看风行船、虚船触舟"的船帮精神的基础上，将其延续和升华为"互助、互爱、共建、共享"的新精神，探索走出"自治、法治、德治"融合的新路径，开创了"党建引领、三治融合、乡村善治"的新局面。此外，整合现有的社区事务，从居民最基本需求和社区实际情况出发，下沉公共服务，统一设置了党群服务区、三社联动中心、文化园、敬贤中心四个功能板块。

2. 协同互助，多元主体参与

协同治理也需注重多元性。在打造船帮里的过程中，通过筹办"美丽庭院"创意大赛活动，发动多个政府部门、部分经济组织及村民等多元主体共同参与活动。如在第一届活动中，沙柳街道各办公室、中学、信用社各自组成参赛队伍，对曼岙村主道路沿线的 11 户农户进行创意美化，此外在评比后由街道发放 1000—3000 元奖金；在第二届活动中，三门县有 23 家参赛单位按照"一庭院一风景、一庭院一主题、一庭院一特色"的原则一对一结对曼岙村农户,并由沙柳街道提供4千元创建资金;在第三届活动中,进一步扩大创建范围和结对单位,其中创建范围包括大周村32户、卢家塘村15户、曼岙村31户,每个单位结对1—3户,由县农办、县直属机关工作委员会、县妇联三方联合制定《三门县"船帮里美丽庭院"创建标准》并进行评选,最后由县委、县政府对获奖单位进行表彰。

3.协同自治,规范村规民约

为了确保运作规范,协同治理需要建立规范,建立共同遵守的村规民约是必要的。千年来的船帮里,在搏击风浪、寻找航道的商路上,一代代先人用生命订下"观天时、顺风向、同舟渡、共生死"的船规,保证了平安行船、泰平通商。随着时代的变迁,往日的讨海人上岸后,形成"渔乡大家建、村事大家管"的新"船规"。近年来,船帮里共邀乡贤礼士、族老长辈,修订增设"新船帮"议事规则60余条,对村庄大小事务的决策管理进行了规范。同时还让村民自己制定"村规",自己来遵守。如提出了"在禁渔期非法捕捞的,被发现或被人举报的,除法律处罚后还须承担打更巡逻7天""违反垃圾分类处理规定的,必须打理村内公共庭院3天",增强了村规民约的自我约束力。

4.协同法治,崇尚遵法敬法

法治作为现代治理体系的基石,也是协同治理的基本原则。船帮里人传承了船帮看风行船的生存之道,有极强的规则意识,这也体现在当今船帮里人的法律意识上。如大力推进"民主法治村"创建,推行法律进礼堂、进中心、进庭院、进村户,通过法律格言、漫画、案例等形式,让"法"看得到;编制了朗朗上口的普法三字经,每日早晚在农村广播定时播出,让"法"听得到;依托"一村一法律顾问",专门开设"法律诊所",邀请律师每周到村"上班"一天,解答村民的法律疑难,让"法"问得到;同时,大部分村民都用上了智能手机,都存着"之江法云"的微信号,随时随地都能找律师解答,让"法"用得到。所以在船帮里,"信访不信法"的现象已基本绝迹。

5.协同德治,挖掘船帮文化

中国乡村的根基在家户制,家庭、家教、家风在基层社会治理中起到了重要作用。船帮里人秉持"虚船触舟人不怒"的心态,虚怀若谷、与人为善,连续十余年开展最美家庭、最美媳妇等评选活动,通过月评、季表彰、年总结等形式,让最美系列深入人心;同时收集整理族训、家训和家风好故事,引导家家户户写家风、晒家训,将好家规集中展示陈列,引导村民由"要我文明"向"我要文明"转变。村内专门成立道德评判团,对低保审查、困难帮扶等进行公开评判,每月、每季批评卫生脏乱差家庭和不赡养老人的行为,更在村道德红黑榜上予以公示。专门成立红白理事会,在遏制大操大办上,着力推行文明节约节俭操办酒席;在抵制婚礼陈规陋习上,着力解决婚事高额彩礼问题;在治理殡葬习俗乱象上,着力完善公墓殡葬服务。

(三)村调后的船帮里:村内村际关系的重构

村调时,由于旧船帮里的主体曼岙村与大周村、卢家塘村的集体经济差距较为明显,因此新组建的船帮里村未将该村纳入,这就导致了村调前构建的"曼岙村—大周村—卢家塘村"的村际关系被割裂,原先三个村好不容易构建起来的"船帮里"文化边界也被船帮里村这个新设定的社会边界所扰乱。此外,船帮里村并入了位置较远、村集体经济较为薄弱的外黎村和东头村,试图打造"新船帮里",但是由于缺乏中心村的辐射作用、缺乏前期协同治理的根基、缺乏合理的资产处置方式[4],这样的方案并不成功。

针对所遇问题,沙柳街道又提出了打造"大船帮里"或船帮里区域的概念,试图通过组团曼岙村和船帮里村,尝试构建村际协同治理 2.0 版。

1. 编制了一张全域规划图

广泛征求新村发展的意见建议,并以"美丽庭院集群化、水产养殖基地化、枇杷营销品牌化、旅游景点多元化、配套设施精品化"为导向,立足笔架山区域,进行全域布局,编制了一张集产业、跨村庄的规划图。

2. 提升了一张环山交通网

争取上级部门支持,投入 1000 余万元对 9000 米长的环笔架山道路进行全线拓宽提升,并分别投入 50 万元、100 万元拓宽了环线道路到卢家塘、东头的 2 条支线,使整个船帮里区域的道路通行能力有了明显的提升。在改善交通的基础上,对笔架山大周区块旅游设施进行了提升,推进连接线建设,使观景平台与巡检司通过登山步道连为一体,提升了该区块游玩的整体性。

3. 举办了一次生态运动会

2019 年 11 月 16 日,船帮里村承办了"农夫山泉杯"浙江省全民健身第二届生态运动会(三门站)运动项目,并借此机会举办了"船帮里"文化体验节,展示了船帮文化、当地小海鲜。当天,来自县内外的 200 名运动员参与"沙滩拾蛤""催蟹奋进"等 5 个项目,吸引游客 5000 多人,进一步提升了船帮里的知名度、村民的社区认同感。

三、船帮里案例的反思及启发

(一)反思:为何村调后船帮里反而失去了活力?

通过对以上案例的分析,我们发现船帮里在村调后反而失去了以往村际协同治理的活力,最新的一些举措也缺乏新意,这值得我们反思,总体上存在以下三点问题。

1.忽视了利益联结构建中的博弈形式

船帮里在尝试治理单元"上移"的探索中,在以政府为主导的推动下,以"创建美丽庭院"活动为依托,进行了"统一规划、统一宣传、统一治理",从而构建了利益的共同体。在村调前,村落之间是一种互相合作的"正和博弈",所有村都获得了一定程度的好处。而村调却要割裂这种利益联结,因为无论是曼岙村与其他村合并,还是目前已经完成的四村合并方案,都存在明显的强弱联合现象,这是一种牺牲强村利益的"零和博弈"。

2.忽视了文化边界塑造中的社区认同

在村调前,"互助、互爱、共建、共享"的船帮精神获得了船帮里村民的普遍认同,且在经历多轮的对外宣传后,曼岙村与大周村、卢家塘村在一定程度上已经在身份上认同自己是船帮里的一员,这在当今农村逐渐社区化、匿名化的背景下,已经难能可贵。但是村调打破了这种边界,比如曼岙村在合并之后很难认同自己还是船帮里的龙头,要意识到旁边还有一个名正言顺的船帮里村,从而造成了概念的混乱、认同的缺失、边界的模糊。

3.忽视了自然边界连接中的地理隔阂

在地理位置上,旧船帮里的三个村都位于笔架山的南面,并同与南边的养殖塘毗邻,交通连接较为便利;而新并入船帮里村的两个村虽然通过乡道连接,但是在自然边界上被笔架山这道天然屏障分隔。在立体交通网络尚未形成的前提下,地理隔阂是自然存在的。

(二)启发：船帮里案例对村调后新村治理有何借鉴意义？

1.村际协同治理在一定程度上只是"利益上移"，而非"自治上移"

无论是船帮里还是上文提及的"江南五村"，都不是行政建制单位，而是某种利益共同体。其中船帮里以共享旅游资源为纽带，而"江南五村"则以股份合作为依托。如果不涉及利益冲突，这种治理形式是相对有效的，因为这是对增量收益的一种分配。就好比村调，在涉及三资融合的问题上，协商融合往往采用增量收益由新村统筹，而存量部分依然需要有条件并账、定向使用资金等手段。在自治的治理单位上，虽然各村统一了村规民约，但是在日常的交流沟通上，还是局限于自然村内，难以突破血缘、地缘的束缚。所以村调后新村治理还需将治理单元"下沉"，但是利益主体更多"上移"，不过这并不意味着要回归到自然村治理，而应探索更多实现形式。

2.村际协同治理与村调后新村治理本质上是同个问题的不同方面

其实这都涉及不同区域之间的利益博弈。不过，前者是行政村之间的博弈关系，而后者则是自然村之间、自然村与原行政村之间或原行政村之间的博弈关系；前者是基于利益合作的基层探索，后者则是基于行政考虑的基层创新；前者是当前跨区域协同治理的最小单位，后者则可能是在前者深入推进的过程中汲取的可借鉴的治理经验。

3.党建引领下的多单元治理格局是村调后新村治理的不二法宝

在城乡一体化过程中，国家通过把乡村治理纳入整个国家治理体系之中，以实现治理触角和公共服务向农村基层延伸的目的。在承认乡村自治的法定地位基础上，以党建引领基层治理便是一种比较合理合法的途径。船帮里开创的"党建引领、三治融合、乡村善治"的良好局面便印证了这点，这是我们需要坚持和完善的。

四、村调后推动新村治理的建议

(一)加强党建统领，发挥基层政府主导性

"党政军民学、东西南北中，党是领导一切的。"浙江省委十四届六次全会也提出完善党建统领的基层治理领导体制，就是要党在农村基层治理中占据统领地位。

建议以"聚五力创五美"工程[5]为总抓手,进一步提升农村基层组织力。一是构建坚强支部堡垒。必须坚定党支部在农村的主心骨地位,打造一支"头雁领航、群雁齐航、雏雁随航"的党员梯度队伍。面对2020年届期"三改五"、村主职干部"一肩挑"等新要求,每个村在至少配备2名村党支部书记后备人选的基础上,积极发展党员村主任候选人,形成"接续奋斗、一任接着一任干"的优良代际传承,并吸纳对党忠诚、与党同心的中青年党员进入村两委班子。要求后进村党支部书记进行全面查摆问题,倒逼部分"政治不过硬、能力不过硬、作风不过硬"的书记主动"退位让贤",重新推选合适人选。二是构建跨村党建联盟。加强乡镇(街道)对基层农村党建的领导,以现有"五美"村居为核心,与周边有条件的村居建立党建联盟。推广蛇蟠乡党支部间在主题党日"互换空间"的典型做法,让党员跳出支部看支部、互批互学谋发展。以党建联盟为抓手,统一规划和推进美丽庭院示范带建设。三是构建党群紧密联结。推广健跳镇的交叉走访制度,对村调后过渡期间党员干部联户制度进行调整,对新村干部实现责任区交叉、党员联系群众交叉、村民代表走访交叉,助推跨自然村的党群关系升温。在党群服务中心设立党员代办(代跑)点,缓解村调后群众办事难的矛盾。

(二)加强利益共享,激发村民群众积极性

利益是自治的基本动因,经济利益又是其核心利益。要想激活乡村自治的活力,就要让村民共享村调后带来的利益。一是因村施策促进三资融合。对完全融合的村,加强"三资"审计,确保"一本账、不反弹"。对协商融合的村,整合各级财政帮扶资金,采取"国有资金出大头,村级自筹出小头"的方式,多村组团式异地联建物业项目,收益部分作为新村集体资产,实现项目共建共享,逐步缩小受益差距,最大程度实现"并账连心"。对逐步融合的村,充分利用南北协作优惠政策,通过"飞地"发展的模式开展投资、分利,所得收益全部分配至薄弱新村。二是因地制宜促进产业互补。按照资源相似、产业相近、地域相连等原则,制定村调后的新村产业规划,要以产业链发展的思维推动村调后自然村之间进行产业分工,细化到生产、加工、交易、销售等各个环节。三是因势利导促进项目落地。充分整合财政、农办、农林、海洋渔业、水利等部门的涉农资金,并结合"美丽乡村精品村""小型田园综合体示范点""A级景区村庄"等各类示范村创建工作,集中力量办几件群众最关心、最急迫的好事实事,建设交通、旅游等民生项目,使村调的成果让老百姓看得见、摸

得着。

(三)加强代表履职,打通民意上下畅通性

将村民自治的重点从民主选举转向沟通协商,以创建省级社区治理和服务创新实验区(简称实验区)为契机,把抓好村民代表履职规范作为突破口,探索具有三门特色的基层民意沟通机制,做到村民自治单元"下沉"。一是推广一批先行先学示范村。在总结提炼目前 15 个示范村成效经验的基础上,结合 2020 年村级组织换届,每个乡镇(街道)继续推荐 1 到 2 家村民代表履职较为规范的村,来打造示范村,并建议配套试验区专项财政资金对通过验收的村进行奖励。邀请参与起草《三门县村民代表工作规程(试行)》(简称规程)的相关专家对乡镇(街道)、相关部门及示范村进行业务培训。二是推出一批敢干敢试好代表。尊重农民的首创精神,鼓励村民代表在学懂悟通规程的基础上,对村民代表履行职责主要制度中的某些子制度进行本土化的创新和细化,尤其鼓励完善村民代表议事协商制度及村民代表联系服务村民(户)制度,让村民代表真正起到代表民意的作用。实行容错机制,对村民代表在履职过程中因理解偏差而造成的失职行为进行免责。三是推行一批真破真立新机制。要意识到示范区的创建是一种创新导向而非守正导向,这就可能在机制上存在诸多不完善的地方。在推行示范村的过程中,要建立顺畅的机制执行反馈渠道,对不完善的机制及时修改并征求有关专家的意见。

(四)加强多元协同,调动社会组织创造性

除了坚持党的领导和激活自治活力之外,还要发挥群团组织、社会组织和经济组织等在社会治理中的作用。一是吸纳群团组织。以实施"两进两回"行动[6]为依托,制定实施吸引青年和乡贤回归的专项政策。大力发展一二三产深度融合的大学生农创园项目;邀请三门县的中国美术学院毕业生及在校生回乡参与村庄规划设计等工作;举办三门县乡村振兴青年职业经理人竞聘大赛,以"农村聘任、政府补助"的形式邀请有为青年推动村庄经营和村级集体经济发展。建立重点乡贤人才库,聘任部分定期回乡的乡贤为村名誉主任及特约村民代表[7]。二是联手社会组织。用政府购买社会组织服务的手段,引入台州市天宜社会工作服务社等社会组织,致力于服务和帮助妇女儿童、外来务工人员、残疾人士、孤寡老人等弱势群体。健全志愿服务激励保障机制,采用"时间银行"等模式[8],将志愿服务时间转换为现

实资源。三是结对经济组织。持续开展"千企结千村、消灭薄弱村"专项行动,建立"利益共享、资源入股"的村企合作模式,鼓励电商企业对接农村合作社,组团推介生态资源禀赋较好的若干村庄给知名旅游开发企业。

(五)加强服务"下沉",推动公共资源可达性

在当前国家治理体系中,一方面自上而下的行政力量已渗透到乡村治理,另一方面国家也要求为乡村提供更多的公共服务,但这又面临日益提升的治理成本问题,建议从以下几个方面着手。一是提高资金效率。确保全县财政支出增量的三分之二以上用于基层最为关心的公共服务项目、民生实事项目上来。二是完善顶层设计。完善"一中心、四平台、一网格"[9]县域社会治理新模式,将部分乡镇总部职能科室部分人员分流到下辖片区办事处,并进行"大科室"制改革。推进基层党建网与基层治理网"双网融合",实施全链条捆绑,将网格治理责任与村干部、驻村干部、网格员绑定,做到真捆绑、真考核、真兑现,以"小网格"撬动"大治理"。三是试水数字治理。以全省创建统一的省域治理专题数据库、自然资源和地理空间信息库为契机,加强数字治理资源录入和管理工作,全面提升农村基层治理效能。

(六)加强文化交流,厚植社区认同普遍性

要想培养村调后新村村民的社区认同感,就需要不断加强旧村之间的文化交流。一是以历史渊源为交流根基。推广船帮里共同挖掘船帮文化的模式,邀请有关县志、村史专家对新村进行文化研究,提炼为简短易懂、朗朗上口、普遍认同的村规民约。二是以文化礼堂为交流平台。以文化礼堂为基地,以老人和儿童为连接纽带,将法制教育、安全教育、道德知识、文体活动、课业辅导等多种形式相结合,推动村民交流常态化、多样化、深入化。三是以社区节日为交流机遇。在村调前的自然村轮流举办邻居节,在每个自然村都至少推介一个节目的基础上,设计至少一个由各自然村成员组成的节目,构建守望相助、和睦友善的邻里文化。

参考文献:

[1] 徐勇.中国农村村民自治(增订版)[M].北京:生活·读书·新知三联书店,2018.

[2] 徐勇.乡村治理的中国根基与变迁[M].北京:中国社会科学出版社,2018.

［3］党国英.不可盲目推行"大村庄制"［J］.村委主任,2009(12):11.

［4］贺雪峰.论半熟人社会——理解村委会选举的一个视角［J］.政治学研究,2000(3):61-69.

［5］郭占锋,李琳,吴丽娟.村落空间重构与农村基层社会治理——对村庄合并的成效、问题和原因的社会学阐释［J］.学习与实践,2017(1):85-95.

［6］李培林.村落的终结——羊城村的故事［M］.北京:商务印书馆,2010.

［7］贺雪峰.村庄的生活［J］.开放时代,2002(2):109-116.

［8］王灿灿,陈永强.行政村规模调整的路径选择及对策研究——以浙江省永康市农村为例［J］.陕西理工大学学报(社会科学版),2017,35(2):88-92,108.

［9］徐勇,赵德健.找回自治:对村民自治有效实现形式的探索［J］.华中师范大学学报(人文社会科学版),2014,53(4):1-8.

【作者】

章一多,中共三门县委党校高级讲师

多元主体视角下的城乡基层治理分析

林　婷

一、我国多元主体视角下的城乡基层治理相关基础理论

(一)中国特色社会主义理论体系中城乡基层社会治理思想

以邓小平、江泽民、胡锦涛、习近平为代表的中国共产党人在马克思主义经典理论、毛泽东思想的基础上实现了社会管理思想的又一次中国化,在传统社会管理思想的基础上提出了社会治理思想,丰富了中国特色社会主义理论体系。

党的十八大以来,以习近平同志为核心的党中央领导集体在推进中国特色社会主义的进程中形成了丰富的治国理政思想,这是马克思主义中国化过程中的最新成果。其中关于社会治理的思想主要集中在以下几个方面:首先,坚持以人民为中心,关注民生。坚持以人民为中心,是习近平社会治理思想的根本政治立场。党的十八届三中全会鲜明指出"创新社会治理,必须着眼于维护最广大人民根本利益"。通过积极解决人民群众所关心的民生问题,推进社会和谐稳定,从而减少社会矛盾。其次,创新社会治理体制。习近平总书记提出要完善党委领导、政府主导、社会协同、公众参与、法治保障的体制机制,打造共建共享共治社会治理格局,推进社会治理精细化。与之前的社会管理体制相比,社会治理体制强调治理主体是多元的,而不是政府一元主导,多元主体要发挥各自的优势、承担各自的责任、享受治理的成果。再次,创新社会治理方式。习近平总书记指出,加强和创新社会治理,"要坚持问题导向,把专项治理和系统治理、综合治理、依法治理、源头治理结合起来"。从而为新时代社会治理的方式创新指明了思路,通过多种治理方式相结合

积极推动多元主体共同参与到社会治理中,协调社会成员关系,规范社会成员的行为,提高社会治理水平。最后,社会治理的重点是基层。习近平总书记指出,社会治理的重点在基层,难点也在基层,必须把社会治理的重心落到城乡基层,并强调"基层是一切工作的落脚点,社会治理的重心必须落实到城乡、社区"。当前,中国特色社会主义进入新时代,城乡基层社会治理与人民群众的日常生活紧密相连,关系着人民群众的根本利益,同时城乡基层所面临的问题也日益突出,因此,推进社会治理必须以城乡基层社会治理创新为抓手,致力于更好地满足人民群众的需求。

(二)合作治理理论视角下城乡基层社会治理

20世纪90年代以来,伴随着全球化、网络化和信息化的快速发展,人类社会开始进入后工业化时代的进程,社会公共问题的复杂性和不确定性提高,形成于工业社会的传统治理模式很难应对后工业社会的复杂的公共问题,各类治理危机频发。合作治理理论衍生于20世纪后期迅猛发展的治理理论,其主旨在于通过政府、市场与社会等多元主体的合作,解决后工业社会所涌现出的高度复杂性公共问题。为了在多元主体之间达成合作,通常需要借助于沟通、协商、整合等机制将多元主体的需求简化为一个共同目标,虽然多元主体各有不同的诉求,但却不得不服从于共同目标。因此,合作治理是指针对政府、市场组织、社会组织等多元主体共同关注的公共问题,通过平等沟通、协商、整合等形式达成共识,运用契约等途径进行合作,实现权力、责任、资源的共享,解决公共问题的过程。合作治理理论认为掌控和竞争不再是治理变革的中心议题,在即将进入的后工业化社会的高度复杂和不确定的公共问题面前,必须通过多元主体的通力合作才能有效面对,而不是某一主体作为单一的治理的中心。参与合作治理的各主体地位是平等的,在公共事务的治理中发挥各自的优势,通过差异互补和整体性的治理来弥补彼此的不足,从而提供更加优质的公共服务,促进共同目标的达成。

在我国,伴随着社会的发展,社会利益进一步分化、社会需求逐渐多元,政府在基层社会治理领域亲力亲为非常困难。为了适应社会的发展,我国城乡基层社会治理经历了从"单位制"向"街居制"再向"社区制"的变迁,城乡基层社会治理的主体也经历了从政府为单一主体向党组织、政府、市场组织、社会组织以及居民等多元主体共同治理的过程。城乡基层社会治理的多元参与者具有不同的利益诉求,并形成了错综复杂的利益关系。城乡基层社会治理的多元化要求多元主体之间不再是垂直的隶属关系,而应该是合作关系。政府不再是单一的权力中心,政府的负责作用主要通过协调、组织和监督等方式发挥。社会团体、社区自组织和企业则履行着中介者和服务者的角色,成为推进城乡基层社会治理的重要力量,负责提供公共服务,供给各类公共产品,满足城乡居民的社会服务需求。在合作治理模式下,城乡基层社会治理不再只是政府的事,市场主体和社会组织也发挥着重要的作用,城乡基层治理的多元参与主体发挥各自的优势,共享资源,形成优势互补的局面,从而提高公共服务的供给效率,更好地管理公共事务。各个主体的利益诉求也能得到充分表达,使得城乡基层各种资源得以整合互补,公共事务治理能力得到提升,提高了居民的整体福利,使居民对社区的认同感、归属感不断增强,不仅使居民真正成为城乡基层的主人,还使基层民主水平提升到了更高程度。

二、浙江多元主体参与城乡基层社会治理中存在的问题

(一)基层党组织在城乡基层社会治理中的领导作用有待提高

首先,基层党组织功能发挥不足。基层党建贯穿于基层社会治理的全过程和各个方面,然而基层党组织政治功能发挥不利和服务功能尚发挥不足。基层党组织政治功能发挥不利表现为,一些基层党组织中无法在基层发挥核心领导作用,基层党组织管理事务负担越来越重,基层党建淹没于繁杂的行政事务之中,基层党组织的角色意识日益模糊,无法发挥政治功能。此外,一些基层党组织不注重思想政治工作,工作内容空洞、方法老套,缺乏有效性和针对性,无法引领人民群众,难以发挥榜样示范作用。基层党组织服务功能发挥不足表现为,部分基层党员服务意识不强,群众观念淡薄。一些基层党组织和党员干部对于工作中出现的新形势、新情况,缺乏创新性方法,服务水平无法满足人民群众的需求。此外,基层党组织的服务活动主要是承接上级的安排,主动性不足,很多活动流于形式,群众认同感不足。其次,基层党员参与能力不足。当前,基层党组织成员年龄呈"老龄化"、文化程度相对偏低。伴随着信息网络技术的快速发展,呈"老龄化"、文化程度相对偏低的基层党组织面对新形势、新情况、新矛盾,处理问题的能力明显不足,无法良好地发挥其政治和服务功能。此外,浙江城乡基层社会涌现出很多"两新"组织,基层党组织在"两新"组织内部缺乏制度化安排,其地位常常被边缘化,在如何结合"两新"

组织实际进行党建工作创新探索方面能力不足。

(二)社会组织参与城乡基层社会治理缺乏自主性

社会组织发展缓慢主要表现在以下两方面。首先,社会组织的行政化倾向严重。受政府主导的城乡基层社会治理模式的影响,社会组织的成长和发育非常依赖于政府,缺少自主性和积极性。很多社会组织发展所需的资金和资源来自政府,一旦失去政府的支持,就很难长期发展下去,使其逐渐失去了"独立性"和"民间性"。其次,专业化水平不高,承接服务能力不足。社会组织中工作人员流动性较大,很多为兼职人员,其年龄和知识结构不够合理,无法为居民提供专业的公共服务。社区组织内部缺乏科学的管理体系,在承接服务的过程中缺少标准要求和有效指导,缺少制度化的参与渠道,导致其承接服务效率不高。此外,缺少社会组织相关规章制度。浙江对社会组织实行的是民政、主管部门双重管理制,社会组织登记注册门槛高,很多社会组织处于不合法地位,无法参与到城乡基层社会治理中。对于社会组织如何参与城乡基层社会治理,没有相关规章制度,仅有国务院颁布的《社会团体登记管理条例》来对社会组织登记进行管理,缺少对社会团体如何提供公共服务的制度化渠道,以及政府如何指导社会组织参与社会治理的规章制度。

(三)城乡居民参与城乡基层社会治理的积极性和能力有待提高

首先,城乡居民参与不足。一方面,城乡居民参与积极性不足。长期以来,受行政色彩浓厚的基层管理体制影响,居民处于服从和被领导的位置,主要是被动参与为主,导致城乡居民对社区公共事务呈冷淡态度,参与积极性不足。另一方面,城乡居民参与能力不足。参与城乡基层社会治理的社区居民呈现年龄偏大、学历较低的状态,缺乏专业的知识,以及表达、沟通、协作能力不足,抑制了公民参与意识的形成。其次,城乡居民缺少信息反馈渠道。在浙江城乡基层,通常都是政府或居民委员会通过多种渠道将信息传达给城乡居民,居民很少主动去获取关于城乡基层社会治理相关动态与自身相关的信息,也很少将自身意见反馈给居民委员会,缺少制度化和程序化的信息反馈渠道。而现在已经建立的渠道,如监督听证会、民主评议会等往往流于形式,导致居民的反馈、参与无法深入。

（四）城乡基层社会治理多元主体间联动机制不健全

一方面，城乡基层社会治理参与职能部门之间的联动机制不健全。从纵向上来看，市、区、街道等层级政府由于部门之间缺少联动机制，也缺少城乡基层社会治理的数据共享平台；从横向上来看，政府的不同职能部门都会将行政任务下发，行政事务进社区随意性很强，导致社区往往要承接大量、繁杂、甚至重复的行政事务。另一方面，参与城乡基层社会治理的多元主体间联动机制不健全。当前，政府、市场组织、社会组织、社区自组织以及城乡居民作为参与城乡基层社会治理的多元主体，多元主体间共治渠道有限，多元主体间处于"各自为政"，尚未建立起多元主体间的联动机制，无法发挥多元主体间的合力。此外，在多元主体中，政府长期处于主导者的地位，无法实现政府、市场、社会的有效衔接和良性互动，资源整合能力、居民动员能力不足，多元主体尚未建立起良好的运作秩序与规则，无法借助多元主体的合力实现共建共享共治的社会治理格局。

三、浙江多元主体参与城乡基层社会治理优化对策

（一）发挥基层党组织的领导功能

城乡基层党委是领导核心，在浙江城乡基层社会治理结构中基层党组织发挥的领导功能主要表现在政治导向、服务群众以及利益整合三个方面。首先，政治导向功能。提升基层党组织的政治导向功能，必须以提升组织力为重点，基层党组织通过积极组织开展相关活动，密切联系群众。并积极引导居民有序参与社区的民主政治和民主选举活动，推进基层民主政治建设，加强党对城乡基层社会治理的领导。基层党组织在宣传党的政治思想、大政方针方面发挥着重要作用。其次，服务群众功能。在城乡基层社会治理中，基层党组织必须调整自身的功能定位，更加突出其服务功能。基层党组织应代表人民群众利益，听取和吸收人民群众的意见与建议，并向上级党组织反映人民群众的利益需求，为人民群众提供更好的公共服务。此外，基层党组织应该按照市场规律和科学管理方式培育、孵化公益性、社会性服务载体，培养自助互助组织，不断丰富服务内容、扩宽服务领域、提升服务效能。最后，利益整合功能。随着社会主义市场经济的发展，城乡基层社会多元主体

第五届浙江省社会科学界学术年会学术专场文集

构建基层社会治理新格局

间的利益不断分化,基层党组织应在协调和缓和多元主体间的利益冲突中发挥重要作用。基层党组织应通过综合利用政治、经济和文化等手段,保障多元利益主体的利益诉求得到有效充分的表达,在厘清冲突和纠纷的关键所在之后,凭借自身的优势从中斡旋,消解基层社会矛盾、维护基层公平正义、推进基层社会的稳定和谐发展。

(二)树立德法共治理念

党的十九大报告指出,新时代必须坚持依法治国和以德治国相结合,推进国家治理体系和治理能力现代化。法治和德治具有各自的优势和特点,其在治国理政中发挥相互补充、相互依存以及相互促进的作用,浙江城乡基层社会多元主体合作治理必须树立德法共治理念,以保障治理方式的有效运行,治理秩序的规范维护。一方面,完善城乡基层社会治理的法治化水平。首先必须完善城乡基层社会多元主体合作治理的相关法律法规,解决相关法律法规缺位、滞后的情况,在法律法规中明晰多元主体参与城乡基层社会治理的方式、资源、权利与义务等,从而约束各参与主体行为,保障其权益;其次要加强执法力度,对多元参与主体的违法违规行为保证执法公正严明,确保法律的权威,保障依法行政;最后,要加强对多元参与主体的法制教育,引导多元主体树立遵法守法意识,利用法律保障自身权益。另一方面,要重视发挥德治在城乡基层社会治理中的作用。德治是法治的重要补充,其具有重要的教化作用。在城乡基层社会治理中通过树立鲜明的道德导向,加强社会主义核心价值观引导,弘扬中华民族传统美德等使多元参与主体形成良好的道德风尚,自觉做出正确的行为选择,提高全社会的文明程度,形成良好的社会文化环境。并通过建立起覆盖全社会的征信系统,对道德失范、诚信缺失行为进行惩戒,从而约束城乡基层社会治理的多元参与主体行为。

(三)形成多元主体协商互动的政治法律环境

稳定、有序的政治法律环境是城乡基层社会多元主体合作治理模式实现的必要前提条件,其对多元主体参与城乡基层社会治理活动产生最直接的作用。首先,良好的政治法律环境的形成离不开政府职能的转变。浙江城乡基层社会治理长期处于政府一元主导的局面,政府是基层社会资源唯一的掌控者、公共产品唯一的供给者,中央政府与地方政府通过"自上而下"科层制的方式将行政命令层层下达,基层政府为了完成上级的行政命令、考核指标往往承担了大量的行政性事务，城乡基层社会行政化倾向严重，自治功能难以发挥。因此，应加快政府职能转变，构建符合市场经济发展的现代政府职能体系，将政府"不该管、管不了、管不好"的事务交给市场组织、社会组织以及社区自治组织等，政府通过协调、规制、培育多元主体来完善公共服务与公共产品的供给，维护公共利益、解决公共问题。政府应承担起营造多元主体协商互动的开放的政治环境的责任，一方面通过政府网站、社交网络、报纸、广播等形式多渠道公开信息，保障市场组织、社会组织等可以及时获取信息，解决信息不对称现象；另一方面，通过建立多元主体间协商对话平台，来实现多元主体间资源的优化配置。其次，建立完善的扶持和培育多元主体参与体系，提升其参与合作治理能力。

（四）搭建多元主体间治理信息共享与交流平台

首先，建立起城乡基层社会多元治理主体间统一的信息网络共享平台。统一的信息网络共享平台的构建要从纵向和横向两个维度入手。从纵向上来看，要建立起从中央政府、地方政府以及基层政府之间的业务协同，明晰各级政府的权责范围，避免各种事项的逐级"下沉"，导致城乡基层工作行政化倾向严重。要整合不同层级的政府招投标网站、政府采购网站，建立起统一的信息发布平台，打破信息壁垒，保证多元主体平等地获取相关信息，通过公平公正公开的程序参与其中，降低多元主体参与的交易成本。政府要通过定期在平台上进行政府信息公开，接受多元主体的监督与反馈，提高多元主体的政治参与度。从横向上来看，既要保证基层政府内部不同部门间的信息共享，更要建立起多元主体之间的信息共享。一方面，要建立起基层政府内部的信息共享，增强部门之间的协调互动，实现各部门之间的事项有效连接，形成相关部门共同联动，降低审批时限、简化审批流程，为居民提供更加便利的服务。另一方面，要实现多元主体之间在平台上的信息共享。通过建立针对参与城乡基层社会治理的多元主体的数据信息系统，掌握多元主体的优势资源、发展需求等情况，促进多元主体间的信息交换，为多元主体间合作提供导向。并在此基础上，让市场组织、社会组织等参与主体了解社会的供需动向，使其可以有针对性地、精准地提供公共服务和公共产品。

其次，建立起多元主体信息交流平台。城乡基层社会多元主体之间的合作顺利进行，必须在充分掌握信息的基础上，多元主体进行平等的沟通交流，形成合作方案,最终进行合作的行动。因此,应该在平台上实现多元主体的线上交流互动、意见反馈等功能,使市场组织、社会组织等主体充分了解政府合作治理的方向与要求,使城乡居民有畅通的意见反馈渠道,表达其利益诉求,对多元主体治理的效果进行评估反馈,为进一步提升公共服务和公共产品供给的质量提供依据。通过多元主体之间信息的及时沟通交流与反馈,减少信息失真的现象,降低多元主体之间矛盾的出现,对出现的问题进行及时弥补,及时协调多元主体的行动,提高公共服务与公共产品的供给效率。

参考文献:

[1] 王雪珍. 增强社会治理多元主体合力的路径选择[J]. 天津行政学院学报,2017(2):66-70.

[2] 魏江. 后疫情时期的社会治理多元主体协同体系建设[J]. 科学学研究,2020,38(3):388-390.

[3] 李睿莹,张希. 元治理视角下地方政府社会治理主体结构及多元主体角色定位研究[J]. 领导科学,2019(4):32-35.

[4] 孙兰英. 构建多元主体参与的社会治理模式[J]. 人民论坛,2018(24):101.

[5] 雷琼. 基层社会治理多元主体的联动融合机制研究[J]. 吉林广播电视大学学报,2018(7):159-160.

[6] 杨圣琼. 多元主体在创新社会治理体制中的作用研究[J]. 领导之友,2017(1):26-31.

[7] 徐磊. 社区治理多元主体互动合作的问题研究:以上海南翔镇为例[D]. 重庆:西南交通大学,2017.

[8] 蒋冠嵩. 社区治理中多元主体合作机制研究:以 F 社区为例[D]. 合肥:安徽大学,2018.

[9] 王红梅. 社会治理如何实现多元协商共治[J]. 人民论坛,2019,630(13):92-93.

[10] 昌硕. 社会治理新格局下公共服务供给主体的关系调适与功能优化[J]. 天津行政学院学报,2019,21(4):70-77.

[11] 魏小雨. 现代社会治理中的多元主体共治网络[J]. 黑龙江社会科学,2019,173(2):106-111.

[12] 孙鸿平. 多元主体视角下安置社区社会治理途径探索——以 L 灾后安置社区 HJZ 为例[J]. 劳动保障世界,2017(11):46-47.

[13] 苏平安. 基层社会协同治理多元主体参与模式的探索——以"朝阳群众"为例[J]. 劳动保障世界,2018(21):76-77.

[15] 臧雪文,司文君. 多元主体协同治理的地方实践案例[J]. 国家治理,2019(29):22-27.

[16] 鹿斌,金太军. 社会治理创新中主体关系的反思与重塑[J]. 湖北社会科学,2017(7): 27-32.

[17] 高文静. 农村社区治理中的多元主体协同共治研究:以桐城市 Y 村为例[D].合肥:安徽大学,2017.

[18] 刘畅. 媒体在社会治理中的主体性探析[J]. 编辑之友,2019,273(5):61-66.

【作者】

林婷,浙江横店影视职业学院讲师

从碎片化到整体性：创新基层社会治理的"善治链"实践探究

——基于浙江省 JS 县的实证分析

李晓莉

一、问题缘起：基层社会治理碎片化的现状

改革开放以来，城乡社会经济结构发生了剧烈的变化。城乡差距、贫富差距等社会经济结构的变化又带来社会心理、社会情绪的变化。"不患寡而患不均，不患贫而患不安"。多元化的社会诉求使得社会治理的难度也越来越大。推进社会治理体系和社会治理能力现代化，成为摆在党和国家面前的重要课题。而创新基层社会治理方式，提升治理水平又是推进国家层面社会治理水平的重要途径。

浙江省作为全国改革开放的前沿阵地，在创新基层社会治理方面开展了许多实践和探索，也取得了丰硕的成果。如浙江省很早就在村（社区）层面实行网格化管理方式。乡镇设立"四个平台"以解决乡镇政府权力少、事情多，看得见、管不着的难题。县级层面实行"最多跑一次"改革。但基层社会治理的总体格局仍然呈现出碎片化的特征：治理机构功能碎片化、组织结构碎片化、分布区域碎片化等。正因如此，基层社会治理需要完成由碎片化治理格局向整体性治理格局的转变。浙江省 2019 年在全省县级层面推行社会矛盾纠纷化解"最多跑一地"，即把经济领域实行的"最多跑一次"应用到社会治理领域。以浙江省 JS 县为例，主要做法是：纵向上将村级网格化管理—镇四个平台—县综合指挥服务中心串联起来，横向上将诉讼、信访、调解、法律援助等功能集中在综合指挥服务中心，实现"最多访一地"；依靠数据化支撑，提高化解社会矛盾效率，为发生重大社会危机提供预警。这种将

碎片化治理格局转变为整体性治理格局，又具有链条式特点，因此称之为"善治链"治理。

二、分析框架：整体性治理的文献回顾与主要内涵

本文研究的核心问题是：当前基层社会治理格局碎片化的问题，要完善基层社会治理体系，提升治理水平和治理能力，就必须完成基层社会治理格局从碎片化到整体性的转变。而这一转变将如何完成？为深入研究这一问题，本文将从整体性治理理论的视角出发，以浙江省 JS 县的基层社会治理"善治链"创新实践为研究对象展开探讨。

（一）关于整体性治理理论的文献回顾

整体性治理也称整体型治理、全观型治理。整体性治理的提出是针对新公共管理运动带来的公共服务碎片化、公共部门与功能分散化问题。其代表人物是英国学者佩里·希克斯和帕却克·邓利维。希克斯奠定了整体性治理理论的基础。根据他的定义：所谓整体性治理就是要转变政府治理理念，从解决公民的需求出发，打破传统的部门界限，将行使同一功能或相似功能的部门协调与整合，并构建以信息技术为支撑的统一数据库，为公民提供无缝隙的公共服务。邓利维拓展并完善了整体性治理理论，主张运用信息技术和网络技术对整体性治理重新整合，即通过建设统一的数据库，实行在线治理，从而为公民提供无缝隙的公共服务。这两位学者确立了整体性治理理论框架，更新了公共行政的范式，推动了政府治理进入新境界，为整体性治理理论运用于实践提供了理论支撑。

（二）整体性治理的内涵框架

整体性治理弥补了新公共管理导致的部门化、碎片化，主要内容包括以下几个方面。

第一，整体性治理是以满足公民需求为主导理念，"将个体的生活事件列为政府治理的优先考虑项目，将'政府组织'的研究重点转移到'个体问题'的解决"上；同时注重治理效果以及对问题的预防。

第二，整体性治理核心是协调与整合。与新公共管理和官僚制的整合不同，整

体性治理的整合是协作式整合。一是纵向上治理层级的整合;二是横向上治理功能的整合;三是公私部门的整合。整体性治理中的协调机制是为了解决上下层级之间、部门之间的冲突,实现 1+1＞2 的协同效应。

第三,整体性治理强调信息技术的整合。以信息技术和网络技术为支撑,将不同的数据平台整合为一个统一的数据库,实行"线上治理"模式与政府行政业务和流程透明化、整合化的无缝隙服务。

第四,整体性治理注重信任、责任感与制度化。希克斯认为政府组织间的信任是实现整体性治理的关键,同时认为整体性治理最重要的是责任感,包括诚实、效率、有效性。

三、案例分析:JS 县"善治链"治理的运行与实践

"善治链"治理是在网格化管理、基层治理"四平台"、县社会治理综合指挥服务中心(也称社会矛盾纠纷调处化解中心)的基础上,通过健全机制、加强整合、优化内部系统,提高智能化水平,形成融合社会治理领域公共服务供给、基层执法与指挥、信访、矛盾调处、法律援助、诉讼等功能于一体的县域社会治理体系新范式。其旨在通过社会治理的体系建设,实现风险防控智能化、基层治理精细化、矛盾化解多元化,打造数据驱动、跨界整合、功能齐全、县镇村三级联动、协同高效的共建共治共享的社会治理新格局。

(一)"善治链"的理念与原则

1."善治链"的治理理念

"善治链"秉持以人民为中心的"善治"治理理念,以解决问题为出发点,将"最多跑一次"的理念延伸到社会治理领域,实现化解矛盾纠纷"最多跑一地",打破了过去老百姓化解矛盾跑多个部门、跑多次的碎片化治理格局,一次性满足了老百姓矛盾化解、法律求助等需求。

2."善治链"治理原则

一是源头治理。通过网格化管理,发挥网格员作用,打通公共服务"最后一公里"和前置问题发现窗口。二是系统治理。畅通横向部门间沟通与协调,打破纵向层级分割,优化治理系统生态。三是综合治理。将事前发现问题、事中处置问题、

事后救济统筹考虑,优化流程和制度设计,更好地服务群众。四是依法治理。以"调解挺在诉讼之前"为理念导向,用法律规范系统运行,在村(社区)一级加强普法,在镇(街道)一级严格执法,在县一级公正司法。同时,将信访、矛盾纠纷化解导入法治化轨道,实现有序治理。

(二)"善治链"治理主要做法

1.组织机构整合

JS县"善治链"的组织架构包括一个中心＋两个方向机构整合。中心挂两个牌子,即社会矛盾纠纷调处中心和社会治理综合指挥服务中心,性质上是隶属县委政法委领导的正科级事业单位。中心内设四个科室:综合科、信息指挥科、业务管理科、督查考核科。中心有24名工作人员,领导一正两副是公务员编制,事业编制10名(由原新居办转过来),聘用人员11名。

机构整合包括两个方向:横向上整合具有相似功能的部门,包括县法院、县司法局、县人力社保局、县公安局、县妇联、县民政局、县卫健局等部门,承担矛盾纠纷化解功能;整合县信访局、县纪委、县市场监管局、县农业农村局等部门,承担信访服务功能。纵向上整合村级网格—镇四个平台—县综合指挥中心,实现县、镇(街道)、村(社区)三级上线应用一体化受办系统,率先实现由中心挺在诉前开展引调服务。

2.治理功能整合

"善治链"整合了人民来访中心、诉讼服务中心、公共法律服务中心、社会矛盾联调中心、劳动人事争议仲裁院等20个机构56人入驻,变"多中心"为"一中心",开设了7个接待窗口、15间接待功能室、8间公共接待室,涵盖了"访""调""援""裁""诉"等业务功能。

3."善治链"运行机制

横向上:中心推进部门间的业务融合和数据融合,把各个独立的机制衔接起来,推行"前台全科受理＋后台分类办理"工作模式,编制《无差别受理手册》和《办事指南》,将形式审查和实质审查相分离,落实窗口五分钟快速登记、快速分流,由信访干部、调解干部、法官、律师、仲裁人员、心理咨询师坐堂等,提供"一对一"专业精细化服务;同时,中心与阿里巴巴合作研发"矛盾一体化受办系统",实施"一窗受理、一单到底、一键考核、一图统筹",通过信息平台统一登记所有办事服务事项,实现了可查询、可评价、可跟踪、可督查,形成智慧高效的社会矛盾信息预警研判处置机制。

纵向上:基层吹哨,部门报到。采取村社区网格—镇街道四个平台—县三级流转办理的工作机制,形成信息以及上级交办和事件处理结果的双向互动反馈体系。镇街道根据上报的信息(网格)以及上级(指挥中心)交办的事项,根据"谁主管、谁负责"的原则,在规定时间内受理并交办给相关职能平台,对事权不在本级或本级难以处置的事项,及时上报给县综合指挥中心,再由县综合指挥中心分派给相关部门处置。

4."善治链"运行保障

建立健全长效运行管理机制,前期结合中心实际,梳理建立窗口服务、智慧治理、内部管理、工作保障等20项制度,其中包括即接即办、教育疏导、会商研判、协调办事、公开监督、考核管理、工作保障等业务机制。建立值班长制度,每周安排入驻部门及中心工作人员各一人在窗口值守,增强入驻部门代入感和责任感。加强监督考核,对受办过程中"中评""差评""默认好评""未接单""已超时"的事件及时进行电话回访和督办,并记录在年度考核中。加强队伍建设,通过树立多元纠纷先进典型的方式,强化榜样示范、典型功能,充分调动入驻工作人员的工作积极性和创造性,为中心各项工作的开展注入强大活力。

以上可见,"善治链"实践与整体性治理理念具有高度的耦合性,是整体性治理在基层社会治理实践中的运用,化解了基层社会治理的碎片化问题。具体表现为:一是治理理念耦合。"善治链"治理是为了化解公民信访矛盾,提供社会调解、法律援助等服务,贯穿了以人民为中心的服务理念,把人民群众的需要放在第一位,解决群众少跑腿难题,实现社会治理领域的"最多访一地"。这与整体性治理理论以满足公民需要的服务型治理理念是一致的。二是治理目标耦合。"善治链"治理把基层社会治理碎片分布、功能整合起来,形成上、下、内、外有机协调的整体。既能解决公民信访、调解、法律援助需求,及时化解社会治理领域的难题,又能起到预警作用,即若出现同一个人上访3次以上,那么就会重点关注此人,向党委部门上报,预防发生公共突发问题。这与上述讲到的整体性治理目标是一致的。三是治理机制耦合。"善治链"治理以整合为手段,实现组织结构、治理功能、数据平台的整合。

组织结构上,把村(社区)全科网格—镇四个平台—县综合治理指挥中心串联起来,形成一个整体,起到 1＋1＋1＞3 的作用;功能上,把信访、诉讼、调解、法律援助等功能从多个部门整合到一个部门实现群众"最多跑一地";在县级综合指挥中心建立统一数据库平台,实现数据信息整合。这与整体性治理强调的"整合""协调""网络技术支撑"等都是一致的。

四、实践反思:"善治链"治理的经验与不足

(一)"善治链"治理的经验总结

"善治链"治理是整体性治理理念在基层社会治理中的运用,起到了整体性治理效果。总结治理效果和经验,有以下四个方面。

1. 提升社会治理社会化水平

首先,"善治链"治理以自治为基础,促进自治、法治、德治"三治"融合,充分调动网格、村(社区)居民参与公共事务的积极性。大家的事情大家商量,从源头减少矛盾纠纷的产生。其次,扩大开放公共服务市场。通过政府购买服务、健全激励补偿机制等办法,鼓励和引导企事业单位、群团组织依法参与社会治理。如"善治链"通过向全县各律师事务所购买法律服务,为群众提供免费法律咨询。最后,以这种治理方式培育社会组织,引导社会力量参与社会治理。如 JS 县培育了亚飞阳光保洁服务中心,网格员一旦发现问题,亚飞阳光保洁服务中心就会及时处理。这成为改善网格、村(社区)环境的一种重要方式。

2. 提升社会治理法治化水平

在网格、村(社区)进行普法宣传并提供公共法律服务。一是普法宣传上,"善治链"通过法治示范村评选、法律服务团建设,促进普法教育,提高群众法律意识;在提供法律服务上,"善治链"为每个村(社区)提供专业的法律顾问,为网格、村(社区)居民提供法律咨询服务。二是在基层治理"四平台","善治链"深化了镇(街道)法制室建设。目前,全县各镇(街道)共配备法制室专职副主任 9 名,法制员 11 名。同时,通过搭建法制学习研究和探讨交流平台,组织开展法制培训和业务交流,提高执法队伍业务素质和工作能力。三是县社会治理综合指挥服务中心运用法治思维,引导信访、矛盾纠纷调解进入法治轨道。中心将"最多访一次"作为对自身的要

求,致力于通过加强部门协调,优化流程设计,为来访群众提供便利的信访服务。

3. 提升社会治理智能化水平

"善治链"治理集成网格信息、"基层治理四平台"、矛盾纠纷调解、智安小区、智安街道等各类社会治理专项信息系统资源。中心与阿里巴巴合作开发运行"嘉善县矛盾化解受办一体化系统",推行一窗受理、一单到底、一键考核、一图统筹"四个一"模式,形成智慧高效的社会矛盾信息预警研判处置机制。另外,中心大力推广应用"浙政钉"和"浙里办",加快数字化建设,实现"掌上办事""掌上办公",便利群众。这些都提升了社会治理智能化水平。

4. 提升社会治理专业化水平

首先,"善治链"通过梳理社会治理领域的公共服务清单,构建层次明确、功能完备、配套合理、科学有效的社会管理和服务标准体系,提升了社会治理专业化水平。其次,"善治链"将公共服务的端口前置到网格,落实到网格员,由网格员为群众面对面地直接办理;同时,"善治链"还将发现问题的窗口前置到网格员,通过网格员及时发现问题,及时录入信息系统,提升了社会治理精细化水平。最后,"善治链"为了优化治理系统生态,在网格为每个网格配置专职网格员,在基层治理"四平台"上规范专业执法队伍和配备法制员,在县社会治理综合指挥服务中心则集合了一支由资深调解员、律师、医生和劳动专家等构成的专业矛盾纠纷调解队伍,以提高社会治理专业化水平。

(二)"善治链"治理的不足之处

"善治链"治理是整体性治理理念的体现,实践也证明了整体性治理确实改变了以往碎片化的治理格局,验证了整体性治理的有效性。但是作为一种治理理念在实践中的运用不可能是十全十美的,实践中也存在着水土不服现象。反思整体性治理理念下的"善治链"实践,存在以下不足。

1. "善治链"治理是整体性治理在基层的尝试,虽然实现了机构与功能的整合,但是不可能完全脱离传统官僚制的影响,本质上依然是建立在官僚制基础上的一种治理整合,那么整合中依然存在着体制机制的不足。从机构横向整合来看,社会矛盾纠纷调处中心的内部和外部整合依然有矛盾。从中心内部来看,中心是一个正科级事业单位,人员组成身份有公务员、参公管理、聘用制等,其中有 7 名是从新居民管理中心转过来的，原来是参公身份，这就与中心的事业编制身份有冲突。从中心外部来看，中心与驻中心的各部门之间的关系是合作关系。中心负责对部门派出的常驻机构及人员进行日常管理、综合协调和督察考核，派出部门负责业务管理指导，派驻人员与中心之间不存在隶属关系。

2."善治链"的治理理念是以解决人民关心的问题为导向，并且在实践中确实力图践行这一理念。但是现实世界是复杂的，人性也是复杂的，满足人民群众的需要带有理想主义色彩，这与现实世界总是存在着矛盾与冲突。如矛盾调处中心化解比例最高的莫过于农民工讨薪问题，农民工辛苦工作遭到老板欠薪，中心会召集事发地镇领导、老板、农民工、律师等多方调解，一般情况下拖欠薪水的老板会承诺尽快结账。但是如果该老板实在拿不出薪水，也无可奈何。有时候所在镇（街道）会拿出资金解决燃眉之急。其中农民工的利益、企业利益、政府利益之间的关系如何协调也是难题。

3."善治链"依靠的信息技术是"矛盾化解一体化信息系统"，中心通过该系统实施"一窗受理、一单到底、一键考核、一图统筹"解决社会矛盾，但是若要做到预防在处置之前，就需要基层网格及时巡查上报至信息系统，实践中基层网格员待遇较低，招聘到的网格员年龄较大对于信息系统的操作不熟练，导致其即使发现问题也难以上报，或者问题上报率不高。另外，中心虽然将"基层治理四平台""微家园"移动平台、12345 政务热线等信息化平台整合到中心，但数据壁垒、数据烟囱的问题仍然明显，很多信息系统需要省里下发权限。

4."善治链"治理实现了组织机构的整合，但是由于派驻部门多（20 多个）、人员具有多重身份、要解决的又是社会难点、痛点问题，真正实现矛盾纠纷调处中心与部门、网格—四个平台—指挥中心的协调，工作人员做到有责任感、信任感、凝聚力仍需要时间。联动机制还未建立，部门之间联动处置、联动调处的合力尚未形成，特别是处置群体访事件中有机融合成效还不够。

五、本文小结：完善"善治链"治理的思考与建议

本文基于整体性治理理论视角探究基层社会治理从碎片化向整体性治理转变格局的"善治链"实践，验证了整体性治理在基层社会治理中的适应性，那么从整体性治理的视角出发完善"善治链"实践的不足，提出以下建议。

（一）以"三体两端"为全链条，打造升级版"善治链"

"三体"指双主体、共同体、综合体。双主体指在坚持党的领导下，基层社会治理突出人民和政府两个责任主体。以人民为主体，充分发扬民主协商原则，建立完善各种基层群众自治组织参与社区治理，如百姓议事会、乡贤参事会、百事服务团以及各类纠纷化解社会组织和社会工作者。共同体指人人有责、人人尽责、人人享有的社会治理共同体。综合体指县社会治理综合指挥服务中心、镇（街道）四个平台，发挥修复社会关系、康复社会心理的作用。"两端"指网格端和网络端。网格端要落实基层网格连心、组团服务，促使资源在网格叠加、诉求在网格解决、任务在网格落实、感情在网格升华。网络端要重点抓好浙里办解纷专区、浙江 ORD 平台、"微家园"办事移动平台。

（二）强化统筹规划，创新基层社会治理体制机制

首先，上级部门应发挥统筹作用，理顺工作人员身份与矛盾化解调处中心之间的关系。如出台更灵活的政策促进人员不受编制束缚，出台支持基层的各类信息系统整合的政策措施等。如加快"智慧城管"中心、12345 统一政务咨询投诉平台等，促进社会治理智慧大脑资源的整合。其次，发挥党员干部在基层社会治理中的先锋示范作用，坚持自治、法治、德治相结合，大力推进"三治融合"示范村（社区）创建，要发展培育一批各行各业新的社会组织，建立一批行业性调解组织，不断强化自治的基础作用、法治的保障作用、德治的引领作用。最后，减少部门对入驻人员的考核干扰。树立"一盘棋"思想和以群众满意为最高标准，形成改革合力。

（三）突出科技支撑，实现基层社会治理现代化

首先，集成信息数据。各个平台应及时上报信息至中心，形成海量社会治理数据库，通过数据分析起到预警功能，为社会治理提供决策参考。其次，加快信息互通共享。加快打通信息壁垒，建议省市部分相关部门下放信息系统管理权限，实现部门协调联动和信息资源共享。最后，组建基层智能治理团队。完善信息资源整合、采集、大数据分析等，简化系统操作流程，降低出错率，避免数据丢失。通过智能大数据系统发现、梳理、分析问题，强化风险源头预警的防控。

(四)加强考核管理,提高基层治理队伍综合素质

首先,处理好机构改革后转隶人员身份待遇问题。建议省委编办出台统一的编制方案,解决工作人员待遇编制、人员招录、工作待遇上的标准,做到同工同酬。其次,加强综合业务培训。建议县政法委开展针对工作人员的业务培训,搭建法制学习研究和探讨交流平台,提高基层治理队伍的业务素质和工作能力。最后,加大"最多跑一地"的宣传,使普通民众了解、理解基层社会治理工作,认识这种治理方式更多是为了服务,而不只是加强管控。向民众加大普法宣传教育,增强公民法治意识,减少社会纠纷和矛盾。

参考文献:

[1] 曾凡军.基于整体性治理的政府组织协调机制研究[M].武汉:武汉大学出版社,2013.

[2] 竺乾威.从新公共管理到整体性治理[J].中国行政管理,2008(10):52-58.

[3] 胡象明,唐波勇.整体性治理:公共管理的新范式[J].华中师范大学学报,2010(1):11-15.

[4] 韩兆柱,张丹丹.整体性治理理论研究——历程、现状及发展趋势[J].燕山大学学报(哲学社会科学版),2017(1):39-48.

[5] 李德.从碎片化到整体性:创新我国基层社会治理运行机制研究[J].吉林大学社会科学学报,2016(5):90-99,189-190.

[6] 史云贵,周荃.整体性治理:梳理、反思与趋势[J].天津行政学院学报,2014(5):3-8.

[7] 吕俊平.整体性政府理论探析[D].济南:山东大学,2011.

[8] 刁欣恬.太湖流域整体性治理问题研究[D].南京:南京大学,2019.

【作者】

李晓莉,中共嘉善县委党校讲师

基层党建引领小区治理的实践及启示

陈　晨

党的十九大报告指出"要以提升组织力为重点",把基层党组织建设成为宣传党的主张、贯彻党的决定、领导基层治理、团结动员群众、推动改革发展的坚强战斗堡垒。一直以来,城市小区治理,特别是老旧小区物业涣散,业委员作用发挥不明显等都是老大难问题。嘉善县始终把人民群众对美好生活的向往作为奋斗目标,紧握居民自治这个开关,在条件相对成熟的罗星街道试点建设红色物业"小区客厅",找准民生需求,汇聚社情民意,精准管理服务,增进党群关系,再造居民小区熟人社会,逐步探索出了一条基层党建引领小区治理的有益路径。

一、相关研究概述

(一)国内研究现状

1.关于党建引领社区治理的研究

近年来,随着城镇化进程不断加快,国内对城市治理的关注度越来越高,有学者针对城市社区党建进行了较为深入的研究,研究的重点主要有社区党建和社区治理的关系、党建引领社区治理面临的问题和挑战、创新模式、地位作用等。沈跃春提出,社区治理是国家治理的基础,社区治理现代化应当充分发挥党建核心作用,推进五大体系建设。曹海军从国家顶层设计入手,分析了新时代党建引领社区治理的特殊性、现状,提出"一核多能"的全新架构。王海荣阐述了国外社区治理的主要理论,以及中国城市社区中的政治实践,指出中国社区治理理论发展相对薄弱。

2.关于党建引领小区治理的研究

随着城市小区数量的井喷式增长以及小区管理问题的增多,各地已经在党建引领小区治理上进行了不同程度的探索,比如南京市江宁区托乐嘉小区建成了"睦邻亭",厦门市湖里区出台了小区治理的"1+4+N"系列文件,长沙市雨花区谋划打造30个小区党建示范点,等等。

但是由于主客观原因的影响,学术界在这方面的研究还处于刚刚起步阶段。在CNKI上输入"党建小区治理"关键词,搜索结果仅14篇,其中2017年有4篇,2018年9篇,2019年1篇。最早是岑毅的《党建引领住宅小区综合治理新探索》,他认为多元主体的共治是小区治理的核心,引入群团组织、社会组织参与有利于构建基层党建新格局。颜好洁认为,支部进小区是打通城市党建"神经末梢",目的是形成多方共同参与的工作格局。

国内对于党建引领基层社会治理的研究较丰富,只是理论研究相对较多,实践和创新研究相对较少,难以形成可看可学的经验,专门针对党建引领小区治理开展的研究更是寥寥无几,这正是本课题侧重探索的方向。

(二)国外研究动态

西方学者对社区治理的研究比较深入,形成了相对完备的理论体系。具有代表性的有"国家—社会"关系理论、多中心治理理论、参与式治理理论、社会资本理论等。如"国家—社会"关系理论基于"权力结构",探讨国家治理和社会自治在社区治理中的相互关系,以及二者之间的互动和博弈。社会资本理论则着重研究社会组织在社区治理中的作用。Weisbord认为,政府和市场因为各自的立场,并无法完全满足公共需要。L.沃斯开辟了"城市化与社区运行系统研究"传统,并且在社区发展和转变等方面进行了深入研究。

由于国情不同,国外对社区治理的研究更多的是从国家治理或者城市治理的角度出发,存在政党角色缺失,但是相关理论的研究内容丰富,仍然值得借鉴和学习。

二、"小区客厅"的主要做法和成效

罗星街道位于嘉善县城南部,是嘉善新城区和县政府所在地。近年来,始终坚持"共建、共治、共享"理念,统筹社区资源,创新建设红色"小区客厅",荟萃小区文化、增进邻里和谐,延伸社区治理最后"一纳米",打造城市居民生活的"第三空间"。主要做法如下。

(一)建在小区家门口,立足小区享服务

一是聚集资源强建设。按照"便利居民活动、便利沟通联络、便于民意反映"的原则,发挥社区基层党组织引领作用,挖掘居民活动用房、物业用房、社区用房等小区各类空间资源,统筹规划打造集学习交流、便民服务、文体活动、矛盾调解等功能于一体的"小区客厅"。目前已单建完成御景湾小区、四季江南小区、锦和苑小区、嘉华春晓小区、晋阳社区、瑞兴百合春天等第一批"小区客厅"6家,受理民生实事168件,解决群众困难问题327个,受到居民群众广泛认可。二是统一功能强规范。小区客厅统一区域设置,规范功能区划分,明确红管家服务区、业委会办公区、党群议事区、善城书房区、志愿服务驿站、民情驿站、老娘舅调解室、三点半教室等"4区2站2室"基本功能区域和童趣天地、共享厨房等X项自选功能。在醒目位置设立小区客厅专属品牌标志(logo),如御景湾小区客厅设计融上海和硅谷元素为一体的背景,酒店式的厅堂设计,前台式的物业接待区,颜色搭配以家庭温馨为主;同时,"小区客厅"综合考虑安全、管理及人流情况,确定按季节实行不同的开放时间,一般情况下"小区客厅"开放时间,春夏为早7点至晚21点,秋冬为早8点至晚20点。三是建强队伍强服务。在物业公司、业主委员会等领域培养发展一批具有奉献精神的党员骨干,带动广大党员、楼道长、群众,共同参与小区治理;同时,针对部分"小区客厅"管理人员不足的问题,发出志愿者招募令,招募小区内有热心公益、有责任心的志愿者担任小区客厅"红色管家",统筹开展"三点半"课堂、童趣天地、共享厨房等志愿服务。如家住御景湾的嘉善二院中医医生朱晨龙,每月定期在"小区客厅"内为周边小区居民进行义诊。截至目前,街道首批六个"小区客厅"共招募志愿者27名,开展志愿服务60余场次。

(二)建到居民心坎里,和谐邻里心贴心

一是特色化楼道服务。打破"小区客厅"空间局限,将服务触角延伸至小区各楼道,全域打造"特色化"个性楼道。根据各楼道环境的不同、党员个性特长差异等,围绕学习教育、服务管理、精神文明建设、美化绿化生活环境等明确楼道个性主

题,建立"学习型楼道""文化型楼道""活力型楼道""生态型楼道"等,拓展"小区客厅"服务功能和服务空间,在潜移默化中提升党员群众生活素养。二是暖心型红色物业服务。以"资源共享、和谐共促"理念,将社区"大党委""四方红色联盟"、辖区单位、96345志愿服务分站等多方力量融合,打造暖心型红色物业服务,推动基层党建网、民生服务网、社会治理网"三网合一"。如针对东方润园小区楼道内乱停车、乱堆放的问题,第一时间召开民情议事会,讨论自治管理事宜,由楼道长牵头清理楼道,物业对主动清理完成的楼道免费赠送休闲座椅和绿化,小区居民热烈呼应,楼道问题迎刃而解。三是无缝式党群服务。坚持"共享服务、快乐生活"的工作理念,按"去条线化"原则,整合组织、宣传、工会共青团、妇联、科协等资源,在"小区客厅"建立"爱驻家园"党群联盟,以"微笑、服务、奉献、有爱"为主题,举办"社情民意大走访、'八八战略'大宣讲、思想观念大解放"纳凉会等活动,增加居民群众直接的互动交流,推动党建活动联行、治理难题联解,进一步和谐邻里关系。

(三)建成服务新机制,量体裁衣促规范

一是健全组织工作覆盖机制。始终坚持"城市管理工作推进到哪里、党建工作就推进到哪里"的工作理念,通过单建、挂建、联建等方式,全面加强小区物业公司和业主委员会党的组织覆盖率。对暂不具备组建条件的,从住建部门、街道、社区三个层面,选派党员干部担任党建指导员,有力提升党组织在基层治理的话语权。今年以来,已建物业企业、业主委员党支部5家,选派党建指导员3名。已经建成的5家党组织的物业公司管理了32个小区,占全街道有57个物业服务进驻管理小区的56.14%。二是健全四级联动治理机制。成立以街道党委为总舵手,社区党组织为抓手的"小区客厅"建设工作领导小组,建立社区党组织领导下以小区为单位的"社区居委会+物业企业+业委会+党员楼道长"四级联动开放型基层治理机制,形成街道党群服务中心、社区党群服务中心、"小区客厅"及小区楼道四级管理网络,共同参与小区客厅建设管理和小区治理统筹协调工作。三是健全民主党群议事机制。全县推广成立以小区为单位的党群议事会,由居委会代表、物业支部代表、业委会支部代表、居民(党员楼道长)等组成,围绕"党群议事议出美生活"理念,实行"四会协商共治"(定期社区民情恳谈会、社区事务协调会、社区工作听证会和社区成效评议会),做到小区的事情小区居民自己议、小区的事情民主决定办。如今年7月,罗星街道晋阳社区南北龙柏通过"小区客厅"党群议事会在收集居民

意见的基础上,共商物业管理提升方案,共推物业服务整改提升,顺利实现为期2年的物业续签。再如御景湾业委会更是开展答疑会,明确了电梯广告收入归全体业主所有,由业委会代管,所有收支在"小区客厅"公示,同时公开承诺不收取任何薪酬、带头缴纳物业费等事项。

三、"小区客厅"的启示与思考

嘉善罗星街道的成功之处在于在党建引领下,发挥了党员楼道长的先锋带头作用,搭建了物业、业委会和居民之间的沟通桥梁,真正把城市党建工作做到群众心坎里,让小区居民立足小区享服务。这正是基层小区治理的关键,也值得有基础、有条件的基层街道借鉴和实践。具体来说,有以下几点启示。

(一)坚持党建引领,充分发挥党员楼道长的作用,是城市小区治理的组织保障

城市小区治理是一场硬仗,没有坚强的组织领导,很难抓好这项工作。从罗星街道的实践来看,"社区居委会+物业企业+业委会+党员楼道长"四级模式有思路、有魄力、有能力,作用发挥明显,物业主动提供小区客厅建设场地,业委会主动作为,党员楼道长主动示范,不断激励小区居民主动参与小区治理,随着小区的环境变好、楼道变美,居民幸福指数直线提升,居民与物业、业委会的关系逐渐融洽,小区自治的优势初步形成。为此,要充分发挥基层党建在小区治理中的核心作用,既要选优配强社区班子,又要加强物业、业委会的党组织组建和工作覆盖,加强党员楼道长队伍管理,全面增强党员干部的先进性、号召力和战斗力,为城市小区治理提供有力保障。

(二)立足小区服务,推动实施"小区客厅"开放共享,是城市小区治理的重要途径

目前城市小区大多以封闭式为主,居住人员流动较大,居民之间的联系纽带日渐松散且疏离,逐渐形成了"陌生人社会"。罗星街道通过在全县创新建设红色"小区客厅",率先提出再造"熟人社会",旨在小区内塑造街坊邻里情,探索"善治"之路。自创建小区客厅以来,居民的家园意识和自治意识越来越强,彼此之间的关系越来越和谐,互不相干、跟风学样等现象也得到了有效改善,"熟人社会"雏形已然

显现。要充分借鉴罗星街道小区客厅等典型做法，小区客厅通过资源整合，充分发挥"共建、共治、共享"理念，实现了小区治理的"蜕变"，从而使得温情脉脉的熟悉感渐渐回到小区。

（三）倡导党群议事，全面调动居民参与自治管理，是城市小区治理的核心要义

小区治理工作，关键在于引导居民、家庭共同关注小区事务。居民是小区治理的直接利益相关人，让小区变得更好，物业有责任、居民有义务。罗星街道通过成立党群议事会，吸收社区、物业、业委会代表、党员楼道长部分热心居民，真正做到小区的事情小区居民自己议，让所有的工作都公开公正地进行。为此，开展小区长效治理，要充分借鉴罗星街道典型做法，通过党群议事会等形式，千方百计调动居民的积极性和主动性，切实增强党员意识、家园意识、争先意识。

四、"小区客厅"推广的难点及建议

尽管"小区客厅"是城市党建的有效示范，但在全省推广的层面上还面临一些难点，主要有以下两个方面。

（一）客观上，"小区客厅"的建立和后续管理需要一定费用，部分小区特别是老旧小区条件有限，经费和场地不足

"小区客厅"对大部分的小区、特别是城市新小区，具有借鉴和推广价值，但在学习推广过程中不能生搬硬套，需要结合各小区实际进行改良，选择建设示范型小区客厅、标准型小区客厅或者基础型"小区客厅"。示范型小区客厅设有红管家服务区、业委会办公区、党群议事区、善城书房区、志愿服务驿站、民情驿站、老娘舅调解室、三点半教室等"4区2站2室"基本功能区域和童趣天地、共享厨房等X项自选功能。标准型"小区客厅"设有红管家服务区、业委会办公区、党群议事区、善城书房区、志愿服务驿站、民情驿站、老娘舅调解室、三点半教室等"4区2站2室"基本功能区域。基础型小区客厅配置红管家服务区、党群议事区、民情驿站、老娘舅调解室等"2区1站1室"基本功能区域。此外，可以通过"小区客厅"的商务增项摊平费用。

(二)主观上,物业公司服务意识参差不齐,缺乏变革的主动性,对"小区客厅"的作用缺乏认识,不想给自己"找麻烦"

虽然首批 6 家"小区客厅"已经正常使用且广受好评,但是从长期运营的角度来看,有必要建立合理的奖惩机制,避免"做多做少都一样",提高红色物业服务群众的积极性,加大宣传力度发挥红色物业的示范效应,促使其他物业及时认识到"小区客厅"对于促进物业管理、缓解物群矛盾的重要意义,营造主动联系群众、宣传群众、服务群众的良好氛围。

参考文献:

[1] 曹海军.党建引领下的社区治理和服务创新[J].政治学研究,2018(1):95-98.

[2] 范德繁."六联工作法"做实居民小区党建:解决好城市基层党建"最后一米"的问题[J].人民论坛,2019(7):104-105.

[3] 孙燕.基层党建引领社区治理创新研究[D].宁波:宁波大学,2017.

[4] 沈跃春.以社区党建创新为引领 推进社区治理现代化[J].唯实,2014(10):42-45.

[5] 陶元浩.基层党建引领社会治理创新:以深圳市南山区为例[J].中国领导科学,2018(6):96-99.

[6] 张敬芬.睦邻党建:更有温度的城市基层党建[J].党政论坛,2018(7).

【作者】

陈晨,中共嘉善县委党校讲师

农村基层党建推进社会治理创新研究

——以浙江省为例

罗红希

浙江是中国革命红船的起航地、中国改革开放的先行地、习近平新时代中国特色社会主义思想的重要萌发地,其社会治理经验和模式也走在全国的前列。党的十九届四中全会强调"推进国家治理体系和治理能力现代化",探索和创新新时代推动农村社会治理体系和治理能力现代化的新路子,对浙江农村社会治理尤为重要。"治理"一词最早起源于古希腊语,它包含管理、整顿、控制和操纵的含义。20世纪80年代末,与"治理"相关的理念开始应用于西方新公共管理运动,到20世纪90年代末,"治理"的概念广泛出现在公共管理领域的相关研究成果中。治理理论代表人物罗西瑙认为"治理是原则、规范、规则和决策程序"[1]。农业是中国社会的基础,"农村兴,天下兴",农村治理模式的构建和创新成为日益迫切的问题。农村社会治理体系的基本环节包括党委领导、政府负责、社会协同、公众参与和法治保障,强调多元参与和协商原则结合实现"善治"对于构建一个"治理有效"的农村治理体系意义十分重要。针对目前疫情期间暴露出来的社区治理行政化、社区自治边缘化、治理主体单一化等问题,农村基层党组织是农村社会治理工作的基础,必须克服农村基层党组织涣散、战斗力羸弱、"行政化"理念深重等痼疾,才能使其发挥统领核心作用。农村基层党组织通过发挥服务功能和中间桥梁纽带作用,通过处理好各种关系,探索创新新时代推动农村社会治理体系和治理能力现代化发展的路径,成为当下中国农村治理理论的重要组成内容。

一、当前农村基层党组织推进农村社会治理现状

"枫桥经验"是中华人民共和国成立以来极具浙江特色的社会管理模式。1960

年代初,浙江省诸暨市枫桥镇创造了"发动和依靠群众,坚持矛盾不上交,就地解决,实现捕人少,治安好"的"枫桥经验"。1963年11月,毛泽东同志亲笔批示"要各地仿效,经过试点,推广去做"。随后,"枫桥经验"开始风靡全国,在此后50多年的时间里,尽管中国大地上发生了翻天覆地的变化,我国基层社会矛盾冲突的性质特点发生了历史性的深刻变化,但在不同的历史时期,"枫桥经验"依然能与时俱进,历久弥新,成为农村基层社会治理的旗帜和典范。还如杭州市萧山区现行多元化纠纷解决机制实践探索主要包括本土化的"大调解"格局及道路交通事故一体化处理中心的建立两大维度。萧山区本土化的"大调解"格局和道路交通事故一体化处理中心,是浙江省处理各种纠纷、化解社会矛盾的样板。无论是"枫桥经验"还是萧山区的"大调解"格局,都有一个重要的经验,那就是加强基层党组织建设,创新党建与社会治理的新路径。目前浙江省农村基层党组织推进社会治理面临巨大的困境与挑战。

(一)农村基层党组织推进农村社会治理的有利条件

为了加强党的建设伟大工程,新时代下推行了"党建+"模式,转变党的运行方式,确保党组织的强大战斗力,农村基层党组织往往拥有最后的决定权。要改变"党的建设"同"农村治理"双轨制运行思维,主要的实践路径有:首先是领导要转变实践的观念。官本位思想与以人为本是两种对立的治理观念。随着村民自治意识和自治能力的提升,村民组织团体等不断涌现。村党组织在方向上加以引导,这对于基层治理和党的基层组织都有好处。其次是组织关怀上要逐渐转型。"乡政村治"尤其要面对"两委"矛盾,有些模式,如"两票制""一肩挑""两会制"等都能很好地协调"两委"矛盾。通过"老人协会"等多种渠道初步构建了多元参与体系,有利于"治理有序"的体系的构建和发展。最后是运作模式上转变的实践方式。农村治理法治化是农村基层治理的基本潮流和方向。在农村基层的运行依照法律管理,法律体系的参与使得农村社会治理有章可循,大大促进了国家治理能力和治理体系的现代化,是农村基层治理的一大进步。

(二)农村基层党组织推进农村社会治理的实践困境

随着改革开放的进行,农村社会治理环境的复杂化是我们面对的时代挑战。首先是"金钱、利益至上"等思想对传统治理思想的冲击。中国农村在两千多年的历史长河中,在传统文化的影响下,已经有了独特的"是非"标准的道德规范,并能实现较好的自主治理。由于受到市场经济的冲击,利益导向下的淳朴村约民风荡然无存,相反"金钱主义"和"消费主义"却大有市场,并形成一种新的农村风潮。所谓的"村庄精英"其实只管角逐权利,而普通村民淡漠面对社会治理,在农村社会治理工作中表现冷漠,这种实际农村基层治理景象与顶层治理设计脱钩,导致农村治理大都流于形式。其次是人口流失不利于农村治理主体的形成。越来越多的农村年轻人流向城镇,而农村只剩下老、弱、病、残、幼,导致党组织队伍年龄老化,党组织的先锋模范作用难以发挥。由于农村基层社会治理的主体缺失,农村社会出现"治理无序",权力分散,导致村民对村庄认同感和归属感缺失,加快了村落的衰败。最后是"行政化"色彩过于浓厚。农村基层党组织作为农村社会的领导核心,国家管理农村社会扭曲,基层党组织继承了传统的"行政化"色彩,村民组织无法发挥作用,农村党组织把握了治理的话语权,村民自治组织实际上处于无权地位。

1.农村基层社会治理结构框架混乱

随着社会的进步发展和农村社会的转型,农村社会"行为准则"也随之坍塌。随着群众自治意识和能力的极大提高,"一元化"行政式治理的衰落,群众自治权力代表关系急需重新建构。"一元化"治理思维模式未能得到及时纠正。由于党的宗旨是全心全意为人民服务,农村基层党组织要继续发挥战斗堡垒作用,就必须纠正各种负面思想,如"行政化""悬浮化""利益化"等,纠正治理导向定位的偏差。虽然我国已形成了以人民民主为特征的国家基层民主政治制度,但是农村基层治理的各种关系复杂化,农村权力高度集中,村民自治依附作用明显,导致党与农村基层自治不平衡,党的领导是全能型、总揽型,忽视了人民群众的合理要求。农村社会治理缺乏合法性,逐渐悬浮于农村社会,使得群众自治失去了对公共事务的参与,政治冷漠不利于新时代下多元参与协商治理体系的构建。

2.农村基层治理制度规约意识淡薄

"契约精神""理性主义"是建构现代化国家治理体系中的逻辑标准,也是现代国家治理的未来发展趋势。党的领导、人民当家作主、依法治国三者统一于我国社会主义民主政治伟大实践。每一项制度、政策从制定到付诸实施这一过程受诸多因素的影响,也会产生偏差。制度、政策是一项系统、复杂的工程,从收集资料、民意到制度、政策的"落地",需要一定的时间来考量其实际成效,需要经得起时间和历史的检验。农村基层社会治理处于国家治理最末端,国家难以实现对其进行直接管控,构建党委领导下多元主体共同参与的协商治理体系格局是时代的必然要求,在农村新事物的接受往往比较缓慢,甚至比较排斥。吸收能力较弱,以村党委为例,特别是年龄较大的"老党员",缺乏专业知识和现代社会治理思想,对于社会治理往往是心有余而力不足。"悬浮型"的制度、政策对农村社会规约成效不明显,某些制度和政策到了农村基层甚至完全走了样。

3. 治理社会基础不足

在农村社会面临转型的新时代,城镇化吸引了大多数有能力的青年,农村只剩下一些老、弱、病、残人员留守在村庄,这些情况的存在严重导致社会、民生、治理问题日益突出。劳动力的流失不仅是村庄内生活力的缺失,其还关联到农村基层党组织的组织后备力量保障问题。村组织和村落衰败,软弱涣散,与农村社会"战斗堡垒"名不副实。国家虽然实施了精准扶贫工作,但是又怎样构建以村党组织"进场"并引领农村社会治理良性发展,需要进一步探索。由于农村经济发展的不平衡,所谓的"新乡贤""农村精英"企业家纷纷进军农村,在农村租地、设厂、办合作社,打着响应国家的旗号,建立"合作社+农户"扶贫模式,做一些表面工作套取国家资源,侵占村民的相关利益,实则是以资本家的逐利为导向对农村社会化新一轮的资本"汲取",从而导致农村贫富分化进一步加剧。党群、干群关系冷漠,群众基础不足,与党委领导下多元主体参与新型治理体系背道而驰。与此同时,各种非主流文化、低俗文化、盗版文化,以及由此催生的贪图享受主义、拜金主义、唯利主义,严重损害了农村社会生活传统文化道德标准,因此,失去了传统文化价值体系对村落社会治理的保护作用。

二、农村基层党组织建设推进农村社会治理创新的路径和对策

恩格斯曾说:"世界不是既成事物的集合体,而是过程的集合体,其中各个似乎稳定的事物同它们在我们头脑中的思想映象即概念一样都处在生成和灭亡的不断变化中,在这种变化中,尽管有种种表面的偶然性,尽管有种种暂时的倒退,前进的发展终会实现。"[2]农村基层党组织也是在曲折中不断前进和发展的,面对新时期农村社会的转型,农村基层党组织的战斗堡垒作用引领新型治理体系,构建的过程

中其执政能力直接关乎基层民主政治和农村社会治理现代化的发展。要克服农村基层党组织涣散、战斗力羸弱、"行政化"理念深重等痼疾,案例中的做法都是以党建＋为标准,以党建逻辑的效用价值辐射其他事物的发展,构建出党建与其他问题相互融合的体系机制,把有效解决问题作为逻辑导向,为治理的创新与发展奠定良好的治理基础与环境。坚持党支部书记"领头雁"中心引领、加强基层党组织队伍的人才开发保障等为现实参考路径。坚持以民生关怀为逻辑导向构建多元主体参与协商的共建共治共享新型治理格局为总的路径回应。例如海宁市将党建作为联动式治理的关键和灵魂,充分发扬"红船精神",坚持党建引领社会治理创新,尤其是推进社会组织党建与社会治理共融,帮助社会组织更好地参与到社会治理当中。海宁市创新党组织的设置方式,超过 50％的社会组织建立了独立党组织,通过发挥党员模范带头作用,发动群众参与做好群众工作,引领社会组织在遵守国家法律法规框架中健康发展。这些经验为探索农村社会治理创新均提供了有益的参考和借鉴。

(一)农村基层党组织要坚定政治引领下的"服务型"理念

旗帜鲜明讲政治,是马克思主义政党的鲜明品质。要不断强化党的政治功能和更新党的领导理念向"服务型"转型,才能有效纠偏党组织在实践中"行政型"的思想顽疾,从而满足农民群众对党组织领导农村基层社会治理创新发展的新期待,助推由"行政型"向"服务型"转变。如果说政治功能是顶层设计,那么党的服务功能则是现实的实践方案,"服务型"理念是体现党的性质和宗旨,是执政之基、力量之源,推动治理秩序的良性发展。在新时代的党建中,以政治功能为统领,加强服务型基层党组织建设,是顺应共产党执政规律、社会主义建设规律、人类社会发展规律的内涵逻辑。基层党组织由"行政型"转向"服务型"是党融入社会、维系国家—社会关系稳定黏合的有效手段,是在遵循以党领导为核心及发挥其政治作用的前提下,对党领导农村基层社会治理理念的完善,也体现了"社会存在的大部分领域是在政治领域之外,所以应该留给个人自己去塑造"[3]的基层民主自治发展逻辑。因此,唯有始终保持否定辩证及自我批判观念的勇气和决心,适时转变领导理念和领导方式,强化政治功能引领,才能以"服务"为手段有效拓展农村基层党组织的党建工作对推动农村基层社会治理发展的深度和广度。

(二)农村基层党组织要加强党组织后备力量人才队伍建设

农村基层党组织是党在农村全部工作和战斗力的基础,是党组织向农村延伸的神经末梢,其组织人才队伍的建设直接关乎"战斗堡垒"的有效程度。因此,在坚持党领导的逻辑体制下如何构建有效的人才队伍建设体制机制是农村基层党组织得以长期在农村保持稳定执政权威性的首要前提。农村基层党组织的人才队伍建设是一项复杂的系统性工程,应构建一套科学合理完整的人才队伍选拔建设体制机制。要大力发挥民主选举在党组织后备力量储备中的民意价值功能。通过村民联名公选出自己满意的"当家人",同时,通过思想教育有效引导愿意为群众利益牺牲奉献的"农村精英",将其吸纳进党组织后备力量人才队伍中,在农村社会治理中发挥先锋模范作用。此外,应积极通过政策引入专业技术性人才、第一书记、大学生村官从而不断提高进入党组织后备人才队伍的质量。特别要注重"人才"培育。加强理论学习,坚定理想信念。还要加强专业技能培训,增强业务工作能力,有效解决工作中能力不足问题。应建立绩效工资待遇考核机制,设置不同的薪金报酬标准,多劳多得,对于那些勤劳肯干的干部而言无疑是最直接有效的奖励。给每个人公平公正的政治晋升通道,明确相关绩效考核标准,在实际工作中努力作为而不是搞关系、走后门。建立相应的奖惩机制,加强党组织后备人才队伍建设,以此作为农村基层党组织在加强各方面建设过程中的前提保障。

(三)突出支部书记"领头羊"中心引领,发挥党员的先锋模范作用

村看村、户看户,群众看党员,党员看支部。首先,村党支部书记作为村党组织的领头人,其对村党组织的领导、组织、团结成效起着相当重要的作用。由于自身的原因和外部环境的干扰,在农村领导力难以发挥其应有价值,要从增强内生能力和重塑外部环境两个轨迹同时展开,在增强内生能力路径轨迹下以引领事物发展能力、驾驭农村社会治理能力和依法办事能力为具体考量。尤其要加强其思想理论学习,提高党性修养和坚定理想信念,同时要转变领导理念,在农民民主自治意识、权利意识日益增强的新形势下,适时摒弃以往"家长式"行政化的思想,建构新型关系模式。党支部书记要积极主动学习和掌握各项专业技能,全面提升个人素质能力,在面对各种复杂的问题时能有效应对。在重塑外部环境层面上关键在于探索促进村党支部书记作用得以发挥的有效载体。提升村党支部书记基本物质需

要,拓展发展空间,通过降低考试选拔标准和增加参政议政机会,使得优秀的村党支部书记能够有机会进入乡镇系统,同时也要营造"舒适"的工作环境,创造稳定安全的政治生态管理环境,从而增加村党支部书记工作的热情和效能。有效地建构村党支部书记中心引领作用得以发挥的"内""外"现实载体尤为重要。其次,农村基层党组织在很大程度上取决于农村基层党员先锋模范作用的发挥。因此,农村基层党员在享有党和人民赋予权利的同时,应积极履行义务,贯彻执行党的基本路线和各项方针、政策,发挥在社会生活中的先锋模范作用。在农村社会转型的新时代,许多党员往往容易丧失其先锋模范的本质与作用。

要下大力气解决党员"不学习"的问题。通过理论学习,坚定理想信念,保障其主体权利,提高驾驭社会治理能力。既要了解农村社会的基本矛盾,又要做好表率,领导和推动农村社会公共事业的发展。

(四)农村基层社会治理要以关怀民生问题为抓手,解决好民生难题

所谓民生问题,就是与人民群众密切相关的最关心、最直接、最现实的利益问题。现阶段,我国人口贫困、养老、医疗、教育、环境、治理等民生问题矛盾凸显,亟须构建以民生问题改善为逻辑中心的民生理念和发展路径,在发展中保障民生。通过民生举措的落实有效解决和满足群众的民生问题和实际需要,引导群众树立正确的劳动价值观、幸福获得观、主体参与观,增强主人翁意识,积极参与民生保障和改善工作,有效调动群众内生作用。例如乌镇管家模式主要以"乌镇民情"和"平安浙江"两大平台为依托,在基层社会治理上收效显著。

"农村兴,天下兴",中国是一个传统的农业大国,农村的发展与稳定直接关乎国家稳定的根基。党的十九大提出乡村振兴战略,旨在回应农村社会面临的困境,具体内容是"坚持农业农村优先发展,按照产业兴旺、生态宜居、乡风文明、治理有效、生活富裕的总要求,建立健全城乡融合发展体制机制和政策体系,加快推进农业农村现代化"。实施乡村振兴战略不仅需要充分认识这一战略的重大意义,而且需要科学把握乡村振兴战略的内在逻辑和建设目标,找准振兴的前进方向,一是大力发展经济;二是传承文化道德;三是构建新型治理体系。通过农村基层党组织、乡镇政府、村民自治组织、村民社会组织、村民各个治理主体相互协商、共同作用,以自治、法治、德治三个维度展开具体实施路径,有效推动新型治理体系的发展和创新,从而形成共建共治共享治理格局。总之,唯有抓住"发展"这一时代议题,坚

持农村社会的发展内涵与外延,才能有效焕发农村社会内生活力、舒缓现实矛盾、重塑治理空间。例如杭州市上城区在社会基层治理实践中,坚持以人为本的原则,以提升人民群众生活满意度和生活幸福指数为参考,开展了多样化的服务,充分落实居家养老服务,从而实现民众生活服务水平的大幅度提升。通过不断地调动社会组织、公民团体的参与积极性,从而构建多方参与、共谋共治的科学社会治理新格局,实现了全员参与、自我服务、管理服务和协调发展的治理体系。

"获得感"是指获取某种利益后产生的满足感。这种满足感来源于两个方面,一是物质层面,二是精神层面。由此归纳出人民群众"获得感"的逻辑内涵,厘清哪些才是广大人民的真正利益和根本利益,确认执政党维护的利益与人民的期待是否一致,是破除民生难题"获得感"提高的前提。一是坚持持续发展逻辑,即努力把"蛋糕"做大。二是切实保障人民群众主体地位。一方面,乡村政府和农村基层党组织要尊重农村群众主体地位,积极推进基层民主政治的发展。创新参与方式,让村民有更多"发声"的机会;另一方面,通过引导和教育不断提高村民参与政治的意识和能力,激活他们的主人翁精神,提高"发声"的主动性和效能性。总之,"获得感"的有效获得有赖于人们对物质的享受和权益的保障,人民的"获得感"是检验党和国家一切工作的判断标准。

(五)构建以"治理有效"为目标的农村基层多元化社会治理体系

党委领导是农村基层社会治理的关键。政党一端连接着民众,因为只有得到相当一部分民众的支持,政党才能生存和发展;另一端连接着国家、政府、权力,因为只有掌握权力,或对政府运作施加影响,政党才有生存的价值。[4]新时期下,在全面深化改革推进国家治理体系和治理能力现代化背景下,如何有效解决农村基层党组织面临"利益化""悬浮化"和"边缘化"等内生困境和农村社会结构转型、利益诉求多样化、形势复杂化等外部环境的双重制约,直接关联着农村治理体系"治理有效",也即实现农业农村现代化发展目标能否实现。

政府负责与社会协同同等重要。卢梭指出:"'什么是可能的最好的政府'这个大问题,在我看来,只是这样一个问题:什么样的政府性质能造就出最有道德、最开明、最聪慧,总之是最好的人民。"[5]例如宁波市北仑区初步建成了一张高效处置网格事务的"精细化服务网"。"网格化管理、组团式服务"工作,在密切党群干群关系、转变干部作风、强化为民服务长效机制、维护社会和谐稳定等方面,起到了积极的作用,实现了社区管理和服务工作从"坐等上门"到"主动上门"的转变,主动为群众答疑解惑,提前预防各类安全生产隐患。要坚持依法治理理念和原则,也就是说社会协同的一切内容和运作模式要遵守法律逻辑,养成社会协同模式中的法治理念,将社会协同工作纳入法治轨道,进而有效避免社会协同中非法律因素的干扰,使社会协同在治理中得以真正运转。

公众是参与农村基层社会治理的主体。作为乡村社会主体的农民群体,其主体意识的有无和能动发挥程度如何对于能否产生良好的乡村治理绩效则是一个关键。[6]因长期受限于历史和现实因素的干扰,绝大部分村民逐渐陷入自觉性选择或被动性逼迫,逐渐失去参与的主观意愿和参与能力,具体表现为政治冷漠、人际关系淡漠、自我封闭及能力不足。因此,要不断增强公众参与自觉性,激发公众主人翁精神,增强公众内生性参与的主观意愿。

法治保障是农村基层社会治理的根本前提和重要保证。实现治理法治化和规范化是农村基层社会治理体系和治理能力现代化的重要衡量标准,农村基层党组织作为农村基层社会治理体系中的领导核心,在推进治理法治化过程中应该发挥其战斗堡垒和模范带头作用。权力是把双刃剑,运用得好可有效解决实际治理问题,一旦掺杂个人利益因素将不利于"治理有效"治理体系的构建。构建一套治理权力制约监督机制是一项系统的、复杂的、多角度的工作,在权力的源头,应以法律为前提合法赋予不同治理主体相应的职能权限,避免治理权力集中于一个主体,形成互相影响制约的关系。总之,运用法治思维实现农村治理法治化,这是推进农村治理体系和治理能力现代化改革总目标的重要组成部分。强调法治逻辑作用,为农村治理提供更加坚实的法治保障。例如舟山市"网格化管理、组团式服务"治理经验,包括定海檀东社区小区内环境整洁,功能比较齐全,内设学校、幼儿园、警务室、晨练点、社区服务中心、游泳池、人工湖、图书馆、网球场、红色影院、远教广场、党建风长廊、青少年科技体验吧等,是定海城区内较为理想的住宅小区。檀东社区在社区自治模式方面扎实做好"自治、德治、法治"试点工作,成立多个社会组织,如"七彩檀东社区服务中心",都包含了法治保障的因子。

推进国家治理体系和治理能力现代化是党和国家的工作全局,涉及社会的各个领域,是一项浩大的工程。尤其是在目前新冠肺炎疫情防控期间,农村基层作为国家和社会的最小单元,处于疫情防控的最前线,社区治理成效不仅是直接反映社会治理能力的重要指标,更关乎疫情整体防控工作的成败。依据以上农村基层党组织推进社会治理的路径和对策,近年来德清县探索农村基层党组织助推社会治理的重要成果,如道德文明之花开遍城乡,从全国道德模范提名奖获得者到全县1.5 万名普通的志愿者,从民间设奖第一人马福建"孝敬父母奖"的一枝独秀到 39个不同类别、不同区域的民间奖项的春满园,从创建全国首家"公民道德教育馆"到辐射全县乡村的"和美乡风馆",公民道德建设呈现为金字塔状的"德清现象"。这都是农村基层党组织推进社会治理从"行政型"向"服务型"理念转型的结果,更是农村基层党建推进社会治理创新研究的新典范。

参考文献:

[1] 詹姆斯·罗西瑙.没有政府的治理[M].南昌:江西人民出版社,2001.

[2] 中共中央马克思恩格斯列宁斯大林著作编译局.马克思恩格斯选集:第四卷[M].北京:人民出版社,1995.

[3] 侃如.治理中国:从革命到改革[M].胡国成,赵梅,译.北京:中国社会科学出版社,2010.

[4] 王长江.现代政党执政规律研究[M].上海:上海人民出版社,2002.

[5] 卢梭.社会契约论曲[M].何兆武,译.北京:商务印书馆,2010.

[6] 谭德宇.乡村治理中农民主体意识缺失的原因及其对策探讨[J].社会主义研究,2009(3):80-83.

【作者】

罗红希,杭州电子科技大学马克思主义学院副教授,上海大学历史系博士后

城乡基层治理体制机制创新研究

——基于杭州市乡镇（街道）体制改革实践的分析

李　斌　何利松　叶海平

一、研究背景与问题的提出

（一）治理体系和治理能力现代化

党的十八大以来，以习近平同志为核心的党中央进一步聚焦现代化，高度重视国家治理体系和治理能力现代化。党的十八届三中全会提出"国家治理体系和治理能力现代化"这一概念，强调"全面深化改革的总目标，就是完善和发展中国特色社会主义制度、推进国家治理体系和治理能力现代化"。党的十九大提出，到 21 世纪中叶，我国物质文明、政治文明、精神文明、社会文明、生态文明将全面提升，实现国家治理体系和治理能力现代化，成为综合国力和国际影响力领先的国家。党的十九大报告同时指出，"加强社会治理制度建设，完善党委领导、政府负责、社会协同、公众参与、法治保障的社会治理体制，提高社会治理社会化、法治化、智能化、专业化水平"。党的十九届四中全会，对坚持和完善中国特色社会主义制度、推进国家治理体系和治理能力现代化做出重大部署。

从纵向来看，国家治理体系包括国家治理、市域治理和基层治理；从横向来看，国家治理体系包括国家治理和社会治理。基层治理是国家治理体系和治理能力现代化的有机组成部分和重要基础。党的十九届三中全会通过的《中共中央关于深化党和国家机构改革的决定》强调指出，"加强基层政权建设，夯实国家治理体系和治理能力的基础"；《深化党和国家机构改革方案》指出，深化地方机构改革要"合理调整和设置机构,理顺权责关系","借鉴经济发达镇行政管理体制改革试点经验,适应街道、乡镇工作特点和便民服务需要,构建简约高效的基层管理体制"。党的十九届四中全会通过的《中共中央关于坚持和完善中国特色社会主义制度、推进国家治理体系和治理能力现代化若干重大问题的决定》指出,"推动社会治理和服务重心向基层下移,把更多资源下沉到基层,更好提供精准化、精细化服务"。

伴随着党中央的重大决策,自 2017 年 2 月以来,中共中央办公厅或中共中央办公厅、国务院办公厅先后印发了《关于加强乡镇政府服务能力建设的意见》《关于推进基层整合审批服务执法力量的实施意见》《关于加强和改进城市基层党的建设工作的意见》《关于加强和改进乡村治理的指导意见》等文件,对推进基层治理体制机制改革、构建基层治理新格局进行了一系列具体部署。

(二)乡镇(街道)在基层治理中的地位和作用

基层是国家治理的最末端,也是服务群众的最前沿,厚植党的执政根基关键在基层,推进改革发展稳定的大量任务在基层,推动党和国家各项政策落地的责任主体在基层,推进国家治理体系和治理能力现代化的基础性工作也在基层。基层治理是国家治理的根基,基层治理水平是国家治理水平的具体体现。

基层治理具有两层内涵,即基层治理体制和基层具体事务治理。基层治理体制主要包括乡镇(街道)、村(社区)的治理体制机制,基层具体事务治理主要指基层社会治理,从某种角度来讲,社会治理概念约等于基层治理概念。乡镇(街道)是城乡治理的基本单元,是各种利益关系的交汇点、社会矛盾的集聚点、社会建设的着力点,因此乡镇(街道)在基层治理具有特殊作用和重要地位。

伴随着治理重心的下移,创新乡镇(街道)体制机制已成为完善基层治理体系和治理方式的关键环节。乡镇政府是我国最基层的政权机关和最基础的独立行政单元。街道办事处虽然是区(县、市)政府派出机关,但事实上承担了基层政府的职能。特别是随着城市化的加快,大批乡镇改设为街道,其管理的区域范围、人口规模和社会结构,与原有的乡镇有很大的相似性。因此,从基层治理角度来看,乡镇政府和街道办事处是同一类组织机构。乡镇(街道)机构改革和体制机制创新的成效,直接关乎基层政权建设和基层治理体系与治理能力现代化。

(三)各地对乡镇(街道)体制机制创新的探索实践

基层治理是一项复杂的系统工程。近年来,乡镇政府(街道办事处)在职能与责任方面,出现了"体制性困局",影响着基层治理的绩效和现代化水平。比如,日常行政管理"有职无权"的尴尬、基层执法"看得见的管不了,管得了的看不见"的难题、"上面千条线,下面一根针"的无奈、"重招商引资、轻民生社会事务"的错位等,都是权责不对等、条块未理顺的现实反映。有鉴于此,为提升乡镇(街道)治理能力,在中央政策导向的支持下,各地围绕乡镇(街道)治理体制建设,进行了一系列积极探索并取得显著成效。例如,北京市的"街道吹哨、部门报到",按照重心下移、条专块统、责权一致的原则切实向街道放权赋能,探索全新的基层治理体系;上海市的取消街道招商引资职能、强化社会治理的改革;山东省的县乡"属地管理"清单梳理,明晰乡镇功能定位。这次改革探索实践,显现了两大趋势:一是治理重心向基层特别是乡镇(街道)和村(社区)下移,把资源、服务、管理下放到基层;二是基层治理重点由经济发展向社会治理转型,强化其社会治理、公共服务、民生保障的职能。

近年来,浙江省在基层治理体制机制创新的力度较大。2016年,中共浙江省委办公厅、浙江省人民政府办公厅就印发了《关于加强乡镇(街道)"四个平台"建设完善基层治理体系的指导意见》,全面推行乡镇(街道)基层治理"四个平台"建设;2018年,又印发了《关于深化经济发达镇行政管理体制改革加快服务型乡镇政府建设的实施意见》《关于深化街道体制改革完善城市基层治理体系的意见》。特别是自2018年下半年以来,浙江省联动实施市县乡三级机构改革,积极推进基层审批服务执法力量整合,全面实施乡镇(街道)体制机制改革,持续加强基层治理体系和治理能力建设。

客观理性地分析近年来基层治理体制机制改革的成效和不足,以进一步厘清深化改革创新的思路脉络,是当前非常重要而紧迫的课题。本文梳理了中央关于构建治理体制新格局政策部署和各地探索实践情况,以杭州市乡镇(街道)治理体制机制改革创新为案例,对杭州市基层治理体制机制创新实践进行了回顾总结,分析研讨存在的问题,形成进一步完善基层治理体制机制、有效提升基层治理能力的思考和建议。

二、城乡基层治理体制机制创新的杭州实践

近年来,杭州市以转变乡镇(街道)职能为抓手,以县乡统筹为路径,以体制机制集成创新为手段,以市县乡三级机构改革为契机,扎实推进基层治理"四平台"建设、基层审批服务执法力量整合和基层综合管理服务能力建设,积极构建简约高效、权责统一、上下联动的基层管理体制,持续加强基层治理体系和治理能力建设。

(一)优化职能机构,构建简约高效的基层行政管理体制

杭州市坚持乡镇(街道)体制改革与市县两级机构改革同步推进,以强化乡镇(街道)党(工)委职能作用为突破口,构建职能科学、运转协调、依法高效的基层管理体制。

1. 发挥乡镇(街道)党(工)委领导核心作用,强化统筹功能

优化基层党建领导体制,明确乡镇党委是乡镇各种组织、区县(市)级部门延伸机构和各项工作的领导核心,街道党工委是区县(市)党委的派出机关。乡镇(街道)党(工)委在本乡镇(街道)发挥总揽全局、协调各方的领导核心作用,对辖区经济建设、政治建设、文化建设、社会建设、生态文明建设实行全面领导,对辖区党的建设全面负责。

2. 引导乡镇(街道)聚焦主责主业,转变职能定位

根据区域经济发展、乡镇(街道)城市化程度、社会治理水平的不同,分类调整优化乡镇(街道)职能定位,有效推进基层政府职能转变。对城市化程度较高的杭州市主城区乡镇(街道),取消招商引资职能及相应考核指标和奖励;逐步取消县改区街道(乡镇)招商引资职能。切实推动城区的街道党工委和乡镇党委把工作重心切实转移到加强基层党组织建设上来,转移到公共服务、公共管理、公共安全等工作上来,转移到为经济发展提供良好的公共环境上来。履行好加强党的建设、统筹区域发展、组织公共服务、实施综合管理、监督专业管理、动员社会参与、领导基层自治、维护安全稳定"八项职能"。根据县(市)经济社会发展特点和资源禀赋,确定县(市)所属乡镇(街道)的不同职能定位。例如,淳安县发挥千岛湖自然资源优势,突出乡镇生态环境保护、旅游资源开发、城镇建设和渔业产业发展等方面职能,践行绿水青山就是金山银山的发展理念。

3. 完善组织架构,优化乡镇(街道)机构设置

一是以块为主,重构城区街道管理体制。从过去的"条条对应"向"以块为主"转变,对城区街道(含城区乡镇)机构职责和功能进行重构。着眼于面向基层、面向群众、面向服务,按照精简、统一、效能原则,推动街道综合性办事机构优化精简为6个,即党政综合办公室、党建工作办公室(群团工作办公室)、综合信息指挥室(公共管理办公室)、公共服务办公室、平安建设办公室、区域发展办公室。综合设置1—3个事业中心。对于区域面积较大、人口集聚、社会职能和管理服务任务重的街道和部分撤镇建街的街道,结合实际增加1—2个综合性办事机构。二是因地制宜,优化乡镇机构设置。按照"有统有分"的原则,把县(市)的乡镇(含县域街道)综合性办事机构优化调整为8个,即统一设置综合办公室、党建工作办公室、平安建设办公室、综合信息指挥室、社会事务办公室。又根据各地的资源禀赋、产业特色和发展定位的不同,结合实际增设全域旅游办公室、农业农村办公室、生态保护办公室、特色产业办公室、新区建设发展办公室等特设机构。综合设置1个事业中心。省级小城市培育试点镇和中心镇根据实际增设1—2个综合性办事机构。

(二)全面赋权赋能,构建权责统一的基层审批服务执法体制

根据推进基层整合审批服务执法力量的要求,杭州市在上城区、下城区、桐庐县全域试点推进基层整合审批服务执法力量改革,建立乡镇(街道)为主渠道的公共资源投放机制,保证基层权力给基层、基层事情有人办。

1. 依法精准赋权,实现基层事情基层办

以基层治理需求为导向,按照"依法下放、宜放则放"的原则,全面梳理各领域审批服务执法权限,通过乡镇(街道)和部门双向选择,形成下放事项目录,将基层迫切需要又能有效承接的职权赋予乡镇(街道)。例如,桐庐县由县司法局等20余个部门组成论证团队,通过几上几下充分对接,在科学论证研判的基础上,梳理形成涉及22个领域503项执法事项下放乡镇、19个领域328项执法事项下放街道、599项审批服务事项下放小城市培育试点镇、499项下放中心镇、242项下放一般乡镇、80项下放街道,以乡镇(街道)名义对外审批执法,有效破解权力精准下放难题。

2. 增编赋能增效,实现一支队伍管执法

按照"编随事转"的原则,加大力度跨层级调剂区县行政和事业编制,充实加强

基层一线执法力量。单设或挂牌设置综合执法机构,作为乡镇(街道)内设机构,实现基层一支队伍执法。例如,桐庐县以派驻乡镇(街道)的综合行政执法中队为主,其他涉改部门收编后统筹分配编制为辅,乡镇(街道)从事执法相关工作人员为补充,整合组建基层执法队伍。下沉人员工资福利、组织关系、干部管理权限等全部委托乡镇(街道)管理。调整后,桐庐县 14 个乡镇(街道)共整合下沉部门执法人员编制 68 名、镇街配套整合 46 人,平均每个乡镇(街道)执法队伍有 8 名在编人员,有力地推动了执法资源下沉。

3.减员增速提质,实现一个窗口管审批

围绕"最多跑一次"改革,运用信息化手段、借助网上系统,自助服务机、移动APP,通过减环节、简流程、压时限,下沉审批服务事项的同时,审批人员不增反减,审批服务增速提质。例如,下城区长庆街道下放审批服务事项 39 项,通过网上办、掌上办、自助机办,实际实现 132 个事项基层就近可办。通过引进杭州首台 24 小时智能政务服务工作台和可信身份认证智能设备,以"机器换人",实施"容缺审批""不打烊审批""不见面审批",打通基层服务"最后一公里"。按照"街道前台综合受理、区街后台分类办理、街道窗口统一出件"政务服务模式,将原先 13 个办事窗口精简为 4 个,实行无差别一窗受理,在减人增效的同时,又方便群众办事。

(三)健全治理平台,构建上下联动的基层社会治理机制

按照加强乡镇(街道)"四个平台"完善基层治理体系建设要求,杭州市着力构建"综合信息指挥中心(室)"+"4 平台"(综治工作、综合执法、市场监管、便民服务)+"全科网格"的基层治理体系,逐步完善市县乡村四级联动机制,推进基层管理跨部门、跨层级协同运转。

1.提升属地管理协调能力

市县乡三级结合派驻机构的人员力量、身份构成、机构数量、覆盖区域、县域总力量等不同特点,通过下沉队伍、部门指定专人负责联系基层等方式,推进部门力量向乡镇(街道)延伸。赋予乡镇(街道)辖区重大事项意见建议权、规划参与权、综合管理权、部门派出机构领导人员任免建议权、对派驻人员日常管理考核权等五项权力,不断提升乡镇(街道)统筹协调能力。截至目前,全市综合执法、国土资源、规划、环境保护、安监、市场监管等部门,实际已派驻人员 6605 人,分别纳入市场监

管、综合执法、综治工作平台,由乡镇(街道)统筹协调管理。

2. 强化全科网格建设管理

结合统一地址库建设,按照"属地性、整体性、适度性"原则,对全市基层网格重新科学划分,相对固定网格名称和编号。市委政法委、市委组织部、市民政局联合印发了《进一步加强网格化管理和网格员队伍建设的指导意见》,从网格定位、职责作用、网格事务准入、网格党群建设管理、网格员职责分工和选配、网格员考核激励和保障等方面提出具体要求,实现网格建设标准化、运行规范化。

3. 推进上下联动智慧治理

比如,余杭区试点推进"杭州城市大脑余杭平台·社会治理"建设,构建智慧治理基层小脑。通过制定由区县(市)、镇街、村社、网格、建筑物等组成的 26 位统一地址编码,归集人、地、物、组织、事件等社会治理要素。打通汇集省、市、区三级部门(单位)的 44 套信息系统,全面汇集社会治理相关数据。统一纳入全区 6000 余个机构的约 3.6 万名专兼职网格员、人民调解员、行政工作人员、社会组织成员、群团组织成员、行业专家等,由区级指挥中心统一调度。截至目前,余杭区已归集约 320 余万条人口数据、169 余万条房屋地址数据、27 万条企业数据、97 万条事件数据。依托基层小脑,余杭区实现了"预警+预防"可视指挥三层四级"智慧治理"。

(四)加强系统培训,提升全面履职的基层管理服务能力

把加强乡镇(街道)工作人员履职能力建设,作为推动基层治理改革落地的重要抓手,组织实施乡镇(街道)工作人员专题培训工作。仅 2019 年全市就累计开展培训 600 余场,参加培训人员 5 万多人次,培训覆盖率 100%。

1. 坚持培训对象全员覆盖

根据机构改革后乡镇(街道)工作实际和特点,围绕"事合、人合、心合、力合"要求,结合贯彻中办 5 号文件、推进基层整合审批服务执法力量工作,对全市所有乡镇(街道)干部、区县(市)部门派驻乡镇(街道)干部以及基层各类协辅人员进行全员培训,确保培训对象全覆盖、无死角。

2. 坚持培训内容切实管用

培训内容涵盖便民服务、行政执法、综合治理、市场监管、安全生产、生态环境、应急管理等多个领域。区县(市)各培训主体重点围绕行政执法、便民服务、综合治

理、风险防范和化解、安全生产、生态环境、经济发展服务等领域,按照能力建设要求编排专题培训内容,切实帮助乡镇(街道)适应机构改革后治理重心下移要求,提高乡镇(街道)承接能力和管理服务水平。比如,桐庐县根据乡镇(街道)需求,按照公共政策理论、综合执法、社会治理、民生服务、规划建设等五大模块,结合乡镇(街道)个性化需求,形成"5+X"培训框架体系,乡镇(街道)按需定制"培训菜单",部门精准送达"培训订单"。

3.坚持培训形式丰富多样

区县(市)各培训主体精心制订培训方案,丰富培训形式,通过专题讲座、学习研讨、案例讲解、现场观摩、技能比武、岗位练兵、"传帮带"培训等方式和途径开展全员培训。比如,富阳区以实战促培训,应急管理、自然资源、水利等部门深入乡镇(街道)开展应急防范培训,并在台风期间实地指导基层做好应急抢险、防止地质灾害、防范洪水等工作,有效提升基层处置应对能力。

三、城乡基层治理体制机制运行问题的深层次分析

(一)治理理念转变没有完全到位

就乡镇(街道)而言,习惯于传统履职路径依赖,上面考核什么就做什么,部门布置什么就做什么。落实部门要求的多,回应百姓需求的少。

就条线部门而言,则习惯于层层分解指标、级级安排任务为特征的管理方式。"一竿子插到底",通过领导讲话、下发文件、会议布置,要求乡镇(街道)挂牌设置机构,配备专职人员。

从总体而言,县乡各级重管理轻服务、重形式轻实效等倾向依然存在;依法治理、以民为主的理念尚未真正树立;自上到下、行政管控向以下为主、服务群众治理理念转变还不到位。

(二)体制机制配套措施落实滞后

一是领导体制同步调整滞后。此轮改革后,城区已经打破条线对应,按照加强党的领导、更好发挥基层"公共服务、公共管理、公共安全"职能的要求,综合设置乡镇(街道)综合性办事机构。但乡镇(街道)党政领导依然按照政法、民政、城管、市

场监管等条线进行分工,1 个领导分管多个科室,或者多个领导分管 1 个科室,增加了内部协调成本,降低了行政效率。

二是考核机制重新设计滞后。现有考核体制仍然以部门为主导,以单向考核乡镇(街道)为主。部门各条线工作责任和任务,被细分成小项,通过指标下达、考核验收等方式,层层分解到乡镇(街道)。这也是乡镇(街道)制定了权责清单,建立了事项准入制度,但基层负担重这一顽疾始终得不到整饬的根本原因。对于部门的慢作为、迟响应,乡镇(街道)也没有相应的考核手段进行制约。调整考核形式、清理考核内容是此轮厘清县乡职责边界、规范县乡"属地管理"责任工作取得实效的关键所在。

三是信息联通机制全面建立滞后。部门多个政务服务平台、系统、物理隔离的专网专线,各自独立,互不共享。数据和平台的整合涉及多个层级和部门,打通难度大,制约了诉求及时回应、问题快速处理、管理扁平高效的县乡联动机制的有效建立。目前,基层一窗受理、案件的分流交办及统计数据的上报,仍需要系统切换、反复录入,大大降低了基层审批服务执法效率。

(三)县乡职能梳理不够清晰

一是职责边界不清。法律法规没有对县乡两级的职责进行清晰界定,上下职责一般粗,各级部门按照"属地管理"原则,将许多行政和社会事务交办到乡镇(街道)。据调查,乡镇(街道)普遍认为,上级下达的任务要占据乡镇(街道)全年工作量的 40%—50%,牵制了乡镇(街道)大量精力,难以聚焦抓党建、抓治理、抓服务主责主业。

二是权责不匹配。此轮改革向下延伸的"权力事项"和"公共服务事项",给乡镇(街道)带去大量的工作任务,但人财物的保障与基层实际需求还有差距。部门通过签订责任状、设置"一票否决"事项等,将责任转嫁乡镇(街道),基层承担无限责任。例如,道路交通安全的管理责任在交警和交通管理部门,但在辖区内出现交通死亡事故,作为"一票否决"事项,乡镇(街道)与部门要承担同样的责任。

三是上下协同不畅。乡镇(街道)离村(社区)、群众最近,最容易发现城市管理和基层治理中存在的问题。但行政资源大多掌握在部门手里,乡镇(街道)作为最基层的行政机关,难以自下而上调动资源解决基层问题。基层社会治理涉及多个党委、政府部委办局,条线部门各自为政、管理分散、职能交叉,基层需多部门协调处理的问题处理推进缓慢,难以形成治理合力。

四、推动城乡基层治理体制机制有效运行的思考和建议

推动基层治理体制有效运行,必须加强地方立法、完善乡镇(街道)权责清单制度、健全县乡联动制度体系、强化改革配套措施,有效提升基层治理和服务水平,进一步推动基层治理体系和治理能力现代化。

(一)加快地方立法建设,明晰乡镇(街道)法律地位

乡镇(街道)组织立法,仅《地方各级人民代表大会和地方各级人民政府组织法》规定了乡镇政府的职权,而 1954 年颁布的《城市街道办事处组织条例》于 2009年废止后没有再出台相应的法律法规。针对乡镇政府(街道办事处)履职过程中的诸多困境,有必要通过地方立法的形式提供制度化、法治化保障,依法解决基层政府职责不清、权责不匹配、行政执法短板、统筹协调能力不足等突出问题,建议省人大和省政府尽快制定有关地方性法规、规章,明确乡镇政府,尤其是街道办事处法定职权、工作机制及相应保障制度,将基层实践创新成果通过立法使之固定下来。

比如,目前北京市、山东省分别率先进行探索突破。北京市历经市人大常委会会议 3 次审议,于 2019 年 11 月 27 日市十五届人大常委会第十六次会议通过《北京市街道办事处条例》,从 2020 年 1 月 1 日起施行,这是我国第一部专门针对街道办的地方法规。山东省历经省人大常委会会议 4 次审议,于 2020 年 6 月 12 日省十三届人民代表大会常务委员会第二十次会议通过《山东省乡镇人民政府工作条例》,自 2020 年 8 月 1 日起施行,这是全国以减轻基层负担、强化工作保障、完善乡镇服务管理职能为宗旨的首部省级地方性法规。这些做法值得借鉴。

(二)完善权责清单,建立权责统一的职责体系

一是锁定乡镇法定职责。系统研究县乡不同层级政府履职重点,建立完善"各有侧重、各司其职"的职责体系。围绕基层党建、脱贫攻坚、乡镇规划、用地审批、禁毒宣传、综治维稳、民生保障、基层政权、农村经济管理服务等方面,完善乡镇(街道)法定权责事项,形成标准统一、规范权威的事项清单,为乡镇(街道)依法履职奠定基础。

二是加大权力下放力度。中央办公厅、国务院办公厅印发了《关于推进基层整合审批服务执法力量的实施意见》,明确推进行政执法权限向基层延伸,探索乡镇(街道)"一枚印章管审批"。《行政处罚法(修订草案)》增加了"省、自治区、直辖市根据当地实际情况,可以决定符合条件的乡镇人民政府、街道办事处对其管辖区域内的违法行为行使有关县级人民政府部门的部分行政处罚权"的规定,为县级权限依法下放提供了依据。为加大权力下放力度,建议省级政府全面梳理、尽快编制乡镇(街道)审批事项清单和执法事项清单,授予基层行使与其责任相适应的审批执法权限。

三是探索负面清单制度。探索建立事权下放负面清单制度,涉及重大公共安全、生态安全、国土资源等重大公共利益的行政许可事项和专业性较强、乡镇(街道)无能力承接的执法事项,禁止下放乡镇(街道)。严格事项下沉准入制度,对于确需交由乡镇(街道)承担、实行"属地管理"的事项,需书面征求乡镇(街道)意见,必要时可召集相关方面进行论证,由县级党委政府批准后才可下放,防止部门将本该自己承担的职责变相甩给基层,最大程度限制县级事权下放的随意和"任性",防止权力下沉"自由落体"。

(三)健全县乡联动体系,构建规范高效的响应机制

一是明确县乡主辅责任。编制县乡主体责任配合责任清单,聚焦县乡共同承担、层级间职责不清、基层反映集中的行政许可、行政处罚和公共服务等事项,全覆盖、全流程逐项明晰县级部门与乡镇(街道)职责边界,划清主体责任和配合责任,明确工作事项、具体情形、主体责任、配合责任、配套措施等内容,作为县乡履职、监管和问责责任界定的重要依据。

二是建立县乡联动工作机制。赋予乡镇(街道)对县级部门的协调权,对于乡镇(街道)上报的县级部门职权事项,部门需快速"响应",能够立即解决的实时解决;需个案研究的,提出解决方案限时解决。建立部门职责事项办理结果满意度评价制度,由乡镇(街道)对部门办理情况进行评价并及时反馈至县级平台,结合满意度评价结果,加大督导力度。

三是创新县乡联动考核机制。严格按照乡镇(街道)权责清单和县乡职责分工目录进行考核。除清单之外,部门不得随意增加对乡镇(街道)的考核项目。健全双向考核评议机制,坚持"下考上"和"上考下"相结合,加大乡镇(街道)对部门的考

核权重,一般不低于被考核部门绩效权重的 30%。探索县级党委政府"一对二""一对多"考核办法,将部门与乡镇(街道)作为共同考核对象,统一进行考核评价,促进部门与乡镇(街道)协同履职。完善乡镇(街道)社会满意度评价及第三方评价考评办法,扩大群众参与范围,把群众满意度作为评价乡镇(街道)的重要指标。

(四)强化改革配套措施,助推基层治理能力提升

一是同步调整领导体制和配套机制。按照加强党的建设、统筹区域发展、组织公共服务、实施综合管理、监督专业管理、动员社会参与、领导基层自治、维护安全稳定"八项职能"对乡镇(街道)领导重新分工,理顺领导体制。整合现有政策,增强统筹能力,建立事权和支出责任相适应的县乡财政管理体制,加强人才、技术、资金、网络端口等方面保障。由组织、人社、财政、民政等部门出台细化措施,对上级政府下放给乡镇(街道)的事权,给予相应人、财、物支持。

二是推动基层治理智慧化数字化。推广余杭试点模式,从横向上打破中央、省、市、县部门所属信息系统壁垒,在市、县层面加大数据归集力度;从纵向上打通市、县、乡、村数据通道,基层共享治理所需相关数据。清理整合各类信息平台、APP,依托城市大脑,构建县、乡、村数据互联、信息共享、实时传递的统一智慧治理基层小脑,运用智能监控、5G 网络、物联网、云计算等最新信息技术,实现基层智慧治理。

三是建立履职能力培训长效机制。就部门与乡镇(街道)对基层治理体制改革认识不到位的问题,有针对性地开展培训,系统讲解此轮基层治理改革制度设计理念、体制框架结构和系统运行方式,打破传统体制运转惯性思维,树立以基层需求为导向、以人民为中心的治理理念,切实转变履职方式。把业务能力培训作为职责划转交接的必备环节,建立培训长效机制,围绕便民服务、行政执法、综合治理、市场监管、安全生产、生态环境、应急管理、城乡规划等领域加强培训,切实提高基层承接能力和管理服务水平,确保县乡履职无缝衔接。

当然,完善基层治理体系、提升基层治理能力,还需多元协同发力。《中共中央关于坚持和完善中国特色社会主义制度、推进国家治理体系和治理能力现代化若干重大问题的决定》提出,"完善党委领导、政府负责、民主协商、社会协同、公众参与、法治保障、科技支撑的社会治理体系";2019 年 12 月召开的全国市域社会治理现代化工作会议指出,要"坚持共建共享的社会治理制度",均强调由国家主导、政

府推动的基层管理,向党委、政府、社会组织、居民自治组织、公民多元合作共治的基层治理转变。在加强党对基层治理各方面各领域的领导、构建完善基层政府治理体系、提升基层政府治理能力的同时,要进一步探索完善社会协同体制和公众参与机制,加大对社会组织的培育,更好地发挥居民自治组织作用,拓宽公众参与社会治理的渠道,形成政府治理、社会调节、居民自治良性互动的基层治理新格局,推进基层治理体系和治理能力现代化。

参考文献:

[1] 陈朋. 寻求基层治理体系的有效突破[N]. 学习时报,2020-06-17(7).

[2] 王尘子. 新时代城市基层治理体制机制改革:创新与挑战——基于地方政府实践的分析[J]. 求实,2019(5):27-41,109-110.

[3] 夏锦文. 国家治理体系和治理能力现代化的中国探索[N]. 光明日报,2019-11-19(6).

[4] 杨丹,徐继敏. 我国乡镇管理体制改革:现状、问题和思路[J]. 四川师范大学学报(社会科学版),2017,44(1):30-40.

[5] 郁建兴. 辨析国家治理、地方治理、基层治理与社会治理[N]. 光明日报,2019-08-30(11).

[6] 郁建兴. 新时代我国地方治理的新进展[N]. 学习时报,2019-12-23(A5).

[7] 叶春风,代新洋,梁玉翰. 推进乡镇和街道行政管理体制改革 构建简约高效的基层治理体系[J]. 行政科学论坛,2019(9):8-12.

[8] 中办国办印发关于推进基层整合审批服务执法力量的实施意见[N]. 人民日报,2019-02-01(2).

[9] 周少来. 破解乡镇治理"体制性困局"[J]. 半月谈,2020(3):55-58.

【作者】
李斌,杭州市社会科学院社会学研究所副教授
何利松,中共杭州市委机构编制委员会办公室主任
叶海平,中共杭州市委机构编制委员会办公室机关党委专职副书记

社会组织融入乡村治理的协商赋权机制

徐　珣

党的十六届六中全会开始,"健全社会组织,增强服务社会功能"成为社会组织发展的重要线索。党的十七大报告则强调"发挥社会组织在扩大群众参与……增强社会自治功能"。党的十八大以来,社会组织被强化承接政府购买服务职能的同时,也成为增强社会活力,助推社会治理的重要载体。党的十九大以来,社会组织协商被纳入社会主义民主协商体系,并成为"打造共建共治共享的社会治理格局"的重要支撑点。在党和国家政策宏观策略的选择上,社会组织发展在社会服务与治理的双重维度上被相提并论,并期待相辅相成。然而,在实践的治理场域中,如社会组织公益项目服务,面向乡村治理实践,两者能否相得益彰? 换言之,社会组织项目制服务,能否"创造地转化"[1]为乡村社会治理过程? 本文基于社会组织项目制发展与理论视角的探究,讨论协商赋权机制对于乡村社会治理的必要性,并考察了 H 市 N 公益服务中心(以下简称"N 组织")连续三年的乡村公益服务项目经验,分析其中协商赋权机制运行,促成乡村社区走向治理融合的趋向,并试图在理论与实证案例研究基础上,探究乡村经由社会组织融入,建构协商赋权的策略,阐释推进乡村融合治理的可能路径。

一、社会组织公益项目服务乡村治理期待

公益项目,即社会组织基于非营利志愿精神,以限定时间周期的目标任务为导向,有计划地完成社会服务事项,促成诸多主体参与和推进社会治理绩效实现的策略与机制。社会组织公益项目在国内的兴起,是社会组织培育发展的公益创投机制引入国内实践和政策创新的产物[2][3]。公益创投(Venture Philanthropy)于 20

世纪 80 年代发端于美国,是作为一种向社会组织提供资金支持并参与管理,实现社会价值最大化的创业风险投资机制[4],而逐渐成长起来的社会治理策略。自 2009 年以来,公益创投逐渐成长为国内中央和地方政府向社会组织购买服务的一种机制设计,并成为培育和支持社会组织发展的政策扩散和实务拓展空间[5]。公益创投,即通过政府财政与福彩资金支持,由社会组织设计申报公益项目,经竞争性评审程序,择优支持相应社会组织承接公共服务与社会治理事务的国内实践,承载了社会组织孵化、政府职能转移、社会福利传送、公益创业、社会问题解决等多重政策目标[6][7]。而随着公益创投实践创新探索的渐次展开,借力社会组织公益项目服务,促成基层社会和乡村治理创新,逐渐成为政府所致力推进的政策与实践探索的新方向。

经由政府专项资金支持,推进乡村经济社会发展的项目制治理,早有本土的制度渊源。已有研究从生态移民[8]、义务教育[9]、创业扶贫[10]、双季稻种植[11]、美丽乡村建设[12]等诸多领域阐释项目制面向乡村治理的探索。这些活跃在乡村经济社会发展与民生服务领域的项目制实践,可以称为"国家统合型项目治理"[13],即:以项目资金的目标绩效为统领,基于事本主义治理机制,通过专项资金项目化配置,突破中央与地方事权多层条块分隔的科层常规,强化项目目标透过科层权力接入乡村,实现经济与社会资源面向乡村治理的优化分配[14];透过项目制面向基层治理的运作机制,从中央政府发包,到地方政府打包和基层政府抓包的运作脉络,可看到中央行政意图渗透,地方行政权力配套,基层行政承接的分级运作治理[15],将大量公共服务输送基层社会,因而显见项目制下,国家统合社会与基层服务的权威性、专业化的技术治理逻辑。

20 世纪 90 年代,基于财税改革和中央财政专项资金转移支付制度脉络,而延伸落地乡村的国家统合型项目治理,显现了国家权力与资源作为外源性力量向乡村社会嵌入,并激发政府科层与乡村权力结构重组的治理逻辑[16],可以折射出国家科层治理嵌入—统合社会的权力结构取向[17]。然而,国家统合型项目治理推进过程,往往因为过度的嵌入—统合带来行政科层权力异化、信息沟通不畅、基层治理结构分级分利运作等未意料的后果。因而,国家统合型项目治理推进,为村庄借力"服务援助之手",赢得项目合作、关系维护、资源转换等维度上有限的自主性治理空间;然而,项目落地村庄治理的微观场域,往往因过度依附政府科层体系,并未充分激发村民参与,忽略乡村的社会与生活选择[18],因而也未能提升村庄作为基层社会的内聚力、有机团结力和自治能力的自主性[19]。

政府购买社会组织服务公益创投机制的运作原理,就公益项目的专项资金支持,事本主义的运行逻辑,政府科层权力嵌入的程序化、周期性和专业化监测评估,借力服务激活治理等政策元素的设计来看,与国家统合型项目治理有着内在的延续性,因此,可以看成是本土渊源的项目制的制度基因,对域外引入的公益创投机制的再造。然而,从国家统合型项目治理落地乡村的过度嵌入—统合的困境来看,社会组织公益项目服务乡村,承载着公益创投项目服务机制创新乡村治理的期待。①弥补国家统合型项目治理的社会组织缺位,充分发挥社会组织的中介角色,使政府科层权力全程嵌入而统合的乡村社会空间得以释放和自我发育[20][21];②建构起公益创投的多元主体参与合作的生态系统,向社会组织与多元主体让渡社会治理的空间与话语权[22][23];③以社会组织公益项目,促成多方主体参与治理,培育与陪伴乡村社会成长,走向融合共生发展的社会行动[24][25];④在公益项目的专业化服务中,回归并重建乡村生活现场多主体合作共治的网络,提升乡村生活的社会治理品质[26]。因此,公益创投服务乡村治理的社会组织公益项目,堪称"社会共生合作型项目治理",即运用公益创投项目的创新机制,充分发挥社会组织的社会自主性及其弹性化、灵活性的专业服务方法,使权力主体与社会组织等多元参与主体,回归基层乡村社会生活的现场,辅助村民成为村庄治理的主体,在共生融合的乡村治理网络的建构过程中,重建村庄自主的合作治理生态与内在活力。

二、社会组织公益项目视角与协商赋权机制

观察视角决定政策现场的实践与观察者对政策过程的问题判断与理解。社会共生合作型项目治理需要权力—行动的复合视角,进而发现其中的协商赋权机制。

(一)社会组织公益项目权力—行动视角问题关切

社会组织公益创投项目蕴含国家统合型项目治理的基因内核,即依托国家财政资金和自上而下科层权力结构的体系,建构资源配置与传导的项目化技术治理机制,在审慎的监测与评估流程中,确保项目既定的目标绩效能够贯穿始终,统合项目制程序中参与各方的行为过程。因此,此中有权力—结构的视角,基于这一视

角可以理解国家统合型项目治理嵌入—统合策略及其诸多困境。沿袭这一观察视角,购买社会组织公益项目服务的核心问题关切,自然是政府作为服务购买者的"聪明买家的难题"[27],即以政府科层权力体系有效嵌入—统合的权力结构形态,确保项目购买的目标绩效实现。

在权力—结构的视角下,研究者将政府公益创投向社会组织购买公益项目服务的实践,解释为政府行政发包的治理机制[28],政府科层权力经公益创投项目的评审、监测、评估的流程控制,嵌入社会组织公益项目运行过程[29],以既定的目标绩效统合创投竞争、资源运用和项目执行过程,使社会组织项目实施被吸纳到科层权力结构体系[30][31]。科层权力向社会组织服务过程的嵌入—统合的技术治理的运行逻辑[32],呈现出国家统合型项目的路径依赖。嵌入—统合的技术治理带来诸多困境:行政科层"借道"社会组织的权力异化,社会治理结构缺乏深层变革动力[33],社会组织以专业性诉求的妥协,谋求依附式自主的生存空间[34][35],社会组织公益项目的"服务之手"悬浮在基层社会治理网络之外。借此,"聪明买家的难题",似乎难以单纯从权力—结构视角中,得到理想预期的实现;更重要的是,社会组织项目服务"创造地转化"为社会治理绩效,则更难以从单一的科层权力嵌入—统合的技术治理中予以期待。

理解改革以来中国乡村社会发展,更需要看到多元行动者联结的地方性社会文化及其行动网络自身的价值[36]。在社会组织服务与治理的权力结构视角之外,尚有社会行动的视角,即更多看到社会组织服务的社会属性,与扎根微观社会治理场域的社群特征,并更多聚焦社会组织促成多元社会主体融合共生并参与治理行动网络的过程[37]。基于社会行动视角,面向社会组织公益项目服务,尤其是面向乡村社会的服务与治理,则可以看到治理"现场的明智者"训练与培育的古老难题[38],即在社会组织公益项目落地服务的过程中,如乡村治理的现场,借力社会组织的"服务之手",既输送资源与服务产品,更提升治理现场参与者的意愿、认知与行动能力,使之成为参与社会治理的"明智者",进而能够使"服务之手",经由"现场的明智者"的行动,接入基层治理网络,从而借力项目服务走向社会治理品质提升。

显而易见,社会组织公益项目服务乡村治理,作为"社会共生合作型项目治理"的推进,需要权力—行动复合视角,即结合社会组织公益项目服务观察的权力结构和社会行动的视角,借以审视社会组织公益项目服务创投与落地实施现场的全程,探索公益创投机制创新期待,即既足以回应权力结构视角下"聪明买家的难题",也可以引领社会行动视角下"现场的明智者"培育成长。在此种复合视角下,能够看到并期待社会组织公益项目,弥补推进乡村社会发展的"国家统合型项目治理"的不足,并能开拓公益项目服务乡村社会治理的共生融合路径。

(二)社会组织公益项目复合视角与协商赋权机制

社会组织公益创投项目,在省市区(县)乡(街)四级政府面向基层社会治理的服务购买中展开,相比国家统合型项目治理从中央到地方再到基层政府的嵌入—统合,至少在政府科层统合的幅度层级上有所减弱。在权力结构视角下,过度的科层权力嵌入—统合,致使社会组织公益项目依附束缚于科层权力体系,而悬浮于基层社会治理,确实是实然场景的可能形态。然而,由于视角单一,未能将"聪明买家的难题",向"现场的明智者"培育维度,寻求可能的难题回应方法。社会组织公益创投项目从乡村治理的现场,演绎为社会共生合作型项目治理,有必要发现权力—行动的复合视角,既从权力结构的层面,看到"聪明买家的难题"回应,寻求权力科层有效嵌入,确保公益项目执行适度的程序监控的合法性,同时也从社会行动的角度看到,乡村治理的生活现场,权力嵌入而可与社会行动的力量共生而非统合,项目执行能够赋予权力共生的结构性力量的生成,并赋予村民与诸多参与者以社会行动的意愿、认知与能力,即使之成为"现场的明智者"的可能性,这样的过程可以被称为"赋权"(见图1)。

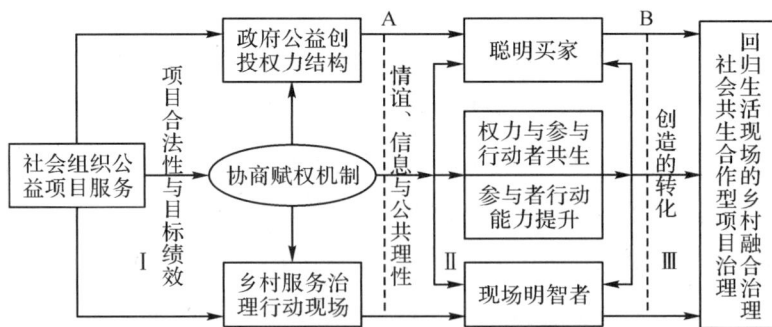

图1 协商赋权机制促成社会组织公益项目融入乡村治理的创造转化逻辑

如何能够赋权?协商,即在平等的言说与对话商谈情境中[39][40],确保公益项目服务的目标绩效,在有效的合法性支持和居民参与的情谊、信息与公共理性基础上,使权力与社会组织融入乡村与汇聚乡村生活现场的多元行动者共生,乡村社会行动能力得以提升,此之谓协商赋权机制;社会组织公益项目因此可以创造性地转化,社会共生合作型项目治理从中确立,回归乡村生活现场的社区融合治理从中生成。

　　无协商赋权则无治理。协商意味着权力与治理立场转换,即从控制的权力(Power Over)走向共生的权力(Power With)[41],从命令强制走向交往对话与公共理性[42][43],从权力的效率目标绩效走向社会行动赋权:行动者动机、关系、与结构性的权能赋予[44]。国内社会组织公益项目与基层社会治理相关研究,验证了在权力—行动复合视角下,这一治理变革立场上协商赋权机制的运行机理。(1)程序赋权。公益创投程序融入协商赋权,运用培训、评审、督导、"种子基金"运行与使用的评估指导等程序设计,使政府程序性项目发包权力,转换为包容性和精益化的对话协商,与社会组织专业性培育成长的共生陪伴者[45][46]。(2)社会心理与素质赋权。协商赋权是社会组织从基层社会行动现场,嵌入日常生活情境的交流与交往中,带给公众同情、理解、包容心与志愿精神,培育社会互信[47],唤醒公共参与的意识、动机与意愿[48]。(3)行动能力的关系形态与权力结构赋权。协商赋权还意味着乡村人际关系网络的关联形态的改善和基层社区权力结构的优化[49][50],进而提升行动者的行动能力。(4)行动能力的网络赋权。基层社区治理行动能力的提升,还需要在协商行动中,突破既有的组织边界,建构社区发展内外支持的网络[51][52]。(5)协商赋权促成乡村社区治理融合。社会组织公益项目服务的协商赋权,即:累积协商、包容与融合的秩序[53];营造互动合作与包容的乡村合作网络[54];建构乡村生活现场政府行政、社会组织的专业性社会工作、市场主体等,多元力量共生、汇聚与融合的基层社会治理[55][56](见表1)。

表1　社会组织公益项目协商赋权机制"创造性地转化"之渐进序列

渐进序列	Ⅰ.程序性协商赋权	Ⅱ.创造性协商赋权	Ⅲ.转化性协商赋权
核心内涵	聪明买家:赋予公益项目落地的合法性与目标绩效包容性	现场明智者赋权创造聪明买家目标绩效落地乡村现场治理的深度绩效:赋予乡村社会行动者心理素质、行动能力与结构	聪明买家目标绩效从现场明智者培得到可持续治理与共生合作的溢出绩效:赋予乡村融合治理的社会行动网络

　　上述文献梳理,可以呈现社会组织借力公益项目,融入乡村治理协商赋权机制运行的基本轮廓。协商赋权的五个维度映射出,从社会组织公益创投项目初始立

项,到乡村服务与治理行动现场,再到公益项目最终服务与治理产出,聪明买家的
难题,可以在项目推进的三个层次上得到回应,包括:Ⅰ.程序性协商赋权,赋予公
益项目合法性和目标绩效的包容性;Ⅱ.创造性协商赋权,项目落地行动现场,从乡
村行动者的心理素质和行动能力与结构赋权,在现场明智者能力提升过程中,创造
性地寻求扎根治理现场的深度绩效;Ⅲ.转化性协商赋权,在项目服务与治理现场,
培育出乡村治理的支持性网络,走向治理融合,是项目协商赋权的累积性和转化性
成果,即便项目终止,仍可在乡村治理实践持续发挥作用,因此是项目目标绩效的
溢出绩效。故此,在权力—行动复合视角下,协商赋权机制是以协商作为赋权与创
造转化的动力源,决定着社会组织公益项目渐次推进,融入乡村治理场域空间的纵
深与层次差异,和社会共生合作型项目治理实现的可能性(见图 1 虚线 A 和 B 所
划分出的三个场域)。

三、社会组织公益项目协商赋权乡村治理实践

理论视角与行动机制阐释,为社会组织公益项目服务乡村治理的现实案例考
察,提供分析线索。N 组织连续三年,分别服务三个不同乡村治理场域的公益项
目,可以提供权力—行动视角下协商赋权机制促进乡村治理的经验。

(一)社会组织公益项目面向乡村治理的程序性协商赋权

Z 省 H 市民政局自 2014 年开始推动社会组织公益创投的实践探索,至 2017
年全市面向社会组织的公益创投资金稳定在 1500 万元左右。自 2017 年开始,H
市在社会组织培育扶持类公益项目中增设"和家园"系列,期待社会组织公益项目
服务乡村,推进乡村社区社会治理创新。N 组织于 2006 年成立,2015 年登记注
册,现有专职社工 12 人,理事会成员 10 人,H 市 5A 级社会组织,有着公益志愿服
务和专业性发展的社会声誉。基于组织声誉和项目设计的竞争力,N 组织入选和
家园项目执行承接方之一,于 2017、2018 和 2019 年分别承接"和家园"项目系列的
H 市辖区 X 村、G 村治理服务和 D 镇社会组织服务中心建设项目。

为使社会组织公益创投立项,能够更多地赋予社会组织话语权,H 市于 2017
年公益创投,在立项预审、评审、立项、培训、执行、评估的项目推进的程序中,增加
协商对话,优化项目的程序性协商赋权机制,使社会组织公益项目服务,尤其是服

务乡村社区治理类项目，能够更好地落地执行。（1）公益项目立项的协商赋权。在年初发布社会组织公益创投项目征集公告，鼓励社会组织面向城乡社区开展实际需求调研，初步设计项目名、内容与形式，向市民政局提出立项建议。市民政局根据征集建议，后续编制当年公益创投立项名目指南。和家园项目便是在 N 组织等建议征集的基础上于 2017 年纳入公益创投序列。（2）专家项目优化的协商赋权。在项目评审后，正式立项前，增设重点项目协商优化环节，市民政局邀请专家与项目承接的社会组织建立督导关系，促成讨论协商优化立项后项目实施的具体指标与方向。N 组织在后续项目执行过程中，也不断邀请专家召开座谈研讨会，协商优化阶段性项目策略与方向。（3）政府科层接入项目执行现场的协商陪伴。和家园项目由市级财政公益创投资金支持，市级民政立项、督导、评估，同时要求 X 村所在的 CH 县民政局和 G 村、D 镇所在的 JD 市民政局配套专项资金并负责指导，村所在镇民政科室负责在地联络与支持。以公益项目为纽带，建构政府三级民政科层体系支持社会组织服务乡村的新型协商合作模式：①与 N 组织座谈协商选择项目服务的村庄；②在立项后项目召开启动会，邀请村两委和村民代表参与，为项目执行营造合法性与目标共识；③在项目执行过程中邀请专家、村民代表与两委座谈，适时推进优化项目执行；④在项目执行末期，支持并参与 N 组织年度项目现场论坛，与村民、村两委、专家、社工共同总结项目成效与经验（见表2）。

表2　N 组织三个乡村公益服务项目包容性目标绩效的构成

项目	限定性目标绩效	引领性目标绩效
N 组织服务 X 村	①1 份村庄调研报告；②开发至少 10 户村民参与的村庄旅游产品；③20 人以上受益的 4 次村民培训；④10 人以上参与的村文艺团队；⑤成立乡贤参事会；⑥服务对象满意率不低于 85％	①乡村精英培育：村庄"社区发展带头人、新风示范人、和谐引领人、村民贴心人"；②建设乡贤文化；③建设乡村社区融合治理的体系
N 组织服务 G 村	①培育志愿者组织不少于 1 个；②培育村社会组织不少于 2 个；③社会组织能力提升培训不少于 2 场；④举办综合型志愿服务活动不少于 2 次；⑤服务对象满意率不低于 85％	①促进乡村居民的团结；②推进乡村的自治、法治与德治融合；③从社区社会组织的服务与治理参与，推进乡村社区融合与发展

项目	限定性目标绩效	引领性目标绩效
N组织参与建设D镇社会组织服务中心	①培育不同类型有代表性的农村社区社会组织,不低于3家;②乡村社区志愿、环保、文化等综合服务不少于6场次;③乡村社会组织能力培训不少于2次;④项目总服务人群不少于5000人;⑤服务对象满意率不低于85%	①建设D镇社会组织服务中心的服务体系;②丰富村庄社会组织的活动,建设乡村公益文化;③建设社会组织服务村庄的睦邻文化,促进村庄融合治理

资料来源:N组织服务X村、G村、D镇的项目申报书、立项合同与访谈资料。

上述协商行动的程序化设计,使公益项目服务购买合同授权的过程,转化成为科层权力体系协商陪伴,充分激发社会组织向基层、乡村调研,同时发挥专家学者作用的多方协商行动过程。在这个过程中,社会组织获得了程序性协商赋权,为社会组织项目进入乡村,营造了科层支持陪伴的合法性;而协商过程面向村民和两委赋予乡村服务与治理项目的新认知,在一定程度上实现向乡村的认知赋权。同时,这些程序性协商赋权,如N组织的三个项目,确立了公益项目包容性的双重目标绩效体系,即项目评估的限定性的目标绩效,即可量化、必须完成的绩效指标;引领性目标绩效,即确定鼓励支持社会组织在服务现场创新,促成乡村治理项目创造转化的方向,允许绩效实现程度保持弹性。这些均表现了行政科层与N组织面向乡村行动现场,共担风险,推进治理创新的默契。

(二)社会组织嵌入乡村治理现场的志愿性行动与协商赋权

社会组织公益项目首先是专业性服务,因此限定性目标绩效不可或缺,聪明买家的科层权力嵌入接口,依托限定性目标绩效而贯穿项目立项至终期评估的全程。然而,程序性协商赋权,使嵌入而非强行统合,而是陪伴支持;同时开放引领性目标绩效维度,为社会组织提供了项目服务协商赋权更广阔空间,使公益服务走向乡村治理。N组织三个项目服务经验显见,社会组织志愿行动的协商赋权嵌入,则是乡村服务专业性和限定性目标绩效实现与走向治理创新的关键。

1.公益志愿底色的X村服务协商赋权

X村辖4个自然村社区,8个村民小组,面积10.76平方千米,总户数225户,人口829人,党员40名。该村是Z省四任省委书记的基层工作联系点,是2017年H市十大最美田园社区之一。独有的政治优势及其自21世纪以来的村庄发展,使该村成为 N 组织和家园项目服务首选村庄。2017 年 7 月 N 组织 3 名驻村社工进驻 X 村挂牌服务。(1)项目初期。从专业性服务切入,包括专业的村庄调研、组建专业性文艺表演团队并聘请专业老师授课,为村庄草拟社区公约等。后续发现村民若即若离,项目服务得不到村民参与和认同。(2)项目志愿嵌入。a.日常沟通交往践行公益组织志愿精神:社工走村串户,与村民交往攀谈融入村民社群,提供急难救助服务,如独居老人居家邻里照看提示,寻找走失老人,贫困家庭助学帮扶,村民田间地头的农活帮助与沟通等,以日常公益行动向村民传达善意的公益志愿精神。b.协商推动村庄大型公益志愿服务:组织志愿服务日活动,立足村庄资源,说服村民与镇上商家参与,为村民提供理发、电器维修、安全技能演练、义务文艺表演等志愿服务,在村庄演绎志愿助人的社区邻里精神。c.感化培育村庄志愿团队:驻村社工从村民兴趣开始,引导感化村民,理解志愿精神,将项目服务引向志愿自助服务;文艺团队被分解为舞蹈、歌咏、乐器的志愿小组,文艺团队成员开始以志愿服务定位;从志愿小组中培育邻里社群情感,建设新的烘焙姜汁饼干志愿小组。感化培育的志愿团队,丰富村民生活,提升社群精神,使志愿成为村民乐于参与的动力。(3)项目服务优化村庄社会行动结构。a.基于村民步行健身的兴趣,在 N 组织倡议下,协商成立 X 村环保志愿"益行团",定期组织环村健步或健步山路,随手公益,清理垃圾,保护村庄环境。b.游说村委和 CH 县农办,成立 X 村匠心筑梦服务中心,组织竹篾匠参访学习,利用村庄丰富的竹林资源,推动村庄竹篾编制产业发展;组织铁匠艺人重建村庄铁匠铺,农办予以适当补贴,为乡村旅游重现独特场景,服务中心使村庄有了非物质文化发展运行的载体。(4)项目向村庄自治权力培育的努力。志愿团队和匠心筑梦服务中心服务,为乡贤参事会建立累积了基础。N 组织于 2017 年底完成具体筹建方案,制定乡贤参事会自治参与章程,并与村民党员、村民代表反复协商,酝酿了成员名单。然而筹建工作未得到村委支持,几经延宕,直至 2018 年 5 月项目到期结项时,最终搁置。

2.G 村志愿协商推进乡村微自治赋权

X 村遭遇阻力,经调研准备、申报评审,N 组织获得 2018 年 H 市公益创投和家园项目立项,服务 H 市所辖 JD 市 G 村。G 村有 2 个自然村,12 个村民组,区域面积 2.05 平方千米,农户 442 家,户籍人口 1204 人。基于 X 村经验,G 村服务从志愿协商开始,即以志愿精神传达与感召村民为基本策略,推进服务与治理。(1)

服务日常化的社工走访商谈。三名驻村社工分片负责,走村串户,在轻松愉快的对话交流中,熟悉村民,讲述公益志愿服务目的,随时随地提供志愿服务:为老人整理家居杂务、优化村民庭院绿化设计方案、为民宿人家提供服务经营方法、为村庄困难家庭提供间或性探望、为村庄心智障碍者与亲属提供情绪疏导服务。社工融入村民日常生活和家常琐细事务,赢得村民信任,为项目推进积累村民合作话语和情谊基础。(2)节庆庆典营造邻里商谈互动。项目社工为村庄策划并组织实施首次桂花节,利用腊八节、端阳节等传统节日,组织村民煮腊八粥,包粽子送香囊等,节日庆典为村庄营造良好氛围,促进村庄人际融合。依托村小组热心居民,促成片区村庄睦邻宴:十余张农家八仙桌,在邻里庭院前一字排开,村民共同包饺子、煮食物,男女老少围坐或立于八仙桌周边,共同聚餐;其他村民小组村民可随意参与,村委成员也各自预备菜品,参加村庄睦邻宴,与村民打成一片。(3)协商建构志愿参与团队。在良好村庄氛围基础上,组建村庄腰鼓、舞蹈、红歌、门球等兴趣团队,每个团队有固定成员 10 余人,在邀请老师培训技能的同时,开展公益课堂,引导团队协商,建立排练和场地使用规则,策划和参与村庄义务植树、垃圾清理等村庄公共事务,使村民以团队形式从兴趣和娱乐走向志愿参与的村庄治理。(4)村庄微自治的商谈组织培育。按村民居住道路分界,G 村自然形成 12 个片区。片区睦邻宴使村委看到了片区微自治的可能。经与 N 组织协商,分片推动各片片区理事会的成立工作。经片区推荐或选举,各片成立由 1 名理事长、2 名副理事长组成的片区理事会,负责推动片区道路与环境保洁等公共事务的村民参与,N 组织帮助制定理事会议事协商和工作方法,提升理事会议事协商能力。从志愿服务到团队志愿参与,再到微自治商谈组织培育,G 村协商已从情感、心理、团队能力赋权,走向村庄微自治的组织、权力与结构赋权,辅助村庄建立起村庄融合的治理体系。

3.D 镇社会组织服务中心的协同赋权

G 村服务赢得 H 市和 JD 市民政局的肯定。N 组织经项目调研、设计、申报和评审,获得 H 市 2019 年公益创投和家园项目立项,建设 JD 市 D 镇社会组织服务中心(以下简称"D 中心")。D 镇区域面积 93.1 平方千米,居民 16157 人,辖 L 村等 12 个行政村。经协商 D 中心选址 L 村,该村辖区 18.24 平方千米,有 4 个自然村,村民 1100 余户,3500 多人口。N 组织驻村社工于 2019 年 8 月进驻 L 村,开展项目服务,期待做强一村,辐射全镇。(1)沟通联络赋予协同合作共识。N 组织调研发现 D 镇乡村社会组织有 10 余家,包括文化礼堂发展中心、耕读文化陈列馆、民俗文化馆、赤脚讲师团、巾帼志愿服务队等,分散于各村,并分别与 D 镇组织宣传、民政、农办、文教、妇联、团委等不同组织与科室,有密切工作指导关系。驻村社工与镇民政科室保持工作协商与沟通关系,在后者支持基础上走访各村委,联络各村社会组织,讲述公益理念,形成以 D 中心为枢纽而协同合作、服务乡村的共识。(2)协同提升乡村社会组织行动能力。经驻村社工多方联络协商,以 D 中心为载体,协同 D 镇民政科、妇联、团委、农办等职能科室,召集村社会组织参访学习 H 市内优秀社会组织公益服务经验,开展公益服务与参与的系列能力提升培育,帮助三家社会组织注册登记,整体上提升 D 镇社会组织公益认知与参与行动能力。(3)环保志愿宣讲服务。驻村社工与赤脚讲师团、巾帼志愿服务队等组织协商合作,面向全镇各村村民,尤其是侧重村保洁员,开展村庄环保、垃圾分类的知识宣讲,好参与垃圾分类的系列培育行动,包括酵素制作理念与方法,垃圾桶的使用识别,垃圾分类的现场演练等。环保志愿宣讲,培育一批保洁员作为垃圾分类的"守桶人",也让村民理解公益价值,看到 D 中心推动志愿服务的价值。④志愿服务培育公益参与认同。为充分发挥 D 中心的公益服务载体功能,驻村社工与 L 村村委和各村庄社会组织协商,探索 D 中心多种类型公益志愿服务:a.残疾人扫盲培训班。为镇里残疾人提供文化服务。b.举办"邻里学堂"。招募志愿者为镇里留守儿童、青少年和儿童家长开展环保、书画、家庭亲子教育课堂,组织青少年办乡村环保手抄报等,为村庄提供特色服务。c.参与 L 村老年食堂运行管理。设计敬老爱老管理制度,节日提供爱老敬老公益服务等。d.节庆公益参与行动常规化。培育乡村的热心志愿者,以 D 中心为载体,使节庆日公益志愿参与常态化,如爱心腊八粥、端阳节爱心粽子等,既可以爱老敬老,也可以融洽邻里关系。e.组织年度公益志愿服务活动。2020 年 4 月底,在 N 组织驻村社工推动下,D 中心面向 L 村和全镇居民,举办年度公益志愿服务活动,包括救助安全知识科普、普法宣讲、免费修脚、理发、磨刀等,向村庄展示和讲述公益志愿行动的精神与价值。D 中心在建设项目的一系列志愿协商与服务中,赋予了村民的公益行动认知,培育公益志愿的常识和参与兴趣,使 D 中心能够联合村庄社会组织提供乡村志愿服务。

四、社会组织公益项目协商赋权运行绩效与乡村治理类型

在权力—行动复合视角下,通过对 N 组织实施和家园三个项目经验的进一步

分析比较,可以理解社会组织嵌入乡村治理的协商赋权机制运行序列与绩效纵深拓展的内在关联,并从中看到社会组织嵌入乡村治理的类型。

(一)社会组织公益项目协商赋权机制运行序列与绩效纵深

权力—行动复合视角看到社会组织公益项目聪明买家难题与现场明智者训练的两维框架(见图2)。其间可以容纳协商赋权机制运行的内在序列构成,以及社会组织公益项目服务推进的绩效实现的纵深层次。理想型的乡村社会共生合作型项目治理,使程序性协商赋权、创造性协商赋权和转化型协商赋权都能有效运作,而限定性绩效与引领性目标绩效都能够有效达成(见图2整体框架与矩形ORST)。而实践的真实案例,则有多种可能的形态。N组织和家园的三个服务案例则体现了公益项目协商赋权的复杂序列与绩效纵深。

D中心项目成果,基本上是程序性协商赋权的限定性目标绩效的实现(见图2矩形OCEF)。该项目执行过程中N组织将自身受益的程序性协商赋权,在D镇延伸,建立了与镇职能科室常态化的协商工作机制,并通过这种协商将项目服务的内容做出清晰的规划,满足限定性目标绩效的服务类型与人次等可量化要求,也在社会心理与素质的维度上向乡村赋权,即Q1公益志愿服务的输出与村民的体验和认同和Q2乡村志愿兴趣组织培育与参与意愿提升。而在村民行动能力的赋权维度上,即Q3公益志愿服务认知理解与邻里情谊和Q4公益志愿服务产出与参与行动能力,在项目执行中只是有所涉及,没有社会行动的绩效验证(见图2),因此,在该项目执行的引领性目标绩效中,服务体系的组织支撑、公益与睦邻文化和社会治理品质,未能有深度绩效产出。

聪明买家
难题回应

R ─────────────────────────────────── S

理想型的乡村社会共生合作型项目治理　　　Q8乡村社区融合治理

转化性协
商赋权

L ──────────────────────────────────── M

G村服务项目　　　　　　　　　　　Q7乡村内外支持的
　　　　　　　　　　　　　　　　　社会行动网络生成

H ──────────────── J

　　　　　　Q5乡村服务与治理、自　　Q6乡村自治权力
X村服务项目　治事务的组织体系与结构　结构有效拓展

创造性协
商赋权

C ──────────────── E

D中心服务项目　　　Q4公益志愿服务产
　　　　　　　　　出与参与行动能力

程序性协　Q2乡村志愿兴趣组织　Q3公益志愿服务认
商赋权　　培育与参与意愿提升　知理解与邻里情谊

　　Q1公益志愿服务的输出
　　与村民的体验和认同

　　　　　　　　　　　　　　　　　　　　　现场明智
O ──── F ──── K ──── N ──── T　　者训练

项目服务可量化目标绩效　项目治理的深度绩效　可持续治理的溢出绩效
限定性目标绩效　　　　　引领性目标绩效

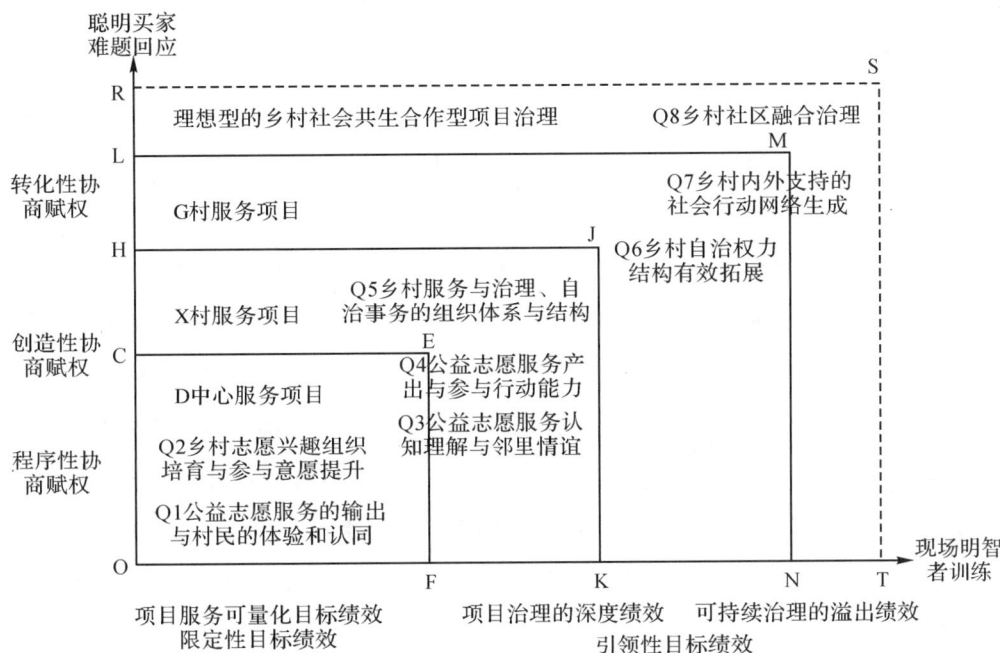

图 2　N 组织服务项目协商赋权与绩效纵深和理想型的乡村社会共生合作型项目治理

X 村项目是 N 组织首次服务乡村治理。项目从 Q1 与 Q2 的社会心理与素质赋权切入,并努力在项目执行中从 Q3 和 Q4 强化和巩固公益认知和参与意愿的心理素质,提升乡村参与公益服务的行动能力;同时,N 组织致力于村庄志愿组织与社区社会组织的培育,村庄志愿团队、益行团、匠心筑梦服务中心赋予村庄以社会行动的新组织体系,也为乡村从服务走向自治事务的治理提供了新的结构,因此实现了社会行动能力维度上的赋权,即 Q5 乡村服务与治理、自治事务的组织体系与结构的优化改善。因此,X 村项目在限定性目标绩效实现的同时,有着程序性和创造性协商赋权促成的引领性目标绩效的深度绩效在一定程度上的实现(见图 2 矩形 OHJK),即一定程度上的乡村治理体系探索的成功。

G 村项目服务是对 X 村项目服务的借鉴与推进。X 村项目在村庄自治权力的乡贤参事会培育中遭遇阻碍,因而未能生成转化性协商赋权的可持续治理绩效,在引领性目标绩效的精英培育、乡贤文化建设上没有能够有大的成效。而 G 村项目,志愿团队培育、邻里志愿参与意愿提升等项目努力的基础上,推进了乡村片区理事会的成立与发展;总体上,在实现了程序性和创造性协商赋权的 Q1 至 Q5 的心理素质、行动能力和组织体系与结构改善的赋权的同时,还实现了扎根乡村治理

现场的转化性协商赋权的可持续治理的溢出绩效,即 Q6 乡村自治权力结构有效拓展的赋权;同时,在 G 村项目终期之后的 G 村治理的后续观察可以看到可持续溢出绩效的 Q7 乡村内外支持的社会行动网络生成,和 Q8 乡村社区融合治理的出现(见图 2 矩形 OLMN)。因此,G 村项目在引领性目标绩效的居民团结、法治自治德治融合和社区融合发展等层面上都有所建树。

纵观 N 组织和家园三个项目的协商赋权机制运行序列与服务治理绩效的纵深拓展,可以看到前述协商赋权机制运行落地乡村的 8 个赋权层次,即 Q1 至 Q8。乡村治理现场的协商赋权的 8 个层次,随着从程序性协商赋权到创造性和转化协商赋权运行序列的推进,以及限定性目标绩效与引领性目标绩效的纵深拓展,而呈阶梯性上升,有着前后依次循序渐进的内在逻辑;G 村项目在整体上,能够依次实践这 8 个阶梯层次的递进赋权,较为接近理想型的乡村社会共生合作型项目治理。因而,聪明买家的难题在现场明智者的赋权训练和成长过程中得以回应。(见图 2 整体框架与矩形 ORST)。

(二)协商赋权机制促成社会组织公益项目嵌入乡村治理类型

社会组织经由协商,面向既有的国家权力科层结构,寻求嵌入式发展已有诸多论证[57][58][59][60]。然而,基于权力—行动视角,经由协商赋权机制运行,社会组织可以借力公益项目的"服务之手"嵌入乡村社会行动的治理场域。N 组织的三个项目的服务现场,可以看到"服务之手"嵌入的三种形态与乡村治理类型(见表 3)。

1.服务联结型治理

D 中心服务项目,N 组织嵌入在 D 镇的科层权力与社会组织之中,作为外来服务者,与在地的行动者联合,形成嵌入—联合型合作形式,服务过程更多的是乡村社会需求的被动回应式服务,在项目推进的科层权力接入的程序性协商赋权过程中,形成了 N 组织与乡村科层权力主体、乡村社会组织之间粘连传导型结构[61]:即松散而弹性的嵌入、随服务需要而间断式联合的协商合作;并侧重于治理服务化,即致力于限定性目标绩效的协同合作服务,并将服务传送到乡村的志愿性和专业性过程。D 中心服务项目绩效限定于服务体验认同与被动参与服务的意愿提升,因此,属于单向服务赋能过程,即科层权力程序性协商赋权 N 组织,N 组织赋能乡村居民公益志愿需求与理解认同。

表 3　协商赋权机制运行与社会组织公益项目嵌入乡村治理的类型

乡村治理类型 协商赋权机制运行	服务联结型治理 （D 中心服务项目）	志愿支持型治理 （X 村服务项目）	组织融入型治理 （G 村服务项目）
协商赋权主体关系	嵌入—联合型合作：需求被动回应式服务	嵌入—支持型合作：需求自主服务	融入—共生伙伴型合作：需求自主服务与自治
协商赋权运行序列	程序性协商赋权延伸：协商促进联合	程序性深入推进的创造性协商赋权：交往、志愿参与协商	程序性与创造性协商赋权基础上的转化性协商赋权：自治与联动协商
协商赋权事务取向	嵌入联合—协同服务	嵌入—支持志愿服务自治事务	服务—融入自治结构—融合发展
协商赋权结构	粘连传导型结构：治理服务化	伞状支持型结构：服务拓展的治理	互惠—辐辏型网络化融合结构：服务与治理融合
协商赋权绩效功能	单向服务赋能	单向赋能与赋权	多向赋能与赋权
协商赋权持续形式	组织在场协同	组织在场参与	组织网络支持

2.志愿支持型治理

相对 D 中心项目，X 村服务项目的志愿性与专业性服务，尽管也赋能乡村居民的公益志愿需求与理解认同，然而，N 组织在乡村服务的现场，基于程序性协商赋权，更多地创造性协商赋权，包括日常交往和参与协商等，使项目服务重心侧重于营造嵌入—支持型合作，即致力于促成居民邻里情谊，提升志愿参与能力，丰富乡村自治事务志愿参与的组织体系，使志愿服务重心放置于支持村民服务需求的村庄自主服务。因此，N 组织志愿服务的过程建构了一种伞状的支持型结构[62]，即N 组织嵌入乡村以自身的志愿服务为支撑点，支持乡村志愿团队与社区社会组织以伞状辐射的形态，探索乡村的志愿需求与自治事务的自主服务，形成公益项目志愿服务拓展乡村治理的过程。然而，X 村服务仍然有基于程序性协商赋权社会组织，传送服务的单向赋能过程，这与 D 中心项目相同；而 N 组织创造性协商赋权乡村社会行动，乡村志愿组织与社区社会组织的培育，以及乡贤参事会的筹建，已使项目服务触及乡村自治的权力结构，因而具有了单向赋权（力）的特质，这是 D 中心项目中没有的。

五、组织融入型治理

G 村项目在程序性协商赋权、创造性协商赋权基础上而有转化的协商赋权绩效,自治权力结构的有效拓展,乡村内外支持网络的生成,使项目呈现融入—共生伙伴型合作特质,即在实现了与 X 村和 D 中心的服务项目相同绩效的同时,G 村项目还探索了乡村自治与联动协商的治理权力结构和社会行动的融合生态,N 组织和乡村志愿组织和微自治组织融入乡村治理的社会行动过程中,实现了乡村需求的自主服务与自治。N 组织推动了乡村互惠—辐辏型网络化融合结构[63]的生成,即 N 组织自身和乡村志愿组织、社区社会组织、微自治组织都融入乡村的治理结构之中,形成相互之间多向赋能与赋权的过程,并有促成乡村社区融合发展的成效,后续讨论将予以论证。

比较 N 组织和家园项目的三个案例实践,可以看到社会组织公益项目因协商赋权机制运行和绩效实现纵深的差异性,而有乡村治理类型的区分。G 村项目的组织融入型治理,与社会共生合作型项目治理的理想期待尤为接近,其间的协商赋权机制运行推进的现场策略,值得进一步探究。

(一)回归乡村生活现场的话语治理

"理性依赖着言语,而言语含蕴着社会生活。"[64]生活现场的言语对话是协商赋权的根基所在。社会组织公益项目融入乡村的协商赋权,正是回归乡村生活现场,建构乡村现场的言语、对话、交流、日常交往、志愿商谈、协商议事与决策的村民主体的参与,因而,可以更好地实现现场的民智者训练;同时,真正的聪明买家,也须是现场的明智者之一,程序性协商赋权也应该落地乡村生活现场,看到乡村真实的需求,也让村民看到真切的乡村治理水平提升的成效,项目支持与服务才能贴近乡村需要、赢得村民信赖,从而真正融入乡村的治理。"和家园"项目推进过程中,前述程序性协商赋权,在 G 村项目实施的全程得到支持。H 市、JD 市民政和 G 村所在镇民政科室作为立项和落地支持方,也反复深入村庄与 N 组织、G 村委和村民代表研讨,给村民带去项目的合法性认知和关键性实施步骤的推动与支持,片区理事会的成立便得益于这些协商赋权,相反,X 村乡贤参事会成立未果,恰恰因为这种生活现场的协商赋权的缺乏;同时,驻村社工走村串户的交流对话,志愿服务立足生活需要,如睦邻宴等,都是回归生活现场的话语治理的实践。G 村在项目结束时,N 组织适时推动村书记论坛,邀请三级民政科层领导、专家学者、G 村所在镇的各村书记一起交流 G 村项目经验,G 村志愿团队成员、村民代表、片区理事会理事等都参与交流,将他们作为现场明智者的实践训练经验,提升到乡村治理的论坛认知,这些都为 G 村在项目结束后仍能推动乡村协商赋权的治理做好准备。

(二)形塑志愿参与的乡村社区行动

言语是实用工具,也是生活世界中的自我权能[65],志愿协商的言语对话,将这种自我权能引向乡村社区的社会行动,并从中提供现场明智者训练的行动场域,创造性协商赋权及其扎根于乡村生活现场深度绩效,才能从中实现。G 村与 X 村项目服务都能从 N 组织的志愿服务入手,推动乡村社区自身的志愿组织发展,并通过志愿组织自身的协商对话,创造性地开启乡村社区志愿协商的社会行动,从兴趣娱乐,到村庄环境保护,再到村庄非物质文化营造,志愿参与逐渐走向村庄自治事务,志愿行动创造性地扎根到乡村生活现场的自治公共事务之中。X 村益行团的志愿行动,培育出乡贤参事会的筹备组,G 村睦邻宴的协商参与培育了第一批的片区理事会成员,志愿商谈参与是现场明智者训练的关键性切入点,村民从乡村公益志愿服务的自主生产与服务过程中,获得对公益志愿服务的认知理解与邻里情谊,养成志愿服务自主产出与参与的能力,创造性协商赋权因而在乡村社区的社会行动中获得深度绩效。相对而言,D 中心服务项目,N 组织只能够基于程序性协商赋权的限定性目标,单向度地提供服务,而始终未能激发 D 镇乡村社区体系化的志愿参与的社会行动,因此,创造性协商赋权及其深度绩效无由产生。客观的现实是,D 镇拥有 12 个行政村,在人口和户数上都远远超过 G 村和 X 村,因此单个社会组织在 1 年项目周期内,难以面向 12 个行政村推进扎根社区的志愿参与。

(三)营造乡村组织与权力共生体系

转化性协商赋权是社会组织公益项目服务,从嵌入支持转向融入自治,从伞状支持型结构走向互惠—辐辏型结构的关键,而能否营造乡村组织与权力的共生体系,则是转化性协商赋权是否生成的标志。X 村的公益服务尽管有志愿团队与社区社会组织的成功培育,然而由于乡贤参事会遭遇阻碍,致使转化性的协商赋权,培育共生组织与权力体系的努力落空,社会组织融入乡村自治与治理体系的构想未能实现。G 村则较为幸运,首先,程序性协商赋权中三级民政科室的行政权力,陪伴 N 组织深入乡村现场,并与村村民和村两委协商议事,共同探索项目转化,形成打破纵向科层权力层级落差的格局,而有协商合作的共生权力运行的逻辑。其次,随着村庄志愿组织的成长,片区理事会的成立与运作,乡村社会行动的横向组织与权力体系开始出现,并与纵向的行政科层权力与村两委的权力共生合作;同时,深深扎根于乡村微自治场域的纵向与横向组织与权力共生生态开始出现,乡村治理开始出现质的转化,组织融入型治理由此转化生成。G 村的这种组织与权力共生体系,培育了完全不同认知的现场明智者。G 村书记看到,N 组织项目融入乡村自治,带来的最大变化是"每一个人都找到了在村里参与村庄事务的位置"(2019年 2 月 28 日访谈),投射出组织与权力体系共生的淳朴认知。相比而言,X 村书记认为"项目最重要的是要让村民的腰包鼓起来"(2018 年 12 月 7 日访谈),N 组织的项目没有这个功能,因此得不到他的认同,乡贤参事会被搁置。D 镇 L 村书记则谈到,"村庄最大的问题是矛盾纠纷多,村委需要联合派出所与镇执法机构,加强矛盾纠纷的处置权"(2020 年 6 月 22 日访谈),因此 N 组织的项目服务帮助不大。这种面向纵向的权力体系谋求乡村治理的认知,与乡村治理现场建构志愿参与的组织体系与共生权力的转化性协商赋权期待相去甚远。

(四)融入乡村社区融合治理的网络

程序性、创造性和转化性的协商赋权,依托话语治理、社区行动、组织与权力共生体系而落实,社会组织融入乡村自治的事物与结构之中,不再是嵌入,即寻求被接受并试图改变乡村行动,单向赋权(能)乡村,而是经社会组织公益项目的服务融入,使众多组织与主体融入乡村,相互之间多向赋权(能),互惠—辐辏型网络化融合结构由此生成,内外支持的治理网络带来乡村社区的融合治理。G 村项目于2019 年 6 月终止,N 组织离开 G 村,在 D 中心项目服务的过程中,仍能够在项目培训、志愿参与的活动中,为 G 村理事、村民和志愿者提供学习提升和参与的契机,并也支持 G 村片区理事会和乡贤理事会的乡村服务拓展与治理参与的探索工作。在这种后续服务提供的过程中,G 村也已成为 N 组织在 JD 市的公益伙伴,客观上也得到村庄的支持与赋能(即能力与合法性的地域化认可)。G 村逐渐形成完善的内部治理网络:村委会关注重大事务协商决策,片区理事会负责具体片区事务协商回应,包括村民邻里矛盾纠纷排解、村民困难接济、村务参与执行等新的职能拓展,乡贤理事会负责参与重大事务协商讨论,重大建议及时提议的建议咨询协商的职能定位逐渐清晰;村庄还建立起月会制度,每月底召开村委、理事会联席会议,推进乡村事务的治理。2020 年初新冠疫情暴发,以 G 村志愿组织团队为基础,全村组织 358 名志愿者,组成执勤团队(负责村庄进出的四个点位的值守),采购团队(负责为全村村民外出集中采购),宣传动员团队(负责宣传到每家每户,统一认识和行动),巡执团队(负责点位执勤和村民无集中聚集巡查工作),24 小时轮值自治,志愿执勤总计 980 多人工日,为村庄抗疫做出重要贡献。通天庙(片区名。G 村十二个片区,村中央、通天庙、瓦岗山、禁山头等)片区副理事长 W 作为志愿者,为村民采购菜品,自己贴钱几百元,平淡地说"乡里乡亲,有机会做这点事,是荣幸"(2020年 6 月 21 日访谈)。因此,村民及其志愿组织和行动都能融入村庄事务的治理之中,形成村庄治理融合的内部网络,内部多向赋权的轮廓已有呈现。G 村的外部支持网络也正在形成之中,N 组织作为公益伙伴,疫情期间为 G 村联系了多家爱心企业,为村庄资助口罩,并为村庄每一位志愿者提供一件羽绒服,以供户外执勤保暖。G 村的公益项目治理也为该村赢得好形象,近期获得了近千万元乡村建设的国家专项资金项目立项,村书记要利用这个项目的机会,打造村庄发展的农旅融合,"把 G 村打造成为旅游带动村庄农业,带动周边村庄发展的联结点""G 村可以借助治理优势,吸引更多的人来村庄做客,村庄可以把周边村庄的农特产品向外部输送"(2020 年 6 月 21 日访谈)。在此,G 村外部支持网络的形态似有雏形,但需要更多的努力,即培育更多的合作伙伴,多向度创造与转化性协商赋权,才能够有村庄未来更大的外部支持的网络化治理融合。

六、结语:走向社会组织融入的乡村融合治理

乡村发展从被定义为走出人口"过密化"瓶颈,而要解决乡村"剩余留作自身的投资和发展"问题[66],到被提高到中国问题的"一个人口膨胀而资源短缺的农民国家追求工业化的发展问题"[67],再到将农村作为中国现代化的"稳定器"和"蓄水池",而提出"全方面提高农村的福利水平和满意度"是唯一的道路选择[68],现代国家权力结构视角下的物质与资源投入和生产力提升等物化目标,始终是乡村发展的核心命题。以此为背景,公共设施与基本服务,以项目制形式资源下乡,国家统合型项目治理因此成为惠民工程的重要载体。然而单一国家权力结构视角,往往使基层社区生活现场习以为常的"活生生的、协商的实践"边缘化[69],缺少村民参与、乡村信任流失似乎成为项目制的困境[70]。

作为现代化命题的乡村发展,同样重要的核心命题是,从传统中走来的乡村面

构建基层社会治理新格局

向现代性建构兼容的社会行动结构[71]，亦即"团结组织"的生成与发展[72]和"个人与团体相合"的社会人格与心理认同[73]，是乡村发展的关键。中国乡村发展需要"培养自治的真精神"[74]，亦即"村民自我做主精神"和"合作协商能力"[75]。这是工业文明社会一直面向的以人的关系为基础的社区生活方式重建的经典问题[76]在乡村中国社会发展中的再现。

对于中国乡村发展而言，资源下乡与生产力提升和人的关系基础上的社区生活方式的重建问题，是一枚硬币的两面，两者相辅相成，不可偏废。正如学者所看到，项目制资源下乡，即国家统合型项目治理困境的实质是"无核的乡村，转移支付无法激生活力"。如何使乡村有核？作为社会共生合作型项目治理的社会组织公益项目服务，提供了可能的答案：社会组织经由项目"服务之手"融入乡村，协商赋权，为村庄带来汇聚多元主体融入共生合作的乡村之核，即项目协商，赋权现场明智者志愿参与的意愿、认知、行动能力，赋予乡村社会行动所需的组织体与权力共生体系、自治权力的拓展、内外支持的网络，促成乡村融合治理的格局。

N组织和家园项目的三个案例中的X村、G村和L村，也折射出当下乡村发展的一些共性问题。在项目实施前的村庄调研中发现以下几个问题。(1)人际冷淡。村民80％以上都在周边集镇和工厂打工，农田种植通常集中流转少数大户经营，村民日常交往越来越少，乡村社区邻里人际关系越来越冷淡。(2)利益冲突冲击村庄和谐。邻里人际冷淡，带来邻里建筑边界、日常排水、杂物堆放、道路通行等方面矛盾多发难以调和，这些往往会成为村民权益纠纷与冲突的源头。(3)村集体行动能力弱化。以G村为例，村庄集体经济年收入8万元，比不上富裕农户家庭的年收入，村集体缺乏服务村民的能力，因此在村民中的影响力也越来越弱。(4)村庄权力治理僵局。人际冷淡、利益冲突、集体行动能力弱化，带来村庄权力治理的僵局，即村两委传统的上传下达，单一纵向权力运作的治理越来越负荷超载。L村书记讲述：六月降雨，村民门前排水渠堵塞，其实拿一根竹竿通一通管道，排水即可顺畅，村民却拿起手机报警，投诉村委不作为。

上述共性问题显然仍是在折射城镇化与工业化的社会变迁，带来从传统走来的乡村发展所面向的历久弥新的问题：乡村社区人际关系基础的社区生活方式的重建。这成为中国乡村发展不可忽略的问题维度。社会组织借力公益项目的"服务之手"融入乡村发展，促成乡村融合治理，显然是回到这一问题维度来寻求如何使乡村有核，如何使国家统合型项目治理的资源下乡和乡村生产力提升具备乡村参与活力的基础的答案。N组织和家园项目实施的经验,尤其是G村项目的经验验证了这一答案的常识性逻辑和路径。(1)社会组织公益志愿服务,是从乡村人际关系入手,公益志愿的服务体验与认知,是增进邻里情谊的基础。(2)在志愿服务的互动和协商对话基础上训练村民能力,建构组织体系,使村庄走出人际冷漠、利益冲突、集体行动弱化的困境。(3)同时,在纵向与横向组织与权力共生的生态基础上,重建乡村内外支持网络,迎来乡村明智者汇聚的融合治理格局及其内生外生的活力,这是一种全新的生活方式,也是未来资源下乡与生产力提升的国家统合型项目治理绩效生成的乡村生活现场的权力—行动的活力内核。(4)因此,社会组织融入的乡村融合治理是,乡村人际融合的治理、多元主体汇聚的融合治理、组织与权力体系融合的治理,而同时也是德治自治法治融合的治理;志愿参与实质上是向村民的人际关系的融合,重建村民互助互爱的道德心灵与人格和村庄道德共同体的认同,寻求治理的道德根基与支持;乡村组织与权力体系及其内外支持网络生成,意味着乡村内在自治及其规则系统能够确立,这个自治的过程与规则系统自然是乡村的内生法治形态,是国家法治的乡村落实。

乡村发展是跨世纪的中国问题。社会组织公益创投政策支持乡村发展的社会共生合作型项目治理的探索方兴未艾,这一探索是要以千千万万的协商建构社群相关的"复合共识"[77],从而推进社会组织融入的乡村社会的融合治理,可以想象其中隐含的无限前景。而在这一前景观照之下,需要政策观察和实施者,以权力—行动的视角,透过"现场明智者的训练",回应"聪明买家的难题",寻求社会组织公益项目绩效。当然,限于观察案例时空与案例经验独特性,本文所讨论的经由程序性协商、创造性协商和转化性协商,推进社会组织融入和乡村融合发展的路径,只是一种地方性案例经验阐释,并非要提供唯一有效的方法;同时,限于研究视域,本文也留有一些问题未能展开,如社会组织公益项目对于乡村有核、融合治理是否不可或缺?社会组织融入协商赋权的八个梯度,在实践中是否有落地生根的有效方法?社会组织嵌入乡村的三个治理类型是否有内在的相互支持的可能?这些都有待在未来观察中深化研究。

参考文献:

[1] 林毓生.中国传统的创造性转化[M].北京:生活·读书·新知三联书店,1988:283-294.

[2] 韩寒.公益创投开启企业公益新路径[J].社团管理研究,2009(9):53-55.

[3] 岳金柱."公益创投":社会组织培育发展的创新模式[J].社团管理研究,2010(4):12-15.

[4] 刘志阳,邱舒敏.公益创业投资的发展与运行:欧洲实践及中国启示[J].经济社会体制比较,
2014(2):206-220.

[5] 李健.公益创投政策扩散的制度逻辑与行动策略:基于我国地方政府政策文本的分析[J].南
京社会科学,2017(2):91-97.

[6] 涂开均,郑洲.论我国公益创投项目政策决策逻辑的理论解释:以 15 个副省级城市为例[J].
中共福建省委党校学报,2016(2):51-57.

[7] 魏晨.公益创投的实践成效与反思:以三省八市的公益创投为例[J].中国社会组织,2016
(13):51-53.

[8] 荀丽丽,包智明.政府动员型环境政策及其地方实践:关于内蒙古 S 旗生态移民的社会学分
析[J].中国社会科学,2007(5):114-128,207.

[9] 周飞舟.财政资金的专项化及其问题 兼论"项目治国"[J].社会,2012,32(1):1-37.

[10] 黄宗智,龚为纲,高原."项目制"的运作机制和效果是"合理化"吗?[J].开放时代,2014
(5):143-159,8.

[11] 陈家建,张琼文,胡俞.项目制与政府间权责关系演变:机制及其影响[J].社会,2015,35
(5):1-24.

[12] 杨威威,徐选国.嵌入生活的项目制:党建引领基层社会治理的制度基础:基于海市塘村"美
丽乡村"建设经验的个案研究[J].河南社会科学,2020,28(4):100-109.

[13] 渠敬东.项目制:一种新的国家治理体制[J].中国社会科学,2012(5):113-130,207.

[14] 陈家建.项目制与基层政府动员:对社会管理项目化运作的社会学考察[J].中国社会科学,
2013(2):64-79,205.

[15] 折晓叶,陈婴婴.项目制的分级运作机制和治理逻辑:对"项目进村"案例的社会学分析[J].
中国社会科学,2011(4):126-148,223.

[16] 谢小芹,简小鹰.从"内向型治理"到"外向型治理":资源变迁背景下的村庄治理:基于村庄
主位视角的考察[J].广东社会科学,2014(3):208-218.

[17] 付伟,焦长权."协调型"政权:项目制运作下的乡镇政府[J].社会学研究,2015,30(2):98-
123,243-244.

[18] 杜春林,张新文.从制度安排到实际运行:项目制的生存逻辑与两难处境[J].南京农业大学
学报(社会科学版),2015,15(1):82-88,126.

[19] 应小丽."项目进村"中村庄自主性的扩展与借力效应:基于浙江 J 村的考察[J].浙江社会
科学,2013(10):92-98,158.

[20] 王名,李朔严.十九大报告关于社会治理现代化的系统观点与美好生活价值观[J].中国行政管理,2018(3):60-63.

[21] 徐勇.村民自治的成长:行政放权与社会发育:1990年代后期以来中国村民自治发展进程的反思[J].华中师范大学学报(人文社会科学版),2005(2):2-8.

[22] 王春.公益创投的生态困境及主体策略:基于S市地方性实践探索[J].长白学刊,2018(3):126-133.

[23] 李友梅.民间组织与社会发育[J].探索与争鸣,2006(4):32-36.

[24] MOODY M. Building a Culture:The Construction and Evolution of Venture Philanthropy as a New Organizational Field[J]. Nonprofit and Voluntary Sector Quarterly,2008,37(2):324-352.

[25] 蔡琦海.公益创投:培育非营利组织的新模式:以"上海社区公益创投大赛"为例[J].杭州(我们),2011(3):41-43.

[26] 郁建兴,任杰.社会治理共同体及其实现机制[J].政治学研究,2020(1):45-56,125-126.

[27] KETTL F D. Sharing Power:Public Government and Private Markets[M].Washington D. C.:The Brookings Institution,1993.

[28] 黄晓春,周黎安.政府治理机制转型与社会组织发展[J].中国社会科学,2017(11):118-138,206-207.

[29] 管兵.竞争性与反向嵌入性:政府购买服务与社会组织发展[J].公共管理学报,2015,12(3):83-92,158.

[30] 王向民.中国社会组织的项目制治理[J].经济社会体制比较,2014(5):130-140.

[31] 王清.项目制与社会组织服务供给困境:对政府购买服务项目化运作的分析[J].中国行政管理,2017(4):59-65.

[32][33] 黄晓春.当代中国社会组织的制度环境与发展[J].中国社会科学,2015(9):146-164,206-207.

[34] 陈家建,赵阳."低治理权"与基层购买公共服务困境研究[J].社会学研究,2019,34(1):132-155,244-245.

[35] 王诗宗,宋程成,许鹿.中国社会组织多重特征的机制性分析[J].中国社会科学,2014(12):42-59,206.

[36] LIN N. Local Market Socialism:Local Corporation in Action in Rural China[J]. Theory and Society,1995,24(3):301-354.

[36] 张紧跟.从结构论争到行动分析:海外中国NGO研究述评[J].社会,2012,32(3):198-223.

[38] 列奥·施特劳斯,约瑟夫·克罗波西.政治哲学史[M].李天然,等译.石家庄:河北人民出

版社,1993.

[39] 汉娜·阿伦特.人的境况[M].王寅丽,译.上海:上海世纪出版集团,2009.

[40] 哈贝马斯.在事实与规范之间:关于法律和民主法治国的商谈理论[M].童世骏,译.北京:
生活·读书·新知三联书店,2003.

[41] HENDRIKS C M. Deliberative governance in the context of power[J]. Policy and Society,
2009,28(3):173-184.

[42] HABERMAS J. Hannah Arendt's Communication Concept of Power[J]. Social Research,
1977,44(1):3-24.

[43] RAWLS J. The Idea of Public Reason Revisited[J]. The University of Chicago Law
Review, 1997,64(3):765-807.

[44] CONGER J A, KANUNGO R N. The empowerment process:Integrating theory and
practice[J]. Academy of management review,1988, 13(3):471-482.

[45] 陈伟东.赋权社区:居民自治的一种可行性路径:以湖北省公益创投大赛为个案[J].社会科
学家,2015(6):8-14.

[46] 尹浩."无权"到"赋权":城市基层社会治理的新机制:以H省城市社区公益创投活动为分
析对象[J].南昌大学学报(人文社会科学版),2016,47(5):22-28.

[47] 高丙中. 社会领域的公民互信与组织构成[M]. 北京:社会科学文献出版社,2016.

[48] 潘泽泉.参与与赋权:基于草根行动与权力基础的社区发展[J].理论与改革,2009(4):
69-72.

[49] 贺雪峰,仝志辉.论村庄社会关联:兼论村庄秩序的社会基础[J].中国社会科学,2002(3):
124-134,207.

[50] 吴晓林,张慧敏.社区赋权引论[J].国外理论动态,2016(9):125-131.

[51] [52] 刘春荣. 通过赋权迈向自治[N]. 社会科学报,2008-01-31(2).

[53] 杨丽,赵小平,游斐.社会组织参与社会治理:理论、问题与政策选择[J].北京师范大学学报
(社会科学版),2015(6):5-12.

[54] 张国芳,蔡静如.社区赋权视角下的乡村社区营造研究:基于宁波奉化雷山村的个案分析
[J].浙江社会科学,2018(1):91-101.

[55] 王思斌.我国社会工作从嵌入性发展到融合性发展之分析[J].北京工业大学学报(社会科
学版),2020,20(3):29-38.

[56] 徐勇,罗丹.新中国70年农村复合制基本单元的创立与变迁[J].东南学术,2019(5):10-17,
247.

[57] SAICH T. Negotiating the state:The development of social organizations in China[J]. The

China Quarterly,2000,161（3）:124-141.

[58] 张紧跟.NGO 的双向嵌入与自主性扩展:以南海义工联为例[J].重庆社会主义学院学报,
2014,17(4):86-94.

[59] 纪莺莺.从"双向嵌入"到"双向赋权":以 N 市社区社会组织为例:兼论当代中国国家与社
会关系的重构[J].浙江学刊,2017(1):49-56.

[60] 徐盈艳,黎熙元.浮动控制与分层嵌入:服务外包下的政社关系调整机制分析[J].社会学研
究,2018,33(2):115-139,244-245. .

[61] 桂勇.邻里政治:城市基层的权力操作策略与国家—社会的粘连模式[J].社会,2007(6):
102-126,208.

[62] 王瑾."伞状结构化"及其基础上的专业化:法国第三部门经验对中国 NGO 发展路径的启
示[J].行政论坛,2012,19(2):63-66.

[63] 卡尔·波兰尼.大转型:我们时代的政治与经济起源[M].冯钢,刘阳,译.杭州:浙江人民
出版社,2007.

[64]]列奥·施特劳斯,约瑟夫·克罗波西.政治哲学史[M].李天然,等译.石家庄:河北人民出
版社 1993.

[65] PITKIN H F. Wittgenstein and justice[M]. Berkeley:University of California Press,1972.

[66] 黄宗智.长江三角洲小农家庭与乡村发展[M].北京:中华书局,2000.

[67] 温铁军.三农问题与世纪反思[M].北京:生活·读书·新知三联书店,2005.

[68] 贺雪峰.乡村的前途:新农村建设与中国道路[M].济南:山东人民出版社,2005.

[69] 詹姆斯·C.斯科特.国家的视角:那些试图改善人类状况的项目是如何失败的[M].王晓
毅,译.北京:社会科学文献出版社,2004.

[70] 贺雪峰.治村[M].北京:北京大学出版社,2017.

[71] 党国英,卢宪英.新中国乡村治理研究回顾与评论[J].理论探讨,2019(5):5-14.

[72]]梁漱溟.乡村建设理论[M].上海:上海人民出版社,2006

[73] 费孝通.乡土中国[M].上海:上海人民出版社,206.

[74] 牛铭实.论如何培养自治的真精神[M]//徐勇,徐增阳.2007.乡土民主的成长:村民自治
20 年研究集萃.武汉:华中师范大学出版社,2007:177-196.

[75] 曹锦清.黄河边的中国[M].上海:上海文艺出版社,2000.

[76] 乔治·梅奥.工业文明的人类问题[M].陆小斌,译.北京:电子工业出版社,2013.

[77] O. C. 麦克斯怀特.公共行政的合法性:一种话语分析[M].吴琼,译.北京:中国人民大
学出版社,2002.

【作者】

　　徐珣,浙江工商大学公共管理学院副教授

推进市域社会治理现代化：历史源流与现实动因

姜方炳

国家治理体系的建构，必然是以一定的行政区划和行政组织为实践基础的。恩格斯曾经指出："国家和旧的氏族组织不同的地方，第一点就是它按地区来划分它的国民……这种按照居住地组织国民的办法，是一切国家共同的。"

当然，对于中国这个有着深厚的中央集权传统的大国来说，国家治理一直依赖于从中央到地方层级化的行政组织体系，而地方政府特别是基层政府，与民众的联系最为直接和紧密，是构建基层社会治理格局的关键环节。党的十九届四中全会在关于"构建基层社会治理新格局"的部署中，明确提出要"加快推进市域社会治理现代化"。这是党中央在全会报告中首次提及"市域社会治理现代化"，也意味着它已正式被纳入国家治理体系和治理能力现代化的重要议程之中。

然而，值得我们思考的是，为何当前党中央要特别提出"市域社会治理现代化"？进而言之，这里的"市域"所指为何，它对于构建基层社会治理新格局的意义又何在？这些重要问题目前均缺乏系统而有深度的分析。习近平总书记曾指出："一个国家选择什么样的治理体系，是由这个国家的历史传承、文化传统、经济社会发展水平以及这个国家的人民决定的。我国当前的国家治理体系，是在我国历史传承、文化传统、经济社会发展的基础上长期发展、渐进改进、内生性演化的结果。"[①]同理，要深刻理解提出"市域社会治理现代化"的重要意义，也必须从历史源流和现实动因着眼。唯有如此，我们才能更好地把握推进市域社会治理现代化的时代价值和实践方向。

---

① 2014 年 2 月 17 日，习近平在省部级主要领导干部学习贯彻十八届三中全会精神全面深化改革专题研讨班上的讲话。

一、市域社会治理现代化：一个新的时代命题及其内涵

市域社会治理现代化，顾名思义，我们首先可简单将其理解为"市域统筹推动下的社会治理现代化实践"。① 在现代汉语语境下，"市"一字有着丰富的内涵，既可以指城市、市场，也可以指一种行政区划单位。从构建国家治理体系的目标导向和实践基础来看，"市域社会治理现代化"中的"市"应该是指一种行政区划单位，既包括城市区域，也包括乡村区域。由此，"市域社会治理"可界定为"以城区为重点、覆盖农村、城乡联动，充分发挥市级层面主导作用，在市域范围内统筹谋划和实施的社会治理"[1]。而我国关于"市"的行政区划单位的各类用法中，存在不同的表述形式。那么，这里的"市域"应该是指多大的范围、何一行政层级？ 在笔者看来，这里的"市域"主要指的是地级市域范围。因为从地方行政体制来看，地市一级是承上启下的关键环节。中央提出"市域社会治理现代化"概念，就是希望发挥这一行政层级在统筹协调社会治理方面的积极作用。② "地级市"是我国的行政区划用语，其行政地位与地区、自治州、盟相同，属于地级行政区，由省、自治区管辖，是行政建制与地区相同的市。据民政部统计，截至 2018 年底，全国共有地级行政区划单位 333 个（其中地级市 293 个、地区 7 个、自治州 30 个、盟 3 个）。

当然，基于对行政区划单位的定性定位以及历史沿革等原因，在不同场合我们还经常看到"直辖市""副省级城市""计单列市""省会城市""较大的市""设区的市"

---

① 关于"市域社会治理现代化"内涵的具体解读，笔者已有文章单独论述（详见姜方炳：《理解"市域社会治理现代化"的三个着力点》，《杭州（周刊）》2019 年第 19 期），在此不做赘述。在下文中，笔者将重点进一步分析"市域"所指为何问题。

② 这也可以从"市域社会治理现代化"这一概念问世的具体情境中去理解。例如，2018 年 6 月 4 日，在延安干部学院新任地市级党委政法委书记培训示范班开班式上，中央政法委秘书长陈一新首次正式提出"市域社会治理现代化"的概念。又如，同年 7 月 18 日，在中央政法委机关下半年工作推进会上，陈一新秘书长再次强调："要以市域社会治理现代化试点为抓手，确立抓省带市的工作新机制，加强市域政法工作创新交流，积极探索具有中国特色、时代特征、市域特点的社会治理新模式。"

"县级市"等与"地级市"相近的用语。① 其中,"直辖市"的行政地位与省、自治区、特别行政区相同,是我国省级行政区,直接由中央人民政府管辖,目前包括北京、上海、天津、重庆4个城市。"副省级城市"是指行政架构为副省级建制的省辖市,现包括深圳、大连、青岛、宁波、厦门5个计划单列市和广州、武汉、哈尔滨、沈阳、成都、南京、西安、长春、济南、杭州10个省会城市。"较大的市"是一个法律概念,是为了解决地级市立法权而于1982年创设的。狭义上的"较大的市"指1984年到1993年间国务院分四次批准的19个"较大的市",而广义上的"较大的市"有49个,包括省会城市27个、经济特区城市4个、国务院批准的其他城市18个。而"设区的市"亦为法律用语,指设立市辖区的非直辖市。②当然,有少数地级市,如广东省东莞市、中山市,甘肃省嘉峪关市,海南省三沙市、儋州市等,不设市辖区,不管辖县、自治县、旗、自治旗,也不代管县级市,是不设区的市。"县级市"也是中国行政区划之一,其行政地位与市辖区、县、自治县、旗、自治旗、林区、特区相同,属县级行政区,主要是在中国改革开放以后,为适应不断推进的工业化、城镇化进程而设立的。③

由此可见,"副省级城市""计单列市""省会城市""较大的市""设区的市"之间有较高的重合性,而地级市所指称的城市范围最大,囊括上述各类称谓所涉及的城市,是推进市域社会治理现代化的主要实践场域。具体而言,从纵向的层次结构来

---

① 根据1994年2月25日中央机构编制委员会文件(中编〔1994〕1号),原14个计划单列市(重庆、广州、武汉、哈尔滨、沈阳、成都、南京、西安、长春、大连、青岛、深圳、厦门、宁波)和济南、杭州共16个市的政府机关行政级别定为副省级。1995年,中央机构编制委员会印发《关于副省级市若干问题的意见》的通知(中编发〔1995〕5号),明确将前述16个市定为"副省级市",但它们仍为省辖市,由所在省的省委、省政府领导。1997年重庆恢复为中央直辖市后,副省级市减少为15个。

② 《中华人民共和国立法法》在2015年3月修正时,删除原条款"本法所称较大的市是指省、自治区的人民政府所在地的市,经济特区所在的市和经国务院批准的较大的市"。此时,"较大的市"专指经国务院据《地方组织法》规定在1984年到1993年间批准的"较大的市"。而《中华人民共和国地方各级人民代表大会和地方各级人民政府组织法》在2015年8月修正时,将原条款中的"省、自治区的人民政府所在地的市和经国务院批准的较大的市"修改为"设区的市"。全文再无"较大的市"概念。(具体参见百度"较大的市"词条,载百度词条网站:https://baike.baidu.com/item/较大的市/11013193。)

③ 1982年,中共中央第51号文发出了"改革地区体制、实行市领导县体制"的通知,首先在江苏试点,1983年在全国试行。随后中央又发出《关于地市州党政机关机构改革若干问题的通知》,要求"积极试行地、市合并",并把此作为1983年地方政府改革的一项重要内容。至此市管县、市管市体制开始在全国范围内推行,并将原地辖市根据其行政地位改称县级市。

看,市域社会治理处于国家治理体系"上承省级下领县级"的中间环节;从横向的系统结构来看,市域社会治理是市域范围内党政机关、社会组织、群团组织、事业单位、各类企业等主体之间的共建共治共享。

二、历史源流:一统体制下的中国基层治理脉络及其展开

自从秦朝建立郡县制度以来,中国一直实行单一政制,从中央到基层政权之间形成纵向统属的层级体系。[2]从长时段的历史视角来看,市域社会治理基本延续了中国"郡县治,天下安"治理传统的思想脉络。当然,在不同的历史阶段,由于中国社会结构存在较大差异,具体的基层治理模式也有所不同。对此进行回顾和梳理,无疑有助于我们更为深刻地把握推进市域社会治理现代化的历史逻辑。

(一)"双轨政治":传统中国的郡县制与乡绅之治

秦始皇统一中国后,为实现对广土众民的统治,开始摈弃先前的分封制,推行以郡县为中心的地方行政体制(即郡县制),中央派到地方的官员以及行政机构的设置只到县一级为止。但是,中央集权化的帝国必然会面临"一统体制与有效治理"的基本矛盾。[3]对此,在中央集权的体制框架下如何建构中央与地方的分权治理体系,就成了中国历朝历代帝国统治者不得不思考的重要问题。这也深刻影响了后世中国的地方行政制度。历史上,中国地方行政制度虽经历多次变迁,行政区划及其具体名称也多有变化,但行政层级的设置基本处于二级制与三级制的循环转化之中,而且郡县两级政权制度的设置一直被延续下来(见表1)。

表1 中国历代政区与地方政府的层级①

时　期	高层政区	统县政区	县级政权
秦	/	郡	县、道
汉	/	郡、王国	县、道、邑、侯国
魏晋南北朝	州	郡、王国	县、侯国

① 本表中秦自民国初年的内容引自周振鹤:《中国地方行政制度史》,上海人民出版社2014年5月版,第81页。新中国的相关内容则由笔者根据民政部发布的《中华人民共和国行政区划统计表》(截至2017年12月31日)自行编制,参见《中华人民共和国行政区划统计表》,载民政部网站:http://xzqh.mca.gov.cn/statistics/2017.html。

续　表

时　期	高层政区	统县政区		县级政权
隋、唐前期	/	府、州(郡)	县	
唐后期五代	道(方镇)	府、州	县	
辽	道	府、节度州	州	县
宋	路	府、州、军、监		县、军、监
金	路	府、州		县
元	省	路　　府	州	县
明	布政使司(省)	府、直隶州	州	县
清	省	府、直隶州、直隶厅		县、州、厅
民国初年	省	道		县、设治局
中华人民共和国(2017 年)	省、自治区、直辖市、特别行政区	地级市、地区、自治州、盟		市辖区、县级市、县、自治县、旗、自治旗、特区、林区

　　郡县制的确立及其历史性延续,塑造了传统中国国家与社会的基本关系,并集中体现在县以下层面的乡村治理中。传统中国是一个以农耕文明为文化根基的社会,其突出特点就是绝大多数人以小农家庭为基本的生产生活单位,彼此之间的社会关系和日常交往构成了作为基层的乡土社会。正如著名社会学家费孝通所言,"从基层上看,(传统)中国社会是乡土性的"[4]。县以下虽然往往还会设有乡和里等行政机构,但其行政职责一般都由"乡官"或"职役"等乡民充任,是一种半行政化的管理制度设置。从这个意义上说,传统中国的行政体制可谓是"皇权不下县"。所谓"皇权不下县"是指国家正式权力只设置在县一级,县以下是国家的非正式权力控制形式。其中,"乡绅自治"只是皇权在基层社会进行间接统治的一种辅助形式。[5]

　　由此,在传统中国的基层社会,皇权较多具有文化象征意义;地方绅权则较多具有实际的管辖意义。[6]"皇权不下县"行政体制的推行,既体现了皇权在基层社会无为而治的思想,减轻了中央财政负担,也赋予了基层社会一定的自治空间,发挥了乡绅阶层作为政府与乡民沟通"中介"的作用。自上而下的皇权和自下而上的绅权所共同塑造的基层治理结构,被后世的封建统治者沿用,并在中国历史上延续了两千年之久。这也是费孝通先生提出"双轨政治"这一著名论点的重要历史依据。当然,"双轨政治"之所以能够形成并延续千年之久,是因为科举制度的支撑。隋唐之后,科举制度的推行,促进了国家人才选拔与儒学文化修为的有机统一,并在乡村社会与皇权体系之间形成一种体系精巧而又富有魅力的"推—拉"型社会流动机制。[7]士绅作为儒家文化思想在乡村社会的布道者和卫道士,是皇权专制统治实现观念一体化和组织一体化的担纲者,享受着治理乡村社会的文化权威。正因为如此,政治权力(国家)与意识形态权力(儒家思想)之间形成了"相互依存的共生关系"。[8]因而,在传统中国,基层社会治理是一种官治与民治互相嵌入的一种组织结构形式,它建立在专制权力支配关系上。[9]

当然,传统中国之所以能够在县以下实现"乡绅自治",是因为其有坚实的社会基础。基于农业生产生活方式的现实需要,乡民们习惯于以家庭以及扩大的家庭关系为联结纽带,聚居和固着于一地,男耕女织,自给自足,守望相助,安土重迁。这种缺乏开放性和流动性的熟人社会,是一个相当自足和稳定的社会系统。因而,在缺乏外力强烈冲击的情形下,这个系统仍旧能够在政权的治乱兴替中保持其超强的韧性。然而,自近代以来,晚清帝国大门一旦在西方列强坚船利炮的淫威下而被迫打开,传统郡县体制下的基层社会治理体系就遭遇了前所未有的冲击,"四万万之众等于一盘散沙"(孙中山语),而中国人从此也背负上了组织起来"救亡图存"的沉重历史使命。

(二)"全能政治":计划经济体制下的一元化管控

帝制覆亡及其之后的一系列政治革命和社会改造运动,无不是为了强化国家权威,其权力集中和强化的目标之一,就是将崩坏的传统基层社会秩序纳入现代国家权威管制体系当中。[10]而中国共产党成了完成这一使命的奋斗者。中华人民共和国成立后,经过一系列的政治运动,中国人民在共产党的领导下被前所未有地组织了起来,社会治理结构也随之发生了历史性重组,形成了被国内社会学界称作的"单位社会":在城市,绝大部分社会成员通过参加工作或户口登记被纳入行政化的国家行政组织、企事业组织等管理单位之中,成为享受从摇篮到坟墓的社会福利保障的"公家人""单位人",而少数闲散人员则由"街居制"负责管治,从而形成了以单位制为主、街居制为辅的城市基层社会管理模式。[11]在农村,曾经如一盘散沙似的农民则先后通过互助组、合作社、人民公社等形式迅速地被组织起来。特别是"三级所有,队为基础"的人民公社体制的全面推行,在中国建立了政社合一的乡村管理组织体系。自此,人民公社作为工农商学兵相结合的基层单位,集生产、交换、分配和人民生活福利为一体,在中国延续了二十多年之久。

虽然单位社会"是作为中国政治精英解决社会危机、'重建社会'的根本性措施而出现的"[12],但由于刚获得政权不久的中国共产党缺乏城市社会管理经验,只有从自己过去的军事组织经验中去寻找。结果,单位制就以严苛的城乡二元户籍制度和严密的人事档案管理制度为基础,在客观上形成了城乡二元分割体制,严重限制人口的自由流动,塑造了一个缺乏社会活力的全能政治秩序。例如,除了通过上学、参军以及城市招工等极为有限的机会以外,农民很少有机会进入城市成为市民。基于生存和发展资源的国家计划性配置,每个人都被牢牢地编织进国家对社会的管控体系之中,对国家政权及其作为代理管理者的单位组织产生了高度的政治性依赖结构。由此,单位成员对单位组织的依赖或服从,不仅仅是对一个有优势地位的资源占有者的依赖和服从,同时还是对国家政权的依赖和服从,任何在单位组织中生活的人,都经常会遇到这些有形或无形的国家意志。[13]

可见,在高度集中的计划经济体制下,政治权力对社会实现了观念一体化和组织一体化的有机统一,而"单位"则位于关键的中介位置,在整体上形成了"国家—单位—个人"三级连接的治理结构。[14]如果我们从时间演进的长时段来审视的话,"单位社会"是作为中国总体性危机的解决方案,而对"郡县社会"的遥相呼应[15],在客观上实现了社会的整合和稳定。但在这种高度政治化、同质化的秩序架构中,市场化的经济组织和自发性的社会力量无疑是缺乏生存空间的,社会治理主体只能是一元化的行政管控力量。而历史已表明,这种只有秩序而缺乏活力的自闭型治理体制,无疑是僵化而低效的,并不能有效激发整个社会的创新力量,更不能真正实现中国国家治理体系的现代转型。

(三)"协商政治":市场化改革后的多元合作共治

改革开放开启了中国市场化发展的进程,意味着国家对社会的总体性控制的自觉收缩,同时也预示着"单位社会"不可避免地走向终结,社会成员自行组织的经济社会活动空间不断得以释放。由此,改革开放以来,中国社会治理结构的变迁不仅是一个结构转型与制度创新的过程,同时也是一个创造多元社会主体和复兴社会主体性的过程。[16]

社会自主意识和力量在市场化浪潮中的释放和勃兴,越来越多的"单位人"变为"社会人""社区人",在客观上促进了中国社会结构特别是阶层结构和组织结构的加速分化。根据著名社会学家陆学艺先生的研究,改革开放以来,中国逐步形成了一个包括十大社会阶层的新的社会阶层结构。[17]而从组织结构来看,改革开放以后,随着国家组织主导的单位制组织体系逐步解体,各种新型经济、社会组织大量涌现,现代意义上的国家、市场经济组织、公民社会组织共同构成的三元结构格局初步形成。[18]据统计,2017 年我国个体工商户增长至 6579.37 万户,私营企业增长至 2726.28 万户;在 1809.77 万个全国企业法人中,民营控股企业占比 97.0%;在 42462 万的城镇就业人数中,私营企业和个体经济占比 53.4%,全部民营企业占比近 80%。而截至 2018 年底,我国共有社会组织 817360 个,其中,社会团体 366234 个,民办非企业单位 444092 个,基金会 7034 个;共有自治组织 649888 个,其中村民居委会 542019 个,社区居委会 107869 个。[19]

随着经济社会结构的深刻变迁,出现了社会贫富分化加剧、社会利益关系失调、社会矛盾纠纷增多等一系列问题,特别是城乡之间、体制内外的多重分化结构的形成,引发了社会对民主、公正、法治等现代社会治理价值观念的强烈需求。例如,中国社会科学院发布的 2020 年《社会蓝皮书》调查结果显示,在社会公众多个维度的公平感调查中,受访者认为城乡之间的权利、待遇不公平程度最高,其次分别是财富及收入分配、工作与就业机会(见表2)。

表 2　受访者的社会公平感(单位:%)[20]

维　度	非常不公平	不太公平	比较公平	非常公平	不好说
高考制度	4.48	9.33	44.64	31.86	9.68
公民实际享有的政治权利	5.49	16.19	48.76	19.71	9.85
司法与执法	3.94	14.25	49.20	19.92	12.70
公共医疗	5.44	18.95	53.27	16.53	5.81
工作与就业机会	5.35	25.45	47.39	10.74	11.08
财富及收入分配	8.66	27.28	44.30	10.13	9.63
养老等社会保障待遇	7.44	19.76	51.05	15.74	5.99
城乡之间的权利、待遇	13.23	32.75	37.37	7.76	8.90

当然,在社会群体利益和思想观念多元分化的背景下,执政党与知识分子、宗法组织、社会团体不再能够通过观念一体化加以有效整合,只能更多地依赖强有力的组织制度连接之。[21]但是无论是国家组织、市场组织还是社会组织,都现实地存

在着失灵的问题,相互弥补各方的失灵和缺陷,是三大组织在现代社会得以共存的实践依据。而这种互补性的存在,又必然会导致相互协调和合作的必要性。[22]中国社会治理实践是在党的领导下进行的,在客观上必须协调好党的一元领导和多样社会之间的关系。这就需要通过开发协商资源、强化协商体系和协商能力来协调政党与社会的关系,协调国家与社会的关系,协调社会内部的关系,以巩固政党,发展民主,健全制度,发育社会。[23]

由此,我们可以看到,党的十八届三中全会将推进国家治理体系和治理能力现代化作为全面深化改革的总目标之一,并明确提出了"创新社会治理体制、提高社会治理水平"的要求。这是中国共产党成立以来在党的正式文件中首次提出"社会治理"概念。从之前的"社会管控"到"社会管理"再到"社会治理"的转变,表达了在社会领域全面推进国家、社会、市场之间合作共治的基本理念,标志着我们党执政理念的新变化。[24]而党的十九届四中全会强调要完善"民主协商"的社会治理体系,"建设人人有责、人人尽责、人人享有的社会治理共同体",并提出要"加快推进市域社会治理现代化",正是这种执政理念在社会治理领域不断深化的体现。

三、现实动因:快速变迁中的基层治理秩序重构及其基础

当然,城市(特别是大城市)作为人口、物质、信息等要素的汇聚点,既为各种风险(如传染病、谣言等)的扩散、迁移和流动提供了绝佳场所,但同时在整合资源、协调治理等方面也具有更为明显的优势。而以地级市"市域"为空间载体的社会治理现代化实践,顺应了改革开放以来中国社会在快速变迁过程中对于基层治理秩序重构的现实需求。诚如陈一新所指出的,市域层面具有较为完备的社会治理体系,具有解决社会治理中重大矛盾问题的资源和能力,是将风险隐患化解在萌芽、解决在基层的最直接、最有效力的治理层级,处于推进基层治理现代化的前线位置。[25]

(一)地市级城市吸纳了绝大多数的流动人口

改革开放 40 多年来,随着市场化、工业化和城市化进程的不断推进,我国迎来规模庞大,以人口由乡村向城镇、由欠发达地区向发达地区迁徙为主的特征鲜明的人口流动大潮。通过考察人类历史可以发现,人口的迁移"遵循着一种发展规律:定居—流动—再定居,而后一种'定居'是在城市定居,并最终转化为城市人

口"。[26]由此,随着中国人口流动大潮的不断涌动,不仅城镇常住人口会迅速增加,选择在城镇定居的人口也会不断增加。据统计,到 2011 年末我国城镇人口占总人口比重达到了 51.27%,首次超过 50%;而截至 2019 年末,全国城镇常住人口已达 84843 万人,占总人口比重为 60.60%(见图 1)。① 目前,中国已初步形成以北京、上海、广州、深圳等特大城市为龙头,以省会城市和地级市等大型城市为主体,以中小城市和小城镇为补充,以广大乡镇为地基的多层次、广覆盖的城镇网络体系。

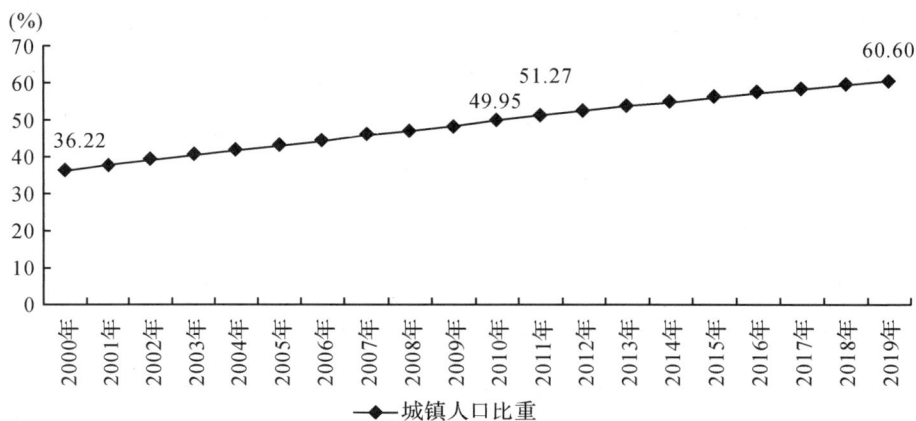

图 1 中国城镇人口比重(2000—2019 年)

当然,处于不同地区和行政层级的城市对流动人口的吸引和吸纳能力存在较大的差异。其中,改革开放以来,在地区分布上,流动人口主要流向东部地区,城市群逐渐成为流动人口集聚的主要空间形态,长三角、珠三角、京津冀等三大城市群聚集了多数流动人口。而从行政层级来看,地级市以上的城市对流动人口的集聚能力明显高于县级市。据民政部统计,截至 2018 年底,全国共有地级行政区划单位 333 个,而仅在 2017 年末,我国地级以上城市户籍人口就达到 48356 万人,户籍人口超过 500 万的城市有 14 个,300 万—500 万人口的城市有 16 个,50 万—300 万人口的城市达到 219 个,而 50 万人口以下的城市只有 49 个。2019 年 12 月,中央印发的《关于促进劳动力和人才社会性流动体制机制改革的意见》,明确指出要全面取消城区常住人口 300 万以下的城市落户限制,全面放宽城区常住人口 300 万至 500 万的大城市落户条件。这意味着大城市对人口的集聚效应将进一步增

① 图片转引自杨风杰:《中国大陆人口突破 14 亿! 人口出生率创 70 年新低?》,载中国经济社会大数据研究平台:https://cysd.casb.nju.edu.cn:4443/StatisticFocus/Article? id=55。

强。"市域社会治理"的提出,就是希望能够将基层社会治理的工作重点转到城市上来,通过发挥市一级的治理资源和能力优势,有效应对城市发展中各类新型社会矛盾风险的挑战。

(二)地市级更具有维护公平正义的法治能力

在大规模、流动化、多元化的现代社会,社会公共事务日趋复杂,社会治理必须透过法治保证治理系统内在协调、稳定主体间互动预期和防范治理陷阱。[27] 因而,将社会治理工作纳入法治化轨道,确保社会治理有效得到法治保障,是推进社会治理体系和治理能力现代化的必然要求。党的十九大报告明确将提高法治化水平作为社会治理的"四化"之一,党的十九届四中全会又强调了社会治理体系中的"法治"要素。在当下中国,相对于县一级而言,地市级城市在推进社会治理法治化方面有着更为显著的优势。

其中,最为突出的优势是,绝大多数地级市城市具有地方立法权的优势,由此也具有较为完备的法治保障体系。根据 2015 年 3 月修订的《立法法》第 72 条第 2 款规定:"设区的市的人民代表大会及其常务委员会根据本市的具体情况和实际需要,在不同宪法、法律、行政法规和本省、自治区的地方性法规相抵触的前提下,可以对城乡建设与管理、环境保护、历史文化保护等方面的事项制定地方性法规。"同时,该条第 5 款还规定:"自治州的人民代表大会及其常务委员会可以依照本条第二款规定行使设区的市制定地方性法规的职权。"而在这之前,除直辖市外,只有23 个省会、5 个自治区首府、18 个较大的市,以及 4 个经济特区、1 个特别合作区共52 个城市拥有地方立法权。2015 年新修订的《立法法》的通过,意味着全国 282 个设区的市可就城市建设、市容卫生、环境保护等城市管理事项制定地方性法规。

(三)地市级统筹更有利于城乡区域协同治理

长期以来,基于城乡和区域分割体制的深刻影响,中国城乡发展失衡、行政区域壁垒等问题十分突出。这不仅导致人口的"乡—城"单向大规模流动和迁移,还导致城乡之间、区域之间的治理资源处于碎片化、不均衡状态,流动社会的有效治理面临诸多瓶颈。其中,一个突出的治理困境是以"县域"为重点的社会治理体系已经难以适应现实需求,这成了全国各地普遍面临的问题。虽然在实践中,一些区(县、市)试图通过"互联网+社会治理"的创新实践以弥补"县域治理"的能力不足,但受职权范围、资源配置能力等方面的客观限制,仍摆脱不了"螺蛳壳里做道场"的局限性问题:一方面,各类新型矛盾要素超越了县域层级的职权范围。新型社会矛盾风险传导性、流动性不断增强,从酝酿发酵到集中爆发周期不断缩短,牵涉的利益群体、资金往来、具体诉求等各类矛盾要素不断超越传统县域层级能够解决的职权范围。另一方面,县级政法公安力量难以有效应对突发群体性事件。现在处理突发群体性事件,迫切需要市级层面更有力地发挥主导、统筹作用,在更高层面和更广区域内进行组织、协调和处置,在全市域范围内统一步调、集中力量、一体推进。这就需要深化社会治理体制和区域管理制度方面的改革,突出行政区域壁垒和城乡二元结构壁垒,建立起沟通城市与乡村、联系区域内与外、同步推进、梯次发展的体质与机制。[28]

从层级关系来看,国家和省级层面是政策的研究者和制定者,区县层面是具体的执行者,定位是十分明确的。但地市级处于承上启下的特殊位置,既是上级政策的执行者,又是一定程度上市域范围内的政策制定者。在以"县域"为重点的社会治理体系中,地市级层面作为"执行者"的定位容易被放大,而在地方政策研究制定、治理体系创新、力量整合调配等方面的主导性作用则发挥不够。由此,优化治理层次已经成为提升社会治理能力和推进社会治理现代化的重要议题。[29]而"市域社会治理"概念的正式提出,就是要推进社会治理体系创新的重点从县一级向市一级转移,突出市级层面在地方社会治理过程中作为"主导者"的角色定位。具体而言,就是要充分发挥市一级党委政府的统筹谋划作用,通过优化市域社会治理组织体系、提升市域社会治理核心能力,形成市—区(县、市)—乡镇(街道)上下联动协调,党委、政府、社会、公众等多元主体合作共治的社会治理新体系,继而在全市域范围内构建形成共建共治共享的社会治理格局。[30]

(四)地级市在智慧治理方面更具有资源优势

近年来,随着物联网、大数据、云计算、人工智能技术、5G等数字技术的迭代更新和广泛应用,社会治理的整体效能得到明显增强。但同时,我们也要看到,随着网络时代到来,"无边界社会"特征凸显,互联网对生产生活领域的渗透和影响日益加深,安全风险跨界性、关联性、穿透性日益增强,从而对社会治理体系的风险防范能力提出了更高要求。特别是随着互联网技术与人们生产生活方式的融合发展,黑恶势力犯罪行为、涉毒违法犯罪、非法宗教活动、非法集资与传销等活动等向网络化转型,致使各类新型社会问题不断滋生、无序扩散。

党的十九大报告将"智能化"作为提高社会治理水平的"四化"目标之一,党的十九届四中全会更是明确提出要完善"科技支撑"的社会治理体系。由此,为顺应数字化发展潮流,越来越多的城市将"智慧城市"建设纳入地方经济社会发展规划。地级市(特别是省会城市、副省级城市)一般为资源配置相对较好的城市,在智慧城市建设方面也具备更为优越的人才、资金和技术条件,因而也成了智慧城市建设的主角。

从在建智慧城市地理位置分布来看,中国业已初步形成了四大智慧城市群:以北京、天津、大连、青岛、济南为主的环渤海智慧城市群,以南京、无锡、上海、合肥、杭州、宁波为主的长三角智慧城市群,以广州、佛山、深圳、厦门为主的珠三角智慧城市群,以及以西安、成都、重庆、武汉为主的中西部智慧城市群。[31]在这一过程中,不少城市凭借资源优势已在探索智慧治理模式方面积累了不少经验。例如,自2016年开始,杭州市就和阿里巴巴合作,探索建设城市大脑数字治理大平台,目前围绕解决城市治理、市民服务的痛点、难点问题,已建成涵盖公共交通、城市管理、卫生健康、基层治理等11大系统48个应用场景。在杭州,城市大脑已然成为城市治理的全新工具。基于这一发展优势,杭州还提出了打造"全国数字治理第一城"的发展目标。

综上可见,推进市域社会治理现代化的决策部署,是中国一统体制下的基层治理脉络及其展开的历史延续,是改革开放以来中国在快速变迁中重构基层治理秩序的现实需求,充分体现了"中国之治"历史逻辑和实践逻辑的有机统一。当前,市域社会治理现代化正处于全国试点阶段,基层社会治理格局也将引来系统性的变化。随着相关理论研究和探索实践的不断深化,有效的市域社会治理现代化模式值得期待。

参考文献:

[1][30]姜方炳.理解"市域社会治理现代化"的三个着力点[J].杭州(周刊),2019(19):36-37.

[2]陆学艺.我国社会阶层结构(1949—2007)[M].北京:社会科学文献出版社,2018:338.

[3][21]周雪光.黄仁宇悖论与帝国逻辑 以科举制为线索[J].社会,2019,39(2):1-30.

[4]费孝通.乡土中国[M].北京:生活·读书·新知三联书店,2013:1.

[5] 周庆智.在官治与民治之间:关于基层社会秩序变革的一个概括[J].学术交流,2019(7):2, 57-63,191.

[6] 张静.社会治理:组织、观念与方法[M].北京:商务印书馆,2019:2.

[7] 姜方炳."乡贤回归":城乡循环修复与精英结构再造:以改革开放40年的城乡关系变迁为分析背景[J].浙江社会科学,2018(10):71-78,157-158.

[8] 赵鼎新.东周战争与儒法国家的诞生[M].上海:华东师范大学出版社,2011.8:166.

[9] [10] 周庆智.在官治与民治之间:关于基层社会秩序变革的一个概括[J].学术交流,2019 (7):57-63,191,2.

[11] 姜方炳.共同体化:城市社区治理的功能性转向——走出社区治理困境的一种可能思路 [J].中共天津市委党校学报,2015(2):74-81.

[12] 田毅鹏,漆思."单位社会"的终结[M].北京:社会科学文献出版社,2005:5.

[13] 李汉林,李路路.资源与交换:中国单位组织中的依赖性结构[J].社会学研究,1999(4): 46-65.

[14] 张静.社会治理:组织、观念与方法[M].北京:商务印书馆,2019:153.

[15] 田毅鹏,漆思."单位社会"的终结[M].北京:社会科学文献出版社,2005:4.

[16] 杜玉华.马克思社会结构理论视角下的国家治理体系构建[J].华东师范大学学报(哲学社会科学版),2014,46(6):100-107,152.

[17] [18] 陆学艺.我国社会阶层结构(1949—2007)[M].北京:社会科学文献出版社,2018:404.

[19] 李培林,陈光金,王春光.社会蓝皮书:2020年中国社会形势分析与预测[M].北京:社会科学文献出版社,2020.

[20] 李培林,陈光金,王春光.社会蓝皮书:2020年中国社会形势分析与预测[M].北京:社会科学文献出版社,2020:132.

[22] 陆学艺.我国社会阶层结构(1949—2007)[M].北京:社会科学文献出版社,2018:387.

[23] 林尚立.协商政治:中国特色民主政治的基本形态[J].毛泽东邓小平理论研究,2007(9): 17-26,84.

[24] 范逢春.改革开放以来的社会治理创新:一个伟大进程[J].人民论坛·学术前沿,2019(3): 66-73.

[25] 陈一新.推进新时代市域社会治理现代化[N].人民日报,2018-07-17.

[26] 翟振武,王宇,石琦.中国流动人口走向何方?[J].人口研究,2019,43(2):6-11.

[27] 江必新,王红霞.社会治理的法治依赖及法治的回应[J].法制与社会发展,2014,20(4): 28-39.

[28] 陆益龙.后乡土中国[M].北京:商务印书馆,2017:161.

[29] 陈成文,张江龙,陈宇舟.市域社会治理：一个概念的社会学意义[J].江西社会科学,2020,40(1):228-236.

[31] 吴勇毅.AI 时代智慧城市加速演化升级[J].上海信息化,2019(1):10-16.

【作者】

姜方炳,中共杭州市委党校副研究员、南京大学社会学博士生

市域基层治理体系和治理能力现代化的
衢州样本研究

金正帅

当前经济社会发展转型过程中面临的问题与挑战,最为集中地反映在基层乡村和城市街居。基层治理面临着严峻挑战和转型压力,需要一种新的适应变革的治理模式。

近年来,衢州市在市域治理方面开展了大量探索创新,形成了一系列行之有效的实践成果:大力推进智慧治理,"互联网＋政务服务"走在全省前列,"最多跑一次""最多跑一地"改革领跑全省并向多领域延伸;"雪亮工程"全国示范;"互联网＋社会治理"全国领先,"基层治理四平台"全面建成发挥效应;"村情通"等创新做法扎根基层;"全科网格"向"全民网格"拓展;加快形成党的领导全面、体制机制简约、运行管理高效、多方协同治理、群众办事便捷的共建共治共享的基层治理新格局,不断提升基层治理体系和治理能力现代化水平,全力打造中国基层治理最优城市,取得了显著成效。进一步推进衢州市域基层治理体系和治理能力现代化,要正确处理好改革与依法行政的关系;加快推进协同治理的"整体性政府"建设;加快推进个人、企业、项目全生命周期便利化改革,推动相关事项"一件事"联办;加快建设完善大数据政务"云",实现数据互通共享;加快城市大脑建设,将其应用到市域治理的各方面全过程。

一、基层治理体系和治理能力现代化的理论基础

1989 年,世界银行概括当时非洲的情形时首次使用了"治理危机",此后,"治理"一词便被广泛地用于政治发展研究中,特别是被用来描述后殖民地和发展中国

家的政治状况。近年来,各国学者对治理理论的研究,也逐渐超越了其最初的领域和范围。

所谓"治理",指的是在人们生活的共同体中,为着共同的目的和公共利益,各种不同的权威主体通过运用权力去引导、控制和规范各种活动,从而最大限度地促进公共利益。治理是根据一套规则运转的持续行为过程,其基础是合作、协调,而不是管制和控制,其目标是促进公共利益。

基层治理则是一个政治制度框架或政治结构之中最基层的权力运作过程。在这个过程中,各种不同的行为者都是参与主体,他们遵循特定的制度规则和程序,以合作、协商的方式持续地推进公共利益,是推进国家治理体系和治理能力现代化的基础所在,直接关系着人民群众的生产和生活,决定着党执政的社会基础和执政能力。基层治理,落脚点在基层,着眼点在治理。基层治理是管理方式的变革,从简单的控制、主导,转向合作与伙伴关系。

我国基层治理主要是指在中国经济社会政治制度机构之中,乡镇、村以及城市街居的管理层级中,不同的行为主体如党、政府、社会组织、个人围绕本地区的利益,通过协商合作等方式实现公共利益最大化的政治过程。

现代治理强调多元性、平等性、透明性、回应性与协作性,强调民主、法治与科学精神的统一。这种变化,首先意味着从单一中心到多个中心的转变,实现政府、市场和社会等多重力量的合作共治。

有关基层治理能力,人们一般多强调基层国家权力对上级政策的执行能力,以及对基层社会的整合、渗透和资源提取等方面的能力。这些方面的能力固然重要且必要,但它们更侧重的是政府单面向因素,轻忽了市场、社会的角色及其与政府之间的合作共治。实际上,正是多元主体的合作共治能力集中反映了现代治理体系及其能力的大转型。

推进基层治理体系和治理能力现代化,一是要统筹机构编制资源,整合基层的审批、服务、执法等方面力量,把相近的职能整合到一个部门或平台上来,做到优化、协同、高效;二是要实行扁平化和网格化管理,把条的管理与块的治理协同起来;三是要明确政策标准和工作流程,改进政务和信息公开的体制机制,创新服务流程和服务方式;四是要打破信息壁垒,通过更科学、更便捷的信息网络技术全面优化和提升服务能力。

二、基层治理体系和治理能力现代化的实践诉求

(一)乡镇(街道)"单薄"的管理职权与繁重的工作任务不匹配

在基层治理的实践过程中,基层政权治理社会和服务人民群众的职责在增加、任务在加重,"上面千条线,下面一根针"成为普遍写照。长期以来人们将基层定位为政策执行者,往往赋予的任务和责任多,赋予的管理权力和资源少;支出压力大,可用财力少;行政效能低,管理成本高;管理模式与政策法规不配套,职责监督缺位。所以,总体能力有限。"超载"的责任,使基层政府在履职时力不从心,更谈不上主动回应,提供精准化、精细化服务了。民政部这几年对全国乡镇基层政权和城市街道社区建设情况的调查也表明,基层政权普遍面临的困难是:权责不统一、事权大于职权、经费不足、财政运行困难、人员有限、干部能力不足等。治理所需的人财物、权责利等资源"横向不到边,纵向不到底",无法顺畅地输送到基层,治理和服务无法真正惠及群众。"一横一纵"让治理效果打了折扣,需要加强统筹协调,推动治理和服务重心向基层下移,把更多资源下沉到基层。

基层公共事务管理中的条块分割统筹难、职责交叉协调难问题还比较普遍。乡镇街居统筹协调与部门派驻机构"两张皮"、统筹不力、步调不一、资源力量分散、推诿扯皮、衔接不畅导致治理碎片化的问题普遍存在,上级职能部门看重手中的职权,往往是放了事务、不放权力,权力包揽的多、责任承担的少,甚至"责任甩锅",乡镇"流汗又流泪"。

当前,乡镇干部普遍感到压力大、责任重、风险高,主要原因是"属地管理"被滥用,在城镇建设、交通安全、综合执法等多领域存在县、乡职责边界模糊不清的问题,以及分工模糊、运行不畅、"看得到管不着,管得着看不见"的顽疾。国土属地责任,环保属地责任,信访维稳属地责任,一些职能部门本应是责任主体,现在却成了"督查主体",考核也往乡镇压。比如说土地违法买卖、拆除违章建筑等责任在乡镇,执法权却在自然资源和规划、综合行政执法等部门,由于执法力量有限等客观原因,县级部门不能及时发现和查处违法行为,乡镇处于基层工作前沿,虽发现问题但没有执法权,难以有效处置违法行为,疲于应对,苦不堪言。

（二）部门之间协同整合有限，信息资源共享少

实现基层治理体系和治理能力现代化，建设人民满意的服务型政府，还面临着各种体制机制障碍。因各部门之间协同整合有限，部门间信息资源共享少，形成一个个"信息孤岛"，各自为政，缺乏整体协调，治理和服务的成本高、效率低，既限制了各部门服务能力的提升，也给人民群众到政府部门办事带来许多不便。工作推诿多，和衷共济少，为群众排忧解难少，常常相互扯皮甚至相互掣肘，导致党和政府有关服务民生的一些好政策落实不到位，一些好事没办好。公共权力部门化、部门权力利益化、部门利益合法化等体制弊端给"技术融合、业务融合、数据融合"带来现实羁绊。制约发展的体制羁绊、机制束缚、利益藩篱，体制机制的不适应、不协调，技术上的信息壁垒往往普遍存在。

三、市域基层治理体系和治理能力现代化的衢州创新实践与成效

2018 年，衢州市提出基层治理战略任务，全力打造中国基层治理最优城市，为"中国之治"的基层之治提供衢州标准、衢州方案、衢州样本，做深做好"互联网＋政务服务""党建＋基层治理"两大文章，通过"制度设计＋技术支撑"，着力构建以基层治理"四大五加"（大党建统领、大联动治理、大数据应用、大融合推进，"网络＋网格""线上＋线下""制度＋技术""公转＋自转""共性＋个性"）为主要内容的体系架构和"主"字形运行架构，加快形成共建共治共享的基层治理新格局，不断提高市域基层治理体系和治理能力现代化水平。

衢州市"全面提升基层治理现代化"获得"2018 年度中国十大社会治理创新"奖；入选"改革开放 40 年地方改革创新 40 案例"，向全国分享市域基层治理体系建设实践经验。2018 年 11 月，国务院办公厅对国务院第五次大督查发现的典型经验做法给予表扬通报，其中衢州"最多跑一次"在列。衢州"雪亮工程"获评全国政法综治智能化建设创新案例，受到中央政法委高度肯定，并在全国推广。衢州市政府数字化转型 2018 年度考核全省第一。荣膺"2018 年度中国十佳营商环境示范城市"。2020 年 2 月，《衢州数字化社会治理标准化试点》列入国家标准化管理委员会下发的"第六批社会管理和公共服务综合标准化试点项目"。

"党建统领＋基层治理"体系经受了抗击新冠肺炎疫情,打赢防控阻击战发展总体战大战大考的实践检验,为实现"两手抓、两手硬,两战赢、两领先",在向省委和全市人民交出一份高分答卷的同时也贡献出独特的制度力量。

(一)党建统领活的灵魂、一根红线贯穿始终,"三个三"基层党建工程全面推进

"党建统领＋基层治理"这套体系,最核心的是坚持"党建统领活的灵魂、一根红线贯穿始终"。从"三"到"王"到"主","三个三"基层党建工程是关键、是核心、灵魂、基础,是强大的政治和组织保障。其中,"三大主体工程"即落实乡镇(街道)主体责任、发挥村(社)组织主体作用、激发党员群众主体意识,重在解决"责任在谁、谁来落实"的问题,是基层治理的"牛鼻子";"三个全覆盖"即组团联村全覆盖、网格支部全覆盖、党员联户全覆盖重在解决"怎么落实、落实什么"的问题,是基层治理的"主载体";"三大指数"即乡镇(街道)党(工)委的服务指数、村(社)党组织的堡垒指数、党员的先锋指数,重在解决"怎么考核、谁来考核"的问题,是基层治理的"指挥棒"。在抗击新冠肺炎疫情中,每一个主体都成为打赢抗疫这场人民战争的力量之源,真正筑起联防联控、群防群控、严防严控的铜墙铁壁。

目前,中组部已经把衢州列为全国城市基层党建示范市,衢州市着眼于全领域建强、全区域提升,从标准化规范化体系化入手,制定出台"周二无会日"、组团联村(社)服务、网格党支部(党小组)建设、党员"1＋N"联户等 10 个规范性文件,形成了一揽子的配套制度体系。

(二)资源整合,力量打通,着力构建"王"字形的基层治理运行机制

统筹整合联动、跨界打通融合、扁平一体高效,做到系统集成、整体推进,着力构建"王"字形的基层治理运行机制。"王"字形的架构使得整个体系条条相连、块块相通,真正形成了回路闭环,让大党建统领、大联动治理真正"联"了起来。

"顶线"代表县级资源力量,关口前移、重心下移,资源下沉、权力下放,力量统筹、协同联动。全市综合执法、市场监管、国土、规划等部门共 1000 余名派驻人员下沉为乡镇(街道)模块、平台干部,实行"双重管理、属地为主",年底考核以乡镇(街道)为主。

"中线"代表乡镇(街道)资源力量,条块联动、块抓条保,属地统领、捆绑考

核。以乡镇(街道)模块化改革和基层治理"四平台"建设为载体,统筹县乡资源力量,创新构建起跨层级、跨部门、跨领域的"基层大部制",推动乡镇工作从"单兵作战"向"集团作战"转变,提升筹协调能力,构建权责清晰、功能集成、扁平一体、运转高效、执行有力的基层治理体系,形成统一指挥、联合执法、联动治理的新模式,着力破解乡镇(街道)"看得见的管不着",职能部门"管得了的看不见"的问题。

"底线"是村居级资源力量,深耕网格、做实网格,一长三员、四力共用。村(社)两委干部担任网格长,街道、部门干部担任网格指导员,村(社)党员、居民担任专职、兼职网格员。

"竖线"是线上线下联动指挥,重点借助"雪亮工程""城市数据大脑2.0"等技术支撑优势,搭建信息集成平台、联动指挥平台,形成了"市县大联动中心+乡镇综合指挥室+四个平台+村社全科网格+村情通式智能手持移动终端"的技术链条,建立完善分析研判汇总、流转催办督办、三色预警、绩效评估等机制,为政府科学决策提供依据,实现事件处置有序、高效。

(三)全面推广"村情通+全民网格"的治理模式

《衢州市城乡网格化服务管理条例》是全国首部网格化服务管理地方性法规。衢州市在做实"底线"上下功夫,以组团联村、网格划分、网格支部、一长三员、党员联户、考核考评等"六个规范化建设"为抓手,推动与规范社会秩序、执法法律法规、服务民众生活相关的管理资源下沉到底,确保全科网格标准化规范化建设落地落实。衢州坚持"一村一组团",市县两级部门力量全面下沉到村(社)一线,组建1588个联村(社)服务团,扎根网格开展服务;在村党支部基础上全面建立网格(支部),两委干部全部入格服务;积极发动全村(社)党员力量,全面推行党员上门联户包事制度,全市73624名党员参加联户服务,发挥先锋模范作用,为民服务解难题。全市1579个村(社区)共划分网格4243个,成立专业市场等各类专属网格140个。全市乡镇干部组团联村4422人,村社两委入格9613人。由乡镇(街道)统一管理的38099名网格长、专职网格员、兼职网格员、网格指导员、入格组团成员遍布其间,形成了"小事不出格、大事不出村,事在网中办、人在格中走"的基层治理格局。

"最多跑一次"改革向基层延伸,落实网格代办服务,以更好地服务群众。2018

年以来,衢州市全面推广应用"村情通＋全民网格"式"乡村智理"掌上移动 APP 智能应用平台。全市近 70 万群众关注并参与其中,家庭覆盖率达 80％以上,真正打通了基层治理"最后一米";把村里大大小小的事情都装进去,就好比是一个线上的"行政服务中心",动动手指办事;乡镇(街道)群众办事"最多跑一次、跑也不出村",累计办理事项 10.6 万件,办事效率提高 50％,村社网格上报事件信息办结率达98.7％,基层治理成效显著。

在抗击新冠肺炎疫情这一特殊的基层治理第一线,亮身份、当先锋、做表率,以城乡网格为作战单位,发挥"三联工程"三个全覆盖、乡村红色网格联队等作用,把工作做到每家每户,成为疫情防控的宣传员、信息员、战斗员和服务员。带头宣传疫情防控知识,带头劝导群众不串门、不聚会、不聚餐,动员更多的群众主动参与到疫情联防联控工作中,及时掌握常住人口、返乡人员和流动人口的实时情况,确保排查管控"不漏一户、不漏一人",筑起了一道道严密的基层卡口和防线,为及时全面地阻击疫情,全面夺取抗疫胜利提供了可靠保障。

(四)共建共治共享,人民群众获得感、幸福感和安全感显著增强

人民立场是我们党的根本政治立场。推动人的发展,激发人的力量,尊重人的价值,是所有过往成绩的逻辑起点,也是所有改革创新的价值起点。只有实现好、维护好、发展好最广大人民群众的根本利益,才能最大范围地凝聚共识、最大限度地激发力量。市域治理不是"独角戏",而是一场"大合唱"。推进市域治理现代化必须以广大人民群众利益为逻辑起点和落脚点。"王"字加一点就是"主"字,这是基层治理的最高标准、最高境界。党建统领基层治理最根本的是坚持以人民为中心,为了群众、发动群众、依靠群众、服务群众,让人民群众有更多获得感、幸福感和安全感。为达到"主"字最高标准、最高境界,衢州市走好新时期党的群众路线,尊重群众意愿,厚植民意基础,打牢基础、筑牢"底盘",尊重群众主体地位,发挥好人民群众的主体作用,激发群众主人翁意识,发挥群众主观能动性,激发创新伟力,解决好群众最急最忧最盼的紧迫问题,想群众所想,急群众所急,解群众所忧,在服务中治理,在治理中服务,实现管理变治理、民主促民生,真正体现人民群众主体地位,真正让人民群众当家作主。

（五）"最多跑一次"改革领跑全省并向多领域延伸

衢州以"最多跑一次"改革为牵引,撬动社会全领域、深层次变革,从群众和企业办事需求出发,构建规范统一、数据驱动、共建共享、协同创新的"数字政务服务"新模式,持续打造"无证明办事之城""掌上办事之城"和"信用示范之城",力争创全省、全国政府数字化转型的先行区和示范区,让数据多跑路、让群众少跑腿,打通基层治理"最后一公里",以"干部辛苦指数"换"群众幸福指数",不断提高人民群众获得感与满意度。2018 年 8 月,在国家发改委对全国首批 22 个营商环境试评价城市测评中,衢州位列北京、厦门、上海之后居第四;2018 年 1 月,"多审合一""测验合一"改革做法得到李克强总理的批示肯定;"房电水气联动过户"做法得到马凯副总理批示肯定;浙江省领导先后十多次对衢州市"最多跑一次"改革作出批示肯定。

实现"一网办、一窗办、异地办,一证办、网上办、掌上办",疫情发生以来,作用更加凸显。目前,市本级 1368 项政务服务事项,除省明确作为例外的 6 个事项外,已全部实现"最多跑一次";进驻中心事项 1321 项,占所有事项的 96.6%。2017 年"一窗受理、集成服务"成为浙江省"标配"向全省推广。2018 年向"无差别全科受理"提升,目前市本级纳入"无差别受理"事项 2100 项,群众满意率达到 98.7%。2019 年市本级 2988 个政务事项 100% 实现网上办理"零跑腿",名列全省第一;2700 个政务服务事项实现移动端掌上办理;全年网上（掌上）累计办件量 170 万件,占总办件量的 63.58%;市本级 172 个涉企事项和 226 个民生事项已经实现"一证（一照或一码）通办",实现率 100%,全省第一;一般企业投资项目开工前审批"最多 100 天"在全省率先全面实现。2019 年 6 月,浙江省投资项目在线审批监管平台 3.0 版在衢州率先上线试运行,真正实现了全流程审批"最多 90 天"。2019 年 11 月全面推行"全市通办"改革,至 2020 年 1 月底,市场监管、卫健委、公安、资规等 20 余个部门 900 余事项全市通办,仅市本级"全市通办"办件量就达到了 13.4 万余件。全面创建"无证明办事之城",截至 2019 年底,市县两级累计取消证明材料 1279 件,明确通过书面告知承诺予以替代的证明材料 234 件。2019 年,衢州全力扩大"最多跑一次"改革覆盖面,向公共服务、司法服务、中介服务、公共场所、机关内部等领域延伸扩面,确保聚焦到市域治理的关键领域、关键环节,覆盖到群众生产生活的方方面面。

四、进一步推进衢州市域基层治理体系和治理能力现代化的对策

（一）正确处理好改革与依法行政的关系

法治思维、法治方法和法治方式，是推进任何一项改革的法宝。"最多跑一次"改革，再造政府流程必须以依法行政为前提，无论是对原有流程的梳理还是对新流程的设计，还是具体哪些数据开放，哪些数据不开放，哪些数据可以共享之类明确的界定和清单，都需要对前置条件、程序等进行合法要件的审查。运用法治思维拟定改革的科学内涵，借助地方立法明晰行为规则，通过严格执法抓责任担当，利用法治评估提高改革绩效。同时，改革中一些行政审批职能、流程的调整归并、委托授权需要对地方性法规或地方性政府规章进行调整和完善，有的需上报上级废止修改，破解改革的瓶颈约束，正确处理好改革与依法行政的关系，全面推进改革向纵深方向发展。

（二）加快推进协同治理的"整体性政府"建设

"最多跑一次"改革不是追加式的改进或修修补补的改良，不能够简单地依靠减少几张申报表、缩短个别环节来提高办事效率，而是一种理念的变化，是机制的调整，最终导向体制的调整，体制的调整主要是政府机构的改革，这是必然的趋势。突破传统体制机制障碍，激发经济社会发展活力，提升治理体系和治理能力现代化水平，倒逼政府部门从各自为政转变为协同作战，变"部门化政府"为"整体性政府"，实现"一个平台""一个政府"整体对外提供服务。不断推进更大的放、更好的管、更优的服。整体性治理突出职能整合、部门协同，强调发展新的信息系统，充分利用网络优势，重视治理的合作可能，运用多种政策工具实现目标。重点在于突破部门割据局面、重塑行政事项流程。技术性和程序性改革固然重要，但更为关键的还是作为制度层面的体制改革本身，这就是从"最多跑一次"改革到行政体制改革突破再造的关键所在。

（三）加快推进个人、企业、项目全生命周期便利化改革，推动相关事项"一件事"联办

聚焦项目、企业和个人全生命周期，打破部门行政壁垒和数据壁垒，部门联动、

系统贯通、协作互信,推动政府业务流程再造和数字化转型,推进政务服务信息化、标准化和信用体系建设,按照"办理一整件事"的角度重塑业务流程,推动相关事项联办,让办事主体不仅"只进一扇门",而且"只到一个窗、办成整件事",解决群众多部门跑、多环节办、多材料交的烦恼,进一步提升市场主体的办事体验感,让人民群众早享受、多享受改革带来的便利,有更多的获得感。例如,把个人一生中生老病死等阶段婚育、教育、就医、就业、住房、出行、优抚、老年、死亡等事项串联成"一件事",经过协商与整合,联动办理。所涉及的部门全部按照联办要求,所涉事项及人员100%进驻行政服务中心,实行无差别受理,提供一站式服务,"一窗受理、一表申请、内部流转、限时办结"联办。设计联办表格,带动相关领域的各部门实现"减事项、减次数、减材料、减时间",实现群众和企业办事从"跑部门"向"跑政府"转变。

(四)加快城市大脑建设,将之应用到市域治理的各方面全过程

构建政府、企业、社会机构协同的联合创新机制,创新数据应用,促使城市大脑从单点到融通的突破,应用到市域治理的各方面全过程,让数据真正用到城市管理和民生痛点的解决之道上。由市大数据发展管理局牵头制定《城市大脑建设管理规范》,制定城市大脑建设地方标准,加快建设完善大数据政务"云",建立健全政府信息共享的激励机制、监督考核和评估机制,进一步完善政府数据共享的工作规范,逐步扩大数据共享清单的实施范围,促使信息共享成为常态。新推出一系列惠民应用,全面提升"雪亮工程"应用于"最多跑一次"改革、四个平台和全科网格建设,开发出"城市数据大脑2.0"版人脸识别等多项应用;争取通过5G基础设施的建设向智慧城市升级,深化大数据、云计算、物联网、人工智能、区块链等技术与城乡治理领域的融合,赋能基层社会治理、服务供给、产业创新、民生改善,助力打造新型智慧城市,使衢州的智慧治理改革成果更加丰硕。

围绕"防输入、防集聚"和"物流、人流、商流",实施精准、严密、智慧的点穴式管控,精密智控疫情输入风险,精准推送信息,让数据思考代替人力奔波、用"网眼"监控代替"人眼"盯防,用大数据"找到人"、用大系统"管住人"、用大平台"看好门"、用大网络"守好门",提高管控效能,有效降低战疫成本、扩大战疫战果,基于大数据的科学化、精准化、高效化判断为疫情防控决策提供强大支撑,为坚决打赢防控阻击战、发展总体战提供强大的数字智慧支撑。

参考文献：

[1] 陈家刚.基层治理:转型发展的逻辑与路径[J].学习与探索,2015(2):47-55.

[2] 黄娟.困境与出路:民间志愿服务组织的志愿失灵研究——以湖北省 X 义工协会为例[D].武汉:华中师范大学,2018.

[3] 焦亦民.当前中国城市基层治理问题及对策研究[J].中国行政管理,2013(3):58-61.

[4] 林尚立.基层组织:执政能力与和谐社会建设的战略资源[J].理论前沿,2006(9):5-8.

[5] 吴理财,杨桓.城镇化时代城乡基层治理体系重建——温州模式及其意义[J].华中师范大学学报(人文社会科学版),2012,51(6):10-16.

[6] 徐文光.大党建统领 大联动治理全力打造中国基层治理最优城市[N].衢州日报,2018-09-04.

[7] 肖棣文.以社会治理体系创新促进城市基层社区党组织建设——基于顺德党代表工作室制度实践的分析[J].岭南学刊,2014(4):65-69.

[8] 俞可平.中国治理变迁 30 年(1978—2008)[J].吉林大学社会科学学报,2008(3):5-17,159.

[9] 袁方成,袁青,宋江帆.国家整合与社会融合:城乡基层治理发展趋向与对策[J].国家行政学院学报,2013(3):83-87.

[10] 杨晓红.社会组织参与社会治理模式及其动因分析[J].行政科学论坛,2017(4):41-46.

【作者】

金正帅,中共衢州市委党校副教授

基层社会治理：多重挑战、现实境况与创新路径

——基于遂昌"民事村了"样本的分析

夏小菲

一、遂昌基层社会治理进程中遇到的挑战

基层社会治理在促进基层经济社会的全面协调发展，保证基层社会的和谐稳定，实现全面建成小康社会的目标方面都有至关重要的作用。在推动基层民主自治的大背景下和在村级微观治理的层面上，遂昌县基层社会治理在推进过程中仍存在一些挑战。

（一）城乡二元结构背景不利于基层治理推进

长期以来，"重城轻乡、重工轻农"的基层社会治理模式形成了非均衡性状态。遂昌在县城里设置社区居委会治理模式，在农村则是村委会管理模式，两者存在着差异性。居委会一般具有社会服务职能，却不承担经济职能；村委会则是集行政管理、社会管理、经济发展等职能于一体。居委会的经费是政府公共财政承担；村委会则是通过村民自筹或由村集体经济承担。这些特点导致村委会综合型的职能定位难以顺利转变为单一的社会管理职能，在经济职能的脱离过程中存在着集体经济的桎梏。基层社会治理的经费由村集体经济承担，这会导致在推进过程中缺乏足够的经济来源。

（二）基层社会生态环境增加了挑战压力

每个社会系统都与其存在的环境紧密联系着。在全国开启中国之治新境界的

大背景下,基层社会环境也随之发生了显著变化。以遂昌为例,农村市场化改革正如火如荼地进行着,基层政府和村委会面临着市场化的转变必须对治理体制进行调整来适应这种基层经济环境的转变。经济环境的改善又导致农村的文化环境发生变化。从受教育程度来看,遂昌县基层社会成员的文化程度比过去要高很多,他们的精神需求种类日益增多,对基层政府和村委会的治理模式的反馈率也大幅度增加,对一些陈旧的治理模式会消极抵制。

(三)基层社会主体的心理结构加剧治理复杂化

当前,我国的经济社会进入了一个与过去高速发展相异的稳定期,政治、经济、社会、文化等方面也随之发生了变化,由此导致社会主体的心理结构也出现了新的特点。以遂昌为例,基层社会主体心理结构的复杂化、多元化更加突出,社会参与意识和民主意识更突显。基层社会主体越来越在意个性的发挥,在生存、就业等方面的需求更多样,对主体的社会责任意识与热点关注度更高涨。社会主体对于公平正义和社会开放程度的要求比过去更强烈,与之相伴的是主体的集体观念、国家意识不同程度的削弱。

(四)"智慧+"增加了基层社会治理的难度

"智慧+"是一种大数据与传统行业、生活相互融合的发展新形态。遂昌县同样致力于智慧经济发展,而"智慧+"的强势渗透为基层社会治理注入了强大的技术支撑,同时也增加了基层社会治理的难度。"智慧+"成熟之前,遂昌基层治理组织可以掌控大部分有价值的信息,做到封锁、消除不利于政治稳定、社会治理的"消极信息"。但是随着融媒体时代的到来,社会主体可以通过各种现代通信设备来对抗政府的舆论监控,做到轻松地发布各种言论。

二、遂昌县基层社会治理的现实境况

党的十九届四中全会报告中提到:"始终做到为了群众、相信群众、依靠群众、引领群众,深入群众、深入基层。"遂昌县坚持贯彻党中央的部署,依靠群众,推广了"民事村了"的工作法,打造了"四个平台"、村级便民服务中心、新时代文明实践中心等载体,为完善基层社会治理和推动遂昌科学发展提供了保障。

(一)以系统论为指导树立全生命周期治理理念

系统论的核心思想是系统的整体性观念。遂昌县的基层治理以系统论作为行动的先导，从整体性视角来定位各级政府在基层社会治理中的角色，树立合作治理、全生命周期治理等理念，转变各级政府在基层社会治理中大包大揽式的保姆心态。所谓"合作治理"是指一个或多个公共机构与直接从事治理的非公共部门利益相关者集体决策的过程安排。基层政府在社会治理中必须舍弃全职政府的观念，应当根据社会环境的变化，有侧重地转变职能。瑞安市以民政部与浙江省共建"温州市民政综合改革试验区"为契机，加大对社会组织的扶持力度，基本形成了门类齐全、层次有别、覆盖广泛的社会组织体系。

遂昌县同样抓住了"全国信息进村入户试点县"的机遇，加快推进社会组织培育发展，推出全生命周期治理手段，推进基层社会合作治理。遂昌县将乡镇（街道）和部门派驻机构承担的职能相近、职责交叉和协作密切的日常管理服务事务进行归类整合，形成综治工作、市场监管、综合执法、便民服务四个功能性工作的平台（简称"四个平台"），由乡镇（街道）综合信息指挥室统一流转调度，并且以行政村为基础，以行政村为单位划分全科网格，配置全科专职网格员，所有居民区、工业区、商贸市场、山林流域等区块都被纳入网格管理，形成基层治理"一张网"体系。

基层政府公共服务的提供相对于全能型政府的塑造更重要。因此，在治理中要强化党组织的核心领导地位，对村级组织的职能进行规范，加强基层党组的建设，突出党组织在基层政治、经济、社会、文化、生态建设方面的决策作用，突出党组织对基层治理主体各项职能的领导和监督作用；同时，要转变村委会的职能方向，做到"去机关化""去行政化"，强化村委会的公共服务职能，要及时为参与合作治理和公共服务的企业、社会组织、群众提供各种支持。

(二)以比较论为指导创新疏导协调

遂昌县在创新疏导协调方面也做了有益的探索，比如提升村务民主监督规范化、科学化水平，调动基层群众参与民主自治积极性和主动性，促进了基层社会治理创新。面对高质量绿色发展的使命，遂昌善于运用比较的方法论，不仅是与遂昌县过去的成绩做比较，还具有开放的思维，与全国优秀的基层社会治理县市相比较，形成优势互补的良好发展态势。比如，桐庐的"枫桥经验"是坚持对社会矛盾采取疏导治理的原则,坚持第一时间掌控矛盾,就地解决,协调处理。这是桐庐基层社会治理中的宝贵经验,也是化解社会矛盾、完善社会治理的有效方法。

我国的经济社会发展已经处于攻坚期、深水期,社会面对的问题更加复杂化,尤其是基层社会的矛盾呈现出了新动态。遂昌县立足比较论,借鉴其他地方的有益探索,从源头上减少、消除了矛盾因子,以民生为本、服务为先的理念来控制矛盾源头,尽可能防止、弱化了重大的社会问题。通过比较借鉴,我们可以总结出在未来探索化解社会矛盾的对策时,要做到上下联动、上下疏导。基层治理主体要将下情及时上达,保证上层制定的每一项政策都有科学依据,都符合基层实际需要。对于上层的决策,要做到及时执行,并保证执行力度,减少政策执行的滞后期,由此减少矛盾的扩大、转移。在治理中要时刻以问题为导向,对社会矛盾及时跟踪、监控,找准时机进行协调,实现"民生与时俱进、社会和谐幸福"的战略路径。

(三)以趋势论为指导培养村民"主人意识"

从"管理"到"治理"是一种趋势,基层的社会治理的趋势正是从基层管理转向村民自治与参与。党的十八届三中全会在官方文件中首次使用了"社会治理",党的十九届四中全会更是提出:"坚持和完善共建共治共享的社会治理制度,保持社会稳定、维护国家安全。"

因此,遂昌县顺势在合作治理的过程中培养群众的"主人意识"。通过宣传"什么样的人造就什么样的国家"的思想,让基层社会主体明确生活环境的优劣是因自身的作为而变化的。通过典型的反面案例,批评个人主义、利己主义的群众思想,转变村民的消极观念,树立"主人意识",形成公共精神。在基层政府的有效引导下,村民可以发挥自主能动性,建立村(居)民自治体系,健全村(社区)党组织书记主持召开的"两委"联席会议制度,完善民主集体决策制度,调动各类主体参与到治理之中,增加主体的协同感。

多年以来,遂昌县应村乡应村村村委会在基层社会治理中实行"一心四化",即"坚持支部领导核心、团队建设协作化、村务运行程序化、管理服务亲情化、村民教育常态化"。通过多年的实践,村委会在基层社会治理方面取得了很大的成功,应村村被评为浙江省五星级民主法治村。这一做法从实质上看就是走群众路线,把群众的利益和集体意见放在了治理的首位。通过实行"一心四化",每个主体都变成了治理的参与者、执行者。

三、探索"民事村了"基层治理的"遂昌样本"

2014 年,应村村"一心四化"经验被升级完善成"民事村了"工作法,在全县各行政村进行推广。"民事村了"工作法充分体现了村民"主人意识","矛盾纠纷上门了、便民服务坐堂了、项目建设包干了、村务民意上墙了、群众困难帮扶了"的做法得到了村民的拥护,基层社会治理成效显著。尤其是"上墙了""坐堂了""上门了"在山区县基层社会治理中有很高的可复制性,可以通过进一步完善发展,将遂昌县的历史文化、地域环境融入样本之中,构建出遂昌特色基层治理模式。

(一)德治功能在"民事村了"中彰显积极作用

中共中央、国务院印发的《关于实施乡村振兴战略的意见》中进一步强调,要发挥自治章程、村规民约的积极作用。"民事村了"工作法全面建立健全村务监督委员会,推行村级事务阳光工程,依托村民会议、村民代表会议、村民议事会、村民理事会、村民监事会等,形成民事民议、民事民办、民事民管的多层次基层协商格局。"民事村了"能够通过"村务群言栏"在 203 个村的醒目位置都设立了"群言栏",村民在上面可以"献良策""晒困难""提诉求""吐牢骚",村两委每天派人摘录、梳理、回复,通过民主商议,表决处理。正是依托村党支部的平台,"民事村了"作为村规民约的制定和执行者,发挥了村党支部德治作用。

(二)器物功能在"民事村了"中发挥连接作用

一是推广新媒体应用。各乡镇、村建立乡级微信公众号、党员微信群、村民代表群等,及时获取群众诉求、问题建议、平安综治等信息。二是依托各类平台,方便村民办事。以各行政村便民服务中心、文化礼堂、新时代文明实践平台为活动据点,将 40 余项待办事项延伸至各行政村;同时还规范村级便民服务中心运行制度,实行定人、定点、定时、定责,"一站式"办理各项便民业务,并要求有记录、有答复、有反馈、有签名,当场能解决的决不过夜,不能解决的记录在案,集体研究解决。三是全面推行全程代理服务。坐班"坐堂"干部还兼任乡镇(街道)社会管理服务中心协办员,为村民提供服务。

（三）法治功能在"民事村了"中巩固治理作用

一是组建"1＋X"网格服务队。以行政村党组织为引领，以党员为先锋，建立"1＋X"网格服务队："1"指专职网格员，"X"指每个网格至少有1名兼职网格员、1名包格警员、1名信访代办员、1名法律顾问、1名家庭医生，做到党建引领下的大事全网联动、小事一格解决。目前，全县449个网格均配备一支"1＋X"服务团队。"1＋X"组团式服务机制自运行以来，解决矛盾纠纷近206件，化解成功率达99.8％，农村地区警情降幅达80％，信访总量同比下降37.6％，格内矛盾化解成功率达98％。二是推进"一格一警"包格民警兼任村"两委"职务。以"一格一警"工作为依托，遂昌县创新推行党员民警兼任村（社）党组织副书记工作机制，将全县公安机关139名中层以上党员干部和64名辖区派出所民警分别派驻到全县203个行政村兼任村（社）党组织副书记和村两委职务，并在全省率先实现村级全覆盖，有力推动农村党建和基层治安防控建设纵深发展。自实行以来，共参与村（社）党组织活动600余次，走访群众累计47000余人次，采集各类信息3100余条，化解各类矛盾460余起。

"基础不牢，地动山摇。"党的十九届四中全会强调社会治理是国家治理的重要方面，而基层社会治理从顶层设计来看也是国家治理体系的重要组成部分，需要各级政府通过与民众、社会其他组织的互动合作，通过整合政治、经济、教育、司法等社会资源，不断协调社会关系、化解社会矛盾、促进社会公正、应对社会风险、保持社会稳定的协同治理。在党的十九届四中全会精神的指引下，遂昌县利用科学方法论，顺应社会发展趋势，依托各类平台，深化"民事村了"工作法，完善遂昌县基层社会治理的路径，为实现基层治理体系和治理能力现代化做出可行性尝试。

参考文献：

[1] 刘任平,王洪春.新时代视域下"枫桥经验"的发展与基层社会良性治理[J].延边党校学报,2019,35(5):59-62.

[2] 夏柱智."条块互嵌"和基层治理法治化——县域治理创新的角度[J].天津行政学院学报,2019,21(5):70-78.

[3] 叶继红,吴新星.新时代基层社会网格化联动治理实践创新——对中国特色社会治理模式的

探索[J].理论月刊,2019(10):137-145.

［4］赵晓雷.社会组织参与乡村治理:现实困境与路径设计[J].河北民族师范学院学报,2019,39（4）:103-110.

【作者】

夏小菲,中共遂昌县委党校(电大)教师

文化治理在乡村：基层政权与民间社会的互构

——浙江十村的庙宇与节庆

姜亦炜

一、引言

中国维系社会稳定与有效治理的机制引来了西方学者的广泛关注。[1][2]那么到底是什么原因导致了这种境况的发生，而历史也并未在自由民主制下终结？有人认为是分权增强了中国的韧性[3]；有人认为是由于提升了国家治理制度化水平[4]；有学者认为是由于中国共产党不断的处于收缩与调适中，以应对挑战[5]；还有学者认为这是由于政治体制的包容性、协商性，以及对于非党精英和社会精英的吸纳[6][7][8][9]。

学者们莫衷一是，但是有一个观点很值得我们注意，就是中国正在实践的文化治理（Cultural Governance），即通过充分地运用传统的文化资源，来获得国家的合法性。裴宜理在其最近的著作《安源：发掘中国革命之传统》中认为中国共产党具有创造性地运用从本国丰富的历史传统而来的各种象征性资源（Symbolic Resources）的高超能力。[10]这种对象征性资源的娴熟运用使得整个政治体制在文化上与中国的民族主体形成共鸣。共产党的持久生命力在于它对中国传统文化元素的利用，通过"文化置换（Cultural Positioning）"与"文化操控（Cultural Patronage）"的策略，国家主动去操控文化，构建新的文化形象，并使之深入日常生活。[11][12]赵文词（Richard Madsen）同样认为中国政府在进行一场合法性道德基础的转型，从社会主义意识形态到吸收传统文化遗产的转变。[13]这让人联想到葛兰西的"文化霸权"[14]，布罗代尔的"习惯"或杜赞奇的"权力的文化网络（Culture Nexus of Power）"[15]。

本文的目的意在更进一步在两方面将研究推进。一方面，通过实证研究的方式展现国家如何通过乡村社会的文化治理来获得合法性，为了具体呈现它的细节与技术，我们选择了一些场域，包括象征（符号、仪式）与实体（场所）两部分，本文将集中在两个场域：第一，博物馆—寺庙神道，它展现了现代化与传统性的交融；第二，复兴的农村传统节日，它展现的是合法性获得与本土权威的树立。另一方面，我们的研究表明国家获得合法性的过程并不是单向的，在文化治理的过程中，基层政权与民间社会之间存在一种"互构"的机制，它并非靠简单压制和规约，而是在部分承认、支持民间社会传统的基础上，同时将自己的意识形态和行政权力渗透到农村社会之中（迈克尔·曼意义上的基础权力），且存在着国家审美与民间偏好的互动。国家与乡村在文化系统的动态反应模型中通过型塑、影射、渗透、延伸、挪用与创变保持平衡。

二、文献回顾与理论模型

(一)国家基层政权：欲望调节的文化机制

戴维·伊斯顿以政治系统理论著称，但是人们往往容易忽视他关于文化机制的论述。他认为虽然有守门者的存在，但是无论在民主的、未开化的、还是威权的政治系统中都存在着欲望转化的输入超载问题，一旦超载，政治系统的稳定就会被打破，而此时最有效的方式是文化机制的介入，通过形式与伦理方面的内容把输入控制在必要的水平之下。在伊斯顿看来，文化规范是调节欲望转化的重要手段，合理的修正、运用文化调节因素就有机会应付那些威胁性的压力。[16]

人类学家为我们展现了诸多的文化调节的方式。他们通过长时段的观察，从"人的理解"与"传统的拯救"出发[17]，在经验层面为我们绘制了知识的蓝本。有学者从乡村神圣空间的建构出发，谈论权力中心的型塑[18]；有从乡村礼仪的变革出发[19]，考虑仪式的政治性问题[20]；也有从节庆、歌谣出发，意图证成朴野的习俗是如何转化为"文明的秩序"[21]。神圣空间、乡村礼仪、节庆歌谣不一而足地反映了人类学家对于文化调节方式的细致观察。但是值得我们注意的一点是，他们往往更多地关注到了"自下而上"的一面，即乡村民间社会逐步型塑国家文化秩序，进而影响国家权力结构的历史过程，或通过影射或模仿帝国的行政、贸易与惩戒来实现与国家权力的沟通,如《帝国的隐喻》与《为权力祈祷》。[22]但是文化秩序一旦稳定,即表现为一套政治—文化上的图腾和禁忌,成为不可侵犯的前提。[23]此时就会产生另一种面相的"自上而下"的文化调节机制,即朝廷或国家将文化秩序推向民间的历史。[24]古时候是在村庄延伸正统的礼教,从而对村庄进行"士绅化"。而对于现代社会来说则是基层政权通过文化机制将欲望的输入控制在必要的水平之下。

(二)乡村民间社会:在地实践与引导创变

卢晖临不同意乡土性衰亡具有世界性,认为中国乡土社会有独特的表征:村落形态、儒家文化、集体体制。它不同于西方对于乡村的"拔根城镇化",虽然离开乡村的人们在生活空间上已经属于了城市,但是其社会空间、神圣空间依然属于乡村。[25][26]接续上文所阐明的国家文化秩序有不断推向民间社会的面相,国家政权愿意通过文化机制控制输入水平,并通过渗透与延伸把主流文化价值输出到乡村民间社会。如从最早的"五讲四美三热爱"到社会主义荣辱观、社会主义核心价值观,及最近如火如荼开展的新时代文明实践活动等。

但是在具体的实施过程中它往往会碰到三方面的问题。首先,纸面的文本都需要在地化地实践[27]国家层面的文化秩序,只能以纲要的形式存在于文本里,而要付诸实践,则必然是某种地方性的民间社会版本,它必须要调适自身,接受民间社会的修改与补充,才能最终扎根地域社会。其次,国家政权可以非常迅速地在客观文化建设上实现自己的雄心与抱负,但是问题在于内在化。正如齐美尔所说只有通过客观文化财富的足有成效的内在同化,使人的主观素质达到和谐的完善才是文化的顶峰。"现代人真正缺乏文化的原因在于,主观文化对客观文化感到陌生,感到勉强,对它的进步速度感到无能为力。"[28]而农村社会所表现的文化韧性则告诉我们只有将文化与个体的生活世界相结合,才可能是长久的。最后,民间社会对于国家文化秩序不是完全的被动接受,而是有自己的应对策略,西方文化批评中的挪用理论与新近被 Jean C. Oi、裴宜理、洪源远等人广泛使用的引导创变理论可以比较形象地解释这种能动获取的过程。挪用理论告诉大家国家文化秩序在乡村民间社会的传播并非被动接受,而是"一种截然不同的生产"。挪用"让领会文化分配中的差异成为可能""使民间文化自身具备创造自身空间可能"。引导创变理论在此处则可解释为国家政权只提供一个框架性的蓝本,而给予民间社会应对不确定性的"创变空间",它是一种结合了因地制宜灵活性的反应机制,或可称之为

"有指挥的即兴发挥"。

（三）理论模型：国家与乡村在文化系统的动态反应模式

刘世定曾在理论建模与案例研究的对话中界定了理论模型的概念，认为它是建构一种理性的类型，一种区别于古典全息式案例的脱脂版本。不光是数学模型才叫理论模型，数学只是理论模型表达方式中的一种。图形、文字皆可以表达它。结合前文国家基层政权与乡村民间社会的论述，我们似乎可以建构一个关于二者互动机制的理想模型，我们暂且称之为文化系统的动态反应模型（见图1）。

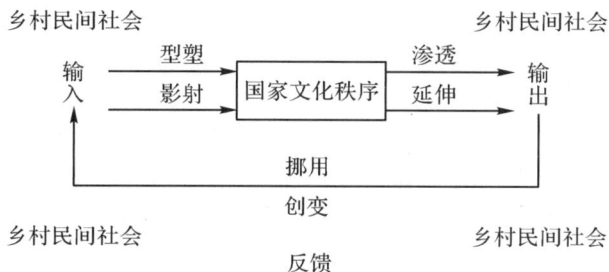

图1　文化系统的动态反应模型

在这个模型里国家文化秩序在乡村民间社会的推行是一个交互的过程，既有乡村民间社会对于国家文化秩序的型塑与影射，也有国家基层政权对于这些输入的吸收与调试，再有国家文化秩序通过渗透与延伸将国家主流价值文化输出乡村民间社会的过程，但是最重要的是乡村民间社会并不是被动地接受，而是一种能动获取与再生产的过程，通过挪用（appropriation）与创变（improvisation），它们表现了"在地性"与"灵活性"，并持续型塑新一轮的国家文化秩序建构。如果这一过程是富有弹性的，输入端、输出端与反馈可以流畅地循环，则国家合法性获取与民间偏好处于一种平衡稳定的态势，并获得良好的社会治理。一旦出现倾斜，执于两端，或者当中环节断裂，则国家无法通过文化秩序获得合法性，民间社会亦陷入无法统合的尴尬境地。

文化秩序背后隐藏着诸多内在的调试机制与子概念，如信仰、价值、道德、符号、技术、语言等。而国家基层政权与民间社会的角力也正是在这些场域中进行——型塑、影射、渗透、延伸、挪用、创变等不一而足。本文不力求大而全，而是选择其中的一些场域集中展开论述，如代表信仰领域的乡村寺庙神道体系，代表符号领域的农村节庆礼仪等。

三、案例选择

在挑选案例时遵循典型性与复杂性及最大相似与相异原则进行，用一种类似于自然地理实验的方法，在浙江省挑选两个最相异的区域浙北与浙南，在浙北与浙南两个区域中各自挑选最相似的两个村庄（一般为同一个镇相邻的两个村庄，却有不同的绩效），作为典型比较。

选择浙北与浙南是因为两地虽然同处浙江省，但是在以下三方面有明显差异：第一，在精神气质上，浙北地区文气而安逸，而浙南地区则民风彪悍，记忆里台州方孝孺或者鲁迅口中颇有点硬气的柔石都给了我们最好的注脚。在我们调研的蒲堂村、百布村均有大量的民间武馆，本地人性格硬朗直爽，每每讲起宋代几任县令被杀的往事。第二，宗族文化的影响也在两地迥异，浙北地区基本已无宗族势力，各村至多只有明清时期留下的祠堂遗迹，仅供旅游参观所用；而在浙南地区则不同，宗族势力依然强大，并且每村都有至少一处"活着的"祠堂。第三，在经济上，浙北以自组织形态出现的私营经济与政府主导的招商引资并驾齐驱，而浙南则主要以私营经济为主，这也区别于苏南集体经济加政府主导的招商引资的类型。

在典型村调查的基础之上，本研究采用典型村调查与对照村调查相结合的方式（吸收了病例对照法经验），在原先 4 个典型村的基础上，再选取 6 个对照村与其对照调查，进一步验证研究假设的科学性（见表 1）。

表 1　典型与对照调查表

区域	类别	案例村	人口	产业	主要姓氏	宗祠
浙北	典型村	大河村	778 户，2762 人	矿业、酒业、钢琴	沈姓、章姓	无
	对照村	山西村	739 户，2996 人	种植业、资产收益	多姓氏	无
		大吉村	1286 户，4126 人	旅游业	章姓	无
	典型村	山川村	720 户，2796 人	原为矿产业现为养殖业、资产收益	沈姓	无
	对照村	善西村	1703 户，5177 人	/	多姓氏	无
		舍乐村	1128 户，3903 人	旅游业	卞姓	无

续　表

区域	类别	案例村	人口	产业	主要姓氏	宗祠
浙南	典型村	户周村	551 户，2078 人	各类丝网布	章姓	有
	对照村	平地村	601 户，1524 人	苗木产业	王姓	有
	典型村	布步村	904 户，2690 人	休闲品加工、废旧轮胎买卖	梁姓	有
	对照村	三溪村	970 户，2800 人	原为石灰石生产，现为古村旅游业	徐姓、邵姓	有

注释：相关数据与内容来源于实地调研与访谈调查。在对话理论的过程中，案例不是证实理论，而是研究在更为复杂和具体的环境条件下，理论所陈述的关系、机制如何发挥作用。

四、博物馆—寺庙神道：现代化与传统性的交融

有学者认为只有在世俗权力与宗教权力界限模糊而重叠的传统政体中，国家才会对文化治理的模式非常依赖[29]。它的典型代表是克利福德·格尔茨笔下的尼加拉，19 世纪巴厘岛的"剧场国家"，在这个历史中的国度，信仰、观念、仪式、意义有其自在自主的界域和自己的力量，足以与物质性的权力分庭抗礼。它也可以是裴宜理笔下的古代中国，通过知识分子与官员共享的文学与道德，以及在家庭、社区与国家中的仪式来维护王朝几个世纪的秩序。

但是在调研中我们发现，即使在现代性已经渗透进农村每一个领域的浙江，国家基层政权依然非常重视文化治理，并投入非常大的精力来行使象征性权力，以此来获得合法性。这一方面印证了一些社会人类学家关于民众在社会生活中的"倒逆时间""怀旧过程"，另一方面也表现了基层政权对于群众基础的能动运用。

这些村庄会根据基层政府的部署，因时因地地以自己的方式树立儒家传统的道德形象，通过诸如"纪念馆（博物馆）—寺庙神道"的结合（见图 2），在宣传儒家传统道德典范的同时拒斥神秘主义和实际崇拜，从而将现代与传统结合，基层政权通过村落的文化网络，将传统遗产融入微观道德生态之中，获取合法性。

如在我们调研的大河村，其隶属于浙北洛社镇，此处的民间神主要有土地神、灶神、财神、蚕神、门神、瓦神、山神、五圣等，当然如同杜赞奇所言，象征的意义也有其地界性，如一座庙宇也有自己的"神力圈"，圈外的文人可能并不信奉该庙中的神灵，同样神灵也无法庇护圈外的人士。所以在传统上洛社镇各村也有自己的土主，掌管着自己的神力圈，大河村尊赵孟頫为土主，四都尊沈约为土主，北尺村尊山神

为土主,各有房头,庙祝管理阴司户口簿,每逢祭祀,向住户分发三代宗亲名单,俗称规纸。

以大河村土主庙的形式出现的赵公祠,为纪念大河村的保护神赵孟頫(元代大书法家,曾落难于此居住)而建,如村史记载:

> 赵侯土主庙,是庙原称赵公祠,亦称赵氏家庙。位于西山漾北,即原赵公"德清别业"旧址。村境以赵公为土主者,有贾坞、藤山、西兜三庙。
>
> 是庙原称赵公祠,亦称赵氏家庙。重建于清朝嘉庆三年(1798),民国二十九年因碧霞庵,北圣庙神像迁入,致使神座零乱。解放初,尚有平屋五间两进,左右为厢房,正中为天井。1968年秋拆除。1994年,里老聚义重光,遂于次年九月破土,丙子三月告竣。平屋五间,中三间供赵管夫妇,左右两间供民间神,平时偏门不通。(《大河村志》)

2012年后新的村委会班子开始修复原赵公祠,并在此基础上修建了规模宏大的赵孟頫纪念馆(这种庙宇道观＋现代化博物馆的形式在今天的浙江农村随处可见),2016年主体工程竣工,并开始布展,县民宗局、民政局与统战部、宣传部等几方单位与村社成员共同商讨了布展主题,突出了赵孟頫的孝亲与他夫人管道升的贤良,对他从宋到元变节的往事选择疏漏。纪念馆与赵公祠有专人负责,并设计了一套完整的导览词,并在2017年与2018年进行了两次调整。

图2 博物馆与寺庙结合体——赵孟頫纪念馆与赵公祠

可以说在这样的博物馆(纪念馆、展览馆、陈列馆)与寺庙神道体系的结合中,传统的民间信仰活动与现代的展览艺术是交织在一起的。基层政权支持纪念和宣传儒家传统文化中的道德典范，但同时也坚持拒斥神秘主义和实际崇拜的科学至上原则。雕像、香烛和供品的世俗化和功利性限制了拥抱传统的种种诉求，但同时博物馆的介入又似乎超越了这些限制。在这样的博物馆里观众既是展览的主体，又是展览的客体。基层政权利用传统文化的德行资源，渗透、延伸进入普通村民的生活，试图转变普通民众的意识，进而获得执政合法性的尝试。按照 Denise Y. HO 的说法，博物馆通过"对剧本的控制"使基层政权获得合法性。它是官方历史、当代政治与未来指南的集合体，所以这一过程又体现了文化系统动态反应模型中的挪用与创变，即在利用传统文化的德行资源时充分体现了"在地性"与"灵活性"。正如习近平总书记所说：

> 系统梳理传统文化资源，让收藏在博物馆里的文物、陈列在广阔大地上的遗产、书写在古籍里的文字活起来。（《习近平新时代中国特色社会主义思想学习纲要》，中共中央宣传部，2019 年）

这似乎在宣告，我们要花更大的力气将博物馆塑造成为输出传统文化的主阵地，并且通过讲好中国故事，利用传统文化发展新文化，进而获得传统意义上的合法性基础。

所以在此意义上，"纪念馆（博物馆）—寺庙神道"的选择是有国家基层政权的审美偏好的。大河村本来还有一处土主庙——朝奉堂，它位于大河村大桥北堍。又称巴公祠，祭祀安徽粮商巴朝奉，朝奉荒年赈济，以至破产，里人敬其义，葬于朱家圩，葺堂而庙食。同治元年毁于太平军，光绪七年（1881 年）重建。1984 年因桥堍延伸而拆。因为巴朝奉另一方面所展现出来的反抗与地方主义色彩，所以在随后修复重建的事项上，就被选择性地遗忘了。

而在浙南等地，宗族与宗教势力较之浙北更强盛。以台州为例，它地处东南沿海，是佛教天台宗、道教南宗与和合文化的发祥地，因此民间礼佛崇道、祭神拜仙、敬天法祖的历史传统兴盛。传统治理中对于宗教场所的严控与封堵似乎无法应对多元意义世界下民间对于信仰需求，那么就促使国家基层政权思考通过另一种疏通的方式进行治理。用官方的话语就是"充分挖掘发挥民间信仰中组含的优秀传统文化教化社会的正能量"，即通过合理地塑造、支持、保护传统文化来汲取合法性。这就有了浙南地区由统战部牵头与村社结合的大规模"一庙一故事"建设。

民间信仰场所作为农村的公共空间,它们同时也是村落百姓的精神家园,在农村的精神文明建设中发挥着积极作用。今年以来,温岭市民宗局以实施"一庙一故事"工程为载体,充分挖掘发挥民间信仰中蕴含的优秀传统文化教化社会的正能量,以助推地方文化建设,促进文明风尚提升。(浙江省民族宗教事务委员会对温岭"一庙一故事"编印工作的报道)

"一庙一故事"建设也体现了文化系统动态反应模型中的挪用与创变,即基层政权以传统美德对宗教组织进行驯化,通过政府牵头对于民间宗教、神道体系所蕴含道德意义故事进行汇编与宣讲,意图用国家话语改造民间带有神秘主义的话语体系。如户周村济公庙的慈悲济困、布步村戚继光庙的保家卫国、平地村汇阁宫的孝女救父等,仅在台州市一地,就已在 1987 处民间信仰场所实施了"一庙一故事"工程,并且提炼了 300 余篇好故事出版成册。当然在"一庙一故事"的建设过程中,我们同样可以看到国家基层政权的审美与民间偏好的互动,或者可以说是米格代尔语境下国家基层政权所嵌入的社会环境,对其政策实施的影响[30]。

五、复兴传统节庆:合法性获得与本土权威的树立

自 2008 年开始,国家调整了公共节假日的安排,中国的传统节日清明、端午、中秋成为法定假日。基层政权也想表现自己对于非物质文化遗产保护的决心,并充分运用礼仪、神话、道德追求等,将日常生活与五千年的华夏文明相连接。而现如今浙江省范围内的各类村落都在积极挖掘本土的地方性传统节庆仪式,用象征凝聚社区成员,通过分享共同价值建设共同体,当然最重要的是由此获得对于基层政权合法性的认可。正如 2019 年中共中央、国务院颁布的《新时代公民道德建设实施纲要》中的表述:

充分利用重要传统节日、重大节庆和纪念日,组织开展群众性主题实践活动,丰富道德体验、增进道德情感。研究制定继承中华优秀传统、适应现代文明要求的社会礼仪、服装服饰、文明用语规范,引导人们重礼节、讲礼貌。

但是在这一过程中存在两方面的张力。

第一,在节庆仪式中弘扬什么样的传统文化? 国家基层政权对于传统文化中的哪一部分应该承认、推广? 并且,成为庆祝仪式的见解有其固有的审美,对于很多普通民众来说可能不一定有意义。但是这些"文化遗产"并不容易控制,一旦一些仪式、神话和节庆的价值得到国家基层政权的承认,甚至被推崇为日常生活的道德规范,人们就可以按照自己的方式来理解,这在乡村精英身上表现得特别明显。因此,一方面基层政权希望通过对于传统节庆遗产的支持与保护获得合法性。在浙北乡村我们可以看到基层政权通过复兴传统的节庆赋予道德含义。善西村的"蚕花娘娘节"(类似庙会的性质);大吉村的"鱼文化节",几公里长的鱼汤饭大宴席,都让我们联想到那种以农村朴素的道德感召所唤起的凝聚与团结。但是另一方面农村社会还有其自身的民间偏好,他们在建构自己对节庆的理解时常常忽略基层政权的态度,甚至出现与基层政权初衷相左的情况。正是这种既对立又统一的关系构成了农村社会的微观文化生态。

第二,在农村社会精英内部也存在本土精英与外出精英的分野,他们会在传统节庆的仪式、传统文化活动中意图树立自己的威信(如重阳节敬老、渔民节歌颂勤劳),并运用这些遗产将其自身的社会地位正当化。这在全域实现新乡贤组织覆盖的浙江特别明显。不管是浙北还是浙南,本地乡贤与在外乡贤都会在乡间的节庆活动中通过捐赠、主持、发言等方式展现自己的存在。但这些方式必须是带有情感色彩的。正如李安宅所主张的,礼仪的关键是表达情感。礼仪的理论基于这样一种设想:人们因为爱对方,所以才用礼仪来尊敬对方,这种爱与敬的仪式,如同诗歌所表达的那样,是充满感情的。古人之所以将"礼"与"乐"混合起来谈,便是因为"乐"的感情表现是"礼"的一个重要属性。本地乡贤或在外乡贤,会使用具有表演性质的演说,配合以礼炮花瓣营造下的捐赠场面,或者符合当下节庆主题的孝慈、忠顺等形象巩固其在乡间的地位,其背后所体现的则是一种对于基层文化主导权的竞争。

以浙北善西村的"蚕花娘娘节"与大吉村的"鱼文化节"为例,我们可以通过比较的方式来理解传统节庆复兴背后的细节:既有民间社会对于文化秩序的型塑与影射,也有基层政权对于这些输入的吸收与调试,同时将自己的意识形态和行政权力渗透到农村社会之中的尝试,以及本土精英通过主持地方传统节庆仪式,以一种地方利益保护者的形象获取威信的过程。

　　善西村的"蚕花娘娘节"源自浙北民间悠久的养蚕历史所形成的民间崇拜,相传蚕花娘娘会在清明节化作村姑踏遍含山,留下蚕气。村民将其称为"马头娘"或者"马鸣王菩萨"。自1995年开始,在镇政府的主导下善西村举办了第一届"蚕花娘娘节",到2019年已经是第二十四届,节庆期间会举行轧蚕花、祭蚕神、摇快船、吃蚕花饭、评蚕花姑娘等活动,时间上从头清明到三清明,会持续十几天。

　　而大吉村的"鱼文化节",则是由本村的大吉渔庄老板自发组织的,从2009年开始迄今已经是第十届。大吉村本没有这样的节庆仪式,但是因为地处运河边又是桑基鱼塘的发源地,此处民众捕鱼之后都会一起吃鱼汤饭,又因为盛产青鱼,俗称"乌金子",故而对鱼有一种特殊崇拜。可以说是在商业动机的驱使下,大吉村才创造了"鱼文化节"。从2017开始,由于其越来越大的规模,基层政权开始有限地介入节庆,并在每一届的主题选定人员安排上发挥主导作用。

　　如果善西村的"蚕花娘娘节"是国家基层政权主导下的"传统复兴",那么大吉村的"鱼文化节"则从某种意义上来说,是本土民间资本运作下的"传统创造"。这两种不同类型的节庆仪式,分别从节庆祭祀与权威塑造、仪式宴请与社会网络、诸神谱系与祈福还愿三方面体现了基层政权与民间社会的互构。

(一)节庆祭祀与权威塑造

　　地方的传统节庆活动一般以一定的祭祀仪式为主要内容,如善西村的祭蚕神,大吉村的祭鱼神,辅之以各类民俗表非遗传承等。

　　　善西村的"蚕花娘娘节"的祀神仪典主要有两种形式:一是以"庙界"
　　(即一庙所辖之地域、村坊)为单位的祭蚕神(拜香会),在山下汇合后,依
　　次上山朝拜蚕花娘娘,包括"吊臂香""扎肉蜻蜓""拜香童子""吹打乐人"
　　等;二是抬菩萨出游,以"庙界"为单位抬着当地地方神祇的行身如"总管
　　菩萨""土主菩萨"(即土地菩萨)、"宋将军"等地方神游等,将各类地方神
　　抬上含山,绕宝塔一周,再行撤回。

　　　而最主要的祭蚕神,则有更为细致的规范,它必须由1名主祭、1名
　　旗手、8名抬手、6名吹打乐人和12名蚕娘的祭祀队伍组成。然后抬着
　　装满"利市头"、鸡、鱼、蚕茧、丝绸、蚕花、24只蚕花笪等吉祥物的祭品箱,
　　从上山的前门进入,一路吹打到"仙人潭",列队祭祀。上香、跪拜、读祭

文……(善西村轧蚕花非物质文化遗产项目的传承人吴水根)

在祭祀中作为主祭的一般为村里的耆老、族长、公认权威,或是最近兴起的"回归乡贤",他们作为地方的社会的象征,通过节庆仪式的舞台,重新回归到村社的中心,他们通过一套对时辰与程序严格要求的地方性仪式,提供村民认同感,造成民间合作意识,获得象征性的政治地位。我们可以认为,乡村非正式权力中心的成长与民间节庆仪式的复兴有密切的联系。他们的权威来自传统文化的规范以及"能人"形象的塑造,譬如在大吉村,节庆仪式后,渔庄老板往往会给同村的年长者送去慰问品、蛋糕、红包等,而旁村的观瞻者则没有,她塑造了自身社区保护人的角色,通过内与外界定社区边界,她甚至提供了部分的公共服务职能,当然这只是在节庆期间。

但是近年来的变化是基层政权更主动地介入到民间节庆仪式中,特别是那些靠民间资本运作的节庆,比如大吉村的"鱼文化节"。这种介入不是被动的,而是创造性的,在我们的访谈中,一位村里的帮工非常自豪地与我们谈到前年(2017 年)是她把锣锤交到了市委宣传部部长的手上,敲响了鱼文化节开幕的丰收锣鼓。而在 2018 年市委宣传部将本次鱼文化节的主题定为了"振兴乡村,利用厚生;鱼桑文化,天人合一"。它所突出的振兴乡村与天人合一,正映衬了国家乡村振兴战略与环境保护的政策。Myron Cohen 强调,地方传统的构成,并不仅仅是"落后的集体符号体系",而是由一定的社会交往规则、空间分布和行动领域、社会—经济模式以及人对社会生活的解释所组合。[31]而国家基层政权正是合理地汲取了传统文化资源进而为现代化目标服务。

(二)诸神谱系与祈福还愿

Ahern 曾将中国的民间节庆仪式定义为一种实质的交流模式,它类似于臣下对于皇帝上书,百姓向官员汇报情况的行为。他认为民间仪式是一种学习的游戏,它教人如何与权力拥有者交流,如何通过一定的谋略限制有权人的力量,而供品与敬献又如同对权力上位者的礼仪。[32]

正是在这样的语境下,我们可以透过节庆仪式看到基层政权与民间社会的互动,不管"蚕花娘娘节"还是"鱼文化节"都有祈福还愿的环节,比如祈求来年的丰收、渔业的发达、村寨的兴旺等等。这类诉说可以是个人与家庭的私事,也可以是村庄共有的公事。而耸立在村民面前的蚕花娘娘、鱼神像,则以一种"象征国家"的形式成为村民借以表述自己的问题和需要的工具。而现代文明中的祈福还愿还带有另一层的含义,即基层权力的在场。对神的叙述,其实成了普通民众或地方精英与基层政权之间的交流与沟通。对神的期许变成了对基层政权的问责。当村民在祈福还愿环节诉说着各类不幸与期许的时候,基层官员的脸面是挂不住的。而不同层级的官员则在节庆仪式的时候,捕捉到了地方治理中效果与效用的蛛丝马迹。

地方神,从村一级的保护神到县、市,或者某一传统区域如杭嘉湖地区、苏锡常地区等的地界神,各有分工,各有自己的神力圈。这可以被看成一个民间信仰的诸神谱系,村民在节庆仪式的时候寻找不同的关照,保平安、保富贵、求子、生财等等。它们被对应为基层政权不同形式的存在。这也使我们清醒地认识到现代化并不必然导致地方传统的衰落,而仅仅是作为一个参与者,参与到各种社会力量博弈的互动模式中去。如果说民间信仰的复兴,是对现代国家政权向地方渗透的文化反应,那么另一方面它们在乡村社会也扮演着重要的中介角色。基层政权合理地运用这些传统文化,地方节庆仪式就成了基层政权与民间社会信息反馈、民意传递、象征教化的重要场域。

(三)仪式宴请与社会网络

节庆仪式不仅仅是内向型的树立本村权威的活动、基层政权宣誓存在的仪式、输出价值观的场域,它还是村落社区与外界联系的途径。用当地人的话来讲,一方面我们要请神,更重要的是我们要请人,"蚕花娘娘节"之后有蚕花饭,"鱼文化节"的祭祀活动之后有鱼汤宴。仪式宴请的一个重要方面是人际关系网的建立。通过宴请村内村外一大批日常与村民在经济—社会上有密切往来的人物,联系人际感情。当时的渔庄厨师这样描述鱼汤宴盛况:

> 在我们村东边,要立两口直径2米的大锅,这一锅下去至少要煮200多斤红烧鱼,如果你当时看看锅边的调料就知道这是个巨灶的能量。当天七里八乡的人都会过来吃鱼汤饭,去年一天吃掉了2万斤鱼肉。

但这种对外的联络也在两个节庆仪式中表现出不同的风格。"蚕花娘娘节"更多体现的是基层政权主导下的以节庆仪式为契机的经贸洽谈会与招商引资。在节庆仪式当天，基层政权往往会安排几场具有象征意义的推介会与签约会，同时通过传统节庆仪式的号召力、凝聚力，赢得在外乡民的归属感，力图获得投资与开发。这当然体现了基层政权对于绩效合法性的渴望，但同时也体现了国家基层政权文化正统与道德楷模的延续。在绩效合法性与道德合法性双重嵌入下，产生共振效应。或者可以应用基层政权的宣传标语"弘扬传统文化，赋予时代意义"。

"鱼文化节"的仪式宴请则更多体现了互助与人际网络在传统乡村社区的重要作用。通过宴请活动，村内村外一大批日常与村民在经济—社会上有密切往来的人物被巩固与维系。这大大激活了传统社会网络与人际关系的正向因子，并在地方工商业的发展（比如渔庄生意）与社会互助中扮演了重要角色。这与卡尔·波兰尼的思路是一致的，人类在原初的社会是有一套自我保全机制的，其经济也是附属于社会关系之下的，所以维持社会纽带就显得非常重要。[33]

六、乡村文化治理的限度

本文主要是通过浙江十村的案例研究，以"博物馆—寺庙神道体系"与"复兴的农村传统节庆"两个场域，展现了国家基层政权如何利用文化治理来获得合法性的细节与技术。但是研究同时发现，国家获得合法性的过程并不是单向的，在文化治理的过程中，基层政权与民间社会之间存在一种"互构"的机制。它并非靠简单压制和规约，而是在部分承认、支持民间社会传统的基础上，同时将自己的意识形态和行政权力渗透到农村社会之中，存在着国家审美与民间偏好的互动。国家与乡村在文化系统的动态反应模型中保持平衡。尽管如此，文化治理依然有其限度，值得在今后的实践与研究中加以注意。

（一）台前与幕后：文化治理的戏剧性演绎

格尔茨曾在《尼加拉》里论证了"权力是为盛典服务的，不是盛典为权力服务的"。虽然从严格的政治人类学来分析，这一观点是失之偏颇的，但是它至少提醒我们去关注分析权力与展演（借由象征与仪式）之间紧密的共生、相生关系。调研中我们会看到很多类似"蚕花娘娘节""鱼文化节"的节庆展演，或者在纪念馆—寺庙神道体系中的宣讲活动，它如同一个戏剧舞台，有一套官方设定的剧目表。置于前台的讲解员或当地的乡贤会长通过一套看似程序化的汇报材料进行演示。通过特定的象征与仪式将权力和特定的意义(信仰、道德、价值)体系勾连起来,从而将权力进行某种程度的塑造与包装,这一体系确实在提供合法性上发挥了作用。但是在另一方面我们也应该看到表达性现实与客观性现实的张力。正如黄宗智所言:这类"戏剧化治理""剧目表演式"的治理只会使民众的道德热情瞬间闪烁,它没法制度化,只会走到死胡同。

(二)政治与生活:文化治理的生活渗透

在现代的治理话语下,基层政权的职能范围固然全面,但是基本无法渗透到人们的日常生活中。但是文化治理给予了权力一个渗透社会毛细血管的窗口,如文中被收编的节庆仪式或东部农村的文明道德积分建设,既可以通过评星级、树奖惩等方式,干预普通民众的日常生活,如果把眼光再放远一点还有厕所革命、厨房革命等,借文化的鼎新而带来生活方式的转变,则更体现了一种政治与生活的合流。在后农业税时代,国家基层政权的关注点,也会随着后物质主义的到来而关注起日常的生活政治。这当然也是需要去思考的问题,通过对文化的控制与置换,好的方面可以看成移风易俗、改良社会风气,但是如果运用不当,或者没有处理好边界问题,则极易成为侵害个人权利的行为。

(三)互动与均衡:文化治理的主导权争夺

国家基层政权往往对文化治理拥有主导权,它的承认、推广,甚至推崇为日常生活的道德规范都深刻影响着民间社会,但是民间社会在实践中往往也有自己的理解与安排。治理的主导权就是在这样的互动与博弈中此消彼长。如前所述,在农村社会精英内部存在着本土精英与外出精英的分野,他们会在传统节庆的仪式、传统文化活动中意图树立自己的威信,而且背后所体现的则是一种对于基层文化主导权的竞争。如何处理这样的竞争关系,既不至于破坏传统的乡村平衡格局,又能贯彻基层政权的主流价值文化,也需要政治智慧。

参考文献:

[1] ELIZABETH J P. Cultural governance in contemporary China:"Re-Orienting" party propaganda[J]. Harvard-Yenching Institute Working Paper Series,2013.

[2] ANDREW J N. Authoritarian impermanence[J]. Journal of democracy,2009,20(3):37.

[3] STEVE H. Authoritarian landscapes：popularmobilization and the institutional sources of resilience in nondemocracies[M]. Berlin：Springer,2013:3.

[4] ANDREW J N. Authoritarian impermanence[J]. Journal of Democracy,2009,20(3):37.

[5] 沈大伟.中国共产党：收缩与调试[M].北京：中央编译出版社,2011:1-12.

[6] 阎小骏.中国何以稳定？来自田野的观察与思考[M].北京：中国社会科学出版社,2017：39-41.

[7] YAN X. Regime inclusion and the resilience of authoritarianism：the local people's political consultative conference in post-Mao Chinese politics[J]. The China Journal，2011(66)：53-73.

[8] BRUCE J D. Red Capitalists in China：the party,private entrepreneurs,and prospects for political change[M]. Cambridge：Cambridge University Press,2003:13-16.

[9] BRUCE G. China's democratic future：how it will happen and where it will lead[M]. New York：Columbia University Press,2005.

[10] JESSICA C. Teets,civil society under authoritarianism：the China model[M]. Cambridge：Cambridge University Press,2014:6.

[11] ELIZABETH J P. Anyuan：mining China's revolutionary tradition[M]. Berkeley：University of California Press,2012:1-5.

[12] [33] ELIZABETH J P. Cultural governance in contemporary China："Re-Orienting" party propaganda[M]. Harvard-Yenching Institute Working Paper Series,2013:215-228.

[13] 赵文词.从社会主义意识形态到文化遗产：中国合法性道德基础的变迁[C]\范丽珠,等.乡土的力量[M].上海：上海人民出版社,2014:168-188.

[14] RICHARD M. Morality and power in a Chinese village [M]. Berkeley：University of California Press, 1984:1-23.

[15] ANITA C,RICHARD M. Chen Village：the recent history of a peasant community in Mao's China[M]. Berkeley & Los Angeles：University of California Press, 1984:23-35.

[16] 安东尼奥·葛兰西.狱中札记[M].曹雪雨,等,译.开封：河南大学出版社,2014:23-45.

[17] 费尔南·布罗代尔.地中海与菲利普二世时代的地中海世界[M].唐家龙,等译.北京：商务印书馆,2017.

[18] 杜赞奇.文化、权力与国家：1900—1942 年的华北农村[M].王福明,译.南京：江苏人民出版社,2010:1-8.

[19] 戴维·伊斯顿.政治生活的系统分析[M].王浦劬,译.北京：人民出版社,2012:83-93.

[20] 王铭铭.人类学讲义稿[M].北京:民主与建设出版社,2019:238-256.

[21] 劳格文,科大卫.中国乡村与墟镇神圣空间的建构[M].北京:社会科学文献出版社,2014:1-5.

[22] 刘永华.礼仪下乡:明代以降闽西四保的礼仪变革与社会转型[M].北京:生活·读书·新知三联书店,2019:1-3.

[23] JOSEPH P M. State and court ritual in China[M]. Cambridge: Cambridge University Press, 1999:189-194.

[24] 葛兰言.古代中国的节庆与歌谣[M].赵丙详,等译.桂林:广西师范大学出版社,2005:23-54.

[25] 王斯福.帝国的隐喻:中国民间宗教[M].赵旭东,译.南京:江苏人民出版社,2018:1.

[26] 卜正民.为权力祈祷:佛教与晚明中国士绅社会的形成[M].张华,译.南京:江苏人民出版社,2018:1-5.

[27] 戴维·伊斯顿.政治生活的系统分析[M].王浦劬.译.北京:人民出版社,2012:83-93.

[28] LIU K. Oxthodoxy in late imperial China[M]. Berkeley & Los Angles: University of California, 1990:34-56.

[29] 刘世定.研究性质与分析技术[J].公共管理评论,2018(1):3-9.

[30] Lily L T. Accountability without democracy: solidary groups provision in rural China[M]. Cambridge: Cambridge University Press, 2007:1-26.

[31] 王铭铭.人类学讲义稿[M].北京:民主与建设出版社,2019:316-345.

[32] 杜赞奇.文化、权力与国家:1900—1942年的华北农村[M].王福明,译.南京:江苏人民出版社,2010:1-4.

【作者】

姜亦炜,南京大学政府管理学院博士研究生,南京大学公共事务与地方治理研究中心研究员,湖州师范学院讲师

矛盾纠纷多元化解机制视角下的"最多跑一地"改革

——以浙江省 J 县为例

田立家

在现代化进程中,矛盾纠纷多元化解机制的重要性毋庸置疑。在许多国家,非诉讼纠纷解决方式(矛盾纠纷多元化解机制的重要方面)被赋予"将司法制度从无力负担、无法接近、背离现实与过度制度化的被动状态中拯救出来"的使命。国内学界也认为随着社会进入深度转型期,利益多元化和矛盾复杂化将成为常态。与此同时,过度诉讼带来了诉讼爆炸、诉讼成本高昂和诉讼程序漫长等问题。当前过分强调以诉讼方式解决纠纷的机制已经不能适应新的社会发展要求。矛盾纠纷的非诉讼解决方式越来越重要。在这样的社会背景下,本文也将聚焦矛盾纠纷多元化解机制问题。

一、理论探讨:文献综述与研究思路

矛盾纠纷多元化解机制对于这个时代的重要性引起了学界研究的重视。这种重视很快地转变为对当下矛盾纠纷多元化解机制中存在的问题的关注。各种机制之间存在联动不足、衔接不畅,这已经是一个比较具有共识的认识。刘振华认为当前的矛盾纠纷解决方式存在诉讼依赖性强、调解制度不够完善、调解与仲裁等非诉讼机制作用减弱等诸多问题。徐军、吴宏文进一步的研究则认为当前我国的矛盾纠纷多元化解机制存在系统性故障。理想的矛盾纠纷化解机制应该是"金字塔"结构,但是由于我国现行运行体系过分强调了法院化解纠纷的工具性功能,导致纠纷裁决系统层次薄弱和纠纷流向引导的制度性不平衡,现有矛盾纠纷解决机制呈现"倒金字塔"结构。造成这种"倒金字塔"结构的原因是矛盾纠纷多元化解体系尚未形成。具体而言,诉讼、人民调解、行政调解、司法调解、仲裁、公证等各种诉讼与非诉讼解决方式缺乏合理分工,矛盾纠纷没有建立起合理的分流机制及其有效衔接。曹文忠在研究农村矛盾纠纷解决机制的过程中也认为:如果不能有效整合各种诉讼与非诉讼矛盾纠纷化解机制,各种机制就无法形成良性互动,公力、私力与社会救济方式都无法真正切中要害。与此同时,也有人提出,当前的矛盾纠纷解决机制还存在一些纠纷解决方式形同虚设、纠纷解决主体专业化程度不足等问题。针对这些问题,不少学者都认为应该加强矛盾纠纷多元化解机制的整体性、系统性建设,提升各种矛盾纠纷化解机制之间的联动性、协调性。

这些学界的研究比较深刻地认识到了我国矛盾纠纷多元化解机制中存在的问题,如矛盾纠纷多元化解机制没有形成体系(缺乏整合)、部分解决机制不能正常发挥作用、参与矛盾纠纷解决的主体欠缺专业素养等。在如何解决我国矛盾纠纷多元化解机制存在的问题上,既有研究也针对性地提出要加强整体性、系统性建设。这些研究的价值不容否定,他们给后来者进一步探讨这一问题提供了深厚的基础。但这些研究还是存在一定的不足,即未能为矛盾纠纷多元化解机制的整体性、系统性改革提供一个可能性的切入点。

当前浙江省正在推行矛盾纠纷多元化解机制的"最多跑一地"改革。"最多跑一地"改革事实上是以空间上的整合带动矛盾纠纷多元化解机制整体性、系统性建设的尝试。有鉴于此,笔者将以浙江省各地正在推行的"最多跑一地"改革为背景,选取浙江J县的"最多跑一地"改革作为研究对象,总结"最多跑一地"的现实探索与作用,探讨其可能遇到的阻力和困境。

二、浙江省 J 县"最多跑一地"改革的现实探索

(一)J 县"最多跑一地"改革的具体探索

2019 年,根据省市部署,J县将"最多跑一次"的改革理念引入社会治理领域,成立了社会矛盾纠纷调处化解中心(以下简称"中心")。中心秉持敞开"大门"化解矛盾的原则,加强资源跨界整合,将矛盾化解多元机制融合于一体,力求实现基层社会矛盾化解的"最多跑一地"。其具体做法有以下几点。一是变多中心为一中心,实现群众"最多访一地"。通过统筹人民来访联合接待中心、诉讼服务中心、公

共法律服务中心、社会矛盾联调中心、仲裁服务中心、善美心灵驿站等各类社会矛盾纠纷的多元化解平台,以实现矛盾纠纷化解"最多跑一次""只进一扇门"。二是实施一窗无差别受理,实现群众接访便捷化。中心设置10个无差别受理窗口。无差别受理群众提出的各类纠纷化解、信访诉求和投诉举报事项,分类导入办事程序,窗口工作人员按照"五分钟"办结理念,完成身份证查验、表格填写、相关材料初检、信息系统输入等事项,由引导员带入接待室办理。信访干部、调解干部、法官、律师、仲裁人员、心理咨询室等坐堂门诊,提供"一对一"专业精细化服务。三是建立多元调解机制,实现调解在诉讼前。中心成立由资深调解员、医疗和劳动专家等组成的专家调解库,以及律师调解工作室,群众可以自主选择某位专家或律师参与调解。简单的矛盾纠纷,一般由入驻部门当场解决。涉及镇(街道)职责的则通知相关人员到中心参与解决。重大疑难纠纷和群体性纠纷,建立以法官、首席调解员、援助律师和职能部门参加的"3+X"会商研判机制,多方共同会商解决方案。四是提供"一条龙"服务,实现群众改革获得感。针对以往复杂矛盾纠纷化解各部门、各层级各自为战、整体协同不足的"破碎化"现象,中心为群众提供受理、调解、仲裁、执行"一条龙"服务;同时,开通网上业务办理平台,通过关注12345统一政务咨询投诉举报平台、"善治中心"微信公众号等实现网上预约取号,线上线下联动处理,提高中心办事效率和群众满意度。

(二)"最多跑一地"改革的特征与作用

从J县"最多跑一地"改革的实践来看,它对加强矛盾纠纷多元化解机制系统性、整体性建设的作用体现在"最多跑一地"改革的几个重要特征上。一是整合,即通过空间整合让矛盾纠纷多元化解机制在一个物理空间上聚集。这样本身就减少了来访群众跑多个机构、组织的不便。二是融合,即把多元化解机制在流程上进行深度融合,让来访者可以迅速进入矛盾的化解程序。而不是在多种化解机制面前,在众多的机构、组织面前变得眼花缭乱,不知道选择何种机制。三是便利化。前台一窗受理,后台各类调解专家坐堂门诊,极大地便利了来访者。不仅解决了矛盾化解"无门"的问题,还有效压缩了矛盾化解的时间,可以做到当场进入矛盾化解程序。从整合到融合,再到便利化,越往后难度越大。这是一个逐渐深化的过程。总的来说,"最多跑一地"改革是以空间上的整合带动矛盾纠纷多元化解机制整体性、系统性建设的尝试。

三、"最多跑一地"改革面临的困境

"最多跑一地"是探索推动矛盾纠纷多元化解机制整体性、系统性建设有效尝试。但由于还处在探索的初期阶段,其也面临着许多的困难、挑战,甚至是困境。有鉴于"最多跑一地"改革与"最多跑一次"改革具有一定的相似性,两者都以服务群众为理念导向,通过空间的聚合,加强机构、部门间的沟通与协调。因此,对"最多跑一地"改革困境的探讨将通过与"最多跑一次"的比较分析展开。

(一)"最多跑一次"改革中遇到的挑战

自 2016 年底浙江省推进"最多跑一次"改革的三年以来,"最多跑一次"改革遇到了许多困难与挑战。这些困难与挑战,有的已经解决,有的依然一定程度地掣肘着改革的继续推进。总结"最多跑一次"改革过程中遇到的困难与挑战,主要有以下四点。

一是改革共识的形成需要时间。任何一项改革,从思维构建到付诸实践,从感性认知到理性认知,往往有很长的一段接受时间。在"最多跑一次"改革的早期,各个地方对这项改革一无所知,不知道改革将如何开展,又会进行到何种程度。这就会造成很多地方、很多人在改革初期的参与是将信将疑、半推半就的。当改革进行到一定程度,人们认识到改革的价值、意义与必然趋势时,才会逐步形成共识,完全投入其中。总而言之,改革共识的形成需要经历相当长的一段时间,而只有达成了共识,改革才会真正进入正轨。

二是标准化的挑战。当把各种便民服务事项进行流程再造并集中于"一窗受理"时,不仅流程的规范、合理程度面临考验,对窗口工作人员与后台配套的支撑能力也提出了挑战。"一窗受理""无差别全科受理""按时办结"的背后是一整套统一的标准化服务体系在起支撑作用。这个统一的标准化服务体系,显然不是仅仅通过设计就可以完成的,必然要在不断的试错、碰壁与调整中逐渐获得优化的。

三是信息"孤岛"。由于各个部门都有各自的管理规范,有些数据信息的共享不符合既有的规定,这就经常造成信息共享不完整、不规范、不及时。

四是跨部门协作之难。很多便民服务事项的办理,都会同时牵涉许多部门的参与。在没有进行"最多跑一次"的情况下,他们各自履行各自的职责,相安无事。

但是当要进行"一窗受理"时,这就意味着各个部门不得不把自身的一些权力、信息让渡出去。在这个过程中,或者由于与既有规范相冲突,或者由于路径依赖,或者因为部门利益,各个部门要完成完整的配合,需要相当长时间的磨合过程。

(二)"最多跑一地"改革面临的挑战

"最多跑一次"改革遇到的问题与挑战不可避免地会在"最多跑一地"改革的过程中遇到。原因在于两者所进行的改革都是一个深度整合的过程。而要顺利完成这种整合,就必须打破不同机构、组织、部门,乃至层级之间的边界。边界的改变,同时又会带来了责任与权力关系的重新塑造。这个过程障碍重重,并非仅仅通过设立一个机构就能解决,往往需要多部门、多组织、多机构之间长期的互动、协商乃至博弈才能逐步实现。具体来看,"最多跑一地"改革也遇到了改革共识形成难、信息系统集成难、标准化探索难、部门协作难等问题。在改革共识的形成上,J县社会矛盾纠纷调处化解中心在建设过程中,多次征求相关部门的意见,一些部门对下属机构进入中心心存疑虑,甚至是抵触,有的还影响到县委领导的改革决心和意志,影响了后期中心的功能定位。在信息系统集成上,许多部门的信息系统,如社会治理云、信访信息系统、96345公共服务数据平台等各类社会治理专项信息系统资源还不能接入中心。这些信息系统资源的开放权限大多在省市部门,县级很难自行打通。在标准化探索上,中心虽然设置了10个无差别受理窗口和配备了工作人员,但是后台一整套统一的标准化服务体系并没有建立起来。例如各个类型的矛盾调解专家并不能保证随时在场,很多涉及部门的矛盾纠纷也不能马上获得相关部门的支持。这就经常导致窗口完成了受理,但对矛盾的处理却跟不上的问题。在部门协作上,很多单位虽然进驻了,但是进驻的单位和工作人员并不一定配合中心的工作。有的平台、组织虽然在空间上已经汇集到了一起,但与其他平台、组织的对接过程并不流畅。更不用说一些矛盾纠纷涉及的重要行政部门,会及时参与到矛盾纠纷的化解中。

同时"最多跑一地"改革所遇到的问题与挑战又比"最多跑一次"改革所遇到的更加复杂。一是协调、整合的难度要大于"最多跑一次"改革。"最多跑一次"的困难在于部门之间的分工、沟通、协调、共享与流程再造,而"最多跑一地"改革则不仅涉及政府部门之间的分工、沟通、协调与流程设计,还涉及国家机关与国家机关之间的法律法规、司法解释和政策的碰撞与冲突。二是"最多跑一地"改革的过度行政化问题。"最多跑一次"改革的属性本身就是行政性的。改革的目的就是要能为民众提供优质便捷高效的公共服务,其核心关系是政府与民众。因此完全由行政主导,快速推进便民服务,让群众享受优质服务,并不存在什么问题。与"最多跑一次"改革不同,"最多跑一地"改革有很强的社会属性。首先,很多社会矛盾和纠纷完全属于民间性质的,与政府并无关联。但政府一旦把这些矛盾的解决也纳入"最多跑一次"改革的范围,就会置身其中,原先与政府没有关系的矛盾纠纷都会在这个时候与政府发生联系,成为政府的责任。其次,许多矛盾纠纷的解决,政府或政府部门是其中的一方,本应由中立的第三方进行化解。但"最多跑一地"改革却让政府成为其中化解矛盾的关键一环,这会在无形中降低中心参与矛盾纠纷化解的公信力。总而言之,"最多跑一地"改革会面临一种两难的困境:一方面,矛盾纠纷多元化解机制的系统性、整体性建设有赖于政府主导和推动;另一方面,却又要尽可能避免矛盾纠纷多元化解机制的过度行政化,以充分体现其社会性。因为只有这样,矛盾纠纷多元化解机制才能真正显示它的活力与效用。

四、化解"最多跑一地"改革挑战的对策探讨

"最多跑一地"改革面对存在的问题,一方面可以从"最多跑一次"改革的实践中汲取经验,另一方面则需要在顶层设计之下加快探索。

(一)凝聚共识,共谋改革

要想快速推进"最多跑一地"改革,必然要加快形成改革的共识。只有通过凝聚共识,才能将不同部门、组织、平台的精力集中到问题的解决上来,而不是互相抵触,消极应对。凝聚共识需要让相关部门深刻认识到改革的必然趋势。这不仅是社会矛盾多发背景下高效化解矛盾纠纷的必然要求,也是拓宽人民群众"维权"渠道的有效路径。习近平总书记在中央政法工作会议中也指出:"把非诉讼纠纷解决机制挺在前面。"这体现了坚持以人民为中心,维护群众合法权益的价值理念与价值追求。

(二)建立协调机制,打破部门壁垒

"最多跑一地"改革尚处于初期,部门的配合、协作还有待提高。在加强部门

(平台、组织)协作的过程中,一是要明确各部门的改革和参与责任。在责任不明确的情况下,很多部门的参与就会"心不在焉",表面上很配合,但是一遇到困难和阻碍就退缩不进,不愿在改革上下苦工,影响改革的整体推进。二是要建立相应的协调机制,促进部门之间的有效沟通。很多问题的产生就源于部门之间缺乏有效沟通。在缺乏有效沟通的情况下,就容易造成互相推诿的情况。建立有效的协调机制,有助于把责任不太明确的"灰色地带"缩小,尽快明确各自的责任。三是要打破部门之间的壁垒。无论是明确改革责任,还是建立协调机制,其目的都是要打破部门间的壁垒,但部门之间的最大壁垒是各自不同的管理规范。有些部门的既有规定本身就与"最多跑一地"改革的要求相冲突,因此寻求这些规定的改变,才能真正打破部门的壁垒,实现从物理整合向化学反应的转变。

(三)依托信息技术,推进数据共享

信息技术的快速发展,为数据的集成共享提供了有利的条件。在"最多跑一次"改革的过程中,互联网、大数据的广泛运用成为改革的重要支撑。以"互联网＋政务服务"理念为基础的浙江政务服务网、浙里办 APP 由此产生。在这些高度集成的网络、平台背后,是跨层级、跨部门之间庞大数据信息的开放、共融、共享。为了有效促进这些数据信息共享,"最多跑一次"改革还在地方催生了一个重要的支撑部门,即"政务数据办"。J 县的政务数据办就位于县审批服务中心。由此可见数据共享对于"最多跑一次"改革的重要性。"最多跑一地"改革要取得理想的效果,也必然要依靠各种数据源的开放、共融、共享。在改革初期,由于改革共识还没形成,部门之间的壁垒还没有打破,数据的开放共享会遇到阻碍。但在此阶段,依然可以着力推进县级有管理权限的信息管理系统的接入。同时与阿里巴巴合作建设社会治理"智慧大脑",为后期的大数据共享奠定基础。

(四)树立用户思维,以需求倒逼标准化

"最多跑一地"改革的直接目标就是为群众"维权"提供更多元、更高效的渠道。因此,便捷化是群众的迫切需求,也就是改革的重点。便捷化的基础则是标准化。窗口受理工作人员是否具备应有的素质;窗口无差别受理中,面对来访者的不同"维权"诉求,需要提交哪些材料,该如何分门别类进入不同矛盾纠纷解决机制;进入相应程序以后,各方如何及时到场参与矛盾解决;矛盾处理完毕,如何获得反馈,

这一系列的流程都需要进行标准化再造。只有通过标准化，才能压缩不必要的流程，实现服务速度和质量的提升。

（五）坚持社会属性，明确功能定位

在矛盾纠纷多元化解机制的视角下，"最多跑一地"改革具有很强的社会属性，这与政府主导推进之间具有一定的矛盾性。因此，在推进"最多跑一地"改革的过程中，作为"最多跑一地"改革重要平台的社会矛盾纠纷调处化解中心需要明确自己的功能定位。其定位在于中介性质的平台，具有一定的功能独立性。对此，不仅社会矛盾纠纷调处化解中心要坚持，更要让来访者相信社会矛盾纠纷调处化解中心只是一个中介性质的平台，在具体的矛盾纠纷化解中能保持中立客观，没有价值的偏向。在"最多跑一地"改革成熟以后，可以考虑在非核心环节让更具独立性的非政府组织来运作。这样有助于增强其社会属性，让矛盾纠纷多元化解机制更具活力。

五、小结

"最多跑一地"改革是"最多跑一次"改革向社会治理领域的延伸，也是社会治理从强调"维稳"到强调"维权"的一次重要转变。从矛盾纠纷多元化解机制的视角来看，"最多跑一地"改革是矛盾纠纷多元化解机制完善体系建设，是加强内部各种机制之间联动、协调、衔接的一次有益尝试。在这一改革过程中，不可避免地会遇到许多困难与挑战。这些困难与挑战，有些与"最多跑一次"改革遇到的相似，如改革共识的形成问题、信息"孤岛"问题、部门协作问题、标准化问题；有些则不同，如"最多跑一地"改革具有很强的社会属性。面对这些问题，改革需要在顶层设计下，在不断摸索、调试中推进。

参考文献：

[1] 娜嘉·亚历山大.全球调解趋势[M].王福华,译.北京:中国法制出版社,2011.

[2] 陈宇.论多元矛盾纠纷化解机制在社区的建构——以杭州的实践为例[J].中共浙江省委党校学报,2010,30(1):119-125.

[3] 曾文忠.社会转型时期农村矛盾纠纷化解机制多元建构[J].云南行政学院学报,2013,15

(6):91-93.

[4] 曹雪根,张建章,余洁.矛盾纠纷多元化解机制建设的若干思考——以嘉兴市为例[J].公安学刊(浙江警察学院学报),2017(2):23-27.

[5] 陈丽君,童雪明.整体性治理视阈中的"最多跑一次"改革:成效、挑战及对策[J].治理研究,2018,34(3):29-38.

[6] 任文启.司法社会工作:新时代人民调解的回归与发展[J].社会工作与管理,2018,18(3):5-11,27.

[7] 李迎春.加强和创新社会管理 积极构建和完善多元化纠纷解决机制[J].行政与法,2011(5):41-45.

[8] 刘振华,蒋韵诗.构建社会矛盾纠纷多元化解体系的思考[J].山东农业工程学院学报,2016,33(5):59-64.

[9] 江苏省泰州市中级人民法院课题组,徐军.矛盾纠纷多元化解机制的实践困境与路径探析[J].中国应用法学,2017(3):65-78.

[10] 郁建兴,高翔.浙江省"最多跑一次"改革的基本经验与未来[J].浙江社会科学,2018(4):76-85,158.

[11] 张孟洋."最多跑一次"改革的现实困境及其优化路径[J].浙江树人大学学报(人文社会科学),2019,19(2):31-36.

【作者】

田立家,中共嘉善县委党校讲师

全面建成小康社会视角下的乡村重构与生态治理

——基于浙江实践的研究

应永利

一、问题缘起

在以华夏文明为源泉、中华文化为基础的中国,乡村社会有着悠久厚重的历史根基,小康生活一直是普通民众追求的朴素表达与理想状态。自农耕文明变迁延续至工业革命后,乡村社会原本作为一个相对稳定、有一套自身运行机制的共同体,却受到前所未有的冲击而出现疏离化困境,陷入解构危机。自 20 世纪 20 年代以来,梁溯溟、晏阳初、杨开道等知识分子试图通过乡村建设运动扭转改变乡村社会日渐衰敝、乡村危机日益深重的现状,虽因缺乏经济基础未最终实现,但为日后乡村现代化积累了经验。20 世纪 70 年代,吴文藻、费孝通等乡村改革运动者以经济建设去带动农村落后的生产发展,极大地促进了乡土村庄的转型。其中费孝通先生在研究乡村结构时从文化视角分析落后动因而提出了差序格局的概念,对延续乡村建设、重塑农村社会起到了重要作用。20 世纪 80 年代初,中国共产党从传统文化中的小康观念出发,提出建设小康社会奋斗目标,为乡村治理发展指明了方向。20 世纪 90 年代,城市文明随着城市化进程积累成熟,乡村社会因此不可阻挡地遭受破坏冲击,城乡二元差距不断加大,乡村社会治理与发展相对弱化。此后,中国共产党通过厘清乡村困境、积累治理经验,深化对小康社会认识而不断赋予其新的内涵,为重构乡村社会秩序、实现乡村治理现代化提供支持。然而,延续几千年的乡村正在经历着前所未有的变化,乡村的何去何从,也从未像今天这样引发社会的关注和思考。尽管乡村社会的有些问题始终未得到系统考量和有效解决,但与城市相比,乡土村庄在推进治理的博弈中已开始凸现生态优势、显出重构魅力,多维度地构建形成经济建设、政治建设、文化建设、社会建设和生态文明建设五位一体的协调共享型新格局,在多元共治、协同治理、相互嵌入中有序发展、良性运行,折射着乡村治理的未来取向。作为经济先发地区的浙江,在治理乡村方面先行一步,从基础上推动农业全面转型、农村全面发展、农民全面成长,为后小康时代的乡村重构与生态治理创造浙江现象与贡献浙江经验,实现未来乡村的发展也将同中国特色社会主义发展一样迈入新时代。

二、乡村治理经验的浙江特点

乡村治理自古以来就是中国农村发展中最值得关注的现实问题,在农民利益诉求与乡村治理结构的互动变迁中推动着农村的变革。20 世纪 80 年代后,浙江从一个经济社会发展比较落后的资源小省,逆袭成为中国高质量经济发展、高水平社会治理的模范省,以乡村振兴决定全面小康社会成色。得益于市场体系发育、社会组织成长、政府开明创新,在浙江的许多乡村,基层治理实践十分活跃,通过多年的探索与积累,除了产生具有普遍性的"先富参政"现象外,还涌现出不少独具区域特征的鲜活例证,比如桐乡市"自治法治德治融合"、宁海县"小微权力清单36 条"、象山县"村民说事制度"、安吉县"余村经验"、温岭市"民主恳谈"、常山县"民情沟通日制度"、嵊州市"八郑规程"、新昌县"乡村典章"、黄岩区村级治理"三化十二制"、天台县"民主决策五步法"、武义县"村务监督委员会制度"、嘉善县"村级简报"、慈溪市"和谐促进会"、绍兴市"农村工作指导员制度"、宁波市"大学生村官"、德清县"乡贤参事会"等,这些方式在很大程度上体现了基层民主政治的发展和乡村治理模式的创新。可以看到,在经济发展和乡村治理逐渐独具区域特色的浙江,越来越重视人民群众的主体地位和获得感,在多元主体共建共治共享的实践中已形成独有特点。

(一)政治立场的坚定性

乡村治理既是推进乡村振兴的关键内容,又能体现国家治理体系和治理能力现代化的价值取向。在乡村治理中,农民群众是基本主体,党的领导是根本保证。长期以来,浙江各级党委政府把讲政治作为高度自觉、形成共识,筑牢政治底线,坚定政治立场,自上而下模范带头,主动夯实农村基层基础,切实提升乡村社会治理水平,不断增强农村内生发展动力,创造性地积累了乡村治理模式与经验,形成了上下同心互动的农村治理新形态,为开创总结乡村治理经验提供政治保障。正因如此,浙江的农村基层、乡镇县市都能主动对标省委,强化看齐意识,旗帜鲜明讲政治,紧密团结在党中央周围,想民之所想、政之所向,把握新时代人民对美好生活的新要求,以党建领航乡村治理现代化,通过改善民生、创新乡村治理,不断形成有效的农村治理、良好的乡村秩序,让基层群众带着满满的获得感、幸福感和安全感,迈入全面小康社会。

(二)基层实践的创新性

浙江基层农村的历史文化与资源禀赋各不相同,乡村治理结构随着乡村社会转型发展由封闭性向开放性嬗变,村级治理面临着结构转型和路径选择,使得单一化的治理方式已难以适应差异化、多样化的村庄现实。在已开始分化的乡村社会中,民意表达如何在公民政治参与中成为可能。这就需要农民群众因势利导、自主创造治理模式对村级事务进行交流沟通、决策协商,通过独特的治理形式实现基层政府与社会民众的良性互动,为乡村治理和基层民主寻找生长空间。在平等协商对话中增强民众对基层政府的认同,化解了人民内部的矛盾、平衡了不同群体的利益。通过制衡基层政权与乡村民众的利益关系,间接地改变了现有乡村政治文化,基层政权与公共政策更加贴近民众的真实意愿和利益诉求,基层政府的权威因此得以夯实,政策执行更加顺利,有效地促进了执政方式的转变和执政能力的提高,化解社会冲突,维护乡村稳定。

(三)公共参与的群众性

乡村社会既是产生易发利益纷争、社会冲突的重要源头,也是协调化解利益关系、基层矛盾的关键环节。在经济相对发达繁荣的浙江,农村公共物品、公共服务的提供及乡村社会稳定成了农村政治格局中的核心焦点。参与意识和维权理念相对强烈的乡村民众,自然更加关注与自身利益密切相关的公共事务。而基层政府在压力型体制下治理乡村首要考虑如何发展经济、如何富裕村民,使得有些政府官员把持当地各项公共事务的做法已明显不能适应乡村社会实际。村民群众主动热情参与村庄治理,就会尽可能寻找表达诉求机会,自然迎合了基层政权治理需求。

这样一来,基层政权与群众沟通交流、汇集民意、影响决策的工作方法应运而生。村庄群众的广泛参与,积极改变着传统乡村社会的精英治理格局,基层与村民、政治国家与社会因此在乡村治理中互动协调,量力而行地解决基层治理中的无奈与不足,推动乡村有序进步。

(四)文化基因的传承性

从浙江的历史传统与人文优势中可以看到,浙江从古到今就有务实创新的文化基因、绵密深厚的文化底蕴。在资源条件薄弱、资金投入不足、国家政策有限的境况下,浙江人民群众却能坚持无中生有,催生了一个又一个的浙江现象,其中离不开文化基因的传承。在治理乡村社会中,浙江各地农民群众再次激活了独有特色的浙江文化基因,创造了基层政治实践的不少奇迹,在乡村治理现代化转型中蕴含着时代价值与开拓空间,这既是对传统基层治理的辩证继承,又是现代乡村治理的现实选择。正是在如此深厚、丰富、优良的文化沃土之中,形式多样的浙江乡村治理模式才得以孕育、生长,在淬炼浙江优秀传统文化基因的同时,深刻总结浙江灿烂文明中孕育的精神品格。通过热情参与乡村治理,村民群众的公共理性与公民意识由此得到培育、引导和塑造,民主主体范围不断扩大,民主参与层次得以全面提升,干部民主执政能力明显增强。

三、乡村社会重构的博弈逻辑

秩序与冲突历来是乡村治理关注的基本问题。从历史发展进程来看,在自给自足经济条件下,乡村社会以内生性力量维系其运行秩序。随着城市化、工业化的推进发展,传统熟人社会转型走进无主体熟人社会,内生型乡村积贫积弱难以改善,村庄民众冲突不断增加,社会秩序慢慢丧失活力,外生力量逐渐介入乡土家园。因此,政府在博弈中通过权力介入乡村发展、推动乡村重构,演绎着乡村治理的多元异化特质和基本价值旨趣,凝聚起决胜全面建成小康社会的乡村力量。

(一)方式博弈:外来干预与实现善治的治理挑战

乡村治理既包括乡土村庄的自我治理,也包含国家政权对农村社会的间接治理。众所周知,在几千年发展中,传统乡村以情感维系其治理逻辑、运作环境和结构秩序。中华人民共和国成立后特别是农村改革以来,市场经济发展影响着基层组织的运行方式,基层政府以自觉或不自觉的行为变化,在不断权衡利弊的理性选择中既推进改革又改革自身,其效果并未如愿以偿。基层政府无论是功能、权力和权威,还是其运行机制,不免陷入"内卷化"状态。在运动式的运行轨道上,基层政府的诸多行为已不是以满足乡村公众需求为导向,而是为维持和达到政府自身的利益为目标,任性地强制干预乡村社会的公共生活与私人生活,打破了村庄自然秩序。与此同时,将强大的外来资本引入乡村,参与建设繁荣村庄局面,加快提升改善村居环境,但有些时候一旦放任社会资本,老百姓就会遭受恣意蛮横掠夺,乡村治理就无从谈起。加上个别乡村的民主法治建设还相当滞后,农村宗族势力存在复兴之势,村霸、恶霸、黑恶势力左右村庄治理、侵占村民利益,给乡村社会带来了不稳定因素。乡村社会已发生翻天覆地的变化,还有部分农村地区意识形态出现分散化的趋势,各种宗教问题、封建迷信活动又有所产生,本源型传统正被彻底颠覆,严重威胁乡村发展与治理,乡村治理面临很多挑战。从失序走向有序,努力实现善治,这是乡村社会的现实必然选择。

(二)文化表征:乡村文化与城市文明的治理聚融

乡村社会由多种阶层群体组合而成,其中的利益诉求和现实需求各不相同。在历史与现代转换中,注重传统的"延续性"与超越传统的"创新性"同样重要,文化取向成为乡村治理的理论转向和实践逻辑。从某种意义上来说,乡村文化与城市文明相互选择替代已成为城乡博弈的文化表现,两者对立存在却不可缺失,需在推进乡村共享发展中互补共融。长此以往,乡村文化在维系乡土村庄关系中已成为村民群众的灵魂象征和精神家园,无形中从制度习俗、行为观念等方面有着制约束缚作用,在乡村治理起到教化、凝聚、规范和调节功能,必然会对乡村振兴和全面建成小康社会起到推动促进作用。但随着城市化、城镇化的加速,城市文明、现代文化逐渐吸引着人们,加上农村文化基础设施出现缺乏,使得乡村群众在追求与向往更好更高生活中渐渐扭曲、误解和排斥乡村文化。我们应该清醒地认识到,乡村文化在正处于变革时期的村庄治理中面临重塑困境,这是无法改变的现实问题,但乡村文化与城市文明是不同时代的文化形态。要全面建成小康社会,就不仅应该要让农民群众的物质生活好起来,还应该要使他们的精神生活丰富起来,不断提升乡村社会文明程度。要建立健全文化发展机制,重拾乡村文化自信,优势互补、各取所长,积极发挥乡村文化与城市文明在农村治理中的功能作用,努力化解乡村社会的冲突与矛盾,推动乡村治理在后小康时代向善更好。

(三)行动自觉:基层民主与村民自治的治理协调

推进中国现代化建设与政治民主化的重大而艰难的任务在农村,这是毋庸置疑的现实问题。乡村治理作为一种政治社会现象,在冲突与协调的博弈中,不同的历史时期有着各自时代特色与阶段特征的乡村治理体制。变革时代的乡村社会正处于经济转轨和政府转型的过程,其社会权力与利益格局同样面临不断调整变化,农民群众的诉求也难以得到保证,这就需要发扬基层民主的同时完善村民自治。从 20 世纪 80 年代中期,村民自治制度即开始试行,90 年代后期国家通过立法予以全国正式推行。在农村普遍推行以来,基层自治制度取得了重大历史性进展,同时也需要继续发展和提升。这种基层自治不同于传统社会的乡绅自治,最初被设想的功能并没有完全实现,但基层治理的政治社会环境却已极大改变,被期待通过村民自治实现良好的乡村社会秩序、训练培育农民的政治素质,赋予农民平等参与村庄治理的政治权利的意义不可忽视。在村民自治基本理念下,发展基层自治的直接而明显的政治效应是,乡村社会可以减少政府的行政控制,能充分自主地在村庄公共服务、秩序维护、冲突化解等方面领域发挥基础性功能,使得乡村治理问题"内部化"和"社会化",大大降低政府直接管控乡村的成本。可以说,村民自治是基层民主发展的逻辑结果,对基层民主机制作了因地因时的有益探索,拓展了基层治理的方式,推动中国政治民主化改革。

(四)路径选择:乡村衰落与乡村重构的治理考量

乡土社会自传统以来就意味着农村人口占全国大部分,也表明中国整个社会的根基在农村。从历史角度来看,乡村一直以来不仅是从事农业生产和农民聚居的地方,而且也是一个经济生活的社会。无论从历史还是当下分析,特定的治理环境总是形塑和影响到现实的村庄治理。随着城乡二元体制的形成,城乡开始出现失衡,各有差异的地域经济、民风乡俗使得村庄治理环境错综复杂,治理乡村方式不可能全然相同,城市快速发展与乡村逐渐失落成为极大反差,乡村社会不再拥有传统时代的价值优越,乡村治理面临着乡村衰落与重构的治理考量。尽管自中华人民共和国成立以来,国家对农村社会在制度上作了统一安排,但在现代化的进程中农村发展越来越分异,造成了地区差异、村庄差别、村民不同。在这一时期,城市化、工业化已是不可逆转的时代潮流,乡村衰落也与之相伴而来,成了挥之不去的现实困惑。究其原因,主要在于乡村的物质基础因经济形态变迁而消解、乡村的社会关系因个体化凸显而解构、乡村的社会界限因开放性出现而模糊、乡村的内部组织因发展滞后而解体,这样一来乡村社会结构就产生重大分化,利益冲突与矛盾问题时有出现,村庄治理环境呈现出非均衡与多样化趋向,遭遇到不少问题,面临着种种挑战,由此带来的治理形式势必产生改变,决定乡村治理的制度创新应源自各地现实,乡村衰落是否需乡村重构值得研究、认真选择。

四、乡村生态治理的未来走向

乡村治理从来都是中国历朝历代一个极为重要的社会问题,始终都被放在治国理政的头等位置,其演化逻辑基本遵循着从博弈到重构再到共生,随之的生态治理将演绎着共生形态。无论是顶层设计还是乡村实践,要全面建成小康社会、实现乡村振兴,必须要实在而有效地推进乡村治理,使得以精神价值为核心的生态治理规范构建成为可能。乡村生态治理并不是单纯环境治理这一概念式的简单治理,而是在反观如何由量到质、由治理到善治的突破改变,由此优化未来乡村社会治理模式,不断完善良性运行、高效有序和合理可行的现代化乡村治理生态体系,这既合乎乡村命运的历史轨迹、乡村民众的当代际遇,更相关于乡村现代化的未来可能、国家民族复兴的未来愿景。

(一)以民主精神优化乡村精英治理

中国乡村一直有乡绅治理的传统,维护乡村社会运作。随着社会转型发展,乡村社会逐渐兴起以个体权利为核心的治理模式,地方乡村精英成了乡村发展的重要推动力量,改变了村庄的政治生态,乡村治理结构由封闭性向开放性嬗变。但精英治理在治理和发展村庄时暴露出人治极化、强化权威等有违民主精神的先天缺陷,这是乡村政治生活中不可回避、引起关注的事实。为此,应以民主精神优化乡村精英治理。一要拓宽乡村精英治理渠道。要通过制度安排体制外精英和普通民众有机会参与决策商议乡村事务,让他们能够进一步有序参与政治活动;要积极推进基层政府改革转型,使公共决策最大可能均衡各方利益,推动村庄改观趋稳;要提升村民自我治理水平,努力增强多元共治有效性,形成乡村社会治理合力。二要提升乡贤参与治理成效。要重塑人本亲善的乡土灵魂,用乡土情结激发多领域乡贤造福家乡的热忱;要强化利益关切和考虑现实需求,激发乡贤借助自身拥有的资金技术优势回归故里投资建设,尽最大可能实现资金人才回流;要尊重农民主体意愿,加强乡贤村民的法治教育,培育和升华文明乡村风气。三要整合乡村公共服务产品。要做好农村公共服务产品顶层设计,积极改革体制机制,在乡村逐步建立起传统和现代相结合治理方式;要建立起政府、市场、社会一体的供给系统,注重质量提升与成本降低,推动专业化与效率化运行;要加大相关问责监督力度,维护农民合理合情的知晓、参与和监督权力。

(二)以传统空间重塑乡村文化自信

传统乡村记载着中华农耕文明与传统文化,乡土底蕴气息浓厚。经历新农村建设后,乡村社会自觉不自觉地被改造,乡村生态失去了价值依托,乡村文化在解构和重整中面临着史无前例的考验,其中有传统文化与现代文明的融合交织,又有自然环境与经济利益的冲突取舍。由于原有村居受到破坏,村庄群众对传统地域文化失去信心,乡村文化传承成了乡村治理的现实困境。为此,应以传统空间重塑乡村文化自信。一要在利用中传承保护乡土文化。要真正尊重农村群众的主体地位,对传统村落予以优先保护、适度利用、综合考量;要鼓励、支持民间艺人在继承非物质文化遗产中发挥骨干作用,留得住乡愁记忆,发扬光大优秀文化传统;要重视挖掘、整理富有地方特色的民间文化,尽最大努力保护开发、有效传承。二要在发展中探寻和唤醒传统文化。要注重引领乡村主流文化,教育引导农民百姓讲究文明、诚信守法,努力构建和谐美丽家园;要重视重塑自然文化,有意识地重构乡村社会里不同类型村落空间,积极展现自然和谐农村景象;要自觉把握好乡村文化地域特质,保存继承乡村生活习俗,坚持打造人文乡愁文化。三要在更新中激发乡村文化动力。要重视乡村空间建设,用特有的村居文化生态,回归乡土本源,以乡土建筑诠释农村传统意境;要加快建设完善农村文化基层设施,加大乡村文化扶持力度,构建和谐文明的乡风村貌;要注重乡土文化人才的传承培育,自觉发挥主体力量,用先进文化引导建设民主富裕生活。

（三）以产业发展释放乡村内生动力

"三农"问题是关系国计民生的根本性问题，中国特色社会主义进入新时代，明确决胜全面建成小康社会的历史方位。党中央提出乡村振兴战略，正是契合当下乡村社会结构的现实转型实践，以期解决城市化发展所引起的乡村衰落问题，逐渐缓解乡村社会治理危机，重新焕发乡村社会秩序活力，重塑乡土村庄社会关系，助推农村可持续发展，尽最大可能补齐全面建成小康社会短板。为此，要以政策效率释放乡村内生动力。一要以乡村工业化带动产业融合发展。要提升乡村产业发展水平，"以发展高效生态农业为主攻方向，加快建设农村现代产业体系"，夯实乡村振兴基础；要按照"农业与工业、农业与服务业融合"的理念，带动乡村新业态发展；要克服资源要素制约、生态环境压力和内外市场约束，推动农村轻小工业转型升级。二要以产业经济促进乡村可持续发展。要尊重群众首创精神，依据乡村特色资源和文化传统，发展符合本地产业的经济；要以村为基础，根据市场需求大力发展有特色、价值高、影响力大的拳头产品，建设"一村一业一品"；要兴办市场、农村电商带动乡村发展，推进规模化、标准化、市场化、品牌化建设。三要以农民合作社实现乡村共富共享。要建立现代农业经营体系，大力培育新型农业经营主体和服务主体；要增强农民市场话语权，积极探索利益联结机制，帮助村民群众提高家庭收入；要构建村社合作经济共同体，不断壮大村级集体经济，增加村民就业致富机会，切实维护乡村社会繁荣稳定。

（四）以共同体思维改革乡村治理方式

乡村与城市都作为构成中国社会的基础单元，本质上地域相连、血脉相融。随着乡村社会由内生型向发展型转变，以发生学视角组建乡村命运共同体，不失为治理模式的创新之举。用治理共同体的力量合力推动乡村社会治理，不仅适合时代宏观调整，还能顺应乡村转型实际，更能切合破解治理难题逻辑，这样便会凝聚农村发展动力、强化乡村振兴效应、获得群众广泛支持。为此，应以共同体思维作为改革乡村治理方式。一要凝聚和谐治理共识。要坚持问题导向，重视改善治理主体关系，动员团结治理客体，为乡村治理共同出力，科学推进村庄治理；要坚持三治合一，以公平正义为出发点推进协商协同治理，实现有效治理乡村社会；要坚持法治引导，沿着法治和德治轨道，不断提高乡村自治水平，使乡村基层治理更长效。

二要强化基层系统整合。要明确乡村组织关系,以共商同治,为乡村社会治理改革实践方式提供全新渠道;要强化责任意识,努力构建治理共同体参与推动乡村治理的新模式;要注重宏观指导和微观支持,明确和扩大治理共同体的主体地位、参与空间,在推动乡村治理中积极促进治理共同体健康发展。三要探索联动融合途径。要重视运用"互联网+",强调不同主体的协作网络关系,让共同体在治理过程中更多地合作;要树立"网络问村政"理念,通过大数据流转应用,由管理控制向服务引导转变,创新乡村治理可能路径;要建好乡村智能管理网络,实现乡村治理动态演化,循序渐进地建设智慧乡村,在共享协调发展中有效推进乡村治理。

参考文献:

[1] 费孝通.乡土中国[M].北京:北京出版社,2005.

[2] 宁华宗.共生的秩序:当代中国乡村治理的生态与路径[D].武汉:华中师范大学,2014.

[3] 范怀超,崔久富.农地流转中二维主体的利益博弈:分析西充县[J].重庆社会科学,2017(9):95-100.

[4] 王轩,袁祖社.生态治理的文化价值逻辑:从环境生态到心灵生态的公共性转换[J].湖北社会科学,2014(9):48-52.

[5] 习近平.干在实处 走在前列:推进浙江新发展的思考与实践[M].北京:中共中央党校出版社,2006.

[6] 习近平.之江新语[M].杭州:浙江人民出版社,2007.

【作者】

应永利,中共台州市委党校图书馆副馆长

中华优秀传统文化在基层社会治理中的作用研究

——以浙江省为例

杨　亮

党的十九届四中全会提出坚持和完善共建共治共享的社会治理制度,强调构建基层社会治理新格局。基层社会治理是国家治理体系的基石和重要组成部分,"中国的治理体系建设,基础就是我们的基层,基础不牢、地动山摇……把基层工作做好。任凭风浪起,稳坐钓鱼台"[1]。中华优秀传统文化是中华民族的文化根脉,其蕴含的思想观念、人文精神、道德规范[2]等理念和方式,不论过去还是现在,都有其鲜明的民族特色,都有其永不褪色的时代价值[3],大力弘扬中华优秀传统文化中蕴含的"民本""仁爱""尚和"和"乡贤"等思想,对于我们加强和创新新时代基层社会治理,提高基层社会治理能力,调动基层群众参与社会治理的积极性,培育富有活力的基层社会组织,构建自治、法治、德治"三治融合"的基层社会治理体系具有十分重要的意义。

一、中华优秀传统文化蕴含的"民本"思想是基层社会治理的核心原则

"民本"思想是中华优秀传统文化,特别是政治文化的重要内容。"民惟邦本,本固邦宁。"(《尚书·五子之歌》)从盘庚的"重民"到周公的"保民",从孟子的"民贵君轻"到荀子的"民水君舟",从董仲舒的"爱民、教民、富民"到唐甄的"封疆民固之"等,尽管各学派的思想体系和政治主张不同,但依然可以看出在"民本"这一理念上他们所具有的高度一致性。"民本"思想主要强调得民心、存社稷。人民安居乐业,国家才能长治久安。中国共产党来自人民,起于基层,党的近百年奋斗历程无时无

刻不在证明,"民心是最大的政治"。因此,在新的社会条件下,基层社会治理的要义就在于"紧扣民心这个最大的政治,把赢得民心民意、汇集民智民力作为重要着力点"[4]。广大党员干部只有在各项工作中倾听人民呼声,广泛尊重和了解民意,满足群众所需,回应群众所思所想,努力利用和协调民力,才能汇聚民心、赢得民心,"治民之要在乎因民之利而导之,顺民之意而能之"(清·王韬)。

在这方面,浙江省走出了一条"和民心、顺民意"的基层社会治理之路。比如,安吉县社会矛盾纠纷调处化解中心设立导引、接访、调节三个功能区,将群众信访事项一站式接收、一揽子调处、全链条解决,"把党员、干部下访和群众上访结合起来……让老百姓遇到问题能有地方'找个说法',切实把矛盾解决在萌芽状态、化解在基层"[5],有力地彰显了基层社会治理的"民本"情怀,另外,在疫情防控期间,该中心专门设置"集中服务日",派"解难组"上门"问诊"各类"疑难杂症",维护了社会安定;桐庐县则设立"百姓日",当天该县公交线路和农村客运线路全部免费乘坐,60岁以上老人共享"敬老爱老幸福餐",全县公立医院免收挂号费……这些举措极大地增加了桐庐人对基层社会治理的理解与热情,成为桐庐贴近基层、惠及百姓,实现共建共享的一个重要载体;丽水市以《村情民情图》《产业发展图》《重点人员图》《结对帮扶图》等6+X"民情地图"为载体,深化推行"岗位在村、责任到村、服务农民、联系民心"的住村联心工作制度,推动基层干部转变作风,用脚步丈量民情,提升了基层社会治理服务能力;平湖市探索出台了加快构建党建引领基层治理新格局的行动计划,按照"村党组织+网格党支部+党员先锋站"模式,逐步实现资源在基层整合、服务在基层拓展、问题在基层解决、民心在基层凝聚。总之,在基层社会治理中,"各级党组织特别是基层党组织要在联系服务群众上多用情,在宣传教育群众上多用心,在组织凝聚群众上多用力"[6],不断增强基层社会治理的实效性与普惠性。

二、中华优秀传统文化蕴含的"仁爱"思想是基层社会治理的精神源泉

仁爱是中华传统文化最广泛、最深沉的精神追求[7],也是中华传统道德中最基本的道德观念,"以至仁为德"(《上初即位论治道二首·道德》)。《论语》对"仁"的解释主要有三种:一指的是一种最高的道德境界,"仁者安仁,知者利仁"(《论语·

里仁》）；二指的是对人的一种道德评价，"殷有三仁焉"（《论语·微子》）；三指的是作为"人"的同义词而存在，"观过，斯知仁矣"（《论语·里仁》）。由此可以看出，孔子关于"仁"这一概念的多样性解释并不影响它作为美德通称的价值功能。而"仁"的基本内涵，就是"子曰：'爱人。'"（《论语·颜渊》）在孔子看来，不仅要爱自己的亲属，同时还要亲近那些有仁德的人，"泛爱众而亲仁"，而且，人之为"仁人"的主要标准就是"以德为先"，"君子务本，本立而道生，孝弟也者，其为仁之本与"（《论语·学而》）。朱熹曰："仁者，天下之正理。失正理则无序而不和。"（《近思录》）可见，"仁爱"不仅是一种道德理论，更是一种道德实践。因此，"仁爱"思想是包括从道德的最高观念到一般的道德规范的范畴，"是以万物莫不尊道而贵德"（《道德经》）。

道德是一切良治善治的基石。在新时代条件下，大力加强社会公德、职业道德、家庭美德、个人品德建设，不断提升群众道德素养，就是"仁爱"思想的重要表现。在这方面，浙江将中华优秀传统文化"仁爱"思想与本地实际相结合，不断厚植基层社会治理的道德底蕴。比如，温州市积极开展以规立德、以文养德、以评弘德、以善成德，通过慈善文化润人心完成道德约束、通过榜样力量化德行实现道德施教、通过公益服务安邻里主导道德建构的德治模式成为新时代探索完善基层社会治理的重要实践形式；桐乡市不仅成立"道德评判团"实施道德评议，还设有揭露违法失德现象的曝光台，选树道德模范、星级文明家庭、"最美桐乡人"等典型，充分发挥道德引领作用；德清县设立"草根道德奖"，打造"公民道德馆"等实体道德阵地，规范引导传统文化习俗、家风家训，赋予了新时代基层治理的德治内涵；常山县推进诚信体系建设，对村民的社会公德、职业道德、家庭美德和个人品德等四个方面做了具体要求，将村民诚信分的高低与信用贷款、评优评先、就业推荐等直接挂钩，成为常山推进乡村治理、提升乡风文明的新途径。总之，中华优秀传统文化是人们进行道德教育的"好教材"，"要始终把弘扬中华民族传统美德……作为极为重要的战略任务来抓"[8]，为基层社会治理提供强有力的道德支撑。

三、中华优秀传统文化蕴含的"尚和"思想是基层社会治理的价值取向

与西方文化相比，中华优秀传统文化的一个重要特点就是"尚和"。历史上，"和"被认为是国泰民安的基本特征，"以和邦国"（《周礼·春宫宗伯·大司乐》）。

孔子说："礼之用,和为贵。先王之道,斯为美。"《中庸》说:"中也者,天下之大本也;和也者,天下之达道也。致中和,天地位焉,万物育焉。"几千年来,"尚和"思想已经深深地打上了中国人的民族烙印,成为中国人解决社会问题的重要方法,出现了许多"化干戈为玉帛"的历史佳话。"和"指的是和谐、和平、中和等[9],即和谐而不千篇一律,不同而又不相互冲突。"君子和而不同,小人同而不和。"(《论语·子路》)"这种贵和尚中、善解能容、厚德载物、和而不同的宽容品格,是我们民族所追求的一种文化理念……我们中华民族传统文化的精髓也正是在于这种伟大的和谐思想。"[10]

当前,我们要做好基层社会治理,就要充分把"和"这一优秀传统作为营造基层良好社会风气的重要内容大力建设,发挥其在基层社会治理中的重要作用,引领社会治理新风尚。比如,近年来,云和县以"和"文化作为全县人民的共同价值追求,创新打造"和"模式,建立了集社区矫正中心、心理服务指导中心于一地、集"单科门诊""专家会诊"于一体的云和平安"和"中心,同时,延伸"和"触角,优化"和"服务,讲好"和"故事,衍生创新出许多的"和"系列治理产品;遂昌县蔡和村在良好的"和"文化基因和基层治理氛围催化下,探索打造以求"和"为内容,以家庭(户)为单位进行"信用激励"的"信用村";杭州市上城区成立的"公民警校",始终坚持以"尚和"来筑牢"网格小平安",推动"城区大平安",把各行各业的成员组织起来,使群众成为自治主体,实现了政府治理和社会调节、居民自治的良性互动,打造出新时代的"亲民尚和图"。这些"尚和"做法在调节利益关系、协调社会关系、形成稳定的基层社会状态中发挥了重要作用,为基层社会治理创新发展提供了有益探索。

四、中华优秀传统文化蕴含的"法治"思维是基层社会治理的重要手段

中国古代关于"天""道""理"永恒的思想、"祖训"至上的习惯思想及以"礼"为表征的行为规范思想,均以不成熟的"法治思维"雏形的方式表达了我国古代社会成文法与不成文法对当时社会的控制。马克思主义认为,人的思维是在实践活动中产生发展起来的。事实上,当人们赖以生存的经济基础不足以孕育出成熟的法治条件时,反映到人们思想观念上的,就只能是作为"法治思维"雏形的一种存在。"作为雏形,反映在中国古代社会所表现的'法治思维'是不成熟、不完整的,但不可

否认其已经具有'法治思维'内涵的最基本的元素。"[11]奉法者强则国强,奉法者弱则国弱,习近平总书记强调"各级领导干部要对法律怀有敬畏之心,带头依法办事,带头遵守法律,不断提高运用法治思维和法治方式深化改革、推动发展、化解矛盾、维护稳定能力"[12],要"善于运用法治思维、法治方法谋划和开展工作"。基层社会治理亦是如此,我们要运用好法治思维谋划基层社会治理全局,把法治思维贯穿到基层治理全过程、全方面,始终坚持以法治理念、法治精神思考问题,用法治方式、法律规则处理问题,营造办事依法、遇事找法、解决问题用法、化解矛盾靠法的浓厚氛围。

如今,运用法治思维谋划基层治理工作,用法治方式校准基层治理实践,用法治手段破解基层治理难题已成为浙江基层社会治理与群众生活的流行方式。2018年10月,浙江省委全面依法治省委员会办公室成立,标志着"法治浙江"建设进入新阶段、驶入新跑道。桐庐县从法治建设最薄弱环节入手,以分水镇一支队伍执法改革为抓手,理顺部门和乡镇执法职能边界,建立了县乡案件移送、执法联动制度,创新构建乡镇治理新模式,极大地提升了乡镇依法治理水平;玉环市开设"星星点灯"普法课堂、实施"普法阳光"工程、送戏送法下乡普法宣传、设立法律图书角……将浓厚的法治氛围渗透到村民生活的点点滴滴中;湖州市吴兴区注重弘扬法治精神,深化法治教育,开展领导干部任前法律知识考试、政府部门负责人述职述法、农村"依法信访"主题宣传月等活动,建立中小学"法治四有"教育机制,设立企业"法律咨询台",依托"警务广场"等平台在群众中普及法治理念。可以说,从全国首个"村务监督委员会"、全国首个法治指数、全国首个网络司法拍卖平台、全国首个法治文化礼堂到全球首个互联网法院,坚持运用法治思维和法治方式解决矛盾和问题,已经在浙江基层社会治理中开出创新之花。

五、中华优秀传统文化蕴含的"乡贤"思想是基层社会治理的不竭动力

传统乡贤文化是自秦汉以来为了表彰乡贤的事迹和精神、激励后人而自觉形成的一种文化形态,它植根于乡土乡村,蕴含见贤思齐、崇德向善等优秀文化基因,是中华优秀传统文化在乡村的重要表现形式。"乡贤"一词始于东汉,是当时国家对有作为的官员,有崇高威望、为社会做出重大贡献的社会贤达去世之后予以表彰

的荣誉称号,后来指的是饱学多才、德高望重,在当地具有极大的影响力、为一方百姓做出了重大贡献的乡野贤良之人。"郡书赤矜其乡贤,美其邦族。"(《史通杂述》)中国传统社会"皇权不下县"的政治传统使得乡贤成为中国传统农村自治社会中主要力量和主导群体。随着社会经济的发展,"乡贤"被赋予了新的含义,如今将那些德高望重的退休还乡官员、耕读故土的贤人志士、农村优秀基层干部、家乡的道德模范和热爱家乡、反哺桑梓的企业家等榜样人物、先进人物、精英人物等称为"新乡贤"。"新乡贤"实际上是对中国传统社会乡贤思想的继承和继续发展。

在新时代,我们要继续传承和创新传统乡贤文化,在基层社会治理中要让乡贤参与乡村治理,优化多元共治格局。在这方面,浙江深挖乡贤文化底蕴,凝聚乡贤力量,成功搭建了乡贤反哺家乡的桥梁,擘画了新时代乡贤投身家乡基层社会治理的"贤治图"。比如,瑞安市陶山镇在新乡贤资源库的基础上,镇级成立乡贤联谊会,村级实行"村两委＋乡贤参事会",组织新乡贤参与到纠纷调解、助危扶弱等基层治理工作中,拓展延伸出了以贤政、贤资、贤智、贤调为主要内容的"贤治",成为"三治融合"的有益补充;德清县发展乡贤参事会,并出台了国内首个《乡贤参事会运行地方标准》,以"村事民议、村事民治"为导向,打通了乡土社会与现代社会的有效衔接,推动了政府治理与村民自治的良性互动,使得"小事找乡贤,大事找政府"的理念深入人心,有力地构建了社区社会组织参与基层社会治理新格局;缙云县把乡贤融入农村社会治理工作,让乡贤参与公共事物决策咨询、基层协商民主建设,积极构建县、乡镇(街道)、村(社区)三级联动的乡贤联谊机制,创新出以群众自治为主体、乡贤参与为轴心、柔性治理为统领、政府引领为支撑的全新农村基层社会治理模式;绍兴市柯桥区夏履镇积极实施"乡贤＋"工程,广泛发挥乡贤优势,开展义诊、义教、义捐、义工、义演、义调等"六个义"活动,打造夏履"贤公益"品牌,努力探索基层社会治理新模式。在新时代,我们要更加注重发挥"乡贤"在基层社会治理中的作用,这不仅有助于激发新乡贤参与家乡建设的热情,而且对于实现乡村产业振兴、涵养乡风、化解矛盾、提升治理水平等方面都具有重要作用。

总体来说,浙江省在推动基层社会治理过程中已经总结出一套行之有效的方案,积累了若干有益的经验和好的做法。包括金华市率先深化完善村务监督制度的"后陈经验";湖州市助力乡村善治的"两山理论";嘉兴市以自治内消矛盾、法治定分止争、德治春风化雨的"三治"融合模式;宁波市第三方医疗纠纷调解"宁波解法";温州市打通基层治理"最后一米"的"全科网格"建设;杭州市大数据时代的"在线矛盾纠纷多元化解平台"等。但是基层社会治理创新永远在路上,今后应继续深入挖掘中华优秀传统文化蕴含的思想观念、人文精神、道德规范,结合时代要求继承创新,实现基层社会治理自治、法治、德治的有机融合,加快推进基层社会治理体系、治理能力的现代化,以绣花功夫努力"绣"出浙江基层社会治理的锦绣"华服",为新时代中国基层社会治理提供生动的"浙江"范本。

参考文献:

[1] 习近平.基层治理的关键就是加强党的领导[N/OL].[2020-07-24].央视新闻网,http://www.12371.cn/2020/07/24/VIDE1595556601582917.shtml.

[2] 习近平.在全国宣传思想工作会议上发表的重要讲话[N/OL].[2018-08-21].中华人民共和国国家互联网信息办公室,http://www.cac.gov.cn/2018-08/22/c_1123311137.htm.

[3] 习近平.习近平谈治国理政[M].北京:外文出版社,2014:171.

[4] 习近平.加强党的政治建设要紧扣民心[EB/OL].[2018-07-01].搜狐网,https://www.sohu.com/a/327438315_252318.

[5][6] 本报评论员.多用情 多用心 多用力[N].人民日报,2020-04-06(1).

[7] 徐小跃.仁爱思想:中华民族最深沉的精神追求[J].唯实,2014(1):81-84.

[8] 习近平.在会见第四届全国道德模范及提名奖获得者时发表的重要讲话[N/OL].[2013-09-27].新华网,http://www.xinhuanet.com/politics/2013-09/26/c_117526476.htm.

[9][10] 习近平.干在实处 走在前列[M].北京:中共中央党校出版社,2006:295-296.

[11] 李瑜青."法治思维"的核心内涵:兼论中国古代何以存在"法治思维"雏形[J].社会科学辑刊,2016(1):72-77.

[12] 习近平.加快建设社会主义法治国家[J].求是,2015(1):3-8.

【作者】

杨亮,浙江中医药大学马克思主义学院副教授

嵌入性视角下基层党建社会性功能开拓的路径探索

——基于 Y 市 T 社"党建＋社工"模式的案例分析

陈　君　林婷婷

一、问题的提出

改革开放四十周年之际,随着新时代社会建设的推进,当前的乡村社会正在逐步打破传统封闭的发展模式,呈现出日益开放、流动、多元的趋势,基层群众的个人身份、家庭情况、职业结构等也日趋多样化。面对这种情形,传统垂直的行政调配方式机械呆板的属性愈加显露,无法满足社会发展的前进方向。而政府购买服务的专业性社会组织的出现解了此时的燃眉之急。但同时,大量这些基层社会组织的党建工作成为难点和空白。作为党的群众基础的新生长点,拓展社会组织党建工作,是党在当前形势下社会性向度的积极探索,对于大力提高执政能力、巩固党执政基础、打造新时代共建共治共享的社会治理格局具有重要的意义。正如党的十九大报告所强调的,要把包括社会组织在内的基层党组织建设成为宣传党的主张、贯彻党的决定、领导基层治理、团结动员群众、推动改革发展的坚强战斗堡垒。但是在当前基层社会组织中沿用传统党建的工作手法已不合时宜,应充分考虑其组织特性,拓展基层党组织社会性功能,创新党建工作机制。

本文的研究对象——Y 市 T 社,采用"党建＋社工"的新型模式为"探索创新基层党组织的发展"这一领域的探讨提供了契机。T 社是成立于 2013 年的一个非营利性的、非政府性的专业社会工作服务机构。其成立多年来,持续吸纳各类社工、义工,壮大服务队伍,拥有"党员社工＋党员义工"2136 名(包括义工库外)。针对本辖区的群众开展社区矫正、老人关爱、失独家庭帮扶、青少年各类教育、低保家庭关爱、社区亲子活动等免费服务,活动内容日趋丰富、社会工作专业化性强,在本土基层社会中反响热烈,并入选由国家开放大学社会工作学院和《公益时报》社联合举办的"2017年度百强社会工作服务机构"百强榜单。此外,T社设有自己专属的党组织,探索"党建社工邦",联动本地各党支部,定期开展党员活动,逐步形成"党员+社工+义工"的运行态势,实现理论学习与实践活动的双重推进。作为浙江省首批本土社工机构之一,T社不仅强化服务深层供给,本地基层党员以此为发展基地和中枢中心,用专业社工手法,为本地群众提供专业、多元的服务,推动建立嵌入的社会结构和社会环境,对巩固党在农村的执政地位发挥着重要作用,也对整合社会资源,重建社会公共精神给予了有力的能动支持。

二、理论回顾及其述评

(一)嵌入性理论

嵌入性理论最早由 Polanyi 在 *The Great Transformation* 一书中提出。用来分析人类经济行为与非经济的社会关系和社会结构之间的关系。其后,Granovetter 认为嵌入性理论包括关系嵌入性和结构嵌入性框架,是连接经济学、社会学与组织理论的桥梁。Zukin 和 Dimaggio 则对其思想进行了拓展,提出嵌入性分为结构嵌入性、认知嵌入性、文化嵌入性、政治嵌入性四种。政治嵌入性是指行为主体所处的政治环境、政治体制、权力结构对主体行为形成影响。这些都对本课题的理论分析起到了一定的参考作用。此后,关于嵌入性问题的描述与表达不断在经济社会学、管理学中继续演化。Andersson、Forsgren 和 Holm 的业务嵌入性与技术嵌入性都为本研究分析框架的构建给予了一定的启示。

而在当前与本课题研究相关的文献中,将嵌入性用于探讨社会工作、社会组织的也多为宏观理论视角。如王思斌运用嵌入理论指出,专业社会工作是从政府主导下的专业弱自主性嵌入状态走向政府与专业合作下的深度嵌入。另外也有少量从嵌入理论出发以实证个案方式探究社会工作的微观变化,朱健刚等人揭示了专业社工以政府购买服务的机制嵌入原有的行政社会工作之后,对街区原有治理主体形成的适应和挑战的过程。[6]这些文章对本文的研究都有一定的启示作用。

(二)基层党建的社会性构建

从党的社会性功能方面入手的现有文献研究里,有些强调政党社会性构建的内涵与重要意义,如宋效峰、刘勇强调政党的社会性向度,要求政党自身不断地向外延扩展,保持并优化与社会的多维关系。有的则提出了社会性构建的思路,倪明胜认为政党社会整合将会日益注重制度整合功能的发挥、利益整合功能的发挥、执政有效性资源的聚合与再生以及执政的包容性与公共性。彭勃、邵春霞分析了不同时期执政党运用基层组织嵌入社会的方式,并认为应通过动员、组织、利益聚合与协调等培育和统筹发展多重政治功能。王云骏则强调当前建设的重点在于增强党的社会性功能。这些都为本课题的个案研究与理论的结合拓展了写作视野。但包括以上这些研究在内的多数文献都仅停留在理论意义与方法论证的探讨上。当然,也有少量学者站在实证分析的立场,分析当前执政党社会性功能发挥。如石国亮、廖鸿于 2012 年发表的《社会组织党建的现状、难题与对策》。

综上所述,党建社会性建设的研究分析中,以实证分析方式切入的不多,以个案的研究方式阐述的则更少,而采用嵌入性视角的现有文献则更多地从社会组织本身以及政府与社会组织之间的互动角度出发,从执政党的社会性功能建构视角出发更是不多见。另外,"党建+社工"的模式虽然在深圳、武汉等地得到有益的探索性尝试,但对于广袤乡村而言,它又是陌生与新鲜的,它的出现与有效运作无疑给了当前本就充满各种复杂矛盾、需求关系的基层党建工作提供一种新的可能性。本课题正是基于这一思路开展的研究,具有较高的现实与学术的双重价值。

三、从嵌入到耦合:T 社"党建+社工"模式的动力机制与推进逻辑

T 社"党建+社工"模式是党建嵌入性工作的一种新型探索和有益创新,也是"党的部门和党的建设与社工机构和社会工作相互之间的理性选择"。作为党在基层社会性功能开拓的关键抓手,2014 年 T 社成立了党支部,2016 年建立党建社工邦机制,并以"党建专业化,党员社工化、义工化,社工义工党员化"为方式,集结当地各个党支部力量,开展各项联合活动,逐步形成了具有当地特色的服务性党建品牌。目前已有专业顾问督导有 5 人,专职持证社工 16 人,各类会员接近 1300 人,

在册义工 2354 人,累计参与活动党员达 2000 余名,其中入义工库的党员义工有 398 名,开展了项目服务内容涉及 71 项,并以服务公益积分为抓手,成立了党员服务驿站,现在册党员累计服务时数达 13900 多小时。

这一年轻的党建品牌发展得如此迅猛,和它内部的运作模式关系甚大。T 社的出现本身就具有特殊的意义。它是由当地党委引进培育的第三方专业社工服务机构,致力于政府购买服务项目的实际操作,旨在优化发展环境,提升公共服务品质。在这个过程中,T 社与政府部门之间带有明确的契约合作关系。而这种关系在"党建＋社工"的模式下以一种更为柔和的互嵌方式在运行中优化与发展,并催生而成丰富的动力机制与推进逻辑。

(一)制度的嵌入,明确行为导向,提供有效运行保障

制度的有效嵌入指明了社会组织党建工作的方向与准则,进而保证党建与社会工作有效衔接和良性互动的路径推动。为推进"党建社工邦"工作更加有序地开展,T 社在实行"党建＋社工"购买服务机制的基础上,建立了较为完备的工作制度。

1."立体型"领导协调机构的组建

在当地党委政府的推送之下,成立了以当地主要领导担任组长、相关责任线上领导为副组长的工作领导小组。而领导小组下设办公室和工作服务平台,对"党建社工邦"活动的实施进行统一的组织领导和工作协调,加强对活动内容、活动形式、活动主题等方面的指导,并通过在各支部成立联络点,指定联络员,组建微信群、QQ 群,形成三级联动网络(见图 1),确保工作落实到位,责任到人。目前,共设置联络点 55 个,联络员 72 人。

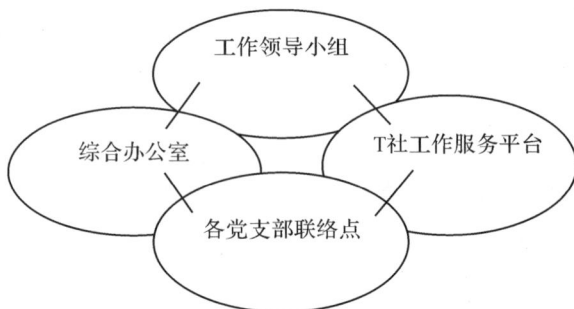

图 1　三级联动网络图

2.“多维度”考评体系的形成

(1)任务分配梯度化。为进一步完善考评机制,将 C 镇下属党支部基本 Y 市其他地区的党支部参与“党建社工邦”众筹服务主题活动进行分梯队安排,规定四星级及以上党支部的活动选题不少于 6 个,三星级及以下的支部活动选题不少于 3 个,根据各支部参与活动的次数,折算成“堡垒指数”加分项。(2)先锋服务积分化。实施楚洲先锋服务积分制办法,制定并落实《发展党员社会服务积分制》,依托 T 社平台,将年初制定的服务项目进行积分量化,由入党积极分子、发展对象、预备党员进行自由选择参与服务项目,完成服务项目后获得该项目的分值,严格把好党员发展“入口关”,保持党员队伍的先进性。党员参与志愿服务,从事义工服务,按每小时折算入“先锋指数”加分项目;同时,设计党员义工积分卡,根据服务内容、服务时间进行登记,对预备党员和入党积极分子,规定每年活动不少于 10 分。(3)考核评优常态化。对各党支部开展“党建社工邦”情况实行每季度通报,每年表彰奖励一批先进党组织和党员先锋义工,把各支部协同开展的工作落实情况作为各支部年终考核评定和评先评优的重要依据,通过捆绑的方式,构建起了有效的工作考评体系。

3.党建人才库的建立

首先,T 社在当地党委的要求下,成立党员服务驿站,搭建由 C 镇党员、预备党员、入党积极分子组成的先锋义工数据库,形成党员密切联系群众、专业化服务社会的“益平台”。访谈对象 D 姓女士(27 岁,大学生村官,2015 年加入 T 社义工队伍),她感慨地谈道:“加入这个团队后,在那边社工的帮助下,我参与了很多次结对帮扶之类的服务,也慢慢地积累了沟通的技能,现在处理村里各种事情的时候,学会用社工的办法主动去对待处理,比如怎么谈话更合适,村民也更信任我了,而且事情做下来比较顺利,收获挺大。”

同时,天宜“欢乐义工”俱乐部吸纳包括天宜会员中的高校学生、心理咨询师、医生、老师、小义工等社会各界爱心人士在内的社会义工,发挥专长专能,根据服务内容需要针对性地安排敬老、助残、环保、医疗、兴趣社团和公益宣传等义工服务,团结社会的各界力量,众筹党建资源。访谈对象 L 男士(45 岁,医生,2016 年加入 T 社义工队伍)谈道:“有位社工朋友找到我,参与了挺多次‘彩虹桥计划’,给几位困难老人家庭定期做身体检查和免费理疗服务,和社工们一起给老人整理整理房间、聊聊天，原先对社工的这些工作不是很了解，现在自己参与进来才切实体会到，我也会经常拉动身边的同事参与，挺有意义的。"

4. 党建服务项目菜单的贴心制定

T社根据C镇以及Y市党委政府的工作要求和群众需求，在充分调研的基础上制定年度党建服务项目菜单，调查研究在前，制定计划在后，然后再上报项目计划书给政府部门进行讨论，至今提交的计划报告书有53份，被肯定通过的有48份。内容涵盖"扶工助企、创业强村"党员技能大比拼、"红五月"先锋在行动、环保健康行、义工知识技能基本法、心理分析与社交技能培养、社区化改造和村（居）服务提升、大学生创业、孤寡老人帮扶、青少年心理服务、妇女儿童服务等。接着，各村（居）、两新组织党支部及党员根据菜单内容及自身所长选定主题，在T社的指导策划下，按要求组织支部党员、预备党员、发展对象、入党积极分子开展各类公益服务及技能培训活动。T社通过这一方式，先后联合蒲田村、雷安电气、山北村等多个党组织开展联合党建活动，发挥政党撬动社会的"杠杆"效应，借此促进社会资源的自我优化。而除了有目的性的定期调研外，党建项目的来源还广泛汲取了日常活动开展中的各类问题信息，在党员与社工合力的作用下，形成私人订制的党建项目攻关工作。目前已收集了村居"短板"问题223个，并通过党建"社工邦"组织平台，发动党支部和党员力量解决了56个。

5. 运行资金链的常态保障

在先后投入80万元加强天宜党员活动阵地建设的同时，当地政府每年提供100万元的资金，保障T社党建工作的日常展开，并配合政府购买服务的力量，每项工作开展都有配备合理的预算报备机制；同时鼓励和引导企业等社会资金的注入，2017年，企业商家共捐赠约42万元支持T社各类公益性事务开展，这也成为工作开展的另一个重要资金来源。

（二）关系的嵌入，众筹党社资源，达成耦合共生

"党建＋社工"架起党社之间合理的交往行动模式，被投注了诸多执政党动能的培育与社会能量共生共建的期许。而这种期许确实有迹可循。在T社"党建社工邦"机制的开展中，党建工作与T社日常事务性工作互嵌互融，社工、党员、义工三种不同的身份形成了一个特殊的互嵌关系：社工义工党员化，党员社工化、义

工化。

首先,"社工"发挥统筹和引领"党员义工"作用。"社工"把自身专业社会工作的能力投射到日常党建工作中,指导基层党组织运用社工专业方法开展党建项目,全方位多渠道组织党员义工参加专业社工技能培训和各类志愿服务活动,为党组织和党员活动提供共享平台,促进党员义工服务向专业化和项目化方向发展,让党员义工以更专业的方式参与社会治理,提升党组织和党员为当地居民服务能力的精准度与人文性。

其次,党建组织对专业社工和优秀义工的吸纳。专业社工和优秀义工通过"党建社工邦"机制下的充权、赋能,培育政党的主体认同意识,提升参与的专业技能和素质。已是党员身份的社工、义工在无形中加强政党认同,而对那些暂时还徘徊在执政党外的优秀义工人才,可在合适时机将其列为入党发展对象,鼓励其向党组织靠拢。在 T 社社工队伍中,16 名专职社工里有正式党员 6 名,预备党员 3 名,入党积极分子 4 名。在登记入库的 233 名非党员义工队伍里,有 28 名已经发展成正式党员,17 名预备党员,19 名入党积极分子。

这些已经或者即将加入执政党大家庭的一员在日常工作中充当了政党力量基层治理的实践代言人,被赋予了重要的社会使命。他们在社工与党员身份间自主切换,便利地发挥党员先锋模范的实效作用的同时,趁职务之需更广泛地了解本地基层社会的群众需求,更深入地掌握相关社会的动态发展,并根据社工的身份做好基层社会服务工作,满足公共服务个性化、差异化需求,深化两者的义务与理念融合。

最后,"党员义工"落实"党员社工"工作。"党员义工"是"党员社工"工作的基础,承接着"党员社工"具体操作,致力于"服务对象弱者化""服务范围扩大化""服务内容专业化",并根据活动长效机制的需要开展专业小组工作、个案社会工作、深度社区工作三方向的操作。发挥当地党员的先锋模范作用,引导他们参与到 T 社所引导的各类活动中,义务性地为当地居民服务,发挥各自所长。形成包括党员网络、党员干部网络、基层组织网络、地方网络在内的庞大组织系统,促进政党意志与社会需求的双向嵌入,推进党建专业化的发展。

由是观之,"党员义工"和"党员社工"相互促进、互为补充,形成资源和人员循环互动。就党员自身的身份而言有着特殊的号召力量,它作为政党力量的代表元素嵌入社会组织内部,能够激发和鼓舞组织里的其他非党员社工、义工投入更多的工作力量与热情;同时,T 社针对性地运用同质家庭、朋辈群体和社会"三张支持网络",有效吸引众多"挂名型"党员、"口袋型"党员、"隐身型"党员的集聚参与,不仅破解了零散党员和流动党员教育管理难题,同时还在互动融合中,执政党与社会组织间形成一种"共振效应",达成从嵌入到耦合的默契,促成弹性灵活、信任互助、资源共享、平等协商的政党与社会合作治理行动者系统的形成。

(三)功能的嵌入,拓展党建范围,密切党群关系

党建工作的推进并非形而上学地自卖自夸,必须将其放到社会环境中进行开放性审视和检验,以社会舆论的支持认同对基层党建功能的发挥形成反向助推。"党建社工邦"其"党建+社工"的组合拳,通过一系列具体活动的落实,拓展党建范围,将政党赋权与社会增能的功效不断发酵。具体而言,"党建社工邦"主要针对三大类目标展开:党员和义工的服务、群众的个性化需求服务、特殊群体的矫正服务。

1. 党员和义工的服务

(1)政治知识的培训学习。结合基层党组织集中活动日、"三会一课"等学习机会,通过"两学一做""十九大理论学习"等学习教育活动,并依托镇村两级党建资源,利用移动"心"远教、微信公众号"手机党课"推送等灵活化方式,定期组织开展党员义工骨干的党务知识培训。采用"政治学习+先锋活动"模式,学习党章党规,实地参观爱国主义教育基地,进一步增强党员的党性观念和服务意识。邀请老革命、老党员讲党史故事,以及组织青年党员开展"学雷锋"系列活动。

(2)专业工作技能的学习。T 社以农村党务工作者培育工程为抓手,运用社会工作的专业方法,以"启能—培能—展能—传能"为路径,孵化发展村居党员领袖,开展先锋义工服务工作。如邀请香港、台湾等资深社工为村居、两新党组织书记面授"罗伯特议事规则"等社工思维及工作办法,加强专业服务技能。并成立先锋义工种子加油站,采取工作坊、小组培训等方式增强义工队伍的综合服务能力,形成自主高效、协作互助的服务团队。

2. 群众的个性化需求服务

(1)青少年服务。为学龄与低龄儿童、青少年开展多彩公益兴趣班、"青春变奏曲"青少年生命教育、月月探索之旅、会员生日会、玩具图书馆等免费项目。

兴趣班内容涉及小提琴、竹笛等 8 个乐器类兴趣班以及手工班、武术班和正常

的学校课程辅导等青少年活动。截至 2017 年 12 月,共有会员 1278 人,2017 年新增会员人数为 323 人,其中外来会员为 64 人,属于单亲、低保的会员人数为 37 人。每年提前通知开班信息,通过家长上报的申请表进行合理筛选,优先选择家境困难,家庭情况特殊、留守儿童、有性格障碍儿童,并根据服务对象的时间一年安排 3—6 月、7—8 月、9—12 月共 3 期活动。而考虑到 7—8 月是暑期,另开设 3 期夏令营活动、青少年乒乓球赛、一月两次手工坊活动。并与台州职业技术学院等高校合作,参与此类公益课程教导工作。针对学龄儿童,2017 年天宜服务社共服务 2513 人次。

此外,"青春变奏曲"青少年生命教育项目是 T 社持续数年的一项服务项目。社工、义工入校提供公益心理卫生健康课程和讲座,定期组织社区活动,对接需要心理辅导的个案(到目前为止有 11 个),为心理老师提供支援,同时在机构开设心理咨询室作为驻扎点,提供个案咨询和辅导服务。另外,T 社还协助试点学校组建校内青春健康俱乐部,培育骨干学生自行运作俱乐部。

(2)长者服务。健康知识宣传上,通过"小屋大爱"——基层公共卫生医社共建服务项目,建设健康小屋,购买医疗仪器、健康刊物,进行不定期的健康宣教、义诊、讲座及体检,为老年人提供服务。健康宣传活动累计开展 12 次,共服务 900 多人次。此外,由 T 社与 Y 市疾病预防与控制中心联合成立慢性病自我管理小组,实现社工与医生义工的有机结合,影响带动更多的人参与到慢性病自我管理当中,已服务 300 余人。另外,还通过与医院的合作开展高血压游园活动、糖尿病宣传活动等丰富的健康知识宣讲活动。

业余活动开展上,通过手工坊、柔力球小组等兴趣活动、"书画展""长者欢聚会""长者义工队中秋欢聚活动""孤寡长者重阳节欢聚活动"等活动,提升老人幸福感。2017 年,分别组织 3 次外出活动,服务 150 余人次。成立太极拳协会、电影协会、老年合唱团、戏曲协会、象棋协会等,丰富老人生活。

困难老人关爱上,开展"阳光行动"空巢长者居家探访服务,整合有领袖气质的社区党员力量,组织发展专长义工,提供长期连续的老人居家服务,累计服务 90 人次。针对失独老人、残疾老人、困难老人开展"彩虹桥"孤寡长者党员义工结对帮扶计划(目前为 29 人),帮助孤寡长者重构社会支持网络。

(3)妇女服务。开展"悦活女性"等系列妇女平台,为在家妇女开展创业、美容、养生等知识学习,增加女性就业机会,调节妇女身心健康。另外由 C 镇政府转介,为遭受家庭暴力的妇女、身心健康出现障碍的妇女提供法律援助、心理疏导以及看护治疗,宣传女职工劳动保护相关知识,提高女性同胞的维权意识。如 2015 年至今,由 C 镇转介,由天宜服务社党员义工与社工为一位智障少女提供日常生活服务的跟进个案,持续为该女子提供生活关爱。

(4)亲子服务。"快乐一家"亲子俱乐部为社区青少年及其家庭提供丰富多彩的亲子文化活动,促进家庭沟通和互动,营造温馨、和睦的家庭氛围。结合青少年会员的情况,亲子俱乐部定期开展各类亲子活动,如喜阅岛计划、亲子工坊、亲子户外行等,丰富亲子业余生活,促进亲子关系健康发展。

3.特殊群体的矫正服务

T 社矫正项目服务内容包括风险评估与个案辅导、家访或社区探访、社区教育学习及社区公益服务等方面。通过"一对一"的贴心辅导,引导服刑人员参与社区公益活动改造自身。目前,建档在册的社区服刑人员有 53 人,社工已经对其中 47 人进行过至少一次风险评估,其中有 5 人需要社工开展个案服务,持续在跟进。截至目前,社工的家访累计 117 人次。此外,社工每月会策划和安排各类社区教育与学习的活动、社区公益服务,社区服刑人员可以根据自己的身体状况、时间安排等,进行自主选择。目前,共有 130 人次参与社工组织的教育学习和公益服务。具体的社区矫正项目的开展情况可见表1。

表 1　社区矫正项目的开展情况

服务类型	服务时间	服务内容	备注
风险评估与个案辅导	服刑人员入矫、解矫与矫正期限内分别三次	根据社区服刑人员的个别化情况,结合犯罪原因、心理类型、现实表现等,进行综合风险评估	共计 53 名左右社区服刑人员
家访或社区探访	每月	定期对每个服刑人员提供上门家访或社区探访服务,动态跟踪他们在社区和家庭的适应情况	
社区教育学习	每月一次	学习手工制作、烘焙、亲子活动、户外拓展等	
社区公益服务	每月一次	播放电影并维持放映室的秩序、每晚整理玩具图书馆及维持文化城的卫生、协助活动的开展、爱心车队服务等	

通过"党员＋社工"模式开展的这些活动,执政党传达并统摄自身意识形态,借

助"党建社工邦"的活动,盘活基层资源,发挥功能嵌入的多效意图,增强执政合法性社会资源获取。

四、发展中的困惑与释困机制的有益探索

虽然,"党建＋社工"的形式契合当下政党建设的需要,创造了新的联系渠道,开发了新的政治资源,在重建和夯实群众力量,优化社会职能方面确有不小的成绩,使执政党拓展基层社会性功能的努力呈现另一种可能性,但在同时,发展之中的短板也浮出水面,对建立常态化的这一新型党建模式产生了阻力和障碍。

(一)发展中的困惑

1.党员义工入库率较低,义工队伍结构不够多元化

当前,党员义工的入库率并不高。在镇辖区的2136名党员中,加入义工库的党员有398人,天宜服务社义工总数631人,真正党员入义工库的人数比例为18％,比例不高,其他的党员、发展对象以及入党积极分子虽然也被纳入义工队伍组织的安排中,但并未真正入库,这就间接影响党员义工队伍的长效建设工作。从党员占比情况来看(见表2),绝大多数党员义工的身份从属于机关及新社会组织,或是从外地转入的流动党员,村级基层党组织的党员较少;从类别上来看,机关党员加入义工的比例高达55％,其他两类都少于10％,而其中农村党员的比例最低;从年龄来看,20—40岁的党员占比最高,所以党员义工队伍在组成上不够多元化,特别是农村党员力量的发挥有待加强。

表2　党员占比情况

党员类别	20—40岁党员	加入义工数	40—60岁党员	加入义工数	70岁以上党员	加入义工数	总数	占总比
机关党员	89	52	52	35	16	0	157	55％
农村党员	531	63	459	26	386	0	1376	6.5％
两新组织党员	329	35	274	13	0	0	603	9.8％

2.社工人才存在流失

首先,受社工薪酬普遍性资金给付标准僵化、总体水平偏低、福利结构的缺失等外生性条件的约束,出现社工工资收入水平不一,住宿、公共资源的获取不足等问题。目前,T社社工专业本科刚毕业持有社工证的人员工资是税前3000元左右,整个机构社工工资水平在3500—4000元左右,属于整体偏低的水平。而在缴纳五险一金的个人部分后,剩下的收入不高。同时因为基层环境的外部性要求,如要求懂方言等,为留住社工,更多倾向于招聘本地社工,且为了招工顺利,在专业要求上也降低了要求,这又限制了社工专业工作的展开。目前,T社社工人才队伍中,本地人占有80%。而很多社工在培养的过程中,掌握实践技能与经验的同时,也有不少选择跳槽。因此出现"虽然一直在招聘社工,但是一直招不到合适的人"的情况。

3.党员的参与度还有待提高

一方面宣传力度还不够,知晓面不广,还没有引起广大党员的重视;另一方面受自身专业技能的限制,很大一部分党员(特别是农村党员)认为自己没有专业特长,缺少为群众服务的技能,加入义工也发挥不了作用。在两新党组织中,部分非公企业主对在其企业中建立党组织的目的、意图和作用缺乏了解,认为在非公有制企业中设立党组织既不会给企业带来经济利润,还要浪费时间去开展一些党建活动,影响了生产,因此,对开展党建工作不理解和不支持,这就导致在非公企业中建立党组织、发展党员和开展党的活动有一定难度。

(二)困惑如何解除的启示

1.继续深化党建社工邦日常工作

按照社会组织党建新要求和针对当前存在的问题,今后的工作中持续将专业社工"芯片"嵌入到党建工作中去,继续拓展社工、义工工作范围,密切联系群众与提高社工的地位,使更多的社会群体受益,提升"党建社工邦"的社会知名度,消除对党建工作的误解,进而积极融入义工队伍,加强政党认同,推动社会合力攻坚。

2.完善制度建设,破解社工职业定位模糊认知

多元化增加社工的收入,扩大社工招收面。吸纳更多有识之士加入社工队伍,赋予社工福利获取权力,提升薪酬方式的多元筹资与梯度保障,拓宽社工机构的资

金来源渠道以及社会资源准入渠道,合理拉开内部差距体现激励,完善绩效考核机制,明确社工晋升渠道,提供向上升值空间与升职加薪的可能性,不断优化社工人才发展的制度环境,减少职业社工流失。

3.做好宣传和激励,完善义工培养机制

加大宣传"党建社工邦"的基础工作,并不断吸纳各行各业的人才,加强系统培训,扩大义工身份的认知;同时,继续深化义工的积分制探索,激励社工工作热情。另外,发挥先锋义工的辐射带动功能,做好评优选贤,增强集体荣誉感与个人责任感。

参考文献:

[1] 亨廷顿.变化社会中的政治秩序[M].王冠华,等译.上海:三联书店,1989.

[2] 王云骏.执政党的社会性功能及其建构[J].南京大学学报(哲学·人文科学·社会科学),2015,52(4):132-139,160.

[3] 王邦佐,等.执政党与社会整合:中国共产党与新中国社会整合实例分析[M].上海:上海人民出版社,2007.

[4] 尹德慈.中国民间组织发展与党的执政方式研究[J].探求,2004(3):9-16.

[5] 柳亦博.论合作治理的生成:从控制、竞争到合作[J].天津社会科学,2015(3):92-95.

[6] 马庆钰."十三五"时期我国社会组织发展思路[J].中共中央党校学报,2005(2):58-64.

[6] 朱健刚,陈安娜.嵌入中的专业社会工作与街区权力关系——对一个政府购买服务项目的个案分析[J].社会学研究,2013,28(1):43-64,242.

[7] 中共福建省委党校课题组,游龙波.社会组织党组织建设与加强和创新社会管理研究——以福建省为例[J].中共福建省委党校学报,2013(6):30-37.

[8] 王向民.分类治理与体制扩容:当前中国的社会组织治理[J].华东师范大学学报(哲学社会科学版),2014,46(5):87-96,180-181.

[9] 王玉云.政党治理视阈中的基层组织形态及其影响力[J].中共青岛市委党校.青岛行政学院学报,2011(3):34-37,49.

[10] 中国共产党第十九次全国代表大会文件汇编[M].北京:人民出版社,2017:52.

[11] GRANOVETTER M. Economic action and social struc-ture:the problem of embeddedness [J]. American journal of sociology,1985,91(3):481-510.

[12] 王志华.论政府向社会组织购买公共服务的体制嵌入[J].求索,2012(2):66-68.

[13] 兰建平,苗文斌.嵌入性理论研究综述[J].技术经济,2009,28(1):104-108.

[14] 王思斌.中国社会工作的嵌入性发展[J].社会科学战线,2011(2):206-222.

[15] 朱健刚,陈安娜.嵌入中的专业社会工作与街区权力关系:对一个政府购买服务项目的个案分析[J].社会学研究,2013,28(1):43-64,242.

[16] 韩慧,臧秀玲.国内学界关于政党与社会关系的研究述评[J].济南大学学报(社会科学版),2015,25(2):54-60.

[17] 王杨.结构功能主义视角下党组织嵌入社会组织的功能实现机制:对社会组织党建的个案研究[J].社会主义研究,2017(2):119-126.

[18] 蒋俊明,凌霄.社会转型背景下党的社会性功能建设[J].社会主义研究,2017(4):65-72.

[19] 张书林.新时代基层党建创新:困境与路向[J].理论探讨,2018(1):134-140.

【作者】

陈君,中共玉环市委党校讲师

林婷婷,中共玉环市委党校高级讲师

基层政府数字治理的实践逻辑、困境挑战与优化策略

沈费伟　叶温馨

一、问题提出与研究述评

基层政府是国家权力执行的末端,由于包含国家权力与人民利益、历史传统与时代进步、技术理性与价值理性等矛盾与冲突,使得基层政府治理成为学界最富生命力与实践意义的研究主题之一。当前学术界关于基层政府治理研究主要集中于城乡一体化建设、基层民主推进、基层政府治理所面临的传统困境等方面,而有关基层政府数字治理的研究相对较少。从实践层面来看,当前我国数字治理应用主要集中于地市级以上城市,基层数字治理发展严重不足,存在着基层数字鸿沟加剧农村治理成本、村民无序参与治理引发社会纠纷等现实困境。由此可见,加强基层政府数字治理不仅是信息时代对公共管理体系与时俱进的必然要求,也是当代政府对公共管理价值理念的理性回应。在此背景下,2017 年国务院办公厅印发的《关于加强乡镇政府服务能力建设的意见》指出,应通过推广数字智能终端等新型载体、灵活运用宽带互联网和物联网等手段,同时积极应用大数据、云计算等先进理念、技术和资源,提升乡镇公共服务智慧化、网络化水平,实现基层政府数字治理发展。2019 年 5 月,中共中央办公厅、国务院办公厅出台的《数字乡村发展战略纲要》系统指出,以新一代数字技术为牵引力构建现代基层社会治理体系。因此,不论是现实发展还是理论层面都要求基层政府推进数字治理,帮助实现基层治理体系和治理能力现代化目标。

数字治理是当代主流治理理论之一,是数字化技术与治理理论的融合,在新公

共管理理论出现治理困境以及信息时代来临的背景下应运而生。该理论最早在曼纽尔·卡斯特的《信息时代三部曲》一书中初见雏形，并由英国学者帕却克·邓利维在其著作《数字时代的治理》中首次系统阐述[1]。邓利维总结了数字治理产生的时代背景、理论内容及治理优势，认为数字治理是马克思·韦伯官僚制中"社会—技术"系统在信息化时代的发展与超越，提出数字治理具有重新整合、重塑整体、数字化过程的三重内涵[2]，强调数字时代的治理是包括组织、政治、文化变革在内的"一个社会整体上的数字时代的运动"[3]。在此基础上，简·芳汀在《构建虚拟政府》中发展了技术执行框架，强化了制度体系和组织基础内容在数字治理中的重要性，由此数字治理理论趋于完善。国内自21世纪初期引入数字治理理论，主要经历了理论引入、理论研究、理论应用及发展三个阶段，其研究主题可以总结为以下三方面内容：第一，数字治理理论的系统梳理。学者们依据时间脉络对不同阶段数字治理理论研究的核心内容进行划分，并总结了数字治理在治理逻辑、政府角色、治理责任、组织冲突等方面的争论[4]。第二，数字政府体系及形态的研究。学者们认为数字治理是促进国家治理体系和治理能力现代化的有效发展路径，提出从"技术能力、规范能力、组织能力"三方面促进治理能力提升[5]。第三，数字治理实践中政府治理结构变革与重塑的研究。学者们指出大数据技术和计算模拟技术对政府传统组织结构带来挑战，同时计算在政府中的运用，提高了信息处理、政策制定的效率与精确度，并提出"算法政治学"回应技术存在的伦理挑战[6]。

基层政府数字治理是数字治理理论与基层政府治理实践相结合的产物。在理论上，基层政府数字治理与数字治理一脉相承，是数字治理在基层政府治理领域的重要体现；在实践上，基层政府数字治理则需要借助数字治理优势更好地解决基层政府面临的社会矛盾复杂多样、公众素质良莠不齐、制度操作弹性大等治理难题。综合考虑，基层政府数字治理的内涵可从以下三个层面来理解：第一，在理论内涵层面，基层政府数字治理是基层政府运用大数据、互联网、区块链、通信技术等数字化工具辅助履行职能、提供服务的基层治理方式的技术化过程，也是包含着治理组织重整、制度体系跟进、行政方式与流程优化等在内的治理技术化过程[7]；第二，在治理实践层面，基层政府数字治理作为一种先进的治理模式，注重数字治理理念与基层政府治理实践的有效结合，通过提升公众数字素养、健全数字治理制度体系、调整政府数字治理结构推动数字治理在智慧城市[8]、社会治理[9]、社区街道[10]、乡村振兴[11]、精准扶贫[12]等领域深度延伸；第三，在价值取向方面，基层政府数字治理不仅内含着效率这一工具性价值,也包含着民主、公众参与互动等现代化治理取向,推动治理实践的发展。现阶段,我国基层政府数字治理实践发展与理论研究仍处于探索发展阶段,在数字化技术呈现、数字治理理念贯彻、数字治理实践发展、数字治理经验总结与推广方面都十分薄弱。因此,本研究结合数字治理理论发展趋势,对基层政府数字治理的治理特点、实践逻辑、治理困境及优化策略进行全面阐述,尝试提出基层政府数字治理的总框架,以期指导基层政府数字治理可持续发展。

二、基层政府数字治理的兴起原因与治理特点

(一)基层政府数字治理的兴起原因

社会发展的每一个阶段都面临着不同的矛盾,常常是这些矛盾依赖现有的制度无法顺利解决,从而带来政府治理范式的变化。正如托马斯·库恩在《科学革命的结构》中所说:"那种能导致危机的机能失灵的感觉都是造成革命的先决条件。"[13] 在大数据时代下,互联网技术、数据库、区块链等新兴技术成为政府治理发展中的最大变量,各国政府积极运用信息技术发展治理理念,改进治理方式,以此来回应现代经济发展与公民公共服务对政府治理的要求。在此基础上,基层政府数字治理作为以数字化技术助力基层服务创新的新型治理模式,是公众需求反映、社会预期关注、政务服务响应、扩大公众参与、社会监督互动的必然结果。

1.公众需求反映

公众需求是人民对政府服务能力与服务效果的回应与期待。一方面,社会公众通过对现有政务服务进行评价,产生"回应性需求"。传统时代的政府治理以政府为中心,更关注政府部门的投入产出而非服务公众的效果。因此,经常出现政府在处理社会公众的行政事务时步骤复杂、耗时长、关卡多,以及政府服务提供不均衡、低质量、可及率低等弊端,社会公众要求政府提供更为便利、真实、公平的政务服务。另一方面,公众基于时代特征,结合新兴生产要素,对政府服务提出"发展性需求"。这主要表现为在大数据时代,民众享受了互联网技术、全球定位系统、通信技术等先进技术带来的发达经济环境和便利生活方式,社会公众开始要求政府行使职能与时俱进。因此,基层政府数字治理的出现是政府对公众发展性需求的有

力回应,信息技术的运用推动了政府条块沟通、行政流程简化、政务信息公开,将时代色彩融于"服务人民"的治理理念。

2. 社会预期关注

社会对政府治理的预期关注实质上体现了国内外治理现实对政府治理能力、治理手段的要求。面对大数据时代下社会信息多源传播、信息经济快速发展等现状,运用信息技术提供公共服务、增强治理能力是政府应对治理问题的必然趋势。一方面,诸多发达国家在数字治理的实践上已取得显著成果,摆脱僵化行政传统、加快数字政府实践步伐、提高数字政府服务效果是中国政府跟上甚至引领大数据时代政府治理变革浪潮的关键;另一方面,国内阿里巴巴、腾讯、百度等互联网巨头打造了数字时代的人民生活、生产的"高速公路",不仅为国内基层政府数字治理奠定了良好的基础,也倒逼基层政府转型治理模式、提高治理能力,进行数字化、整体化政务服务改革,从而整体上提升人们经济、政治活动的便利和高效,最终获得了社会预期的关注。

3. 政务服务响应

基层政府数字治理的产生是政府政务服务提质升级的必然要求。目前,全国绝大多数城市均建立了政务服务网站以提高服务效率,更是打造了"浙里办""吉事办""皖事通"等移动端,便利民众办理各项行政事务,打破了群众与政府之间的时空界限。基层政府数字治理的推进,一方面深度延伸政务服务触角,填补政府与群众之间"最后"也是"最难"的"一公里"距离,其职能不仅包括培训人们数字素养、明确制度体系,还包括建立民众对数字治理模式的信任,助力打破民众与政府长久以来的沟通壁垒;另一方面,基层政府延续上级政府传达的数字治理模式,在基层精细执行信息录入、知识普及、基础工作,创新基层政府的数字治理方式,打造各级政府高效、连贯的"一盘棋"数字治理框架,真正提升政府服务响应的速度与效度。

4. 扩大公民参与

扩大公民参与是对公民主人翁意识的积极回应,也是政府服务理念的必然要求。互联网技术的发展扩大了人们的视野,为公民意识的觉醒和培育提供了技术支持。现实中公民仅借助一个智能终端就可以了解世界上发生的几乎任何事情,这刺激公众更加密切地关注公共事务,从而打破了公民与政府之间沟通的局限。公民在线上平台就可以直接表达个人意志,这颠覆了传统国家决策中的"代表式"

模式。与此同时,基层政府数字治理强调了公民所拥有的民主权利,有效激发了公民参与社会管理的热情,更好地实现广大公民利益表达、项目决策、行政监督等权利。而促使社会公众广泛参与社会治理活动和公共产品供给,亦是政府社会性这一公共管理内涵的要求[14]。简言之,基层政府通过建立高效信息平台,畅通公民决策参与渠道、构建信息表达规范,对于推动政府治理理念从"为民服务"到"与民服务"、治理技术从"政府本位"到"以人为本"发展具有显著的实践意义。

5.社会监督互动

传统行政组织的条块分割局面加剧了政府与社会之间的鸿沟。在"条条"中,下级政府受制于上级政府的压力,很少将社会监督信息上传至上级;在"块块"中,政府部门则通常由于职能界限而拒绝向其他部门提供社会监督信息[15]。缺少社会监督的政府数字治理会陷入"权力镜面效应"的陷阱,专断专行。正如彭亚平所说:"政府通过技术之眼观察到的社会可能是自己的影子。"[16]而数字化技术则打破了传统政府在社会监督领域的无效局面。通过政府的网上政务平台,政府将政务信息进行合理有序的公开,有利于政府公务的公开透明,更好地树立政府的公信力。因此,进一步保障公民在政务平台上发言,进而更为直接有效地参与政策议程,向政府展现利益诉求,加强政府与公民的沟通互动成为基层政府数字治理的价值追求。

(二)基层政府数字治理的治理特点

基层政府数字治理作为一种新型治理模式,在继承与发展传统价值的基础上,通过引进先进的信息技术,将公共管理的软件和硬件有效结合,形成高效便捷的治理形态。通过对基层政府数字治理的特点进行归纳,具体包括:框架建构层面的"技术+制度"、应用范围层面的"线上+线下"、实践执行层面的"网络+网格"、行政方式层面的"共性+个性"和主体结构层面的"公转+自转"五大特点。

1.框架建构层面:技术+制度

基层政府数字治理的框架构建不仅包含以信息技术为核心的平台构建、数据库建设、终端设计等硬件内容,还包含涉及部门规范、办事流程、信息安全在内的制度设计等软件部分。将数字平台、数据库等数字技术与规范制度深层结合,形成相互联系、相互促进的治理框架。一方面,可以在以制度规范技术伦理的前提下科学有效地发挥技术在简化流程、信息收集、快速运算的功能;另一方面,可以通过数字化技术的支持,重新整合行政机构各部门,以切实解决问题为导向进行部门重构,实现基层政府数字治理模式"意"与"形"的发展。

2.应用范围层面:线上+线下

基层政府数字治理不是指将治理内容完全由线下操作转移至线上平台,而是将应用范围拓展成更符合实际的"线上+线下"的办公模式。该模式主要分为三部分内容:首先,通过数字化技术将线下信息以数据的形式传至网络平台,运用大数据算法等信息技术以实现信息的分类、计算;其次,充分运用政务平台,将材料递交、签盖公章、部门间资料转移等程序移至线上平台,实现业务办理的自动化、信息化;最后,设立专门的线下政务工作人员,确保公众实际生活与数据平台的联系,包括政务宣传、数据培训、信息收集、网格联系等内容,从而成功实现"线上+线下"联合的办公模式。

3.实践执行层面:网络+网格

基层政府数字治理需要将线上的网络区块与线下的网格区块相互联系,形成线上线下的网络+网格治理格局,其实质是将互联网、监控技术、数据库等信息技术与网格制度等实践治理技术相结合的执行逻辑。具体而言,数字治理实际上是将政府机构的具体形象抽象为网络空间中的行政设施,在由实体转为虚拟形象的过程中,作为服务受众的公民也应实现由实际形象向虚拟 IP 的转变,而网格制度则成为"由虚转实、追求精准治理"过程中的"中间"制度。由此,集政务服务、基础设施、安全保卫等信息于一体的数字化平台成为基层政府数字治理的基本载体。通过将互动共享式的网络平台与结构精细化的网格相结合,可以实现基层治理横向与纵向层面的沟通与统一。

4.行政方式层面:共性+个性

"共性+个性"是基层政府数字治理把握一般与个别的治理内涵。全国各地基层政府数字治理的治理规范与内容发端于统一的数字治理理念与核心技术,具有符合行政制度历史发展与治理理念时代特色的共性内容。但每个地方政府也会根据当地经济水平、文化民俗、政治传统等实际情况做出符合个性的数字治理形态,实现基层政府数字创新治理。这种共性与个性的结合在某种程度上既与信息技术在操作层面的"硬性"和伦理层面的"软性"相关,又与行政制度在观念层面的层级关系和操作方式上的灵活度密不可分,对于推动基层政府数字治理绩效提升具有重要的作用。

5. 主体结构层面:公转＋自转

"公转＋自转"是基层政府数字治理在治理主体结构层面的体现。"公转"是指政府机构借助基层数字治理平台履行政府职能、提供政务产品和服务,以实现有效提供公共服务的目的。而"自转"则是指公民及社会各团体通过基层政府数字治理平台参与政务决策、进行政务监督等内容,是实施主体权利、履行责任与义务的重要内容。基层政府数字治理通过数据库、信息和通信技术等现代数字技术,实现"公转"与"自转"的结合,将以"自上而下"的政府治理逻辑和"自下而上"的社会需求治理逻辑有机融合到复杂的基层治理实践中,通过畅通上传下达、提高公民行政地位,有效发挥政府与社会、权威与个人两个方面的治理优势。

三、基层政府数字治理的实践逻辑

基层数字治理形成制度体系、组织协同、机制聚合、科技支撑、公民参与"五位一体"的实践治理逻辑,由此确保基层政府数字治理的外在保障与内生动力,最终实现持续性发展。

(一)体系化:系统设计推进制度创新

基层政府数字治理实践的有序推进需要坚持系统论的方法,形成顶层设计、职能划分、制度框架三位一体的治理体系。首先,顶层设计强调高屋建瓴式的战略思考,以全局性视角为实践提供方向及原则性的指导。基层政府数字治理秉持"以人为本""治理有效"的治理理念,一方面,构建"平台式"治理模式,倾听社会需求、扩大社会参与;另一方面,推动"最多跑一次""一站式窗口"等机构改革,推动政府治理结构向扁平化转变,提高行政效率。其次,职能划分以实现社会实际需求和政府功能禀赋的对口配对为目标,在横向层面上构建以主体功能为脉络的治理架构。最后,制度框架是在各项目、各层次、各版块之间建立起的行为规范和逻辑共识,有助于提升基层政府数字治理的制度保障。基层政府数字治理以满足数字时代的社会需求、提高政府治理效能为目标,打造包含社会治理多方主体及行政网络的治理模式。在人本思想的指导下,政府数字平台将党组织、政府、社会团体在科教文卫等方面的不同功能与社会多元需求进行整合配对,设计了行政服务、政治参与、党建园地等不同版块,并辅以相应的权责体系、制度规范,从而形成目标明确、职能多元、规范清晰的基层数字治理体系。

(二)组织化:组织保障强化治理链条

统合社会多元主体,形成由党委引领、政府主导、社会辅助与公民参与的基层社会共治体系是确保基层政府数字治理中社会各要素充分调动、有序流动的组织保障。第一,充分发挥党员在各组织中的中流砥柱作用。基层政府数字治理以党员联系群众的方式落实网格制度,并通过以党员零基积分为核心的"党建+X(医疗、金融等)"的激励机制激发党员干部先锋意识、主体意识,以党员活动带动群众活动,以支部建设带动社区建设。第二,强化政府服务意识与责任担当。诸如"龙游通""社区通"的基层政府数字治理平台是基层政府职能重构与平台式结构的改革的结晶,响应数字治理时代的社会期待与公众需求,体现了政府以人为本的责任与担当。第三,基层政府数字治理强调基层社会自我服务功能,将各社会主体及社会资源纳入治理体系,数字治理平台由此成为容纳众多服务资源的"服务超市"。例如,基层政府数字化改革开设"家庭医生""公共法律服务""物业之窗""业委连线"等服务窗口,满足居民生活中的多样需求。第四,公众活跃于治理平台,丰富社区自治实践。例如,上海宝山区的居民积极通过"社区通"平台参与社区自治,在互动广场中表达各自需求,自主形成社区活动小组、社区互助团队。由此,基层政府数字治理形成党委组织、政府机构、社会主体、社区居民多元并进的组织格局,凝练基层数字治理链条,有效提升基层数字化治理绩效。

(三)机制化:整合资源聚力基层一线

基层政府数字治理将公民信息、社会关系、行政渠道等迁移至线上数字平台,积极迎接"第三次浪潮"带来的治理挑战,在实践意义上重构了行政、经济、社会组织在社会治理工作中的合作形式,形成集基础服务、社会合作、安全防护于一体的"社会链条"。首先,通过将公民信息上传至数字平台,涵盖于社会关系中的社会资源以数据的形式得以呈现,在个人、组织、社会层面均能得到良好的组织,为实现基层政府有效治理提供充足的资源网络;其次,通信网络、数据库等技术在时间和空间层面畅通了不同主体间的沟通渠道,可以有效实现意见表达、合作期望,从而推动组织协作。另外,智能技术和组织功能的能量耦合可能会带来组织功能的聚变。例如,衢州市龙游县为解决北片矛盾纠纷高发问题,以公、检、法、司、综治等部门联合为核心,邀请国土、行政执法、市场监管等职能部门予以人员派驻,构建"龙游通"基层矛盾纠纷调解一体化服务平台。首先,龙游县政府通过"龙游通十全民网格"的双向融合机制,由网格员摸排网格内的民众纠纷问题并输入治理平台,使线下问题及时上传至治理平台;其次,矛盾纠纷调解小组共同研究纠纷事件,确定纠纷性质、矛盾关键后实施精准的线下对接,变"被动受理"为"主动服务",从而真正实现了基层政府应用数字技术实现有效治理的目标。

(四)智能化:科技支撑保障统筹联动

智能性是源自宽带、融合和泛在的网络架构,这种涵盖多元、快速、灵敏等多种特质在内的架构之于政府治理,突出体现为行政机构条块壁垒的技术性消解。[17]也即是说,基层政府数字治理所需的信息流通及资源动员突破了严格的行政层级和行政参与的时空局限,弥补了"旧式社会结构的裂痕"[18]。首先,运用互联网、物联网、大数据等技术手段实现信息抓取和万物网络搭建,完善数据库资源;其次,将ICT技术与传统产业相融合,形成连接多主体、涵盖多产业的应用型产品,初步搭建数字治理的平台框架;最后,通过程序设计、算法优化来推动环节精简、流程再造,强化跨部门协同和前台综合、后台整合,尽可能地解决由于政务系统的技术限制所导致的工作协同与信息共享难题,实现现行行政体制下行政系统的统筹最优。"龙游通"等基层政府数字平台的产生与发展即是科技支撑的结果。首先,运用GPS、ICT等技术将网格制度数字化,使村民概况、村务信息无缝转为行政机构的线上治理资源。村民可以通过手机、电脑等终端设备随时随地进行行政审批、表达社区建设意见、监督政务等工作,推动社会治理领域内行政部门这一正式体系与社会的非正式体系的便捷沟通与互相塑造。[19]因此,基层政府数字治理实则反映了公共管理的整体性治理内涵,用现代数字技术有效实现了统筹联动的良好绩效。

(五)大众化:共治共享彰显当家作主

治理权力的大众共享是符合历史规律与现实需求的必然结果。正如美国著名政治学家萨缪尔·亨廷顿所言:"各国之间最重要的政治分野在于它们政府的有效程度。"[20]有效的政府必然对应着公民权利的有效行使和公民意志的平等表达。

基层政府数字治理结合公共数据平台和基层治理平台，打造符合县域治理整体性与复杂性的社会共治体系，致力于实现人民权力的真正复归。在基层政府数字治理平台中，每个公民都可以通过实名认证在数字治理平台中获得独一无二的公民身份，能够通过手中的终端行使公民权利、履行公民义务，进行行政监督、建言献策等活动。例如，上海市宝山区罗店镇的陈先生通过"社区通"平台向社区反映停车位不开放造成不便的意见，社区居委会和党支部随即联动解决妨碍小区停车库开放的难题，保障居民权益。数字平台中的"议事厅"版块更是使居民由"局外人"变成了"参与者"。在新冠肺炎疫情期间，宝山区淞南小区发布"快递员、外卖员进小区进行无接触投送，大家愿意吗？"的系列议题，由居民当家做主，参与决定社区公共事务，从而在保障公民民主权益的同时，实现了基层社会共治共享的目标。

四、基层政府数字治理的困境挑战

较之传统治理实践，基层政府数字治理面临的现实难题显然具有大空间、大主体、大范围、大环境的时代特征。基层政府数字治理除了面临数据要素带来的治理难题外，还不可避免地面临着治理实践中理念、制度、机制、基础设施和公民参与方面的挑战。

（一）治理理念不先进

佩里·希克斯在回答"公共行政在没落吗？"这一问题时指出，理念、理论的不足是导致公共行政消失的原因之一[21]。数字治理理念于21世纪初才引进国内，相关研究也集中于数字技术的应用领域，而极少将数字治理逻辑、数字治理理念作为研究对象。基层政府数字治理所必备的价值理念，诸如"自下而上""协同合作""双边互动""民主参与"等在欧美公共治理体系中早已被广泛认可，并发展出"政府管理即平台"的政府数字治理理念[22]。而我国一方面缺乏公民治理传统，数字治理发展存在较大的理念断层；另一方面，在数字治理理念本土化过程中尽管发展出"整体化""网络化""精细化"等理念，但仍缺乏对"数智治理"的想象力和创新力[23]。现阶段基层政府数字治理实践是依据现有的理念搭建治理平台，在实际操作中更专注于机械的数据上传、存储流程及线下业务的线上化，而忽视在治理过程中挖掘数据资源的价值、以解决治理矛盾发展治理理念，形成只重数字分析而不重需求预测、只重理念践行而忽视理念创新的"形式数字治理"。

(二)制度体系不完善

基层政府数字治理中互联网技术的嵌入带来公共话语权、公共信息传播、公共场互动的新发展,其实质是数据资源的技术化分配带来权力的重新配置,需要建立完备的制度体系以维护新的社会空间中人民的合法权利和社会的稳定[24]。目前,以"农事通""社区通""龙游通"为代表的基层政府数字治理平台已形成包括村规民约、部门规章在内的传统制度内容,但仍缺乏与数字治理新形势相适配的制度体系。首先,缺乏客观、科学的数字空间约束制度。数字空间的虚拟性、数字信息的爆炸性给社会安全带来更多隐患,需要建立以技术水平、技术人才为基础的网络秩序规范制度。其次,缺乏信息权威制度。在以信息技术为核心要素的数字治理实践中,政府的权威会受到社会信息巨头的挑战,在治理过程中掌握话语权是当代政府维护数字社会稳定的现实需求。最后,缺乏维护公民平等参与治理的保障制度。信息权力成为大数据时代的公民权力之一,建立一套与管理机制相结合的体系框架,是保障公民平等参与数字治理的必然要求。

(三)治理机制不健全

基层政府数字治理要形成组织机构严密、多元主体有序参与的良好治理格局,需要不断健全数字治理机制。据笔者研究发现,当前我国基层政府数字治理主要欠缺有效的组织协调机制和人员激励机制。在组织协调机制方面,基层政府数字治理主要通过联动小组制度(居民—网格员/居村小组—网格长/领导小组)加强政府与民众的联系,由政府统一协调部门间的合作,而缺乏对组织间合作的主动性、智能性的激发。这样的组织协调机制虽然能解决社会短期需求问题,但从长远来看,缺乏机制创新的内生动力,是典型的"数据"治理,而不是"智慧"治理。在人员激励机制方面,如何通过多元的激励方式激发村民、党员、基层工作者参与治理的热情,成为动员基层资源、整合社会力量的重要命题。基层政府数字治理的积分挂钩机制,将党员的治理贡献与积分挂钩,积分又同时与医疗资源、金融服务相挂钩,具有一定成效。但这要求基层政府具备相当的经济、社会资源,目前来看不具备推广价值。因此,未来需要寻求集物质激励、社会效益、政治绩效于一体的数字治理激励机制,以成为进一步提升基层政府数字治理绩效的突破口。

（四）基础设施不配套

基层政府数字治理的基础设施是指包括工业互联网、物联网、人工智能、5G 网络、数据中心等在内的新一代信息技术设施。数字基建本身蕴含着技术资源的生产力，能为社会发展各方面赋能，成为推动发展的积极因素。[25]基层政府数字治理模式的推行以数字技术的高发展水平、广覆盖区域、无治理盲区为治理基础。一方面，这要求宽带网络全面覆盖城乡，智能终端进入社区，解决互联网"最后一公里"问题，确保每户家庭乃至每个家庭成员都可以通过信息终端参与并监督公共事务。目前，各地基层政府部门推行的行政区划内光纤和 4G 网络已实现全覆盖，已达到数字治理对基础设施的基本标准，但诸如公共触摸屏、信息公开屏等公共终端尚未完全配备。另一方面，现行的 4G 网络不足以支撑大规模连接设备和超大数据系统的建设与运行。将 5G 技术运用于数字治理，会直接带动信息真实性和信息处理效率的提高，也会促进人工智能、物联网的快速发展。然而目前我国绝大部分地区的基层政府数字治理还停留在数据幻化而成的现实治理镜像阶段，这与基础设施不配套密切相关，严重阻碍了基层政府数字治理绩效的提升。

（五）公民参与程度低

提高公民参与度是基层政府数字治理的重要内容，是数字治理所倡导的服务、互动、民主价值理念的体现。在目前的基层政府数字治理中，公民参与程度较低，至少有以下三方面原因。其一，在目前行政村和城市社区的数字治理实践中，"农事通""社区通""龙游通"等基层政府数字平台所开通的版块多属于信息传达、规章制度等内容，但是诸如民主选举、民主决策的活动却未完全线上开放，公民的线上参与范围较小。其二，尽管基层数字治理平台已成为基层政府开展数字治理的主平台，但仍有部分群众未能适应或完全接受此种治理方式。其三，由于公民的政治素养与信息素养发展呈现出地区分布、职业类型、年龄层次方面的不均衡发展态势，使得公民意识发展的集体化社会环境在不同地域之间有较大差异。因此，在社区互动方面较为成熟的"社区通"显然具有较为成熟的组织功能，公民的公共参与程度较高；而以行政事务办理、"随手拍"监督为村民公共参与主要内容的"龙游通"数字治理平台则相对较为依赖线下社区的互动环境。

五、基层政府数字治理的优化策略

在对基层政府数字治理的实践逻辑与治理困境系统阐述基础上，未来在提升基层政府数字治理绩效方面，可以从治理理念、治理目标、治理方式、治理结构、治理路径的总体框架提出基层政府数字治理的优化策略，从而更好地推动基层政府数字治理绩效。

（一）基层政府数字治理的理念构建

基层政府数字治理的治理理念并不是在新的时代背景下才萌生的，而是自传统治理理论和治理实践的历史中流变而来，吸取了以服务人民为核心的公共价值取向和集公平、效率于一体的政府机构治理技术考量，凝结成如今强调智慧、透明、互动、参与的治理理念。智慧治理是基层政府数字治理鲜明区别于其他治理模式的特征，表现为 ICT 系列先进技术融入政府治理过程中，从顶层设计、治理机构、治理行为等各方面带来互联化、信息化的特征[26]。透明、互动、参与的治理理念则透视了政府与社会之间的契约精神，政府主动接受社会监督、有序推动公民参与治理活动，指引政府治理模式向网络化、整体化转变。总而言之，信息技术的时代浪潮与其说是孕育了诸如双向互动、民主参与等政府治理的公共价值取向，不如说是为通向以平等、民主、共同发展为信仰的理想社会提供了渐进可达的技术支持。

（二）基层政府数字治理的目标追求

大数据时代的基层政府数字治理的治理目标是运用先进信息技术重构政府组织结构、整合社会治理资源、升级政府治理技术，推动政府治理实现由多层级官僚向扁平化平台转变、由多样态资源体系向一体化数据资源转变、由粗放式管理向精细化治理转变的治理体系深度变革。首先，治理高效是基层政府数字治理变革的核心追求。云计算、互联网等技术的运用打破政府机构内部的信息流通，畅通政府与社会的信息交互，最大限度扫清政府组织内的沉疴弊病，实现政社零距离发展。其次，复杂多样的社会资源"云"化为数据资源，从而促进基层政府数字治理资源分配及整合模式的发展。现实中诸如全球定位系统、身份数据跟踪、数据库等技术的运用使政府治理空间扩展为"现实＋虚拟"的双重时空，政府对个人的治理内容也细化、深化至地理维度、职业维度、精神维度等全方位。尽管这产生了技术利维坦[27]、数字马太效应[28]等诸多技术伦理方面的警惕，但不可否认的是，这为政府掌握公民的治理需求提供了强大的信息支持，是当代政府步入精细化治理的关键一步。

（三）基层政府数字治理的行动方式

技术进步首先改变信息的传播和消费方式，进而改变社会的组织与管理方式[29]。数字化、智能化、民主化是符合基层政府数字治理特征的治理方式。数字化治理方式体现为政府建立以数据、算法、算力为核心的数据治理系统，形成"依据数据的治理"和"以算法处理事务"的大数据治理逻辑；同时，将数据治理方式与网格制度等有效治理手段相结合，最大程度地缓解数字悬浮、数字孤岛等困境带来的桎梏。智能化治理方式则关注治理体系各部分的智能化联结，以技术投入取代人工投入，以大数据、区块链、人工智能等智能要素追求更低成本、更高效率地实现治理主体间沟通链条的顺畅通达，促进职能协作即时互补、资源整合高效快捷，形成基层治理中"问题导向—信息互联—资源共享—动态追踪"的功能统合治理形态。民主化治理方式突出表现为政府信息的公开透明和公民参与治理实践的真实性和广泛性。随着信息技术的突破式进展，政府的政务信息、行政决策将开放给社会，以便接受最广泛的社会监督。亦可预见，数据资源自主权和信息编辑权成为大数据时代公民政治参与、治理共赢的基本权利，"全民自治"将成为下一个时代的"独立宣言"。

（四）基层政府数字治理的结构重塑

治理结构是治理主体在资源配置和权责对应方面的结构性体现。基层政府数字治理总体上形成平台规整、党委领导、网格总控、部门响应的"平面式"治理结构。首先，平台规整是基层政府数字治理结构的基础内容。数字平台将政府职能及行政事务向社会公开并为公民及社会各组织参与治理活动提供开放平等的环境，成为政府机关精简层级、与社会互动的阳光平台。其次，始终坚持党的领导是基层政府数字治理的政治基础。我国地广人众，不同地区的基层治理有其特殊性，只有坚持党委领导，发挥党组织的连贯性和一致性才能保证基层政府数字治理政治方向稳定一致、保证治理目标清晰明确。再次,网格总控是基层政府实现数字化治理的制度基础。通过对基层社会的网格化管理,将政府治理职能与治理地域有机结合,实现属地治理和职能便民的双效功能。最后,部门响应是基层政府数字治理结构的主体需求。政府各部门互联互通、资源共享,在治理需求面前不再是单个部门予以应对、承担责任,而是将相关部门连为一个职能链条,形成治理浪潮中的防潮堤。

(五)基层政府数字治理的发展路径

治理路径回答的是治理"依靠什么"的问题。基层政府数字治理最大的特点是运用数字概念和先进技术有效整合各治理要素,实现了政府与社会的良性互动,由此系统性地发展了社会治理、行政治理和制度治理三种路径。首先,基层政府数字治理突出了基层社会自我管理、自我服务的功能。公民个体、社会团体、商业组织等得以通过既定畅通渠道与公共平台表达意志、达成合作,实现社会事务的自主治理,甚至可能达成制度性目的,有效激发了自下而上的治理力量。其次,基层政府数字治理优化了政府治理方式。基层政府数字治理不仅重构了政府治理层级、职能配置结构、部门协同机制等方面的内容,还加强了政府与社会的互动,转变了政府中心的治理倾向,使自上而下的治理力量更有效,更具公信力。最后,基层政府数字治理完善了大数据时代治理的制度缺陷,在技术支持、价值取向、治理程序等方面弥合了政府与社会之间在治理实践中的张力,为社会治理提供公正、稳定的治理依据,最终实现自治和法治的有机结合。

六、结语

基层政府数字治理是顺应时代潮流和现实治理需求的产物,将数据库、云计算、通信技术运用到基层政府治理实践过程中,赋予传统治理新的治理势能,具有"技术＋制度""线上＋线下""网络＋网格""共性＋个性""公转＋自转"的特点。基层政府数字治理的运作有赖于制度创新体系化、组织结构弹性化、资源聚力机制化、行政服务智能化、科学决策大众化。同时,基层政府数字治理实践也面临着制度体系不完善、治理机制不健全、基础设施不配套、公民参与程度低等现实挑战。基于上述分析,本研究归纳总结了包括治理理念、治理目标、治理方式、治理结构、

构建基层社会治理新格局

治理路径在内的基层政府数字治理总框架,以此促进基层政府数字治理的绩效提升。需要说明的是,由于缺乏基层政府数字平台数据中心的数据资源支撑,本研究未能深入研究基层政府数字"平台大脑"的运行状态,因而无法探讨完整意义上的基层政府数字治理全貌。此外,由于基层政府数字治理对地区经济、互联网发展具有较高要求,该治理模式的推广仍待观望,因此,未来还需要学者们聚焦于更多具体案例来深化与拓展基层政府的数字治理模式研究。

参考文献:

[1] 曼纽尔·卡斯特.信息时代三部曲:经济、社会与文化[M].夏铸九,王志弘,译.北京:社会科学文化出版社,2003:6-8.

[2] PATRICK DUNLEAVY. Digital era governance:IT corporations, the state, and e-government[M]. Oxford:Oxford University Press,2006:227-229.

[3] PATRICK DUNLEAVY. New public management is dead? Long live digital-era governance [J]. Journal of public administration research & theory, 2005(3):3.

[4] 韩兆柱,马文娟.数字治理理论研究综述[J].甘肃行政学院学报,2016(1):23-35.

[5] 鲍静,贾开.数字治理体系和治理能力现代化研究:原则、框架与要素[J].政治学研究,2019(3):23-32,125-126.

[6] 黄璜.数据计算与治理变革:对政府计算的研究与基于计算的政府研究[J].电子政务,2020(1):2-12.

[7] 吕德文.治理技术如何适配国家机器——技术治理的运用场景及其限度[J].探索与争鸣,2019(6):59-67,158.

[8] 徐晓林,周立新.数字治理在城市政府善治中的体系构建[J].管理世界,2004(11):140-141.

[9] 沈费伟,诸靖文.大数据时代的智慧政府治理:优势价值、治理限度与优化路径[J].电子政务,2019(10):46-55.

[10] 黄晓春.技术治理的运作机制研究 以上海市 L 街道一门式电子政务中心为案例[J].社会,2010,30(4):1-31.

[11] 沈费伟.乡村技术赋能:实现乡村有效治理的策略选择[J].南京农业大学学报(社会科学版),2020,20(2):1-12.

[12] 王雨磊.数字下乡:农村精准扶贫中的技术治理[J].社会学研究,2016,31(6):119-142,244.

[13] 托马斯·库恩.科学革命的结构[M].金吾伦,胡新和,译.北京:北京大学出版社,2016:79.

[14] 王乐夫.论公共管理的社会性内涵及其他[J].政治学研究,2001(3):78-84.

[15] 黄晓春,周黎安."结对竞赛":城市基层治理创新的一种新机制[J].社会,2019,39(5):1-38.

[16] 彭亚平.技术治理的悖论:一项民意调查的政治过程及其结果[J].社会,2018,38(3):46-78.

[17] 于施洋,王建冬,郭鑫.数字中国:重塑新时代全球竞争力[M].北京:社会科学文献出版社,2019:26-28.

[18] 米切尔·伊托邦.数字时代的城市生活[M].吴启迪,等译.上海:上海科技教育出版社,2005:4-5.

[19] 黄宗智.重新思考"第三领域":中国古今国家与社会的二元合一[J].开放时代,2019(3):5,12-36.

[20] 塞缪尔·P.亨廷顿.变化社会中的政治秩序[M].王冠华,刘为,等译,上海:上海人民出版社,2008:4.

[21] JAMES L P. Is public administration vanishing? [J]. *Public administration review*,2016,76(2):211-212.

[22] 张晓,鲍静.数字政府即平台:英国政府数字化转型战略研究及其启示[J].中国行政管理,2018(3):27-32.

[23] 黄建伟,刘军.欧美数字治理的发展及其对中国的启示[J].中国行政管理,2019(6):36-41.

[24] 沈费伟,诸靖文.乡村"技术治理"的运行逻辑与绩效提升研究[J].电子政务,2020(5):58-68.

[25] 徐晓兰.提速数字基建 激活高质量发展源动力[N].中国工业报,2020-04-08(4).

[26] 沈费伟.智慧治理:"互联网+"时代的政府治理变革新模式[J].中共福建省委党校学报,2019(4):101-108.

[27] 王小芳,王磊."技术利维坦":人工智能嵌入社会治理的潜在风险与政府应对[J].电子政务,2019(5):86-93.

[28] 沈费伟.技术能否实现治理——精准扶贫视域下技术治理热的冷思考[J].中国农业大学学报(社会科学版),2018,35(5):81-89.

[29] 陈振明.政府治理变革的技术基础——大数据与智能化时代的政府改革述评[J].行政论坛,2015,22(6):1-9.

【作者】

沈费伟,杭州师范大学公共管理学院副教授、浙江省新型重点专业智库杭州国际城市学研究中心浙江省城市治理研究中心客座研究员

叶温馨,杭州师范大学公共管理学院硕士研究生

建构场域安全：新时代"枫桥经验"的启示

陈　卓

作为基层社会治理创新的有效探索，新时代"枫桥经验"面临着新机遇与新挑战。安全治理是新时代社会治理的重要组成部分。建构"安全场域"，实现"场域安全"，是当前经济社会新常态对安全治理提出的新要求，且已经成为新时代"枫桥经验"的重要目标。场域安全是指"特定关系网络维持其基本属性的能力，这一特定关系网络的'节点'（nodes）包括主体、区域、层面、领域、阶段、代际等要素，关系网络的属性则由主体、结构、要素、样式、功能、价值等不同方面构成的整体来体现"[1]。场域安全是一个综合概念，具有层次上的差异。对于一项具体的制度而言，其层次可以操作化为各种制度形式的权限或统辖范围。经历了半个多世纪的发展，"枫桥经验"已经从当初的发源地浙江省绍兴市诸暨枫桥镇，推广到整个浙江，辐射到全国各地，甚至开始走向世界，探索基于"共治"基础上的"大同"社会形态，可以说新时代"枫桥经验"已经具备了进行制度化归纳总结的基础。如何学习和发展"枫桥经验"在安全治理中的好想法和好做法，构建新时代的场域安全，可以大致从3个层面来探索，它们分别是：宏观层面上的"安全共同体"、中观层面上的安全治理，以及微观层面上的"本体性安全"。需要指出的是，"枫桥经验"兼具历史意义和现代价值，在创新发展新时代"枫桥经验"的过程中，承前启后、继往开来是非常重要的，这就要求秉持实事求是的原则，用开放的心态、发展的眼光来看待过去50多年"枫桥经验"在不同历史阶段取得的成绩，直面新时代中国社会安全治理的现实问题，进而探索建构场域安全的实施路径。

一、"安全共同体"：场域安全的宏观视角

从宏观层面上看，场域安全要求建构"安全共同体"。"安全共同体"是实现"一

体化"的集团,这里强调的是当集团成员之间发生争端或者冲突时,不是争夺物质上的利益,而是采取其他方式,从而缓解以至消除矛盾。[2]"安全共同体"并不意味着冲突完全消失,或者不能存在冲突,而是强调和平管理冲突的能力,正是后者将"安全共同体"与其他类型的安全关系区别开来。从这个意义上说,"安全共同体"也可以被称为"和平或非战共同体"。[3]"安全共同体"与总体国家安全观在理念和思路上具有高度的一致性。总体国家安全观在形态实质上是一种"场域安全",在价值取向上是一种"共享安全",是确保人民"安全感"获得的总方针。总体国家安全观为新时代中国社会"安全共同体"的建构提供了行动纲领和方针指南,并为社会安全的范式建构与"枫桥经验"的范式转型提供了新的价值指向。[4]总体国家安全观是系统的、综合的、立体的安全观,"安全共同体"是一种综合的共同体。在行动层面上,除了协调传统安全与非传统安全之间的关系,综合考虑国土、军事、政治、经济、文化、社会、网络、科技、生态、资源、核、海外利益等多领域的安全之外,还需要从学理上探究"安全共同体"的理论内涵和实质要件。布斯(Ken Booth)提出了一种走向解放道路的"安全共同体"[5],其理论框架对于创新发展新时代"枫桥经验"具有启发借鉴意义。

第一,围绕"深化安全",把握"安全共同体"的全面性和动态性。"深化"这一提法意味着对"安全"内涵的理解较之以往更为丰富,在安全治理方面的做法也更为多样。"深化安全"要求改变传统安全研究仅仅涉及少部分人的国家主义、实证主义、战略研究合法化等倾向性。"深化安全"要求在传统安全观的基础上,引入平行性概念、补充性概念和竞争性概念,分析广义的、政治层面上的安全含义,揭示安全问题的具体含义,推动安全问题研究的纵深发展;要求因时因地制宜,发挥社会组织的"协同治理"作用,同时发挥传统社会文化在乡村社会矛盾化解中的"安全阀"作用。[6]新时代"枫桥经验"从诸暨枫桥走向浙江全省,又从浙江全省走向全国各地,从最初的"就地改造'四类分子'为新人"的对敌斗争经验,发展到新时代党领导下的社会治理创新模式,体现出场域安全层层深化、不断递进的特点。具体而言,"深化安全"要求克服单线思维和片面观点,从全面的、动态的视角来打造安全共同体。有研究者将"枫桥经验"作为基层治理典范模式的创新性实践概括为以下五个方面的内容:(1)多层级党建引领机制的构建;(2)以效能为导向的基层行政体制机制的整合;(3)内生性社会组织培育机制的创制;(4)法治化社会矛盾化解体系的完善;(5)便民化公共服务体系的升级。[7]其中第

(1)、(3)、(4)项侧重于体现"深化安全"的全面性,第(2)、(5)两项则更多地反映了动态性上的要求。一方面,就"深化安全"的全面性而言,诸暨市提出了多元主体共治、政府遵循法治、基层群众自治、价值体现德治、目标追求善治等"五个转变"。这些转变是深化场域安全建设的内在要求,围绕"多层级党建引领机制的构建"展开的有:由为民做主的管控目标转变为人民当家作主的善治目标,由政府单一实施治理转变为多元主体合作共治。体现"内生性社会组织培育机制的创制"的有:由"代民做主"的"他治"方式转变为"由民做主"的"自治"方式,由"能人治理"的人治模式转变为"制度治理"的法治模式。由重视物质文明建设转变为物质文明与道德精神文明并重,则是"法治化社会矛盾化解体系的完善"的重要内容。另一方面,就"深化安全"的动态性而言,近年来,枫桥镇在创新综治工作上进行了有益的探索,尤其是以"四合一"平台集成治理资源和功能,最为突出地体现了从"深化安全"角度建构安全共同体的特点。[8]通过以效能为导向整合基层行政体制机制,升级便民化公共服务体系,组织机构的动态性和灵活性得以增强,从而大大深化了安全治理。

第二,围绕"拓宽安全"(broadening security),深化"安全共同体"的延展性和积累性。"拓宽"一词是针对安全治理的范围而言的。"拓宽安全"主张把安全议题从传统的军事和政治领域,拓展到经济、社会、性别、环境、移民、种族、人权等诸多领域。"拓宽安全"体现的是场域安全在空间上的延展性和时间上的积累性。一方面,从空间维度上看,场域安全包含宏观、中观和微观意义上的安全,它们分别对应于人们通常所说的"社会安全""社区安全"和"邻里安全"。"邻里—社区—社会"的线索,实际上揭示出场域安全在空间维度上不断延展的趋势。另一方面,从时间维度上看,"枫桥经验"之所以具有强大的生命力,一个很重要的原因就在于自诞生之日起,它就一直秉承着非传统安全(拓宽安全)的理念,在不同时期不同场域下发挥着不同的具体功能。2016年底,浙江省在全国率先推出了"最多跑一次"改革,探索在新媒体时代打破"信息孤岛"的有效途径。作为"枫桥经验"的诞生地,枫桥镇深化"最多跑一次"改革,实行"一证通办一生事",群众凭一张身份证即可办理74项高频率民生事项;实行"无差别受理",真正实现"一窗受理、集成服务";实行"城乡通办",建设村级为民服务中心,使群众足不出村、不出户就能办成事,年均办理便民服务事项约10万件。这些改革举措取得了显著成效,大大提升了群众的安全感和满意度。2018年11月12日,纪念毛泽东同志批示学习推广"枫桥经验"55周

构建基层社会治理新格局

年暨习近平总书记指示坚持发展"枫桥经验"15周年大会在浙江绍兴召开。在此次大会的基础上,浙江省大力实施"百所示范、千所提升"工程,全面创建"枫桥式公安派出所"。2019年11月,公安部公布了全国首批"枫桥式公安派出所"名单。这些举措都可以看作是新时代"枫桥经验"走出诸暨面向全省、走出浙江面向全国的持续升级版,同时也是"拓宽安全"的理念在浙江和全国的具体落地。随着时间的推移,"枫桥经验"不断丰富理论内涵,不断拓展实践范围,不断提升理论和实践的创新水平。就新时代"枫桥经验"而言,最具时代特色且体现得最为明显的就是"海上枫桥经验"和"网上枫桥经验"。[9]安全感本身就是一个多元化的综合体,最新的调查显示,在最近10多年内,中国民众的安全感呈现上升趋势的领域主要是财产安全、人身安全、医疗安全,与之相对的是食品安全、个人信息与隐私安全则呈下降趋势,环境安全和交通安全状况也不尽如人意。[10]创新发展新时代"枫桥经验",需要总结已有的财产和人身安全治理经验,将其"拓宽"到食品安全、个人信息与隐私安全、环境安全和交通安全等群众需求强烈的领域,实现民众总体安全感的提升。

第三,围绕"延伸安全"(extending security),突显"安全共同体"的人本性和文化性。"延伸安全"将安全的指涉对象从国家延伸到个人乃至整个人类。"人是目的",只有在涉及个人时,安全才会显得有意义。从这个意义上说,国家实质上是作为一种可以提供安全的工具而存在的,也仅仅在这个意义上,国家才有存在的价值。"延伸安全"的概念把关注的焦点投向"真实地方的真实的人民"。[11]"延伸安全"实际上落脚点在"人的安全"上。"延伸安全"与"枫桥经验"的人本精神在理论关系上一脉相承,集中体现在文化主导型安全场域的建构上。因此,可以说"延伸安全"的核心就是人本性和文化性。关于这一点,从"枫桥经验"的发展历程可见一斑。场域安全研究一直关注"枫桥经验"自诞生以来至今,在不同历史时期的功能演变,目前的研究在这方面已经取得了很丰富的成果;与此同时,还应当探究"枫桥经验"在不同时期所处的时代特征和场域环境,从而进一步分析建构场域安全过程中涉及的核心要素,主要包括:安全场域的特点、"枫桥经验"的核心词及其主要功能。按照这个思路,可以概括出"枫桥经验"的3个不同版本(见表1)。

表1　场域安全视角下的"枫桥经验"3个版本

枫桥经验版本	安全场域特点	核心词	主要功能	时代特征
枫桥经验1.0版	政治主导型	运动	政治教育、群众动员	毛泽东时代
枫桥经验2.0版	经济主导型	稳定	社会控制、纠纷解决	邓小平时代
枫桥经验3.0版	文化主导型	平安	社会治理、法治建设	习近平时代

通过表1可以看到，50多年来"枫桥经验"历久弥新，一个重要的原因就在于自诞生之日起，它就一直秉承着以人为本、建构场域安全的理念，同时又能因时而异、因事而化，在不同时期、不同场域下扮演新的角色、发挥新的功能。经过半个多世纪的发展，"枫桥经验"所蕴含的人本思想，已从朴素的、自发的阶段逐渐上升到较为成熟的、自觉的阶段[12]，在新时代更是被赋予了"社会治理的典范、平安和谐的绿洲"[13]这样的新内涵。在新时代创新学习"枫桥经验"，更需要牢牢把握人本思想，丰富人的文化属性，促进人的不断解放和全面发展。

二、安全治理：场域安全的中观视角

场域安全需要通过安全治理来实现。安全治理概念的形成体现了安全从"传统"转向"非传统"、安全维护从"管治"转向"治理"的新趋势以及全球治理理论运用于各国实践的新趋向[14]。从"枫桥经验"诞生之初的"相信群众、依靠群众"到今天的"以人民为中心"，安全治理的具体内容发生了一系列变化，但群众路线作为"枫桥经验"的核心和精髓却一直未曾改变。在诸多相关研究中，群众参与、自主治理被认为是新时代"枫桥经验"的重要内容。然而，理论和现实之间的距离是客观存在的。针对公民对公共决策的可接受性方面，美国公共管理学家托马斯（John Clayton Thomas）根据参与类型和深度，将公民参与划分为：（1）以获得公民信息为目标的公民参与；（2）以强化公民对政策理解的公民参与；（3）以促进公民与公共管理者共同生产的伙伴关系建立的公民参与。[15]就中国社会治理的总体情况而言，相比之下，前两种情况公民参与方式较多，而第三种情况则比例很小。但第三种情况恰恰是公民参与的主体内容，也是人民当家作主最重要的体现。在围绕积极安全而进行的安全治理过程中，无论是横向上网格化管理与安全治理的矛盾，还是纵向上行政管理与安全治理的矛盾，两者的症结都是一样的，那就是群众参与的严重不足。针对这一情况，在中观层面的场域安全建设中，在安全治理的过程中，如何进行制度创新,建立有效的群众参与机制就成了核心的问题。"枫桥经验"从以下三个方面提供了完善安全治理的启示。

第一,建立进入性、开放性的治理制度。人是组织活动的关键资源。组织中的物力或财力需要通过人的积极组合和利用才能发挥作用。人在资源配置中的作用决定了人员配备在社会治理工作中的重要性。组织是从外部招聘还是从内部提拔所需的管理人员,这背后体现出的是组织的开放程度。如果上升到制度层面,就涉及进入性、开放性的治理制度和排他性、封闭性的治理制度。这两者是一组相互对立的观点,它们涉及群众能够参与安全治理过程的程度,与关于场域中权力的多元主义和精英主义观念相对应。新时代"枫桥经验"的改革实践体现的就是进入性、开放性治理制度的要求。为了破解村党组织书记在本村难选、难干的困局,诸暨人采取了向全社会公开招考村支书的办法。[16]外来干部具有"外聘优势"(没有"历史包袱"),有利于平息和缓和内部竞争者之间的紧张关系,能够为组织带来新鲜空气。[17]需要指出的是,在安全治理的实际过程中,进入和排他、开放和封闭都只是一个相对的概念,两者之间主要体现为程度上的差别。换言之,绝对意义上的进入、开放以及排他、封闭都是很少的。如果一个普通成员或者"弱势群体"的代表虽然不属于"有权有势"者或者"强势群体"组成的"内部集团"的成员,但他也能够进入决策过程,并在决策过程中发挥积极作用,那么,治理过程就是开放的,因为在实际的治理过程中,"精英"的构成是可变的,该过程允许新成员的加入。如果存在利益关系的群众被置于决策过程的边缘上,他只被允许参加会议,但仅仅是"看看而已",不能发表意见,更没有表决权,无法对政策产生实质影响,那么治理过程就是封闭的,其治理精英集团稳定并难以渗透。在这种结构中,群众要想成为这个团体的一员或者得到他们的信任,可能需要常年从事、参与社区志愿活动。因为只有这样,普通群众才能证明他们不会对精英的价值和利益构成威胁。最后这种做法似乎与"安全治理"的初衷有出入,值得进一步关注、研究。

第二,完善群众参与安全治理的机制。在安全治理的过程中,"以人民为中心"的理念是重要的,但还需要配套的制度跟进,不断完善群众参与安全治理的机制,从而将美好的理念落到实处。当前安全治理过程中出现诸如行政效率低下等问题,原因之一在于过于信赖政治精英的资源与信息优势,缺少足够多的公众参与;而且,过度的政府管制不仅对当前社会问题的解决毫无帮助,反而面临着降低政府信誉的风险。[18]研究者通过对浙江省18个坚持和发展"枫桥经验"的先进乡镇(街道）的实证研究和"枫桥经验"发源地诸暨枫桥镇的个案考察发现，群众参与治理对社会平安、社会和谐均有显著的积极影响。[19]创建社会组织参与治理新格局，全面提升多元共治的能力和水平，已经成为新时代"枫桥经验"的一大亮点。[20]从理想类型的角度而言，在自治主体有效对话的基础上，合作社会的治理逻辑将以"从参与到协作、从协作到对话、从对话到合作"的方式予以呈现。[21]如果从合作社会的治理逻辑来审视现实社会的治理过程，必须承认的是，即使是"枫桥经验"发源地，诸暨枫桥镇虽然在群众参与安全治理方面积累了大量宝贵经验，但就整体的参与机制而言，还面临着如何处理正式制度和非正式制度，如何协调制度的规制性要素、规范性要素和文化—认知性要素三者之间的关系，如何在参与机制的推动下促进协作对话机制的有效运行等一系列问题。美国学者阿斯汀（Sher Arnstein）曾经根据政治体制演进与公民参与自主性，提出了"公民参与阶梯理论"。[22]阿斯汀将公民参与分为由低到高渐进发展的三个发展阶段及梯度演进的八种参与形式。第一阶段是政府主导型参与，主要的参与形式是政府操纵、宣传教育。第二阶段是象征型参与，参与形式包括给予信息、政策咨询、组织形成。第三阶段为完全型公民参与，是自主性参与的最高阶段，参与形式包括合作伙伴关系、授予权力、公民自主控制。浙江现阶段的群众参与形式总体上属于象征型参与的范畴，居于从政府主导型参与向完全型公民参与的过渡阶段。在这个过程中要注意，党的领导体现在"把方向、谋大局、定政策、促改革的能力和定力，确保党始终总揽全局、协调各方"上，要防止将党的领导庸俗化为党"什么都管，什么都抓"。[23]从这个角度上说，坚持党的领导和完善群众参与，两者是有机统一的，并不存在根本性的矛盾。进入新世纪以来，全国各地涌现出来的一些群众参与的典型案例，预示着新时期群众参与实践已经出现了一系列令人关注的新趋向，如群众参与的自组织形式，群众参与行动自主性的提升，以及群众参与对政策过程的实质性干预等。这无疑是今后进一步创新"枫桥经验"深化安全治理的方向。

第三，以制度化的形式促进政府向民众赋权。纯粹的"自由""民主"理念固然诱人，但在具体的安全治理过程中如何落地，却是一个复杂的问题。创新发展新时代"枫桥经验"同样需要根据不同场域的特点，在安全治理的过程中有的放矢地采取相应的策略。从总体上看，应当高度重视权利弱化下的安全感危机，要避免社会走向相互伤害，就必须在制度设计上体现对个体权利的普遍尊重和保护。[24]在实际的安全治理过程中，一些具有深厚历史文化根源的问题还在一定程度上存在，这些问题都对安全治理造成了消极影响,解决问题的突破口在于以制度化的形式促进政府向民众赋权。[25]在这些方面,新时代"枫桥经验"做出了可贵的探索。枫桥镇枫源村在坚持发展"枫桥经验"的实践过程中,充分尊重村民的主体地位,"把决策权交给群众",创立了"三上三下"民主决策机制。[26]"三上三下"民主决策机制实际上就是一种政府向民众赋权的机制。赋权的过程,很可能会从建立信心、感觉有用、发展技能以及获取进一步的资源等角度,让民众直接获益。当然也有一些间接的收获,例如,将各种网络扩展到鲜为人知的民众那里、强化现存的网络,以及增强相互的支持与集体行动的可能性,包括让观点变得广为人知以及采取行动改善服务。当民众受到赋权越多、参与得越多时,服务就越有可能契合需要,以品质为导向,并且具有成效。[27]枫桥镇于2017年7月正式成立的志愿者组织"红枫义警",就是政府向民众赋权的典范[28],"红枫义警"的存在就是希望给枫桥镇的群众一种安全感。[29]在不断参与和赋权的过程中,民众的权利得到进一步的尊重和保障,从而切实提升他们的获得感和安全感。时至今日,由于"枫桥经验"特殊的历史地位和时代价值,在当前党和国家领导人的高度重视的背景下,如果不能全面地把握"枫桥经验"的理论内涵和精神实质,并扎根于当前中国安全治理的社会现实,以行政力量为推手的改革举措就很容易流于形式。需要警惕的一种倾向是,过度符号化的安全治理有可能发生本质上的异化,它并没有消减或者消除不稳定、不安全因素,反而在"保典型"的指导思想下破坏了法制和规则,损害了社会公正,酝酿着新的、更大的不稳定、不安全因素。[30]随着新时代"枫桥经验"理论研究和实践探索的不断深入,在探索"以公民权利制衡国家权力"这一命题的同时,安全治理还需要进一步关注"以社会权力制衡国家权力"的新的权力制衡模式,这里面包含着权力与权利的辩证关系,传统安全观与非传统安全观的辩证关系,个人、国家与社会之间的辩证关系。

三、"本体性安全":场域安全的微观视角

"本体性安全"(ontological security)是哲学中关于存在的本质问题,它着眼于"人与物的可靠性感受",强调个体对自身与世界关系的感悟与思考,与国家意义上的"安全共同体"和社会意义上的"安全治理"相比,在建构场域安全的系统中属于微观领域。"本体性安全"的概念与实践性意识不言而喻的特征密切相连,借用现

象学的术语来说,与日常生活中"自然态度"所假设的一种"归类涵括"(bracketing)密切相连。一种无序状态(chaos)潜伏于日常行为和话语之极为琐细的另一面,此种无序状态并不仅仅是指组织上的无序,而且指人们对事物与他者的真实感本身之丧失。[31]"本体性安全"是一个与现代性密切联系的概念。按吉登斯(Anthony Giddens)的理解,一方面,现代文明给人们提供了较之以往社会更多的选择,大大地丰富了人们的物质和精神生活;另一方面,现代社会"人为制造"了诸多风险环境,导致了深处其中的个人感到深深的焦虑,担心随时随地风险有可能爆发。[32]从这个意义上说,生活在当代风险社会中的个体,多多少少会面临"本体性安全"问题。有研究者将当代社会的安全问题概括为:生态危机下的"安全威胁"、社会危机下的"安全失序"和精神危机下的"安全焦虑"。[33]在安全治理过程中如何通过建立信任,尽可能地解决风险社会中的"本体性安全"问题,"枫桥经验"可以给予我们启示。

第一,密切联系群众,建立与群众的互信机制。吉登斯指出,在风险社会,基本信任对于日常生活规范和正常外表体征之间的联系起着根本作用,现代人对于安全感的需要是强烈的,他们需要一个"保护壳"。保护壳就是使一种切实可行的周遭世界得以维持下去的一个信任外罩。信任外罩之下那一层,便是"平淡无奇"世界之惯常化特征的条件和结果。而这个平淡无奇的世界又是一个充满了围绕着个体当下却关乎未来的活动和规划的现实及可能事件的世界,在其中,正在进行的绝大多数事情对这个个体而言都是"非后果性的"。[34]在现代社会,信任作为一种保障社会正常运转的安全机制,需要建立在一定的社会关系基础上。"社会关系实际上决定着一个人能够发展到什么程度。"[35]将渺小的个人和不确定的世界连接起来的,正是各种社会关系;正是在发展社会关系的过程中,个体不断成长成熟,增益"人的本质力量",克服焦虑和不确定性,获得安全感。根据马克思主义的观点,人的社会关系的发展主要表现在三个方面:人的对象性关系的全面生成、个人社会关系的高度丰富和人对社会关系的共同控制。[36]在通往这一人类理想社会的过程中,如果用政治化色彩相对浓厚的词来表述,就是要坚持群众路线,突出"群众性"。"枫桥经验"作为"群众性"的象征,在"一切为了群众,一切依靠群众"的原则指导下,通过"从群众中来,到群众中去"的基本方针,形成了一套颇显中国共产党特色的本土治理经验,不断丰富和发展了人的社会关系,通过信任机制在安全治理中发挥着积极作用。因此,在很多人眼里,"枫桥经验"对于安全治理的最大启示就是

"群众性"。"枫桥经验"半个多世纪的发展历程贯串了一条红线:充分依靠群众,化解矛盾,做好社会治安工作。要把"枫桥经验"在全省以至全国各地推广,必须要有群众观点和群众意识,离开了这点,"枫桥经验"是不可能真正学到手的,在各地推广也就无从谈起。[37]"枫桥经验"体现于赢得群众的信任,体现于提高群众的素质,体现于群防群治组织建设的加强,体现于尊重群众的首创精神。因此,可以说"枫桥经验"的本质特征是依靠群众。[38]在实践探索中,不少地方创新发展"枫桥经验"就是围绕群众性展开具体工作的。例如诸暨市的"村务简报"、绍兴市上虞区的"警示公约"、嵊州市的"八郑规程"、新昌县的"乡村典章"、绍兴市的"夏履程序"等,已经成为加强基层民主建设、突出群众的参与意识和首创精神方面的典型。新时代"枫桥经验"已经成为一种"群众性"的象征符号和文化标志,始终强调密切联系群众,建立与群众的互信机制,在安全治理过程中产生了积极的示范效应。

第二,培育专业力量,充分发挥专家系统的积极作用。现代化是以"时空间距"为特征的,这就是说,社会系统跨时空延续。时空间距的标志是社会互动的日益增长的"脱嵌"(disembedding,也译为"摆脱""脱域""离位"等)。吉登斯区分了两种脱嵌机制:符号标志和专家系统。符号标志是超越时空的"交换媒介"。有许多不同类型的符号标志,但货币是一种显而易见的实例。吉登斯说:"专家系统是指技术实施和专业性专家的系统,他们组织我们在其中生活的物质和社会环境的广阔领域。"换言之,专家系统是使我们的日常生活恰当运转成为可能的专业化知识和职业的专门体系。人们倾向于"相信"货币,却不曾在认知上认识它的流通运作过程;同样,他们一般来说也信任专家系统,不曾实际上理解所涉及的知识。[39]专家系统是现代人获得安全感的重要途径,在安全治理的过程中,专家系统扮演着十分重要的角色。"枫桥经验"中的许多做法较好地发挥了专家系统的作用。一是领导班子具有一定的管理能力和专业精神。枫桥镇以"红枫党建"为引领,扎实开展新时期干部"进村赶考",通过乡镇干部驻村连心,机关干部"返乡走亲",党员干部结对联户交心,用脚步丈量民情。积极实施"枫桥式"干部教育培训,开展"枫桥式"行政村、"枫桥式"派出所等系列创建。二是专家学者为安全治理出谋划策,发挥智库作用。到目前为止,研究"枫桥经验"的专门学术机构有4个,且都在浙江省内。这些研究机构人员互有交叉,主要聚合了浙江省内"枫桥经验"的专业化研究力量。他们与省外学者一道,在创新发展"枫桥经验"方面发挥着重要作用。三是业务能手具备工匠精神,钻研业务精益求精。党的十九大报告提出"建设知识型、技能型、创新型劳动者大军,弘扬劳模精神和工匠精神。""枫桥经验"中最能体现工匠精神的当属"老杨调解中心"的负责人杨光照。调解工作是"枫桥经验"的一大亮点,专家系统在其中发挥了重要作用。枫桥已组建行业性专业性调委会,建立人民调解专家库,打造品牌人民调解工作室。[40]这些举措大大提升了新时代"枫桥经验"调解工作的专业化水平。从安全治理未来发展趋势上看,如何界定"安全感"的理论内涵,把握"安全治理"的核心实质,在实践探索中形成既具"中国特色"又有"国际元素"的场域安全治理体系,专家系统在这方面还大有可为。

第三,在社会整合的基础上完善系统整合。在"本体性安全"概念的基础上,吉登斯区别了社会整合与系统整合。在他看来,社会整合意味着面对面互动层次上的系统性;系统整合则是与那些在时间或空间上身体不在场的人之间的关系。[41]从现实意义上说,现代社会的发展就是一个系统整合不断取代社会整合的过程。新时代"枫桥经验"的升级版也同样面临着从农村到城市、从传统到现代的过程。在社会整合的基础上完善系统整合,就是新时代"枫桥经验"转型升级、增进每一个个体的"本体性安全"的途径。具体而言,个体必须通过与环境(其他个体、组织、社会以及环境等)的结合,摆脱孤独和焦虑,从而获得安全感。现代社会由于时空的分离,人们往往需要借助于系统整合实现这一目标,从而最大限度地提升"生存性安全"的质量。新媒体极大地突破了时空之间的界限,在现实世界之外建立了一个虚拟世界,甚至出现了"仿真"机制制造的"超现实"对现实世界的替代。[42]如何完善传统的社会整合,并在此基础上完成系统整合,这对新媒体时代的"枫桥经验"而言,是一项前所未遇而又极具挑战性的任务。一个可以考虑的突破口是在自治、德治、法治"三治融合"的背景下创新"互联网+"模式下的"枫桥经验",从而在安全治理的过程中将诸多要素有机地整合起来,实现在社会整合基础上的系统整合,相关实践正在进行中。[43]需要注意的是,科学技术是一把双刃剑,个人信息和隐私安全问题日益突显。一个寻常百姓经常会谈论到的话题是:面对密布大街小巷的摄像头,我们真的觉得更安全了吗?有学者将网格管理视为在现代社会运用信息技术建立的具有"保甲"功能的制度。由于缺乏行政管理体制变革,网格化管理出现了悖论,面临着管理层级增加、管理功能泛化、管理成本放大、管理问题程式化、自治空间受压缩和新碎片状态出现等一系列问题,它需要进一步回答如何厘清基层政府管理职能边界,理顺职能关系,建立基层政府责权对称的管理体系;如何以促进社区协商民主及利益表达,形成公共空间和社会共同体生活;如何运用网格管理信息化平台和资源整合优势,发展基层公共服务提供的能力。[44]从这个意义上说,创新发展"枫桥经验"一直在路上。

参考文献:

[1] 余潇枫.中国非传统安全研究报告(2013—2014)[M].北京:社会科学文献出版社,2014,第293—294页.

[2] DEUTSCH K W , SIDNEY A B. Political community and the north atlantic areas: international organization in the light of historical experience[M]. Princeton:Princeton University Press,1957:5-6.

[3] WEAVER O. Insecurity, security, and asecurity in the West European non-war security [M]// Security communities. Cambridge:Cambridge University Press,1998:71.

[4] 余潇枫.总体国家安全观引领下的"枫桥经验"再解读[J].浙江工业大学学报(社会科学版),2018,17(2):128-133.

[5] BOOTH K. Asecurity regime in Southern Africa:theoretical consideration[J]. Southern African Perspectives,1994,30(2):26-27.

[6] 陈卓."场域安全"的特性分析:新时代"枫桥经验"的启示[J].公安学刊(浙江警察学院学报),2018(5):15-18.

[7] 李振贤."枫桥经验"与当代中国基层治理模式[J].云南社会科学,2019(2):47-54.

[8][13][20]"枫桥经验"联合蹲点调研组,金伯中.社会治理的典范 平安和谐的绿洲:枫桥镇提升推广新时代"枫桥经验"调查报告[J].公安学刊(浙江警察学院学报),2018(3):13-18.

[9] 马以.平安中国的浙江实践[M].杭州:浙江人民出版社,2017:263.

[10] 王俊秀,刘晓柳.现状、变化和相互关系:安全感、获得感与幸福感及其提升路径[J].江苏社会科学,2019(1):41-49,258.

[11] BOOTH K. Security and emancipation[J]. Review of international studies,1991,17(4):313-326.

[12] 叶寒冰.论"枫桥经验"蕴含的人本思想[J].公安学刊(浙江公安高等专科学校学报),2004(4):14-17.

[14] 崔顺姬,余潇枫.安全治理:非传统安全能力建设的新范式[J].世界经济与政治,2010(1):84-96,156.

[15] 托马斯.公共决策中的公民参与[M]. 孙柏瑛,译.北京:中国人民大学出版社,2010:61-97.

[16] 张丽,翁均飞,王玮,等. 村支书,打破地域来竞选[N]. 浙江日报,2013-06-06(17).

[17] 周三多.管理学:原理与方法[M].上海:复旦大学出版社,2018:225-227.

[18] 张国清.社会治理研究[M].杭州:浙江教育出版社,2013:313.

[19] 黄兴瑞.新时代"枫桥经验"视野下社会稳定风险防控机制研究[J].中国人民公安大学学报
(社会科学版),2019,35(2):128-137.

[21] 李静.自治主体、互信机制与对话方式:合作社会的治理逻辑[J].思想战线,2017,43(6):
101-107.

[22] ARNSTEIN S R. A ladder of citizen participation[J]. Journal of the American institute of
planners,1969,35(4):216-224.

[23] 王莉."坚持党对一切工作的领导"的理论基础[J].前线,2019(1):13-17.

[24] 王宁.权利弱化下的安全感危机[J].人民论坛,2010(34):24-25.

[25] 殷昭举.社会治理学:第1卷[M].广州:广东高等教育出版社,2014:219-221.

[26] 田胡杰.有序参与、社区认同与村庄共同体再造:"枫桥经验"的乡村治理价值研究[C].杭
州:枫桥经验与基层治理现代化学术研讨会论文集,2018:328-329.

[27] 亚当斯.赋权、参与和社会工作[M].汪冬冬,译.上海:华东理工大学出版社,2013:
237-238.

[28] 孙军,叶晟,谢佳,等.红枫义警:心系平安的枫桥"新警力"[N].人民公安报,2017-10-14
(1).

[29] 靖力,何若愚."红枫义警":从群众中来,到群众中去[J].方圆,2018(11):24-25.

[30] 陈卓.新时代"枫桥经验"的制度逻辑研究[J].山东警察学院学报,2019,31(2):125-132.

[31] 吉登斯.现代性与自我认同:晚期现代中的自我与社会[M].夏璐,译.北京:中国人民大学
出版社,2016:34.

[32] 曾怀德.现代风险环境中本体性安全的建立:吉登斯风险社会理论探索[J].齐齐哈尔大学
学报(哲学社会科学版),2005(3):11-14.

[33] 翟安康.安全哲学发微[D].苏州:苏州大学,2016.

[34] 吉登斯.现代性与自我认同:晚期现代中的自我与社会[M].夏璐,译.北京:中国人民大学
出版社,2016:118-121.

[35] 马克思恩格斯全集[M].北京:人民出版社,1960:295.

[36] 袁贵仁.对人的哲学理解[M].郑州:河南人民出版社,1994:572-573.

[37] 周长康,金伯中.走向21世纪的"枫桥经验":预防犯罪实证研究[M].北京:群众出版社,
2000:234.

[38] 朱志华,周长康.枫桥经验发展论:兼论中国特色整体预防犯罪模式的构建[M].杭州:浙江
人民出版社,2011:7-10.

[39] 吉登斯.现代性与自我认同:晚期现代中的自我与社会[M].夏璐,译.北京:中国人民大学
    出版社,2016:124-133.

[40] 浙江省诸暨市司法局.坚持发展"枫桥经验"　不断推进人民调解服务基层社会治理创新
    [J].中国司法,2018(6):60-61.

[41] 吉登斯.现代性与自我认同:晚期现代中的自我与社会[M].夏璐,译.北京:中国人民大学
    出版社,2016:26.

[42] BAUDRILLARD J. The procession of simulacra. in Wallis, H. Art after modernism:
    rethinking representation[M]. New York:Museum of modern art,1984. 254.

[43] 金超.枫桥经验视野下的互联网治理之道:自治、法治、德治相结合的网络社会治理模式构
    建[C].北京:第十三届中国法学青年论坛征文获奖论文集,2018:649.

[44] 孙柏瑛,于扬铭.网格化管理模式再审视[J].南京社会科学,2015(4):65-71,79.

【作者】

陈卓,浙江理工大学马克思主义学院教授

文化融入：乡村治理的创新实践探析

——以浙江省T县为例

蒋丽娇

乡村是国家的神经末梢，乡村治理是国家治理的基础保障。随着我国经济社会的不断发展，城镇化进程使得乡村社会结构发展巨大变化，传统的治理经验已经无法满足当下乡村治理的多元需求，乡村治理面临诸多困境，把文化融入当下乡村治理是跨越这些困境的积极探索。近年来，T县一直致力于全面深化精神文明建设，创新乡村治理工作，以凝聚人心、向上向善，以文化人的精神动力，助推乡村治理有效，建设美丽乡村。2019年，T县获评为浙江省美丽乡村示范县，且获选为全省深化"千万工程"建设新时代美丽乡村现场会召开地，这是对该县在建设美丽乡村过程中取得的成就的充分肯定，也是对创新乡村治理工作的高度评价。T县在乡村治理方面的积极探索不仅为当地美丽乡村建设提供诸多保障，也为各地在以文培元实现乡村善治方面提供实践经验和路径参考。

一、当前乡村治理面临的困境

我国经济快速发展，面貌焕然一新，乡村社会发生了巨大变化。随着城乡一体化进程的加快，越来越多的乡村青年涌入城市，据国家统计局数据，我国乡村人口从2011年的约6.6亿人减少为2019年的约5.5亿人。中国农村的熟人社会随着人口大量流失逐渐向陌生人社会转变，传统邻里的和睦关系、村规民约的内在约束、传统礼仪的教化作用都日渐衰弱，导致当下乡村受不良思潮、不良文化的冲击日趋严重，引发各种社会问题，使乡村治理面临诸多困境。

（一）乡村治理主体缺位

在传统乡村,社会发展相对落后,在地域限制、人们传统的安土重迁思想下,人口流动性小,乡村治理长期处于相对稳定状态。随着城乡一体化发展和现代思想对传统思想的改变,提升了大批农村年轻人舒适生活标准,人们为了拥有更好的生活环境和发展空间,不断涌入城市。自 2011 年开始,我国农村人口逐年低于城镇,大批农村青年涌入城市,导致乡村社会日益空心化,留守妇女儿童和空巢老人等现象加剧。治理对象的流失,导致参与村内事物的村民主体缺失;有才干的乡村精英的流失,导致参与乡村治理的人才缺位。两者叠加,最终使得乡村生产、建设、治理等都缺乏人力的内在支撑。

（二）乡风文明有待提高

传统中国乡村社会是熟人社会,邻里之间守望相助,十分熟悉。长期生活在相同村庄内的村民,有着约定俗成的规矩,大家都遵照这些规矩维持了乡村社会的秩序。这就是费孝通先生所说的"乡土社会的秩序可以用礼来维持"。这个时期,人们共有的价值观念,在乡村治理中起到重要的作用。然而在当下中国,传统中国的乡村邻里关系逐渐淡漠,传统礼俗和村规民约发挥的作用也日趋减弱。在当下现代思潮中,利益至上、功利主义等不良文化不断冲击,优秀现代文化未扎根乡村,加速乡村传统美德衰败,利己主义、拜金主义等观念盛行。因此,加速现代优秀文化、社会主义核心价值观融入乡村社会,对重建乡村社会秩序,实现乡村社会有效治理至关重要。

（三）乡村治理能力不足

大量农村年轻人外流,导致乡村治理人才队伍力量薄弱、结构不合理。当下乡村干部虽然经验充足,但是因学历水平普遍较低,专业理论水平及视野思路已经与现实乡村社会多元需求不符,一些乡村干部,长期在农村,思维难免固化,处理村级事务往往依靠过往经验,创新方式较少。技术方面也较为缺乏,一些乡村干部不能熟练使用现代化治理相关的应用技术设备。这使得乡村治理能力无法适应当下乡村社会发展的实际情况。再加上一些乡村干部思想滑坡,政治素质不高,不主动提升自身本领,反而认为乡村社会依靠人情治理,无视党纪法规,吃拿卡要,收受蝇头小利，导致乡村腐败问题突出，严重侵害了百姓切身利益。如利用手中小微权力贪污国家扶贫资金、侵占村集体财产、贪污村集体补偿款等，严重损害了干群关系。

二、文化融入乡村治理的创新实践

近年来，T县一直在创新乡村治理方面做积极探索，在坚持乡村法治的基础上，以建设美丽乡村为契机，以新时代文明实践中心建设为抓手，以和合文化为精髓，依托本地特色文化资源，深挖礼仪文化、乡贤文化等优秀传统文化内涵，发挥文化在乡村治理中的柔性作用，提升乡村治理水平。2019 年，T县获评为浙江省美丽乡村示范县，获选为全省深化"千万工程"、建设新时代美丽乡村现场会召开地，在"千万工程"和美丽乡村建设方面拥有丰富经验，在文化融入乡村治理方面更有创新实践。主要体现在以下几个方面。

（一）破除陋习，形成文明新风尚

文化与治理有着密不可分的联系，相互影响。当下许多乡村治理的问题根源于文化，要勇于扫除低俗文化、破除陋习、狠杀不正之风。T县陆续出台移风易俗、素质提升等相关系列文件，以制度化建设，引导村民干部摒弃陈规陋习，包括《T县"推动移风易俗树立文明乡风"实施方案》《关于进一步推进移风易俗工作的实施意见》《T县"弃陋习讲文明树新风"主题实践活动方案》《开展T县殡葬陋习专项整治行动的通知》《关于开展规范领导干部操办婚丧喜庆事宜专项行动的实施方案》《关于推进清廉T县建设的决定》《推进乡风文明示范村建设培树乡风文明先进典型实施方案》等，将提升社会文明工作制度化、常态化，以形成全县齐抓共建的局面。

依托文明村镇、文明家庭、和合家庭、美丽庭院等文明细胞创建工作，将社会主义核心价值观融入乡村文明建设，通过培育典型、弘扬家风、持续推进"讲文明 树新风""文明祭祀""丧事简办""婚事小办"等文明新风尚，在群众中形成积极向善、勤俭节约等主流价值观。将弘扬正气融进美丽乡村，通过提升硬条件的方式，美化净化村内环境、将文化元素融入村内环境和村民日常生活，提升文化礼堂、农家书屋等农村公共文化基础设施建设等方式，强化文化对村民的熏陶，有利于形成文明乡风。多样化文化宣传方式，通过道德讲堂、"四千"工程、送戏下乡等加大现代文化供给力度，推进文化宣传常态化，激发村民形成共同价值观，认同乡村治理目标，并积极主动参与乡村事务,合力推进乡村治理水平的提升。

(二)构建平台,将文明辐射全域

通过创建"乡风文明示范村"活动、培树乡风文明先进典型,发挥榜样作用。提炼文明建设实践成果,培树党员干部和村民先进,以丰富的家风传承活动,全面推进乡风文明建设,为全县善治营造崇德向善的环境。开展道德典型评选活动,评选表彰道德模范、美德少年、诚信人物(集体)等方式,在全县范围内培树典型人物。开展"身边好人"微事迹宣传,深挖宣传群众身边的、和群众切身相关的好人好事,让善行义举成为人们争相学习的对象,切实让社会主义核心价值观在群众中落地生根。根据各村实际,拟定文明的正反面清单,并以此为依据,评定乡风文明典型,每年在全县范围内培树 20 至 30 个"乡风文明示范村"、培育 20 名以上先进典型人物。通过这种文明创建的方式,以点带面,改善村居环境、全面提升我县乡风文明水平。

构建"1+2+3+8"新时代文明实践模式。以"1+2+3"为载体,围绕 8 大新时代文明实践内容,将文明实践活动辐射全域。"1"是一个总部,即县新时代文明实践中心。该总部由县农村文化礼堂牵头,与各处文明实践点对接,推进乡风文明理论宣讲、文化活动、志愿服务等行动全面开展;"2"是二个联盟,即和合天台志愿服务联盟、天台网络公益联盟;"3"是三类基地,分别推进弘扬家风、传承和合文化、道德教育三项工作;"8"是八大文明实践内容,包括理论宣讲、教育服务、农技科普服务、文化服务、文明新风服务、健身体育服务、卫生健康服务、便民服务等八大内容。以中心辐射四周,协同推进全域践行文明行动。成立和合天台志愿服务联盟,开展文明服务行动。组建特色志愿服务队伍和党员志愿服务队伍近 300 支,根据村域特色、社区特色等,建立健全志愿服务清单。部门、群团组织、社会组织,根据具体服务内容,结合群众现实需求,形成全域县、部门、乡镇、村各级志愿服务项目,以"站点单+所接单+中心派单+群众评单"的模式、志愿服务的方式践行文明,为群众真正提供有效的服务。

(三)多种方式,弘扬优秀传统文化

该县深入开展"好家风培育""好家训展示""好家风宣讲""好家训传承"等系列好家风传承活动,以故事会、文艺小品的方式宣讲好家风,共开展宣讲 200 多场,

吸引 10000 多户家庭参选。在 2018 年的最美家庭评比中，获选全国最美家庭 3 户，浙江省最美家庭 7 户，市县乡最美家庭 2885 户。以这种群众喜闻乐见的方式，扩大好家风影响力，在全县形成传播和谐、和睦、向善的良好氛围。

依托"乡村十礼"活动，在全县推广周岁礼、开蒙礼、新兵入伍壮行礼等内涵丰富、形式新颖的"乡村十礼"。把传统文化与现代文明相融合，以优秀传统文化为内涵，结合现代礼仪的特征，挖掘和阐发各村的历史文化。突出中华优秀传统文化和社会主义核心价值观，探寻乡村礼仪，通过晒礼、议礼、践礼等环节，让"文明有礼"理念在农村落地生根，助推乡风文明建设。这对弘扬社会主义核心价值观，促进乡风文明有着积极作用。

创新文艺作品，充分运用农民群众喜闻乐见的形式，将乡风文明建设通过文艺演出的形式进行展示，组织县文化部门编排孝老敬亲主题小品《太婆碗》、和谐邻里主题小品《卖平安》《粘腾碰到徐主任》、移风易俗主题小品《有钱好好花》等节目开展乡风文明行动巡演，生动传播乡风文明新观念。依托文化礼堂总部管理体系，开展"我们的村晚""寻找最美礼堂人"等活动，促新村合心。

（四）文化渗透，推动乡村柔性治理

和合文化融入乡村治理，以和合文化为精髓，丰富村规民约时代新内涵，推动红白理事会、村民议事会、乡风评议会、禁毒禁赌会等乡村自治组织全覆盖，促进乡风文明改善。开展"和合文化六进六创"行动，推动和合文化进校园、进家庭、进单位、进企业、进村居、进窗口，宣传推广和合文化，将和合文化和睦、包容、和美、和善、求同存异等文化渗透进乡风文明中，在群众中形成由内而外的和合之美。发挥和合文化在乡村治理中的作用，如创建和合调解庭等平台，以村民邻里关系和睦为基础，依据事实、法律来解决村内社区矛盾纠纷。

发挥乡贤参与治理作用，依托乡贤文化，滋养乡风文明，为乡村治理提供有力的内在支撑。T县充分发挥乡贤人数多、责任强的特点，深入开展乡贤"走出去、引进来"工作，促进乡村文明有效融入乡风文明建设、乡村治理和对外经济交流。推行重大事项民主协商"三环五步法"，运用"乡贤治理"的有效治理方式，据不完全统计，T县目前已建有 110 多家镇村协商议事会等组织，聘请了 300 多名乡贤担任协商员（议事员），对 500 多项民主决策达成共识，推动了 130 多个重点项目实施。共引进乡贤回归项目 50 多个，回归资金近 9 亿元，筹集乡贤公益基金 4500 多万元，

助推公益事业 70 多项,提出建议意见 400 多条,为推行乡村有效治理、推动乡村振兴战略做出重大贡献。

三、以文培元构建乡村共治格局

T 县创新乡村治理方式,将文化融入治理,借助文化影响力,加强对干部和群众的文化素质教育,从根本上提升治理对象和治理主体的内在修养。通过文化融入乡村治理的方式,以社会主义核心价值观为行为准则,以制度化方式去粗存精,净化乡风,为乡村营造了良好的治理生态。深挖各地村庄特色文化内涵,以群众喜闻乐见的活动,评选典型、弘扬家风。在群众中引起强烈反响,有效激发起群众对乡村的亲切感与认同感,使群众之间产生互助互信、团结一致的公共精神,提升群众参与乡村治理的积极性,推进乡村文明建设和乡村治理工作,从而达到凝聚人心、向上向善、以文化人的精神动力,有效助推乡村治理,为文化融入乡村治理、实现乡村善治提供了实践经验和方法路径。主要有以下几点经验启示。

(一)将乡贤文化融入乡村治理

乡贤文化是乡村优秀传统文化的重要组成。国家《"十三五"规划纲要》指出,"乡贤文化是中华传统文化在乡村的之中表现形式,具有见贤思齐、崇德向善、诚信友善等特点",乡贤是农村社会精英,不仅有丰富的知识、经验积累,还带有浓重的乡土情怀和乡土意识,在吸引资源、协调关系形成发展合力和感化村民、教化乡民形成良好乡风等方面可以起到重要作用。应有序引导乡贤回乡参与乡村治理,以参选村两委或组建村民组、社会组等方式发挥作用,发挥共治力量。创建乡贤理事会、乡贤调解团等组织,发动乡贤积极参与帮助调解邻里矛盾、家庭纠纷等村级事务。发动乡贤参与村规民约修订工作,使国家法律政策融合村规民约,对群众日常生活、思想行为等起到潜在的规范作用,实现村民的自我约束、自我管理。

(二)将优秀传统文化融入乡村治理

1.完善乡规民约

乡村治理,需要制度法规保障,也需要符合乡村社会习惯、礼俗的村规民约参与。村规民约是村民参与自治的重要载体,符合人们的心理需求和生活实际,在乡村治理、规范乡村社会秩序上起到至关重要的作用。因此,应将村规民约作为基层法治的辅助力量,融合国家法律法规,由各个乡民、村民组织等根据当地社会生活实际,升华村规民约。以村民普遍认同的语言、方式,拟定出包括村民日常生产、生活在内的规定内容。通过遵循村规民约的方式,引导村民摒弃低俗传统文化,抵制封建迷信、利己主义、拜金主义等不良风气,倡导村民尊老爱幼、互帮互助、邻里和睦等新风尚。

2. 立足地方文化,推动自治组织全覆盖

以优秀传统文化为精髓,依托地方深厚文化底蕴,推动优秀传统文化在乡村自治中的作用。将优秀传统文化中的和、善、美、礼仪等内涵,渗透进乡村治理中,搭建乡村自治组织,如矛盾调解组织、乡风评议会、禁毒禁赌会、红白理事会等,以柔性手段,促进乡风文明改善,提升治理效果。同时还可以召集村内有威信的干部、村民、村民代表等成立监督组织,对自治组织的自治情况、村规民约的执行情况等进行监督,以提升自治效果。

(三)将现代文化融入乡村治理

新时代乡村文化,区别于城市文化,也与传统乡村文化有所不同。将文化融入乡村治理,发挥文化在治理中的柔性作用,一方面要契合村民的传统习俗需求,另一方面也要体现现代文明导向,通过融入现代先进文化,才能为乡村治理实现现代化打下基础。

1. 在乡村治理中融入现代文明的价值理念

通过提高村民科学文化素养、树立现代民主法治观念、公民意识,培育淳朴民风、树立良好家风等,改善村民精神风貌,提升乡村整体文明程度。如将生态保护融合村规民约,对农村燃放礼炮等行为进行限制,为营造善治氛围奠定文明乡风基础。

2. 积极运用现代技术,提升乡村智理水平

通过数字化平台,整合乡村资源,精准施策。互联网等现代技术融合乡村治理,能有效解决信息传播滞后、信息不平衡等问题,使得信息变为多向传播,实时传播,在一定程度上解决治理主体缺位,推动治理主体多元化发展。也使治理主体能够全面系统地把握村民意愿和村民诉求,有效提升村内事务处理的科学性。因此,

要完善农村公共服务体系建设,如在村内建设天网工程,实时监控保障村民安全;完善基层网络网格化服务,利用信息化手段,如微信、QQ、短信、移动通信等技术手段,加强与村民互动,及时、高效地为村民提供服务;建设乡村数据平台,整合各部门信息资源,包括村内人口、资源、村内事务等信息,形成各村各户信息库,实现各部分信息共享、实时管理。

(四)将社会主义核心价值观融入乡村治理

党的十九大报告中指出,社会主义核心价值观是当代中国精神的集中体现,凝结着全体人民共同的价值追求,是乡村治理的内在精神,主导着乡村治理的方向。因此,要将社会主义核心价值观融入乡村治理,从而凝聚民心,激发群众的认同感和归属感。通过加强爱国主义教育、社会主义教育,弘扬社会主旋律,提高群众的精神境界;在乡村社会营造互帮互助、为他人送温暖、为乡村做贡献的良好氛围;以诚信建设为重点,加强"社会公德、职业道德、家庭美德、个人品德"教育,引导村民形成向善、礼让、宽容的道德风尚。也要加强奖惩,如加强对维护乡村社会秩序村民的激励,对损害公序良俗的村民予以处罚,以此形成维护乡村社会秩序的群众主动积极参与的良好局面。这样能够产生潜移默化的作用,推动社会主义核心价值观在农村形成价值共识,落地成为村民的行动指南,促使农村社会秩序步入良性循环。

综上所述,乡村是国家的神经末梢,乡村治理是国家治理的基础,提升乡村治理水平事关国家政策落实和乡村百姓切身利益。随着城乡一体化的推进,乡村社会逐渐出现新问题,加上文化在乡村治理中的作用发挥日渐衰微,传统的治理方法已经无法适应当下乡村多元社会需求。因此,应积极贯彻实施国家倡导的"文化微治理模式",即重视提升参与村内治理的主动性,通过将优秀传统文化、乡贤文化、现代文化、社会主义核心价值观融入乡村社会治理,发挥文化在乡村治理中的作用,凝聚国家、社会、群众的力量参与乡村共治,从而提升乡村治理水平,推进国家治理体系和治理能力的现代化。

参考文献:

[1] 徐朝旭.德治论[M].厦门:厦门大学出版社,2003:100-108.

［2］费孝通.乡土中国［M］.北京：北京大学出版社,2012:52-53.

［3］梁漱溟.乡村建设理论［M］.上海：上海人民出版社,2006:251-257.

［4］陈寒非,等.乡规民约在乡村治理中的积极作用实证研究［J］.清华法学,2018(1):62-88.

［5］刘淑兰.乡村治理中乡贤文化的时代价值及其实现路径［J］.理论月刊,2016(2):78-86.

［6］刘彦武.从嵌入到耦合：当代中国乡村文化治理嬗变研究［J］.中华文化论坛,2017(10):5-13.

［7］李娅.破解我国当代乡村治理困境的文化路径［J］.思想战线,2015(1),143-144.

［8］刘锐,等.空心村问题再认识：农民主位的视角［J］.社会科学研究,2013(3),102-108.

【作者】

蒋丽娇,中共天台县委党校教师

地方治理新形态:技术性协同治理的一个分析框架

——基于浙江省衢州市的个案研究

卢志朋　陈剩勇

一、现象与问题

随着全球化、市场化、信息化的快速发展和纵深推进,我国社会治理面临的形势和问题发生了重大变化。近年来,以移动互联网、大数据、云计算、人工智能为代表的通信技术被广泛应用于政府改革、社会治理等公共领域,成为各级政府自身改革和提升治理绩效的思路和工具。例如,上海市的"一门式服务中心"、浙江省的"最多跑一次"改革、江苏省的"不见面审批"等"一网、一门、一次"改革,成为新时代地方政府运用信息技术深化社会治理体制改革的鲜活素材。毋庸置疑,信息技术在解决公共服务效率低下、社会治理碎片化等问题上发挥了重要作用,这种作用是充分发挥通信技术在组织运行过程中的协调功能才得以实现的。

社会的专业化分工催生了协调的需求。协调是公共管理的永恒主题之一,从某种意义上来说,公共管理就是一门协调人类共存与合作、具有社会管理工程特性的大学问。其中,官僚体制、市场机制、社群机制是三大重要的协调机制,它们有效地克服集体行动困境、降低社会治理成本、提升公共服务效率。不管是官僚体制、市场机制,还是社群机制,它们都有独特的协调机制和协调手段,其中,通信技术具有协调多部门多行为主体开展集体行动的天然优势。那么,作为协调手段的通信技术,在推进地方治理体系和治理能力现代化过程中扮演何种角色?通信技术如何有效协调跨领域跨层级的多个行为主体之间的关系?技术性协调机制与官僚体制之间是什么关系?围绕这些研究问题,本文以浙江省衢州市为例,建立一个技术性协同治理的分析框架，阐释通信技术改变社会治理的方式、推动社会结构和行为变化的运行机制和治理绩效，同时，分析技术性协同治理的限度，并提出进一步的探讨和研究展望。

二、已有研究回顾与述评

社会治理现代化的核心目标是社会整体的"善治"，以实现人的全面自由发展为宗旨，具体表现为建立共建、共享、共治的现代治理格局，这既包括制度层面的，也包括技术层面的。换言之，制度和技术是促进社会有效治理的重要方式，故而，笔者将从制度创新和技术应用两个方面回顾社会治理相关研究。

第一，制度创新与社会治理的研究。制度是指对人类互动行为进行规范的一系列社会博弈规则的总和，这种规则具有约束性，既包括法律法规、契约合同和行政条例等正式规则，又包括风俗习惯、社会惯例和道德规范等非正式规则。其中，制度建设是实现社会"善治"的必备要素之一，这种制度安排既可以发生在纵向的不同层级政府之间，也可以发生在横向的政府部门和私人组织之间，通过促进多组织制度安排中的运行过程，可解决单个组织不能解决或者不易解决的问题；同时，这种制度建设离不开中国具体的现实环境，需要关注社会治理过程中的各种宏观的政治、经济、社会、文化等制度层面的因素。从某种意义上来说，社会治理就是治理理论在社会运行之中的实践，本质就是规范社会权力运行和维护公共秩序的一系列制度和程序。质言之，"社会治理"在运行过程中会表现为"治理社会"，通过发挥多元治理主体的不同优势、多样化的治理手段，从而实现化解社会矛盾、改善民生、促进公平正义和维护社会秩序等多重目标。具体实践来说：一是政府需要保护并尊重社会的主体地位以及社会自身的运作机制和规律；二是通过制度性的简政放权向社会组织和公众赋予权力；三是破除对社会治理起阻碍作用的体制障碍；四是进一步建立和完善社会组织健康成长的培育发展制度。在治理语境下，有效的制度安排更多表现为"协同"，作为更为持续和深入的嵌入性关系，协同能够促使独立的个体或分立的组织基于共同的使命相互整合到新的制度结构之中，以实现协调更高层次的集体行动。

第二，技术应用与社会治理的研究。通俗来讲，技术是将自然物材加工为有益于人类生产生活器物的一系列方法的总和；同时，在工业化时代和后工业化时代，

构建基层社会治理新格局

技术也被认为是由各种机器物件、自动控制系统以及制作方式共同组成的体系,等等。以上关于技术的一般性定义阐述了技术为了把世界的意义通过器物的安置和使用展现于现实的目的。随着技术的发展和研究的深入,诸如形而上学、伦理、政治与文化等因素都深刻地影响了技术的表达,技术的概念被复杂化了,其中,现代技术就被认为是欧洲文明去形而上学化的产物。此外,还有观点认为,知识的价值化集成是技术的重要面向,也就是说,纯粹的自然知识的累积以及自然知识与社会知识的简单相加并非技术的本质,它是经过反复的社会价值博弈形构而成的一种具有价值取向的集成活动,这种技术活动存在知识性和价值性两层边界,现代技术崇尚的价值就是效率。自工业革命以来,科学技术的地位得到了极大提高,如何有效地将科学技术应用于国家政治制度建设和社会秩序构建之中,一直是近现代以来理论家和实践者关注的重要话题。技术天然代表的理性、现代性和进步成为影响政治行为和社会秩序的重要变量甚至是决定性变量。建立在技术基础上的社会管理和政府管理,技术参数决定规范标准,决定"什么可接受"与"什么不可接受",并为社会设定新的道德秩序。本研究把技术界定为人工制品、程序或生产方式等,具体到信息技术而言,主要包括通信技术(ICT)、传感器、APP、大数据、参数、编码、脚本等。信息技术的应用在改革政府效率和降低政府成本、增强政府回应性和公信力、促进民主发展以及实现社会"善治"等方面表现出巨大效能。

总的来说,现有研究对组织协调机制、信息技术与社会治理等话题进行了丰富的研究,特别是很多学者阐述了信息技术对于社会治理变革的重要影响,深入探析了体制机制如何促进或阻碍协同技术的开发和应用,或者信息技术如何促进社会治理变革,认为实现有效的社会治理依赖较高的技术,需要引入复杂网络系统和先进的信息技术。然而,通过梳理相关研究,我们认为仍存在以下两点不足:一是现有关于协同治理的研究或多或少都忽略了技术的角色;二是现有研究并没有从信息技术是一种协同机制的角度,阐述其对社会治理的影响。其实,技术是一种有效的治理手段,也是一种有效的协调机制,比如信息技术的协调作用主要依托互联网、数据库、云计算和大数据等技术硬件,通过数据共享、流程再造等方式提升政府效率和降低治理成本。这种技术性协调机制并不是试图取代传统的官僚体制,而是在通过技术优化传统的官僚机构,使它们更加互联高效,使公共管理更加标准化和智能化。对此,本研究从公共管理的协调机制出发,试图构建一个技术性协同治理的分析框架,结合浙江省衢州市的社会治理创新实践,探讨社会治理过程中技术协调机制和官僚体制等协调机制之间的复杂关系，系统回答信息技术如何协调跨领域、跨层级的多个行为主体的关系。

三、社会治理的多种形态及其比较

如前所述，作为两种不同维度的治理方式，技术应用和制度创新在解决社会治理痼疾和组织协调失灵等方面分别衍生出了两种截然不同的治理形态：一种是技术应用驱动的治理方案，即技术治理；另一种是制度创新驱动的治理方案，即协同治理。换言之，协同治理在某种意义上是从制度、机制与体制的角度来协调公共事务的合作；技术治理则更多的是借用科学技术，规范和协调不同行为主体之间的合作。这两种治理形态，各有千秋，长期助推着我国地方治理变革。但是，中共十九届四中全会审议通过的《中共中央关于坚持和完善中国特色社会主义制度推进国家治理体系和治理能力现代化若干重大问题的决定》指出："必须加强和创新社会治理，完善党委领导、政府负责、民主协商、社会协同、公众参与、法治保障、科技支撑的社会治理体系，建设人人有责、人人尽责、人人享有的社会治理共同体。"相比于以往的文件表述，增加了"科技支撑"这一新的内容，这意味着社会治理创新需要由过去单向的制度驱动或技术驱动转化为一种新的形态，在注重制度安排的同时更多地发挥技术的效用，笔者将这种治理形态称为"技术性协同治理"。接下来，笔者对三种社会治理形态进行辨析，简要描述三类社会治理形态的基本特征和要素。

第一，通过技术应用解决社会问题而衍生出的一种技术治理形态。以弗朗西斯·培根、伽达默尔、圣西门等人为代表的哲学家认为，将威力巨大的科学技术用于社会变革和改造活动之中尤为必要。正是在这样的思想引导下，"技治主义""技术统治论""技术至上"等理念开始甚嚣尘上，并在北美大地兴起了轰轰烈烈的技术治理运动，迅速向全世界传播。为了从 20 世纪 30 年代的经济大萧条的危机之中走出来，技术治理成了救治社会衰退的"良方"，社会公共事务的管理被当作某种特定领域的技术性事务，技术专家成了对公共事务进行科学管理的主角，这种治理方式在全世界范围内受到追捧。激进派的斯科特认为，"技治主义"是新的政治统治形式，意味着"科学和技能的统治"，技术治理强调主要参与者并非普通民众，而是社会各界精英，尤其是科学技术精英，目标也是要将更多政治权力赋予工程师和科学家。在技治主义者看来，理想社会应该以科技标准来赋予政治权力。作为一种极富效率的治理手段和方式,技术治理理论主要包括科学管理和专家政治两大核心理念,前者强调社会治理是建立在科学原理和技术方法的基础之上,后者则意指掌握和行使政治权力的主体必须接受过系统的现代自然科学技术教育。进入信息社会后,技术治理侧重于采取智能化设备、移动网络及各类综合治理平台、各式各样的 APP 软件等通信手段,以及技术标准、程序标准、环境设施标准等标准化的治理工具,进一步协调多元治理主体的不同功能,优化资源配置效率和厘清行为主体的责任边界,让具体的治理难题能够得到高效的解决。

同时,在特定的技术治理情景下,技术会具有多重社会属性和政治属性,信息技术的服务和赋权功能会给政府、企业和公众带来诸多现实的和潜在的发展机遇以增加社会福祉;信息技术的侵入和约束特征也可能导致系统的社会风险和政治风险的发生,从而在公共治理中表现出"仁慈"和"阴暗"的两副面孔。需要强调的是,社会学家延伸了技术治理的概念和范畴,认为技术治理并非仅仅是通过引进新技术来提升治理效能,同时可被视为国家对社会的复杂性化简,某种意义上社会治理的技术是一种追求治理效率的治理程式,是一组可以有效计算、复制推广并考核验证的治理流程,通过识别和处理源源不断的问题进而把社会呈现在国家面前。具言之,社会学范畴的技术治理的基本特征是风险控制、事本主义原则以及工具主义地动员社会,强调将体制和结构层次的问题化约为行政技术的问题,它呈现在精细化治理、网格化治理、大数据治理、运动式治理等实践形式的各个角落。并且,黄仁宇指出,以道德代替技术是近代中国失败的根源,数目字管理是解决中国治理困境的答案。

第二,通过制度创新解决组织协调失灵而生发出的一种协同治理方案。行政管辖边界变得越来越模糊,特别是跨层级、跨领域、跨部门的问题不断涌现,使得传统的专业化分工的政府部门难以解决这些问题。通常情况下,在概念的使用层面,除了"协同治理"外,国内学者常使用"合作治理"或"协作治理"来指代政府与其他组织跨部门的合作、共治。什么是协同治理?协同治理往往被认为是"由政府发起的,一个或多个政府部门与非政府部门一起参与正式的、以共识为导向的、商议的、旨在制定或执行公共政策或管理公共事物或资产的治理安排"。这个界定主要包含三个维度:一是决策过程维度的协同治理。西方很多学者最早是从政策制定过程层面来研究协同治理的,他们视协同治理为寻求复杂问题解决办法的过程。为了提高议程制定的决策效力,需要突破传统管理主义视角下的组织内部封闭式决策，取而代之的是采取开放式的协同治理，让各个利益相关主体参与其中，特别是公共事务的决策参与者不再仅仅局限于政府部门，也会包括社会公民和私人部门等组织。决策过程维度的协同治理，更多的是如何确保各个利益主体通过集体性协商制定出解决复杂问题的有效政策。二是关系构建维度的协同治理。由于协同治理存在多元化的主体，因此协同治理的效果如何有赖于能否构建起良善协同关系。这个意义上的协同治理致力于构建不同组织为实现共同目标的形成的普遍化、常态化的合作关系；同时，这种合作关系具有开放性、透明性和包容性的特征，不同主体之间并非官僚制式的上下级隶属关系，而是表现得平等、自愿。三是实现善治维度的协同治理。现实情境的变化和行政理念的转变促进了协同治理理论的发展，后公共管理时代的简政放权、技术变革和社会网络的建立都大大提升了协同的水平，协同治理渐渐成为实现社会整体"善治"的有效方式。概言之，协同治理是作为一种正能量的理想状态而存在的，也是整合分歧、形成共识、实现"善治"的动态过程，后工业社会公共性扩散及其回应必然要求政府、市场和社会之间实行协同治理，其中，政府组织是协同治理过程中的发起者，能够为建立信任和促进对话提供规则。

第三，以技术应用为主和以制度创新为辅的技术性协同治理模式。与前两种治理形态不同，随着信息技术的飞速发展，技术性协同治理是地方政府体制机制改革滞后于技术应用的策略性选择的结果，旨在提高组织和社会的效率，它既是一种治理技术，也是一种公共管理方式，还是一种治理体制。首先，技术性协同治理是一种治理技术。作为一种治理技术，技术性协同强调的是办好事情的能力，这种能力并不在于政府的权力和政府下命令或运用其权威，而在于政府可以动用的新的工具和技术。协同治理的技术主要有信息通信技术、互联网、数据库、云计算和大数据等技术硬件和城市规划、服务标准化、领导小组、协调小组、指挥中心、专门委员会等制度安排。其次，技术性协同治理是一种公共管理方式。在社会治理过程中，技术性协同治理并不是试图取代传统的官僚体制，而是通过积极运用现代信息技术和标准化技术体系来优化传统的官僚机构，使它们更加互联高效，使公共管理更加标准化和智能化。最后，技术性协同治理是一种治理体制。它涉及治理结构、过程、决策、执行等内容。在技术性协同治理的多元化治理结构中，包括政府职能部门、社会组织、社区、企业和个人在内的治理主体是平等的网络化的结构，治理主体采取开放式和包容性决策和跨边界的方式执行政策，政府扮演着催化剂、召集者和促进者的角色。

在技术性协同治理的分析框架下,本文将以浙江省衢州市为个案,详细介绍衢州市利用信息技术撬动政府改革和治理创新的经验和做法,深入剖析信息技术通过何种机制来改变社会治理的方式、结构、行为,并论述其运行机制、治理绩效以及限度。

四、技术性协同治理:衢州社会治理的运行机制及其绩效

衢州市地处浙江经济欠发达地区,由于受到土地、空间等资源禀赋的约束和市场环境的制约,其政府官员直接推动经济增长的空间十分有限,无法在经济竞争中胜出。随着中央对于基层民主、公平正义、公共服务、社会建设与管理等问题的重视,这些内容被纳入地方政府的绩效评估中。衢州市开始将创新基层社会治理模式作为政绩竞争的选择,把"最多跑一次"改革与"四个平台"建设、"雪亮工程"和"智慧大脑"工程结合起来,构建了一套系统的技术性协同治理机制,推进基层治理体系和治理能力现代化,以期在新的考核体系下脱颖而出。

分工与协调是传统官僚体制运行的重要原则,然而,过细的分工也带来了多部门职能的交叉重叠,造成碎片化的治理现象。为克服碎片化治理的困境,就需要增加协调的频次和提高协调的层级。因此,开展"跨部门""跨层级""跨域""跨界"协同合作,建构整体、开放和协同的治理体系,成为数字时代政府改革的重要内容。根据这种思路,衢州市充分运用通信技术的优势,建立"网络+网格""线上+线下""技术+制度"的协同治理机制,优化政府与社会、政府部门之间以及跨层级政府之间的治理体制机制,实现政社协同、部门协同、层级协同,增强协同治理能力。

(一)"网络+网格":政府与社会的技术性协同

治理的主体是多样的,包括但不局限于政府。社会是不可或缺的治理主体。衢州市通过运用通信技术,建立数字平台,将基层社会的网格与政府衔接起来,开展政社协同治理。

首先,整合数字资源,建立数字平台。衢州市将"雪亮工程"纳入智慧城市、平安建设的格局,以"城市数据大脑 2.0"为支撑,积极破除联网共享技术障碍,坚决打破信息数据藩篱,率先连通了公安各警种间数据,大力推进各行业、各区块数据

的收集汇聚,促进数据融合、共享应用,实现同频共振、资源共享,使视频监控从只管看的"眼睛"升级为能看能思考的"大脑",成为辅助决策的"智囊",高效提升了风险预测、预警、预防的能力。

其次,打造基层治理的全科网格。网格是党委政府在农村行政村、城市社区及其他特定空间之内划分的基层治理单元。衢州市按照属地性、整体性、适度性原则划分网格,农村社区原则上以自然村落、片组等为划分单元,城市社区原则上以居民小区、路街或楼幢等为划分单元。对照"适当调整、扫除盲区、全面覆盖"的要求,推进网格优化调整,各地从尊重实际、有利管理出发,区分重点网格(如城市社区、城乡接合部、乡镇所在地等社会治安相对复杂和监管任务较重的)和一般网格(如生态型或偏远山区等),因地制宜、分类施建、突出重点,推动村(社)网格管理全面化、信息化、精细化。

最后,数字平台向基层延伸,并将网格和网格员纳入数字平台。数字平台需要源源不断的信息才能运行起来。数字平台不仅通过视频监控被动的收集数据,还向基层延伸,为网格员提供信息平台,将网格员纳入信息平台。要配强网格的"一长三员",建立以村(社)"两委"班子成员为主体的网格员队伍,村(社)"两委"班子成员任网格长,村(社)党组织书记一般不担任网格长。按照"三有三好一会(有热心、有能力、有精力,政治素质好、身体素质好、群众基础好,会使用智能手机)"的要求,从村(社)"两委"班子成员、专职社工或优秀党员骨干中选配好专职网格员,重点网格可实行"一格多员"。其他村(社)"两委"班子成员、工青妇、治调等党群工作负责人和党员骨干全部进入网格担任兼职网格员。驻村干部或其他乡镇(街道)联村(社)团成员任网格指导员。信息收集,并在数字平台上实时报送是网格员的重要职能。落实好信息传递、隐患排查、矛盾调解、民生服务、民主议事协商等是每个网格员的工作职责之一,网格内的信息收集与平台的信息汇总、技术性协调,保障了项目征迁、农房整治、物业管理、环境治理、优化营商环境等,将党委政府中心工作落地,以及完成上级党委政府交办的其他任务,实现"微事不出格、小事不出村、大事不出镇、矛盾不上交"。专职网格员重点围绕"一中心(人员管理)两重点(案事件和隐患点)",做好基础信息和动态信息的采集、上报工作,落实"几必查、几必清、几必到、几必访"的任务要求,做好基层治理基础性、常规性、辅助性工作。

（二）"线上＋线下"：政府部门间的技术性协同

互联网时代的基层治理需要互联网思维，通过"线上＋线下"，打破实现部门之间的壁垒，统筹整合联动，实现智慧应用大联动。

首先，整合在线平台，强化数字协同。市县两级综合信息指挥中心分批次接入23个单位43个系统平台，涵括了平安综治、便民服务、社会监管等多个方面，将12345话务热线数据、应急联动非警务事件数据、视频巡查数据等与网格员上报事件的数据进行整合，统一受理、统一流转、统一交办，并通过基层平台对数据信息进行初步分析研判。通过视频监控资源的整合，强化功能应用。指挥中心共接入各类视频监控10079路，其中包括天眼、天网、交通、水利、旅游、阳光厨房等。中心根据部门实际需求，对视频监控进行分组并实现共享，目前相关职能部门交叉共享可使用的视频监控点位总数已达到25350路，强化了视频监控资源的应用，实现资源整合，共建共享。

其次，整合和精简人员与流程。市县两级综合信息指挥中心按照分岗定责、统一调配的原则，对现有人员根据各自职责以及业务量，进行职责再明确，人员再调整。新增视频巡查岗位和中心轮勤岗位，统一调配各部门派驻人员参与到基层治理综合信息平台的操作、城乡视频监控的巡查、值班备勤、联动处置、线下督考等重要职能工作之中。

最后，推进线上和线下融合。衢州市将"雪亮工程"与乡镇（街道）"四个平台"、全科网格建设紧密结合。共享总平台的视频监控按照辖区推送给乡镇（街道）综治中心使用，网格员手持移动终端实现视频可调阅，信息采集、事件处理等工作可视化，普通群众经授权也可以查看部分公共安全视频监控，并可以拍摄短视频、照片或编辑文字信息等，通过平安浙江 APP 等信息采集移动终端上报至平台，真正形成固定视频"天眼"、网格员移动"网眼"和群众无处不在的"众眼"三位一体的立体化巡防体系。同时升级基层治理综合信息系统，在系统原有视频会商、视频调度、应急指挥及利用传统视频监控对火灾、水灾等险情隐患监测排查等常规功能基础上，新开发网格员在线考核、在线培训和网格员轨迹查询、视频巡查等功能，进一步提高了全科网格的工作效率，实现了成果共享、工作融合、信息互补。

(三)"技术＋制度"：跨层级的技术性协同

协调不仅需要技术驱动，还需要体制机制的改革，"技术＋制度"为推进跨层级的协同提供了可能。衢州市技术性协同治理体系的核心是联动治理，即在不打破现有行政组织架构、管理隶属关系和职能分工的前提下，通过运用通信技术，搭建组织合作平台、创新体制机制、优化办事流程等方式，来克服条块联动不畅、信息孤岛、管理碎片化等内生缺陷，形成"平时为掌、战时为拳"的联动治理合力。

首先，建立技术层面的信息联动机制。信息联动是保障各个组织间进行联动治理的前提。衢州市根据信息集中采集和数据共享的原则，将"最多跑一次"改革与基层治理"四个平台"以及"村情通"等治理工具结合起来，在地理信息系统和视频监控的多技术集成的基础上，建立覆盖各个县、市、区的信息化综合指挥平台，从而形成了"县级大联动中心＋乡镇综合指挥室＋四个平台＋村情通"的跨层级技术链条，能够弥合市、县（市、区）、乡镇（街道）、村（社）之间的信息断裂，达成不同层级之间的互联互通。此外，县级层面的大联动信息指挥平台基本囊括了安全监管、社会治安、市容市貌、城市交通等50多个城市管理职能部门的综合管理信息，下辖区域的政府各个部门和村社组织反馈的民生诉求信息也会集中纳入综合指挥平台的信息资源管理。这也是衢州市率先在浙江省实现民生项目的"一窗式受理"的关键所在。

其次，优化政府层级间联动的体制机制。针对条线垂直管理和街镇属地管理间缺乏联动、信息屏蔽、难以形成长效合力的情况，衢州市注重将"条条"部门的专业管理与"块块"部门的属地管理优势相结合，实行"条块联动、块抓条保、属地统领、捆绑考核"的属地化条块联动管理模式。例如，衢江区在推进"无讼衢江"建设过程中，专门成立"无讼衢江"创建工作领导小组，建立一套联动联调的机制，组建工作专班；同时，根据"条块联动、块抓条保、属地统领、捆绑考核"的联动治理的原则，发挥考核"指挥棒"作用，以"无讼无访村（乡镇）"创建为抓手，将万人成讼率、诉前化解率、失信被执行人比率等指标纳入平安综治考核，同时把基层综治部门、乡镇派出所以及村级治调会等调解资源整合起来，实现了矛盾纠纷化解的关口前移。

最后，技术与体制的协同增效。数字平台通过数据多跑路，让群众少跑腿。衢州城市数据大脑汇聚数据资源，实现数据共享，推动事项一揽子受理、一次性办结，解决了服务群众和企业"最后一公里"问题，实现办事"最多跑一次"，探索形成了

"一窗受理、集成服务"的改革经验。在推动社会管理力量下沉的同时,也赋予了乡镇街道相对独立的执法权限和充分的考核管理权。衢州以乡镇(街道)综合信息指挥室为枢纽,整合综治工作、市场监管、综合执法、便民服务等资源力量构建基层治理一个大平台。1037 名派驻人员下沉一线,实现与乡镇(街道)力量的深度融合,变"部门干部"为"平台干部",全市乡镇(街道)基层治理新模式进入信息化、常态化运行。江山市清湖街道,将 245 个治安天网探头统一接入综合信息指挥中心,实现五水共治、违建防控、集镇管理、应急联动等基层治理更加科学高效。

在"网络＋网格""线上＋线下""技术＋制度"的治理机制运作下,衢州市不断创新和完善技术性协同治理架构,对标区域治理能力和治理体系现代化的目标定位,在解决社会问题和推进市域治理现代化等方面取得了丰硕成果,全面提升了社会治理的精细化水平、政府服务能力和基层政府资源整合能力。

五、从衢州经验看技术性协同治理机制的限度

技术性协同治理在一定程度上有助于整合分散在政府组织、市场组织和社会组织等多元治理主体之间的资源,解决基层社会治理的碎片化问题。然而,需要指出的是,技术性协同治理将技术吸纳到官僚体制之中,更多的是属于工作机制的突破,并不是真正意义上的制度创新。在衢州技术性协同治理实践过程中,也出现了政府脱嵌化治理与行政化程度的提高、技术赋权的非均衡性与选择性分流、技术性协同治理过程中的部门惯性锁定与官僚惰性等现实问题和潜在隐患。

(一)政府脱嵌化治理与行政化程度的提高

技术的官僚化使得技术性协同治理遵循着两种逻辑,即风险控制的"政治逻辑"和目标导向的"效率逻辑",在两种逻辑的相互作用下,应用现代信息技术干预社会经济活动成为提高官僚及其机构自主性的有效手段,官僚化的技术会成为官僚体制的"知识—权力秩序"的组成部分,最终可能造成政府脱嵌于社会,与"善治"的初衷背道而驰。正如威廉姆斯所指出,技术有可能也有能力被社会和政治地利用以达到完全不同的目的。

首先,风险控制的"政治逻辑"及其潜在隐患。在技术性协同治理体系中,社会风险控制和维稳成了地方政府行为的优先原则。由于公共事务治理的模糊性,问

责机制层层下压，风险结构向下配置，而地方政府又缺乏强有力的激励措施来对冲风险，风险控制的政治逻辑必然促使地方政府应用技术将一些不确定性和复杂化的治理问题"内卷化"，将治理创新长期锁定在风险系数较低的行政技术层次，形成政府对社会的支配关系。例如，衢州市推广应用的"雪亮工程"，将人脸、车辆卡口数据、RFID 数据融合计算，开发一系列智能化应用，构建起覆盖全市域的智能防控网，搭建的 570 路实时视频布防于主要道路、重点部位、案件高发区域，用于特殊人群管控、重点事项监测、突发事件处置等工作，特别是在重大活动安保期间，这一能力被赋予到活动现场周边所有摄像机，形成多层密闭的包围圈，实现了对社会的全天候监控。

同时，在风险控制情境下，技术性协同治理给政府及其职能部门介入市场和社会领域提供了合法性和自由裁量权，政府可以根据自己的意志有选择地向社会组织放权，下辖的各级政府及其职能部门会直接行政推动和大规模的财政投入促进联动治理，甚至会以财政投入诱导社会组织完成政府目标，致使社会组织以完成政府目标为宗旨，而不是向居民提供服务和社会自治为己任。这也就强化了政府在社会治理中的支配地位和决定性角色，诸如"行政吸纳社会""公共性失灵""社会组织内卷化""政府改革技术化"等社会治理难题也随之涌现。

其次，目标导向的"效率逻辑"及其潜在风险。技术具有典型的效率取向，而官僚机制的目标导向更是进一步放大了这种工具主义倾向。在压力型体制下，各级政府和职能部门的行为与激励设置有着密切关联，加上政治晋升锦标赛的体制性激励，技术性协同治理难以避免会过度关注社会治理目标导向的"效率逻辑"。政府各部门更注重的是短期化、外显化的经营化治理绩效，这些绩效更容易被上级政府识别出来。相对而言，改革者对那些需要长期投入、效果外显度低，甚至有一定不确定性的治理领域则缺乏积极性。同时，技术性协同治理的"效率逻辑"的基础就是数字化管理。然而，在数字化管理模式下，自上而下的信息收集能力是基层治理能力建设和地方政府行政理性化的基石，既需要保证数字的"可计算性"，也必须确保数字的信度与效度，否则发达的数字技术也会陷入"技术治理"的窠臼之中。要言之，政策设计者需不断严密数字技术的指标体系和操作程序，而这种过密化的技术发展只会增加数字技术的形式合理性，增加治理成本，而不能增加数字的实质合理性，也不能对治理绩效做出更多的边际优化。

此外，技术性协同治理虽然发动了广大公众参与社会治理，试图激活治理资源,但发动群众的方式具有典型的运动式治理特征,背后隐匿着积极国家的角色,带有浓重的行政化色彩,这种行政化干预在短期内或许能够促进社会治理的进步,但从长远来看,一定会严重削弱社会的自治能力,强化行政权力对社会的支配关系,造成"脱嵌化治理"。例如,在衢州市推进美丽大花园建设、交通秩序维护、文明城市创建等"一把手"工程时,围绕某些具体治理目标,各级政府能够积极发动志愿者和普通公众,但往往只注重社会动员的规模以及解决问题的效率,而忽略了治理过程中社会主体性的培育和公共性的构建。更为关键的是,这种运动式治理手段将综治、维稳以及考核任务潜移默化地纳入社会治理过程,会促使社会工作者偏离公共服务初衷,使社会治理丧失了公共价值,社会容易异化为政府的"二传手"。

概言之,强调短期绩效的技术性协同治理虽然在一定程度上有效地整合了分散的资源,但仍要靠技术化的行政手段进行公共服务的供给和社会问题的治理。它显著增强了政府对社会的控制能力,而缺少对社会领域的赋权,造成了政府脱嵌治理和社会的高度行政化。

(二)技术赋权的非均衡性与选择性分流

信息技术能够同时向国家、市场、社会进行赋权,为政府组织、社会组织、市场组织创造了一个共同参与公共事务的多元合作治理的基础性结构。然而,仅仅认识到技术能够赋权以及由赋权而带来的发展机遇仍然不够,还应该看到多重赋权过程中政府、市场与社会运用技术能力的差异性以及由此造成的潜在治理风险。

第一,治理过程中技术赋权的非均衡性。技术赋权固然重要,但在信息化时代,当信息技术嵌入社会治理后,政府、市场与社会的关系将会发生重构,治理主体之间的权力也会被重新分配。进一步来说,在技术性协同治理过程中,大数据、云计算、物联网、传感器等技术研发、应用和基础设施的建设、更新,既离不开政府部门的大力支持,也少不了市场组织的创新、发展、扩张。因此,信息技术形塑的多元化治理主体表现为赋权的不对等,市场力量(尤其是大型互联网技术公司)和官僚组织的能力在不断增长,占据着主导性地位,相对而言,社会力量被削弱,社会组织及公民个体则处于相对弱势的地位。特别需要指出的是,大部分信息技术企业,往往都掌握了大数据、云计算以及人工智能应用技术,具备收集、处理、分析消费者个人信息数据的能力,具有技术壁垒的压倒性优势,成为信息时代大数据的实际掌控者,这种强大的信息库往往会催生集权效应,会显著弱化公共权力和市场垄断的制约机制。也就是说，在技术性协同治理过程中，权力来源不再局限于传统的政府公权力，更包含一些互联网商业机构的数据掌控权力，这意味着社会力量既要受官僚组织的体制性束缚，也要受资本巨头的技术性约束。譬如，在衢州市"雪亮工程"＋"城市数据大脑2.0"的市域智慧治理项目建设过程中，除了地方政府及其职能部门发挥了重大的作用外，阿里巴巴这样的互联网巨头更是掌握了整个治理体系的技术要件和海量数据，类似于深兰科技、中兴克拉、安恒科技等知名互联网企业也参与了相关业务，而作为基层治理主体的社会公众往往处于被动接受状态，甚至被边缘化。故而，信息技术在治理领域的发展和应用主要呈现的是资本的力量，贯彻的是权力的意志，而不是民众的力量。此外，从动态发展来看，互联网平台企业可以弥合现有技术漏洞，同样也会由于企业天然的逐利倾向而容易出现技术漏洞和脆弱性风险，不仅孕育着走向"数字秩序"的巨大机遇，而且可能潜伏着滑向"技术利维坦"（Technological Leviathan）的潜在风险。

第二，治理过程中的选择性分流。在技术性协同治理过程中，公民参与社会治理在很大程度上不是自发无序的，而是政府诱导下的分流机制，将公民参与主要导向公共服务和社会治理领域，而不是政治领域。近年来，衢州市互联网平台主要应用于信息采集、公共服务、志愿服务、公共安全和公共危机预警等新领域。信息技术更偏重服务传递的理念，而不是致力于民主改革的愿景。这些非政治化的优先选择有助于解释为什么很多政府官员认同服务传递的图景而不是基于体制改革的图景，没有将信息技术视为一项能提高公民能力和公众回应性的工具。官员们将更多的资金投入到信息与服务上，而不是投入到那些能提高社会公众地位和增强问责制的互动式的特色项目中去。然而，跨部门政府信息资源共享不仅仅是技术问题，还要分析共享的驱动因素和体制性障碍。从某种意义上来说，技术性协同治理的选择性分流也是一个去政治化的过程，地方政府行为的规范化很容易转化成为工具化的经营技术，用"事本"逻辑来表面性地替代利益逻辑，必然导致基层治理中策略主义盛行，倾向于在外围进行技术性改革，用"技术性管控"换取"表面的维稳秩序"。同时，去政治化现象的蔓延，也是在不断地祛除政治伦理和消解政治价值。显然，信息技术要想深层次介入公共治理过程之中尤为艰难，实现政治体制改革的核心问题更为不易。需要强调的是，无论技术性协同治理体系如何完善，摆在地方政府面前的政治诉求问题，不可能通过掩耳盗铃式的治理技术消弭，具有实质意义的治理效果也会备受考验。

（三）技术性协同治理过程中的部门惯性锁定与官僚惰性

技术是组织变革的催化剂，也是组织和制度变革的赋能者。创新型技术的发展和应用能够直接对组织结构中的行动者及其关系互动产生显著影响，有效化解公共服务和社会治理信息传递的时空限制。然而，技术性协同治理在本质上仍然是一种以技术治理为导向的组织运作策略和方式，并未脱离技术治理的桎梏。

首先，治理过程中的部门惯性锁定。在信息化和互联网技术应用的过程中，各级政府部门对制度建设的关注滞后于对技术投入的重视。技术专家往往习惯于将信息技术作为科层体制的补苴罅漏，以期通过互联网技术实现对社会的无缝治理。须知，无论何种技术手段，它始终会嵌植于官僚体制、市场机制和社会网络等制度化的规范之中，各种各样的技术研发者、生产者和使用者的价值取向和利益偏好都会对技术的应用和普及产生"过滤"效应。同样，对于衢州市技术性协同治理而言，技术能否用？如何用？用在哪些领域？都不得不受到原有利益架构的冲击与掣肘，而参与其中的行动者（使用者）、技术的创新者又受到组织制度的制约。诚如被访谈者所言："大联动治理过程中，现在最大的问题不是技术，而是各个职能部门之间相互制造的不同形式的'梗阻'，特别是体现在'共享数据'这一核心技术的规避使用上。毕竟，各个部门收集信息耗费的都是本部门的人力、财力、物力，同时也是信息安全的负责者，无保留地分享给其他部门难以避免会不情愿，很多时候需要分管领导乃至于'一把手'来协调。"同时，技术性协同治理的治理效用会包括短期跃进和长期固化两种效应，短期而言，技术性治理工具能够大幅度地提升官僚体制的运行效率，但这种提升效应是跃进式的，缺乏后续动力，甚至会造成官僚体制的长期固化和技术依赖，公共事务的复杂治理过程被简化和压缩为信息技术设备购买、技术平台规则制定以及技术人员常规培训等程序化操作。由此观之，技术治理也要受制于官僚体制下的组织内部复杂的微观"政治过程"，社会治理的优化不能简化为纯技术性问题，需要配备相应的制度环境。

其次，治理过程中的官僚惰性。将新技术应用于公共部门之中，优先要解决的组织问题就是各级官员对新技术的接受和采纳。在经典的学术著作中，官僚通常被描述为保守的、安于现状的、敌视变化的。在技术性协同治理过程中，传统部门的工作方式、方法、技术与观念都需要某种意义的更新，而这种更新意味着与过去某些知识、技能进行决裂。尽管高层的政府管理者对数字技术的总体态度是积极的，相信互联网能够促进信息传递、绩效水平和效率。但是，对技术持有积极的个人偏好还无法为这种技术变迁提供足够的动力。技术变迁仍旧受到政策执行、官僚政治的分裂、预算资源、利益集团冲突等因素的限制。由于信息技术的开放性、包容性和高门槛的特征，其与现有官僚的思维存在很大差异，特别是对于基层政府而言，这种约束更为明显，一些年纪大的工作人员往往认为信息技术属于科层运行过程中的新鲜事物，有时不情愿改变已经形成的惯例或更改他们做事的方法，抵触情绪会更大。同时，官僚机构不可能像私营企业一样，通过大规模的人员裁撤和引进，以及要求官僚重新接受培训和学习非传统的技术，从而及时适应治理场域中的新技术、新发明。要言之，在技术性协同治理体系建设和完善过程中，技术会在很大程度上受制于官僚组织的惯性约束。难以避免的是，新式技术的应用会与旧式管理理念之间产生碰撞，这种潜在的冲突将会使技术整合变得复杂，难以保障官僚组织的高效运行。同时，各个层级的行动主体都企图在技术应用和推广过程中争取部门或个人政治地位、预算资源，构成了技术创新应用与各个部门长期依赖形成的"路径"之间的一种冲突性的张力关系，要想克服官僚惰性，就不再是技术优化的问题了，而是事关行政体制改革过程中的激励机制和约束机制等制度安排的命题了。

六、进一步讨论与研究展望

在推进治理体系和治理能力现代化的过程中，技术扮演着极其重要的角色，信息技术应用范围越来越大，技术硬件性能也越来越完善，技术设施投入的费用也越来越高。将技术吸纳到社会治理之中，成为地方政府创新社会治理的策略性安排。然而，技术并非总是中立，也不是价值无涉，在推动社会"善治"过程中仍存在诸多隐患。

需要强调，技术性协同治理的这些缺陷并不能仅仅归结于技术本身，而是根源于技术的非中立性质以及技术的非中立性质被政府用于吸纳多元社会治理主体并将其内部化。因而，未来的社会治理形态需要超越技术性协同治理。具体而言，一要依赖社群机制发挥基础性作用。社群机制的良性运作能够促使行政组织政府应该扮演着"助产士"和"园丁"的角色，嵌入社会，与各个社会治理主体形成互补的关系，从而超越技术性协同治理风险控制的"政治逻辑"和目标导向的"效率逻辑"，打破社会治理过程中的"控制悖论"。二要内化官僚体制与信息技术的冲突。技术性协同治理是建立在维护官僚体制为中心的协同治理基础之上的,随着新技术的深入应用,其与传统治理机制融合的内部协调成本也日益增长,在一定程度上甚至超过了技术性协同治理所带的公共价值收益。因而,需要将制度变革和技术创新有机结合起来,实现社会治理过程中"制度"与"技术"的协同增效。三要从技术性协同治理走向智慧治理。技术性协同治理仅仅体现了智慧治理的一个面向,作为一种治理理念和治理实践,智慧治理的目标导向是实现公共的善,其内在寓意应该集技术性工具理性与制度性价值理性于一体并使两者达成平衡的状态,逐渐从技术性治理迈向智慧治理。需要指出的是,本研究针对浙江省衢州市的实践,建构了技术性协同治理的分析框架,发现在科层制的组织环境和碎片化的行政现实下,技术性协同治理能将多元社会治理主体整合起来,开展跨层级跨部门跨边界的治理。但关于技术性协同治理中技术与制度、技术与政治之间的关系以及如何超越这种策略性治理行为等命题,还需要更加深入的实证研究和理论探讨。

参考文献:

[1] 郑永年. 技术赋权:中国的互联网、国家与社会[M].北京:东方出版社,2014.

[2] 安德鲁·芬伯格.技术批判理论[M].北京大学出版社,2005.

[3] 车俊.透过浙江看中国的社会治理[M].外文出版社,2018.

[4] 陈国权,皇甫鑫.在线协作、数据共享与整体性政府:基于浙江省"最多跑一次改革"的分析[J].国家行政学院学报,2018(3):62-67.

[5] 陈家喜,汪永成. 政绩驱动:地方政府创新的动力分析[J].政治学研究,2013(8):50-56.

[6] 陈剩勇.政府创新、治理转型与浙江模式[J].浙江社会科学,2009(4):35-42,50.

[7] 陈剩勇,卢志朋.互联网平台企业的网络垄断与公民隐私权保护:兼论互联网时代公民隐私权的新发展与维权困境[J].学术界,2018(7):34-47.

[8] 陈剩勇,卢志朋.信息技术革命、公共治理转型与治道变革[J].公共管理与政策评论,2019(1):40-49.

[9] 陈剩勇,于兰兰.网络化治理:一种新的公共治理模式[J].政治学研究,2012(2):108-119.

[10] 陈剩勇,赵光勇.阿里巴巴为什么产生在杭州?对政府作用、政府与市场关系的思考[J].浙江社会科学,2017(4):144-150.

[11] 陈天祥,应优优.甄别性吸纳:中国国家与社会关系的新常态[J].中山大学学报(社会科学

版),2018(2):178-186.

[12] 陈小华,卢志朋.地方政府绩效评估模式比较研究:一个分析框架[J].经济社会体制比较,
    2019(2):106-116.

[13] 陈尧,马梦妤.项目制政府购买的逻辑:诱致性社会组织的"内卷化"[J].上海交通大学学报
    (哲学社会科学版),2019(4):108-119.

[14] 陈志明,周世红,严海军.新时代市域社会治理现代化的衢州实践[J].政策瞭望,2019(7):
    18-20.

[15] 程志翔.何谓技术工具论:含义与分类[J].科学技术哲学研究,2019(4):75-81.

[16] 达雷尔·韦斯特.数字政府:技术与公共领域绩效[M].北京:科学出版社,2011.

[17] 戴维·奥斯本,特德·盖布勒.改革政府:企业精神如何改革着公营部门[M].上海:上海译
    文出版社,1996.

[18] 道格拉斯·C.诺斯.制度、制度变迁与经济绩效[M].上海:上海三联书店,1994.

[19] 范如国.复杂网络结构范型下的社会治理协同创新[J].中国社会科学,2014(4):98-
    120,206.

[20] 弗里德利希·冯·哈耶克.自由秩序原理[M].北京:生活·读书·新知三联书店,1997.

[21] 顾昕.走向互动式治理:国家治理体系创新中"国家—市场—社会关系"的变革[J].学术月
    刊,2019(1):77-86.

[22] 郭道久.协作治理是适合中国现实需求的治理模式[J].政治学研究,2016(1):61-70,
    126-127.

[23] 韩志明.技术治理的四重幻象:城市治理中的信息技术及其反思[J].探索与争鸣,2019
    (6):48-58,157.

[24] 胡业飞.组织内协调机制选择与议事协调机构生存逻辑:一个组织理论的解释[J].公共管
    理学报,2018(3):27-38.

[25] 胡宗仁.政府职能转变视角下的简政放权探析[J].江苏行政学院学报,2015(3):106-111.

[26] 黄仁宇.资本主义与二十一世纪[M].北京:生活·读书·新知三联书店,1997.

[27] 黄晓春.技术治理的运作机制研究:以上海市L街道一门式电子政务中心为案例[J].社会,
    2010(4):1-31.

[28] 黄晓春,嵇欣.技术治理的极限及其超越[J].社会科学,2016(11):72-79.

[29] 黄晓春,周黎安.政府治理机制转型与社会组织发展[J].中国社会科学,2017(11):20-21.

[30] 简·E.芳汀.构建虚拟政府:信息技术与制度创新[M].北京:中国人民大学出版社,2010.

[31] 简新华,余江.市场经济只能建立在私有制基础上吗?:兼评公有制与市场经济不相容论
    [J].经济研究,2016(12):4-17.

[32] 敬乂嘉.合作治理:再造公共服务的逻辑[M].天津:天津人民出版社,2009.

[33] 蓝志勇.公共管理是关于治理的实践性极强的大学问[J].公共管理学报,2006(3):95-97.

[34] 蓝志勇,陈国权.当代西方公共管理前沿理论述评[J].公共管理学报,2007(3):1-12,121.

[35] 蓝志勇,张腾,李廷.从"不破不立"到"以立促破":行政审批制度改革的创新思考[J].理论
     与改革,2017(1):104-112.

[36] 理查德·C.博克斯.公民治理:引领 21 世纪的美国社区[M].北京:中国人民大学出版
     社,2014.

[37] 李红莲.大整合大融合实现大共享大联动 衢州精铸全国示范领先的"雪亮工程"样本 推动
     基层治理创新升级:专访衢州市公安局科技通信管理处处长顾闻[J].中国安防,2018(9):
     2-9.

[38] 李文钊.理解治理多样性:一种国家治理的新科学[J].北京行政学院学报,2016(6):47-57.

[39] 李友梅,肖瑛,黄晓春.当代中国社会建设中的公共性困境及其超越[J].中国社会科学,
     2012(4):125-139,207.

[40] 刘永谋.技术治理的逻辑[J].中国人民大学学报,2016(6):118-127.

[41] 刘永谋,李佩.科学技术与社会治理:技术治理运动的兴衰与反思[J].科学与社会,2017
     (2):58-69.

[42] 吕德文.治理技术如何适配国家机器:技术治理的运用场景及其限度[J].探索与争鸣,2019
     (6):59-67,158.

[43] 马克斯·韦伯.经济与社会[M].上海:上海人民出版社,2010.

[44] 欧阳静.策略主义:桔镇运作的逻辑[M].北京:中国政法大学出版社,2011.

[45] 彭亚平.技术治理的悖论:一项民意调查的政治过程及其结果[J].社会,2018(3):46-78.

[46] 渠敬东,周飞舟,应星.从总体支配到技术治理:基于中国 30 年改革经验的社会学分析[J].
     中国社会科学,2009(6):104-127,207.

[47] 荣敬本,等.从压力型体制向民主合作型体制的转变[M].北京:中央编译局出版社,1998.

[48] 苏曦凌.行政技术主义的社会病理学分析:症状、病理与矫治[J].社会科学家,2015(6):
     30-34.

[49] 孙柏瑛.当代地方治理:面向 21 世纪的挑战[M].北京:中国人民大学出版社,2004.

[50] 谭海波.整合与形塑:地方政务服务机构的运行机制[M].北京:社会科学文献出版
     社,2018.

[51] 谭海波,赵雪娇."回应式创新":多重制度逻辑下的政府组织变迁:以广东省 J 市行政服务
     中心的创建过程为例[J].公共管理学报,2016(4):16-29,152.

[52] 唐皇凤.我国城市治理精细化的困境与迷思[J].探索与争鸣,2017(9):92-99.

[53] 唐皇凤,陶建武.大数据时代的中国国家治理能力建设[J].探索与争鸣,2014(10):54-58.

[54] W.理查德·斯科特,杰拉尔德·F.戴维斯.组织理论:理性、自然与开放系统的视角[M].北京:中国人民大学出版社,2011.

[55] 汪锦军.走向合作治理:政府与非营利组织合作的条件、模式和路径[M].杭州:浙江大学出版社,2012.

[56] 王浦劬.国家治理、政府治理和社会治理的含义及其相互关系[J].国家行政学院学报,2014(3):11-17.

[57] 王诗宗.治理理论与公共行政学范式进步[J].中国社会科学,2010(4):87-100,222.

[58] 王诗宗,宋程成.独立抑或自主:中国社会组织特征问题重思[J].中国社会科学,2013(5):50-66,205.

[59] 王小芳,王磊."技术利维坦":人工智能嵌入社会治理的潜在风险与政府应对[J].电子政务,2019(5):86-93.

[60] 王雨磊.数字下乡:农村精准扶贫中的技术治理[J].社会学研究,2016(6):119-142,244.

[61] 吴跃平."技术的一般涵义"与"技术的现代涵义"[J].人文杂志,2012(2):1-6.

[62] 习近平.决胜全面建成小康社会,夺取新时代中国特色社会主义伟大胜利:在中国共产党第十九次全国代表大会上的报告[N].人民日报,2017-10-28(1).

[63] 徐勇.历史延续性视角下的中国道路[J].中国社会科学,2016(7):4-25,204.

[64] 颜海娜.技术嵌入协同治理的执行边界:以 S 市"互联网+治水"为例[J].探索,2019(4):144-155.

[65] 姬兆亮,戴永祥,胡伟.政府协同治理:中国区域协调发展协同治理的实现路径[J].西北大学学报(哲学社会科学版),2013(2):122-126.

[66] 俞可平.治理和善治:一种新的政治分析框架[J].南京社会科学,2001(9):40-44.

[67] 郁建兴.治理与国家建构的张力[J].马克思主义与现实,2008(1):86-93.

[68] 郁建兴.走向社会治理的新常态[J].探索与争鸣,2015(12):2,4-8.

[69] 郁建兴等."最多跑一次"改革:浙江经验,中国方案[M].北京:中国人民大学出版社,2019.

[70] 郁建兴,任泽涛.当代中国社会建设中的协同治理:一个分析框架[J].学术月刊,2012(8):23-31.

[71] 郁建兴,王诗宗,杨帆.当代中国治理研究的新议程[J].中共浙江省委党校学报,2017(1):28-38.

[72] 张丙宣.技术治理的两幅面孔[J].自然辩证法研究,2017(9):27-32.

[73] 张丙宣.政府的技术治理逻辑[J].自然辩证法通讯,2018(5):95-102.

[74] 张丙宣,卢志朋.服务、监管与技术性协同治理[J].公共管理与政策评论,2016(4):67-74.

[75] 张国清,汪远旺.社会治理的原则、模型和路径[J].天津社会科学,2015(2):84-89.

[76] 张海波.大数据驱动社会治理[J].经济社会体制比较,2017(3):64-73.

[77] 张康之.合作治理是社会治理变革的归宿[J].社会科学研究,2012(3):35-42.

[78] 张康之.论社会运行和社会变化加速化中的管理[J].管理世界,2019(2):102-114.

[79] 张贤明,田玉麒.论协同治理的内涵、价值及发展趋向[J].湖北社会科学,2016(1):30-37.

[80] 张振波.论协同治理的生成逻辑与建构路径[J].中国行政管理,2015(1):58-61,110.

[81] 郑春勇,张娉婷,苗壮.基层社会治理中的整体性技术治理:创新与局限:基于浙江实践[J].
电子政务,2019(5):78-85.

[82] 郑永年.技术赋权:中国的互联网、国家与社会[M].北京:东方出版社,2014.

[83] 中共衢州市委党校,衢州行政学院."最多跑一次"改革的衢州实践与未来设计[M].北京:
科学出版社,2018.

[84] 周黎安.转型中的地方政府:官员激励与治理[M].上海:格致出版社,2008.

[85] 周雪光.中国国家治理的制度逻辑:一个组织学研究[M].上海:生活·读书·新知三联书
店,2017.

[86] 周志忍,蒋敏娟.中国政府跨部门协同机制探析:一个叙事与诊断框架[J].公共行政评论,
2013(1):91-117,170.

[87] 朱悦怡,张黎夫.知识、权力与技术[J].科技进步与对策,2007(12):175-178.

[88] 埃莉诺·奥斯特罗姆.公共事物的治理之道:集体行动制度的演进[M].上海:上海译文出
版社,2012.

[89] CHRIS A, ALISON G. Collaborative governance in theory and practice[J]. Journal of
public administration research and theory, 2007, 18(4): 543-571.

[90] COASE R. The firm, the market, and the law[M]. Chicago: The University of Chicago
Press,1988.

[91] FAULKNER P, LAWSON C, RUNDE J. Theorising technology[J]. Cambridge journal of
economics,2010,34(1):1-16.

[92] GIL-GARCIA R. Enacting electronic government success: an integrative study of
government-wide websites, organizational capabilities, and institutions [M]. New York:
Springer,2012.

[93] GRAY B. Collaborating: finding common ground for multiparty problems [M]. San
Francisco: Jossey-Bass,1989.

[94] MICHAEL M G. Collaborative public management: assessing what we know and how we
now it[J]. Public Administration Review, 2006, 66(1):33-43.

［95］ OLIVER E W. The mechanisms of governance［M］. New York：Oxford University Press，1996.

［96］ RHODES A W. The new governance：governing without government？［J］. Political Studies，1996，44(4)：652-667.

［97］ SCOTT H. History and purpose of technocracy［M］. Ferndale：Technocracy Inc. ，1984.

［98］ SIMON Z. The logic of collaborative coverance：corporate responsibility，accountability，and the social contract［M］. Cambridge：Harvard University，2006.

［99］ ANN M T，JAMES L P. Collaboration processes：inside the black box［J］. Public Administration review，2006，66(s1)：20-32.

【作者】

卢志朋，浙江大学公共管理学院博士研究生

陈剩勇，浙江工商大学公共管理学院教授，浙江大学地方政府与社会治理研究中心主任、博导

"乡村振兴"战略背景下提高农村社区治理能力探讨

——基于浙江省遂昌县好川村的分析

张慧卿

中国作为一个农业大国,"三农"问题关系到国计民生。改革开放以来,在1982—1986年,以及2004—2020年度,中央先后发布了22份聚焦"三农"问题的一号文件,这些文件包含了大量的利农、惠农政策信息,党的十九大提出的"乡村振兴"战略对"三农"问题的重视提升到了前所未有的高度。

一、"治理有效":"乡村振兴"战略目标之一

早在2013年7月22日,习近平总书记在湖北省鄂州市考察农村工作时就十分担忧地指出:"农村绝不能成为荒芜的农村、留守的农村、记忆中的故园。"2015年1月,习近平总书记在云南调研时,明确强调:"新农村建设一定要走符合农村实际的路子,遵循乡村自身发展规律,充分体现农村特点,注意乡土味道,保留乡村风貌,留得住青山绿水,记得住乡愁。"这些论述,都体现了总书记对"乡村振兴"的愿望,党的十九大报告则明确提出"乡村振兴"战略。党的十九大报告指出,我国当前的主要矛盾转化为"人民日益增长的美好生活的需要和不平衡不充分发展之间的矛盾",不平衡不充分发展的矛盾体现在很多方面,其中城乡发展不平衡、农村发展不充分是制约农民对美好生活向往的重要原因。"乡村振兴"能够促进城乡平衡发展、农村充分发展,是解决新时代社会主要矛盾的伟大创举。"乡村振兴"战略提出了"产业兴旺、生态宜居、乡风文明、治理有效、生活富裕"的"五位一体"的目标,五者之间相辅相成,缺一不可。"社区"是政府、党服务群众的"最后一公里",社区治理是否有效,关系到能否走好这"最后一公里",关系到乡村能否实现全面振兴。当

前有不少农村,包括东部发达地区,村庄从表面看起来繁荣富庶、别墅错落有致、交通便利、人居环境优美,但事实上不少村庄已经成了"空心村",青壮年劳力大多外出打工,大量的"空巢老人"老无所依、"留守儿童"亲情缺失,这类乡村"虚假的繁荣"背后隐藏着不可持续发展的危机,"回不去的乡村、进不去的城市"成为不少农民无奈的哀叹。有效的农村社区治理对于促进农村一二三产业融合发展,进而实现"产业兴旺";对于改善"脏乱差"现象,形成村容整洁的生态宜居的环境;对于重塑"尊老爱幼、诚信友善、敬业守法"等良好的乡村风气;对于在此基础上实现"宜居、宜业、宜游"的生活富裕的目标,都有着重要的作用,有效的社区治理有赖于社区治理能力的发展,农村社区治理能力的发展又是一个系统工程。

二、农村社区治理能力得以提升的好川经验

好川村位于浙江省丽水市遂昌县三仁畲族乡,距离县城仅 12 千米,交通便利,遂昌西部交通主干道穿村而过,10 个自然村村村公路硬化。三仁畲族乡地处瓯江水系,是松阴溪支流的源头之一,该乡地理条件相对优越,一直是浙南的粮、木材、竹笋生产基地之一,1999 年通过丽水地区验收组的验收,成为遂昌县第一个小康乡。2010 年经村规模调整,将 14 个行政村调整为 8 个行政村,截至 2011 年底,全乡辖行政村 8 个,自然村 78 个,村民小组(生产队)101 个。全乡农村总人口 8362 人,户数 2410 户,其中,畲族人口 2157 人,占总人口的 25.8%,分布于全乡 6 个行政村,是遂昌县畲族人口比例最高的乡镇,也是浙江省 18 个少数民族乡镇之一。[①] 好川村是其中的一个畲族村,全村 364 户,总人口 1045 人,其中畲族人口 289 人,占总人口比例的 27.7%。好川村以 1997 年的考古重大发现而引起人们关注。距今 4000 年的考古重大发现,填补了浙西南新石器时代考古的空白。其主导产业为笋竹、茶叶、杂交稻种植,另外有部分村民种植四季豆,还有青钱柳,其中竹林面积 4193 亩,茶叶面积 1124 亩,2016 年农民人均纯收入达 14875 元。[②] 好川村虽然有十个自然村,但本村人习惯上把其分为三部分:好川、梓里、际上,其村庄规划也分为这三部分,因此本文也从这三部分对好川村进行分析。好川村的人均收入比起长三角的发达村庄,不算很高,但村民安居乐业,本村仅有 20 多个年轻人外出打

---

① 三仁乡的基本资料由三仁乡政府工作人员提供。

② 好川村的基本资料由好川村委会提供。

工,其他人或以茶叶、竹笋、杂交水稻种植为生,或以加工竹制品、茶叶为生,或以电商为生。好川村村民之所以能够安居乐业,与其社区治理能力是密切相关的。

据《中共中央国务院关于加强和完善城乡社区治理的意见》,"农村社"一般是指村民委员会辖区,也就是村民委员会辖区内所有人口、群体、组织、生产生活资料、文化、自然等要素构成的社会生活共同体。社区治理的基本要义是:在城乡社区范围内,各类组织依据相关法律法规和社会规范,分工协作地调节社区居民的公共行为和公共事务、有序解决社区居民的合理需求、促进社区和谐有序的活动过程和活动总和。

(一)党员带头,村民积极参与

好川村处于山区,曾经积贫积弱。宋樟才老先生于 1997—2004 年在村里当主任,说:"那时村里真是穷,连一张红纸都买不起,那时村民种毛竹,都在山里,肩挑背扛,很是辛苦。"他上任后,修了一条公路,占地 1200 亩。每亩地要收 35 元钱,15元作为集体基金,20 元作为修建公路用,路修成后,村民生活有了很大改善。当时为了让每家每户签字,做了大量思想工作,非常不容易。后来,人们生活渐渐富足起来,交通渐渐便利起来,但整个村庄仍存在"脏、乱、差"状况,而这一现象得以真正改善是在近几年。好川村借"五水共治""六边三化三美""洁净乡村"建设等契机,在乡村两级的共同努力下,全村党员凝心聚力参与大小项目建设及村容村貌整治。全村齐心协力拆除违章乱搭建、修建好川文化礼堂、新建游步道、修建生态堰坝五处等。2015 年,赤膊墙粉刷、溪两侧游步道、老宋根雕艺术馆、工字围栏、绿化、遗址游步道及简介牌等 16 个项目在好川村落地生根。2016 年,村庄入口文化墙、仿古廊桥也接踵而来。笔者在 2017 年 2 月、7 月两度到好川村调研,看到流水潺潺,仿古廊桥上中午、傍晚都有村民的欢声笑语,上午时分,则有本村吴姓村民创办的茶叶加工厂收购当天新采摘的茶叶。好川村部分村民,尤其是穿村公路两侧屋前青砖围墙整齐排列,屋前庭院鲜花盛开,成为名副其实的"花样村庄"。在"花样村庄"创建过程中,好川村的党员身先士卒,带头砌围墙、种花养草,并进行明确的责任分工,哪一路段、哪几家由哪个党员负责,负责的党员每天都要督促户主尽心护理鲜花,使其不流于"形象工程",偶有户主顾不上的情况,这些党员就亲自上阵给鲜花浇水。在"六边三化三美"过程中,11 名党员联系公路沿线 47 户人家,发现乱堆乱放现象就及时提醒,并追究党员责任。由于党员和农户要么是亲友,要么是邻居,所以问题很容易处理。在此我们可以看到村庄事务的特殊性,人情伦理在其中依旧发挥着不可替代的作用。党员的服务意识体现在很多方面,在村庄整治过程中,为了村庄的整齐,乡政提出要拆除屋顶的蓝棚,以党支部书记占峰、村委会主任李慧芬为首的"两委"成员,牺牲晚上休息时间,不厌其烦,一遍一遍地去做思想工作,晓之以理、动之以情。7月份,连降大雨,山体坍塌,堆积了大量的淤泥,给部分人家的生活带来极大不便,全体党员齐上阵,花了两天多时间,义务清理堆积的淤泥,笔者参加了这一过程,那家人深表感动,好川村的村"两委"就是靠自身的点点滴滴行动,发挥了榜样作用。每个月的"党员活动日",党员都会深入各家各户,进行政策宣传,解决村里棘手的事情。比如在2015年,每个党员活动日几乎都要进行垃圾清运。在党员的宣传和带动下,村民渐渐达成了共识:环境变好了,最终受益的是老百姓。关于这一点,"好川人家""味到家"两家农家乐经营者深有体会。好川村依托群言栏设立群众"挑刺团"和项目建设监督团,邀请村民作为"挑刺员"和"监督员",村民积极参与其中。有一次"挑刺团"成员尹利慧发现好川电站违章搭建和乱堆放问题严重,却迟迟得不到解决,便拍照放在群言栏里。笔者在调研过程中,就这一事件与尹利慧进行了交谈,她回顾了当时的情形,说群言栏发挥了很大作用,乡里村里工作人员都很重视,这个问题在一周之内就得到了解决。村里生态堰坝完工后不久,就出现坝底渗水的情况,接到村民的反应后,村委会与施工方第一时间进行沟通,很快消除了安全隐患。村里的文化礼堂丰富了村民的业务生活,但近处的老人希望能早点休息,文化礼堂的音乐声会影响到他们的睡眠,就此提出意见,村两委和文化管理员立即调整活动时间,将晚上关门的时间提前到夏天8点半,冬天8点,这样既保证了大家有着丰富的精神生活,同时不影响到少数村民的生活安宁。村里重大事务的决策、实施、监督都经过村民大会或村民代表大会、监事会等,通过"一事一议"的程序,反复沟通、磋商,能够做到反映民情民意。党员严以律己,在好川文化礼堂外墙上,有党员贿选被警示并开除党籍的信息,也有党员违建,屡教不改被开除党籍的信息。

(二)文化引领,乡贤强力助推

好川村做到了《中共中央国务院关于加强和完善城乡社区治理的意见》所倡导的"加强城乡社区公共文化服务体系建设,提升公共文化服务水平,因地制宜设置村史陈列、非物质文化遗产等特色文化展示设施,突出乡土特色、民族特色"。好川

构建基层社会治理新格局

村依托"文化礼堂"这一公共文化平台，注重"好川文化"和"畲族文化"的展示和弘扬，并注重丰富村民的业务文化生活，村里还有好川文化陈列馆、老宋根雕艺术馆。农村文化礼堂建设是浙江省的一个创举，自 2013 年启动建设以来，截至 2017 年 8 月，全省已建成 7477 个农村文化礼堂。在浙江省文礼办的指导下，由浙江日报、浙江在线、浙江新闻客户端等主办的"中国人保·全省文化新地标推选展示"活动评选出了 50 个"示范文化地标"和 100 个"优秀文化地标"，其中好川被评为"优秀文化礼堂"。好川礼堂位于村庄口，古典雅致，建筑外观带有浓浓的文化气息和民族风情。礼堂里面有"六星文明户"创评榜、包括创评标准和创评结果。"孝老文明星""爱心文明星""致富文明星""文体文明星""信用文明星"，通过"六星"的评比，宣传道德模范、好人好事，是实现"乡风文明"的有效途径。功绩廊、励志廊里有英雄、寿星、荣誉、乡贤榜。这些举措都激励着村民向上向善。好川村训为"正德行、敦孝悌、睦邻里、务勤奋、持节俭、重修养"，还有 76 户的家训，比如："得意盎然，失意泰然""处世谦让，待人诚信""勤为本，德为先，和为贵"等，村训和家训真实地体现了好川淳朴敦厚、勤奋俭朴、以和为贵、诚信为本、知足常乐的民风。文化长廊展示了好川文化、畲族文化、根雕文化。好川文化介绍了农耕文化，还有好川遗址文化；畲族文化介绍了畲语、畲歌，走竹马、跳竹竿、滚石磉等畲族传统文体活动及其在各民族文体赛事中所获得的成绩。村史廊介绍了村庄的历史沿革、区位概况、张氏宗祠、邓氏宗祠、宋氏家谱。好川文化礼堂对弘扬与宣传社会主义核心价值观，树立村里良好的道德风尚，起到了至关重要的作用。另外，以文化礼堂为场所，村里展开了各种文体活动，最常见的活动是广场舞，村民纷纷表示："以前晚上没事干，就聚在一起打牌，打麻将。现在音乐一响，就在文化礼堂集合，跳跳舞，出出汗，洗个热水澡，睡得很舒服，第二天一大早，去地里干活，精神抖擞。"文化礼堂还组织戏剧表演，畲歌学唱等活动，每年一度的好川春晚成为附近村庄的文化盛事。还有从 2018 年开始的"中秋品月"活动，包括旗袍走秀、竹竿舞体验、彩带编织体验、滚石磉表演、月光晚餐、赏月晚会，提供麻糍、苎麻果、千层糕等小吃。还可参观好川遗址展陈馆、好川根艺馆、畲族彩带展陈馆、畲族文化长廊、石榴子园，进行民族团结进步知识有奖答题。这对于丰富好川村民的文化生活，扩大其对外影响，弘扬传统文化、畲族文化，促进民族团结进步都具有一定的推动作用。村里组建了腰鼓队、戏曲表演队、"舞者之家"广场舞队等队伍。县里还将村级文化礼堂里的优秀节目，选送参加全县文化礼堂的节目展演，笔者在好川调研期间，村民正在排演《金陵十二钗》,还有与其他市县(区)、村庄的文化走亲活动,促进了与周边村庄的交流。好川村文化礼堂除了教授村民唱歌跳舞等文化活动外,也积极开展妇女健康、农业技能培训等各式讲座,举办"奔跑遂昌精彩故事""奔跑吧,记者"等各类活动,暑期举办的"春泥计划"活动,为期两周,缓解了忙于农活,无暇照顾假期中的孩子的父母的压力,孩子们完成暑期作业的效率大大提高,另外还促进了和小伙伴的交流,并学会一些手工、开展一些文体活动,使其对大学生活有所了解,扩展其视野。也为志愿者大学生提供了很好的锻炼机会。

好川遗址陈列馆对好川文化进行了详尽的介绍和展示。好川文化,上接良渚文化,下连马桥文化,乃瓯江文化之源头,历经 4000 多年的冲刷积淀,汇成今日好川文化之丰盈博大,仪态万千。好川遗址在 1997 年被发现,被评为当年"全国十大考古发现"提名奖,在 2013 年被核定为全国第七批重点文物保护单位。好川文化发现 20 周年特展于 2017 年 12 月 4 日到 2018 年 1 月 30 日在西湖博物馆展览,共计展出 200 余套文物,扩展了好川文化的知名度。

文化引领作用得以发挥,离不开乡贤的助推。"'乡贤'泛指乡中贤德之人,比如说德高望重的还乡高官、耕读故土的贤人志士、农村的优秀基层干部、道德模范、热爱家乡反哺桑梓的成功人士等,他们成长于乡土、奉献于乡里,在乡民邻里间威望高、口碑好,他们的嘉言懿行垂范乡里,涵育文明乡风,他们就是当代的'乡贤'"。[1]

宋樟才老人的老宋根雕陈列馆成为三仁民族小学的实践基地,每学期都有两批小学生来这里参观,听宋大爷讲述并展示根雕技艺,有助于培养小学生的动手能力。根雕文化是由宋樟才老人所创立的,笔者见到宋大爷的时候,他刚从乡政府回来,准备让自己根雕馆的一楼继续展示根雕;二楼作为畲族博物馆,展览畲族工艺品,还准备开辟织带馆,由省级非遗文化传承人蓝咏梅来坐馆;三楼用作书画展览馆。蓝春起老人年过七旬,精神矍铄,笔者与其相识,是在景宁畲族论坛上,他诚邀笔者去遂昌调研,他曾任三仁副乡长,在好川驻村,对好川了如指掌,对好川畲族文化的保护和传承颇费心事,积极支持其女儿蓝咏梅去好川传习织带。现任民宗局局长蓝水林,畲族人,对畲族文化有着深厚的感情,也有颇深的研究,其书法非常漂亮,其办公室就贴着自己抄写的畲歌《高皇歌》,对畲族文化,他不遗余力地宣传,积极参加好川的各项文化活动,在好川春晚用自己的书法展示畲族文化,对丽水学院民族学专业的大学生,还有笔者都很友好热情。前好川村书记雷永伟,现在虽然人在县城做生意，但心系好川，牵挂着好川的父老乡亲，其在任期间搞的际上青钱柳项目即将见到收益，言谈之间对好川畲族文化的传承与好川可持续发展颇为关注。

（三）信息平台完善，公共服务供给充足

遂昌这个浙西南的小县城，近几年不仅成为华东地区"洗身、洗心、洗肺、洗胃"的休闲疗养好去处，还以农业信息化服务、电商而著称。遂昌信息基础设施完备，以此为平台所提供的公共服务较为充分。

"政企社共建"模式提供便民服务。2012 年 9 月，遂昌乡（镇）、村便民服务标准化试点正式立项，以便民服务中心为依托的便民服务不断完善。政企社共建模式实现了"政府主导，企业运营，社会参与"，依托信息入户工程，引入嘉言民生事务服务有限公司，创建益农信息社，使便民服务中心的事务又由原来的行政事务扩展到公益服务、电商服务等。村民可以在信息社直达县级网上服务大厅，快速咨询或直接办理各类事项，包括 25 个行政部门的 138 项服务事项，31 家企业的 52 项商业服务。村民亲切地称呼其为"全职管家"，农民的社保、交话费、小额存取款、卖农产品、购买日常消费品等都得以在便民服务中心实现。便民服务中心有专职代办员，嘉言民生还配备了通往各乡村的便民服务车，极大地方便了村民的日常生活。

在洁净乡村创建过程中，遂昌全面建立县乡村长效保洁管理机制，每年投入不少于 1000 万元洁净专项资金，全面推进农村环卫配套建设，开展乡镇垃圾清运，实现"户集、村收、乡镇转运、县处理"，农村生活垃圾收集处理率达 100%。同时每月对乡镇洁净乡村工作进行明察暗访、督查评比，好的上榜表彰、差的公开晾晒。2014 年 9 月，浙江省遂昌县农村垃圾分类管理规范审定会通过了地方标准《农村垃圾分类管理规范》。此标准的制定标志着遂昌县农村垃圾分类管理工作驶入标准化轨道，这在全国范围内尚属首例，全国首个农村垃圾分类管理规范审定会在遂昌召开。洁净也成为好川村民的共识。

农业技术服务渠道畅通。县级设立农技 110 服务中心，并创建遂昌农业信息网，建立农技 110 信息服务站 20 个，实现乡镇（街道）全覆盖，村级农民信箱联络点 203 个，农民信箱村级网站 203 个，农民信箱注册用户超过 10000 户，基本形成了上联农业农村部和省、市农业部门，下联涉农部门、农业企业和种养大户的农业信息服务体系，构建起全县农业信息收集、发布、交流的主要渠道和组织形式。[2]建成县级 12316 为农信息服务大厅，组建农业产业咨询服务团队，形成农技专家咨询服

务体系。一律安装使用"农技通"软件,并接入农民信箱与12316云呼叫平台,为农户提供农技咨询服务,以提高为农信息服务的及时性和有效性。2014—2016年,基层农技人员通过该方式提供农技服务16000多人次。[3]在好川村调研过程中,村民多次提到农业技术培训,特别是金爱武老师的讲座,村民亲切地称呼其金教授。农业培训比如竹子如何长高、如何长长、如何变大、如何增加竹笋产量等。也提到经常能收到"农技通"的消息,及时掌握农业技术和农技信息。

遂昌的电商在农村电商发展过程中也发挥了很大作用。遂昌电商从2006年的小小竹炭开始,于2010年成为网店协会,进入2015年以来,遂昌构架起网店协会、赶街、嘉言民生并驾齐驱的农村电商新格局。遂昌先后举办全国农村信息进村入户推进会和全国农村电子商务现场会,每个村庄都有便利店加盟赶街集团。好川村的宋春法农资服务店就是这样的一个点,为村民供应农资产品提供了便利条件。另外,村里有好几个大学生毕业后开网店,把当地的农产品卖出去,收益相当可观,既解决了就业问题,又解决了当地农产品的销路问题。2012年7月,遂昌被确定为省农业标准化综合示范县创建点,农业标准化建设保证了农产品的质量,进而使电商得以可持续发展。

另外,老年人协会、计生协会、社区卫生院、老人日间照料中心等也为村民提供了公共服务。村里60岁以上老人239个,占到总人口的22%。村里会举办老年电大,并定期举办一些针对老年人的文体活动。小康公司每天中午为日间照料中心送午饭,只收成本费,这样就能保证高龄老人的子女白天专心于田间地头的农活。计生协会,经常有一些教育类的活动,比如育龄妇女体检、保健之类。好川村设有社区卫生院,宋大叔的女儿从医41年,具有全科医生资格,连续12年获得浙江省最佳责任岗,连续15年被评为浙江省"最美乡村医生",基本能满足村民看病的需求,并定期为周边村民体检。

三、好川社区治理能力进一步提升的方向

如前所述,好川在社区治理过程中,形成了自己的特色,有不少值得借鉴的经验,但尚有值得提升的地方。

(一)好川治理过程中自治、德治方面都卓有成效,但在法治方面有所欠缺

马克斯·韦伯依据大量史料,把合法性来源归纳为三种类型,即传统型、超凡

魅力型和法理型。当前,好川党委、村委的合法性主要还是建立在传统的德治以及党委、村委成员个人魅力的基础上。党的十九大报告明确提出,要加强农村基层基础工作,健全自治、法治、德治相结合的乡村治理体制。好川村民在基层民主建设、化解基层矛盾方面大多是靠党员、村委会成员的个人感召力和以身示范的作用而解决,法律意识不足。今后有必要加强普法教育,与律师、公证员、基层法律服务工作者建立较为密切的联系。

(二)社区协商机制有待于进一步完善

村民协商机制也不够健全,虽然有村民大会、村民代表大会等制度,但在村庄事务的协商过程中,还是有一定的随意性,如何进一步发挥老年协会、计生协会、各种文艺团体等社会组织的作用,值得探究。协商缺乏专业性,虽然有大学生村官,但很多大学生村官都是作为一种职业的过渡,待考取公务员或研究生或求得其他谋生之路后,便会离开村庄,笔者在好川就碰到过这种情况。如何实现社区自治、社会组织、社会工作的"三社"联动,还是值得进一步努力的。乡贤作用发挥不足,可以借鉴"乡贤理事会""乡贤参事会"等做法,使其充分发挥在村庄治理中的作用。当前,市里、县里虽然社区有组织成员进行相关培训,但力度、专业化程度远远不够。党的十九大报告指出"培养造就一支懂农业、爱农村、爱农民的'三农'工作队伍",社区工作不仅要懂"三农"问题,懂社区工作本身的规律和要求也很重要。

(三)不同群体间的公共服务均等化程度有待于进一步提高

公共服务方面,尚未实现均等化。由于好川海拔比较高,山路崎岖,晚上天黑后下山不安全,部分老人并不能充分享受文化礼堂等公共服务的便利。另外,文化礼堂的活动主要是针对女性,男性参与程度较低,或者只能做观众,如何能够实现不同自然村、不同性别服务均等化,也是今后值得思考的方向。在访谈过程中,也有几个年老体弱、文化程度较低、不能熟练掌握互联网的人表示,在2016年,因为便民服务中心有专职代办员,生活方便多了。遗憾的是,在2016年底,由于企业运营方面的问题,只有极少数村庄还保留了专职代办员,三仁乡就只有排前村还保留着。便民服务中心由村委会成员每天轮流值班,由于村委会成员事务繁多,再加上不像专职代办员那样经过专业培训,服务质量大打折扣。笔者在访谈过程中了解到,县乡都希望专职代办员服务能够恢复,目前也在积极努力中。

（四）"美丽文化""美丽生态"转化为"美丽经济"

另外,好川如何实现"美丽经济"?在调研过程中,有一位退休老教师说道:"好川有美丽生态,美丽文化,却没实现美丽经济。"这不失为一大遗憾。2010 年国家旅游局发布了《关于确定首批全国旅游标准化试点单位的通知》,遂昌县成为浙江省唯一、全国五个试点县之一。2010 年 10 月 9 日,遂昌被授予全省首批美丽乡村创建先进县。2011 年启动"建设长三角休闲旅游名城景区集群标准化项目"。2014 年 4 月,遂昌入选全国首批美丽乡村建设的试点。好川处于遂昌乡村休闲游的风景线上,在全域旅游观念的影响下,使美丽文化、美丽生态转化为美丽经济,将是下一步努力和提升的方向。为此,村庄规划所倡导"依托好川遗址,挖掘文化内涵,创建好川遗址文化村;依托畲族文化和人口,展现畲乡风情,建设畲族梓里文化村;依托优越的生态环境和森林资源,建设际上密林生态村",试图真正把好川文化、畲族文化、生态文化的作用发挥到极致,依托资源,扩展农家乐、民宿,进而建设田园综合体,从而真正实现"美丽经济"。

现实的村庄治理总是在特定的治理环境中运作的,治理环境是影响村庄治理结构和运作过程、形塑村庄治理模式的重要因素[5]。无论从历史上,还是从现实上,村庄治理的环境都极为复杂,呈现出明显的非均衡性和多样性。希望浙南农业主导型村庄社区治理的经验,能够为其他地区的农村社区治理提供借鉴,进而促进"乡村振兴"战略的早日实现。

参考文献:

[1] 陈秋强.乡贤:乡村治理现代化的重要力量[J].社会治理,2016(2):115-119.

[2][3] 罗春华.农业信息化建设之遂昌样本[J].农业网络信息,2017(5):52-54.

[4] 卢福营,等.当代浙江乡村治理研究[M].北京:科学出版社,2009:203.

【作者】
张慧卿,江苏大学马克思主义学院教授

数据治理下的基层减负：基层社会治理的
现实困境与深化路径

李慧凤

一、引言

党的十九届四中全会提出，要健全劳动、资本、土地、知识、技术、管理、数据等生产要素由市场评价贡献、按贡献决定报酬的机制。数据已成为经济社会发展的一个重要生产要素。2020年《中共中央国务院关于新时代加快完善社会主义市场经济体制的意见》指出，要加快培育发展数据要素市场，建立数据资源清单管理机制，完善数据权属界定、开放共享、交易流通等标准和措施，发挥社会数据资源价值。数据要素市场的培育以及由大数据驱动的经济社会发展成为我国现代化进程中最为显著的特征。大数据、云计算、区块链、人工智能等技术创新与应用将进一步推动政府治理模式的数字化转型，数字政府和数据治理成为推进国家治理体系和治理能力现代化的重要路径和方式。

数据要素越来越广泛应用于社会治理领域，成为有效解决复杂社会问题以及推动"基层减负"的技术和手段。海量数据的挖掘整合、统计关联和预测分析技术的成熟运用，可为社会治理领域民意感知和民情研判、社会风险评估和政府响应提供技术支持，为社会治理的智能化提供制度和技术保障。[1]尤其在基层社会治理中，数据被用于统计民情民意、回应多元化需求、进行精准化治理、提供精细化服务等诸多事项。然而，数据要素和信息技术在基层社会治理中迅速普及与应用的同时，基层社会治理却缺乏相应的制度环境和治理体系与之有效衔接，"信息孤岛""数据烟囱""僵尸系统"等问题突出，基层工作人员的任务越来越多，责任越来越重，"表格满天飞、档案到处堆、数据随时催"现象十分常见，使他们疲于应付填报各种数据和表格，"白天巡查，晚上填表"成为工作常态，极大地影响了工作绩效，数字技术创新带来的治理红利并没能有效转化为治理效能。为此，需要思考如何通过制度设计为数据要素和信息技术在基层社会治理中的应用提供良好的制度环境，以促进技术赋能与制度体系有效衔接，从而提升基层社会治理效能，真正实现基层减负。本文通过考察数据要素和信息技术在基层社会治理中的应用维度，分析影响技术赋能基层社会治理的现实困境及原因，进而探讨数据治理下深化基层减负的可行路径。

二、技术的社会性与制度设计

不同于技术进步论观点，即认为技术具有自我推进的力量，沿着一条单一的路径前行，因此社会难以对其进行选择，技术的社会性观点认为，科学技术从根本上说是一种社会制度，人们在其中的经验是由它的社会组织以及科学和工程技术嵌入在其中的外部社会所塑造的[2]。因此，运用技术的能力不仅取决于正式的技术规则，还取决于非正式的交流。熊彼特在《经济发展理论》一书中试图建立一个以技术创新为内在动力的内生经济变迁的理论，即把技术创新内生化，进而研究由创新推动的经济结构以及制度变迁的过程。由于技术创新的目的在于服务某个特定的应用目标，并采用正确的技术和方法，以解决开发新技术、生产新知识和创造新组织等问题，因此，技术创新不仅能够带来实体性技术的变革，而且能够对作为知识的技术（如技能、规划）和作为意志的技术（意愿、需求和动机等）等观念性技术产生影响，促进技术进步和社会发展。

由于技术的社会性与制度因素存在高度关联，因此技术创新对经济增长的作用具有不确定性。已有研究表明，如果技术创新的收益低于机会成本，技术创新就可能阻碍经济增长方式转变；当技术创新逆向溢出至外资企业时，也会使技术创新投入与生产技术进步不对称，导致技术创新收益低于机会成本[3]。为此，通过制度设计引导技术创新尤为重要。吴敬琏指出："一个国家、一个地区高新技术产业发展得好坏快慢的症结，在于是否建立了有利于发挥人力资本的作用、有利于创新的制度。"[4]林毅夫在《技术选择、制度与经济发展》一文中也表明，大多数发展中国家没有实现向发达国家转变的最主要根源是发展中国家政府采取了不适当的赶超战略,"采用扭曲利率、工资和其他价格并用行政手段配置资源的方式来补贴/保护企业。这样,市场的作用会受到抑制,发展中国家的发展绩效会很差,收敛也不会发生"[5]。可见,制度设计成为技术创新和经济增长间关系的一个重要中介变量。

当前,我国的技术创新表现为以大数据和信息技术为主的综合技术体系的形成,管理方式具有数字化、网络化和智能化治理等特点。数字化浪潮和信息技术催生了社会变革的同时,也要求国家治理体系和治理能力本身的变革,即从生产关系变革层面回答数字社会形态下国家治理体系和治理能力现代化建设的核心任务和主要内涵。[6]吴敬琏指出:"如果我们热心于发展我国的高科技产业,首先就应当热心于落实各项改革措施,建立起有利于高新技术以及相关产业发展的制度。这样的制度安排才是推进技术进步和高新技术产业发展的最强大的动力。"[7]因此,建立一种有利于技术创新的社会增长体制[8],促进大数据和信息技术在社会治理中的作用发挥,提升社会治理效能,是当前政府推进技术治理的当务之急。尽管技术创新在基层社会治理领域的应用势如破竹,但如果没有良好的制度环境和适宜的治理体系与之相匹配,技术创新在推进基层社会治理上必然成为强弩之末,由技术赋能所带来的治理红利很难转化为治理效能。

三、数据治理进基层的三个维度

数据治理进基层在城市表现为"数字进网",在农村则表现为"数字下乡"。"数字进网"是基于信息化政务平台,运用数字技术收集数据并对其进行汇总和处理。"数字下乡"则是通过数字量化自上而下推进乡村治理,这在精准扶贫中最为明显。从"数字进网"和"数字下乡"可以看出数据治理进基层的维度特征,具体表现为三个方面:数据治理科层化、数据治理在地化和数据治理系统化。

(一)数据治理科层化

数据治理科层化意味着数据收集、数据管理和数据共享都是以科层化形式呈现,这与大数据思维的整体性、关联性和价值性要求之间存在明显张力。第一,科层制强调专业化分工,业务部门被条块分割,数据收集和管理呈现出"纵强横弱"特点,整体性不足。不同的业务部门对数据和信息收集有各自不同的专业偏好和要求,而部门之间又很难对数据和信息进行共享,导致基层工作人员不得不在不同业务端口重复填报数据。第二,科层制强调组织边界,数据被碎片化存储在各个组织中,没有形成相互关联的"数据库"和"知识库"。由于统计口径不同,数据常常出现不一致情况,而组织边界形成的部门壁垒又使数据和信息难以及时得到整合和反馈,从而影响部门决策和治理效果。第三,科层制强调等级,数据收集通常是自下而上,而数据管理则是自上而下,数据流通和共享受限,基层需要申请才能够得到上级政府的"供数",这使得基层工作人员时常面临无"数"可用的窘境,数据很难发挥其价值。

技术创新的应用和扩散需要扁平化的治理结构。在扁平化结构中,数据和信息不仅能够互联和共享,还能够进行反馈和更新。然而,科层化的等级结构限制了数据流动以及数据共享,减弱了数据治理的效能和智能,因为如果没有必要的数据共享和汇聚,也就不可能有数据的智能[9]。

(二)数据治理在地化

"数字进网"和"数字下乡"都需要获得治理对象的在地化数字信息。在地化数字是指基于治理对象的生活、生产空间建立起来的描述性数据。[10]数据治理在地化强调构建治理对象的基础信息,为政府的基础性服务和兜底性保障建立纸质版和电子版的信息档案。以社会救助和精准扶贫为例,基层政府需要为低保户和低保边缘、贫困村和贫困户建档立卡,以此针对性地提供帮扶措施并接受帮扶绩效考核;同时,基层政府还需要实时跟踪并记录治理对象的最新信息,动态增添或消减建档立卡的低保户和贫困户数据。

数据治理在地化强调基础数据的准确性和动态性。由于收集基础数据的基层工作人员大都属于外勤工作性质,他们分散在城市和乡村的各个角落,在传递信息和收集数据上缺乏有效协同,加之数据系统相对独立,不同系统收集的数据信息可能并不相同,造成数据准确性大大降低。在实际工作中,由于平台在技术和功能上互不关联,一些数据填报还需要借助人工操作重复输入,且数据和信息核实存在时滞性,无法实时动态更新。数据偏差、重复输入都会减弱数据处理能力,降低数据价值。

(三)数据治理系统化

数据治理的系统化的载体是基于数据建立的信息系统。传统的信息系统建立在不同部门的具体业务上,通过改进业务流程和操作系统以提高业务绩效,主要关注部门内部的运行成本和具体业务完成效率。大数据的信息系统在传统信息系统基础上,更加注重跨部门的业务流程和多平台的数据共享,建立整合同一的技术平台,以克服"数据烟囱"和"数据垄断"弊端。

大数据和信息技术能够在整合同一的技术平台上迅速推广。因为碎片化的数据和信息通过整合同一的技术平台来统一口径和标准,有助于破解不同平台间难兼容甚至不兼容问题。当海量数据在整合同一的技术平台上加以管理时,技术平台就能够对数据所有者和使用者进行监管,从而降低技术本身带来的风险,如隐私泄露、算法滥用等。就目前已有的实践来看,技术平台多数在层级和区域中各自开发与应用,不同的技术平台之间很难整合,加之保密制度下的责任安全机制,使不同平台中的数据和信息仍处于权限管理方式,跨层级、跨区域、跨部门的数据和信息共享非常困难,区域协同和一体化建设面临技术平台难以整合同一的困境。尤其对于基础数据而言,标准化编码缺失影响了数据的准确性、可靠性和动态性,标准化的数据和信息很难持续不断地更新和应用。因此,数据治理需要构建一个全新的数字化信息系统。

四、数据治理下基层减负的现实困境

基层减负的目的是解决困扰基层的形式主义问题,让基层干部轻装上阵。数字技术给基层减负带来了新的契机,提高了基层工作者的工作效率,但却没能减轻工作负荷。

(一)从文山会海到政务 APP 和工作群聊

基层减负针对的是基层治理中存在的形式主义、官僚主义问题。传统的形式主义工作作风使基层工作人员在文山会海中花费了大量时间,也耗费了他们大量精力。基层减负的一个重要内容是精文简会,即对发文开会进行统筹管理,避免多头发文、层层开会。精文简会的目的是让基层工作人员从繁文缛节中解脱出来,使他们能够更多地走向田间地头和网格角落与居民进行沟通,回应居民诉求。

随着大数据和互联网技术的应用和推广,一些地方和基层政府积极开发政务APP,通过建立各种工作群聊完成工作部署和消息发布。然而,越来越多的政务

APP和工作群聊开始占用基层工作人员的大量时间，有调查显示，一名基层工作人员需要照管20—60个政务APP，线下的文山会海转变为线上的各种政务APP和工作群聊，视频小会源源不断，信息通知发布不分昼夜。以大数据、政务APP、互联网平台为特征的数据治理本应成为方便工作沟通和提高工作效率的手段和方式，却逐渐成为基层工作人员的工作负担，使技术赋能下的"减负"异化为形式主义下的"增负"。

（二）数据治理悬浮于基层社会治理过程

数据治理的前提是数字能够有效测量治理对象，即数据治理在地化。尽管各地正在构建基层智慧治理体系，然而在实践中，数据治理很难做到真正的数字在地化，数据治理常常悬浮于基层社会治理过程。此外，出于完成任务和应付考核的目的，"坏数据""假数据"也会进入数据库，削弱了数字在地化的准确性和可靠性，导致有"数"不愿依、不能依的困境，使数据治理在基层社会治理中的功能发挥大打折扣。

地方和基层政府建好政务APP平台后却疏于管理，导致许多政务APP成为"一次性产品"，变成了"指尖上的形式主义"。在基层社会治理中，各业务条线部门要求基层工作人员在手机上安装不同种类的政务APP，但许多APP数据无法更新和反馈，降低了数据的准确性和动态性。在社会救助和扶贫工作中，"数字悬浮"现象尤为明显。尽管国家对低保户、贫困户有明确的政策筛选标准，而且基层政府也花费了大量的人力、物力进网、下乡走访低保户、贫困户，然而，在基层治理中却常常出现"有数不依"现象，这会影响基于基础数据运行的大救助系统和扶贫系统。

（三）"数据烟囱"与基层工作负荷

"数据烟囱"是基层治理数字化转型面临的主要难题。尽管科技支撑推动了信息化建设以及社会治理的数字化转型，但在数据共享方面还存在许多问题和障碍，除了技术本身的原因外，更重要的是体制机制方面的影响。由于"业务条块"和"属地管理"导致的"本位思想"，信息化建设并不是统一部署规划进行的顶层设计，而是各业务部门、各地方政府根据自身任务需要以项目化形式自行开发的，这导致各个信息化平台由于技术不兼容、业务不关联等原因使数据无法共享，数据库壁垒高筑，"数据烟囱"林立。

"数据烟囱"阻碍了数据间互联互通,削弱了数据要素价值,破坏了数字系统化功能,并给基层工作人员带来了更多的工作负荷。一方面,"数据烟囱"阻碍了数据间横向共享,导致基层工作人员需要向各业务部门重复提供数据。各业务部门根据具体任务向基层索要数据,由于业务针对性不同,基层工作人员需要重复收集数据,有调查显示,20.56%的受访基层人员认为,重复性工作使基层人员疲于应付,容易滋生形式主义。[11]另一方面,"数据烟囱"导致数据在纵向上偏好自下而上单向流动,这是因为"数据上附着的权力和责任"导致数据信息系统向基层的"供数"机制不畅通,尽管基础数据是由基层收集并提供的,然而基层却需要向上级申请才能够获得部分数据,要"数"难和无"数"可用常常让基层工作人员面临尴尬处境,造成工作不力或滞后,影响基层社会治理效能。

五、数据治理下基层减负的深化路径

(一)构建良好的数据治理体系

数据治理不仅要重视数字技术的开发与应用,更要强调制度情境和治理体系。如果没有良好的制度环境和体制机制支持,很难真正实现数据治理,要么数字悬浮在基层社会治理之上,要么再次沦为新的形式主义。数字平台开发与业务部门协同需要共同推进,形成"整体智治"格局。"整体"是指"整体性治理","智治"是指充分发挥科技支撑社会治理的作用。[12]"整体智治"既促进了技术创新应用,也强调了制度创新保障。

在基层社会治理领域,如上海的"一网通办"和"随申办"就是在市区级层面通过推进基础数据共享来解决基层重复上报数据问题,这样,基层工作人员就有更多的精力花在为居民服务上。"社区云"平台也是基于基层层面建立的集社区治理与公共服务为一体的数据信息平台,形成从发现问题到解决问题的全链闭环,为基层工作者和居民提供了线上互动渠道和网络公共空间。浙江省的"大救助信息系统"通过大救助信息平台将申请、核对、认定、救助和管控流程整合同一在一个平台上,并运用大数据交换平台与国家大数据平台(社会救助)、长三角一体化在线政务服务平台进行数据交换和共享。整合同一的大数据平台能够实现社会救助的统一认定、统一核对、公开透明、精准分析、异地协同办理等功能,这一方面有助于促进数据治理的在地化和系统化,避免数字的悬浮和无数可用的困境;另一方面能够减轻基层工作人员的外勤工作负荷,减少数据收集的随意性和重复性。此外,微信公众号、微信群、微商群等互联网技术平台在基层层面上的应用有助于增进居民间互动与合作,如邻里共享空间的创建使社区从陌生人社会逐渐转变成为熟人社会,这不仅有助于社区和谐稳定,还有利于形成共建共治共享的基层社会治理格局。

(二)协调好数字赋能与基层赋权

数字能够赋能政府精细化管理,简化政务服务流程,如"最多跑一次"改革就将纷繁复杂的审批过程简化成为"一站式"办理、"一件事"办理。[13]数字也能够赋能政府透明化管理,减少暗箱操作和寻租机会,提高治理的合法性和有效性。数字赋能让政府对社会治理和公共服务供给更智能化和智慧化。在数字赋能的同时也需要对基层赋权,这是破解基层无"数"可用、重复报"数"的关键,也是推动基层减负的重要动能。大数据和互联网思维具有去中心化、扁平化、跨界式的开放结构,以及高效、精准、智慧等特点[14],这必然要求治理模式进行变革,从传统的科层管理模式转型为数据治理所需要的扁平化治理模式。

在基层社会治理中,传统的科层管理模式表现为权力是自上而下的,而责任却是自下而上的,责任层层"下推"的同时,权力却通过各种考核指标层层向上收紧,人力、物力资源也未能"下放",从而导致基层工作负荷加重,基层工作人员容易产生疲惫倦怠情绪。以智慧社区建设为例,尽管各地方各部门的业务条线都要汇聚在智慧社区的信息化平台上,然而这些业务条线之间却是相互独立的,数据很难在信息化平台上进行共享。沉重的工作负荷,受限的执行权力,使得基层工作人员还未感受到数据赋能所带来的利好,便被烦冗的数据收集和上报工作搞得精疲力竭。数据赋能优先于基层赋权的一个结果就是"工具理性与价值理性呈现出非均衡状态"[15]。只有协调好二者的关系,即数字赋能的同时也能够对基层同步赋权,推进基层社会治理从科层化管理模式转向扁平化治理模式,才能够真正实现基层减负。

(三)推进数据治理从数字化向智慧化转型

数据治理下的基层工作负荷主要来自大量的数据收集、表格填报、台账制作工作以及各种政务 APP、工作 QQ 群、微信群等布置的工作任务,这些工作多是重复性、琐碎性和繁杂性的,需要花费大量时间,甚至要占用休息时间不停刷新,而这些工作又是基层考核的重要内容,因此基层工作人员需要花费大量时间和精力去完成,既增加了基层工作负荷,又滋生了新的形式主义。究其原因,一方面是由于各业务条线之间难以共享数据。业务主管部门出于对权力和资源占有的偏好以及对数据共享存在风险的担忧,不愿意也不敢对数据进行共享,"数据烟囱"大量林立,基层工作人员不得不穿梭于各"数据烟囱"之间,完成大量的重复性工作。另一方面是相关的数据立法还未健全,难以保障数据安全。数据作为一种技术工具,数据价值需要在数据使用过程中才能得以体现。没有健全的法律法规,数据在使用过程中就得不到保障,很有可能出现数据的不当使用,这不仅会侵犯个体隐私和正当权益,也会降低治理合法性和政府公信力,削弱数据价值。

数据是数字经济时代的新生产要素,数据作为要素必然需要考虑其成本和收益,只有当数据在法律上得到清晰确权,数据的要素价值才能真正体现,因此,数据立法对促进数据共享、发挥数据价值具有积极意义。数据共享有助于推进基层社会治理从数字化向智慧化转型升级。目前正在如火如荼开展的智慧城市、智慧社区建设大多处于数据治理的初级阶段,各业务部门、各层级政府以建设信息化技术平台和数字技术平台为主,自行开发和管理技术平台,应用数字技术进行相关业务管理,并在基层层面设置端口,收集并加工基础数据。基层工作仍是对口各业务条线,并没发生方式上的革新,只是将以往线下工作转变为线下和线上双重工作。可见,由于数据被囿于业务部门内无法共享,技术平台也无法汇集大量数据进行深度学习,这只是一种数字化的治理模式,而不是基于数字技术的智慧化治理模式。只有数据能够充分共享,大量的数据能够汇聚到技术平台上,才能进行基于数据驱动的深度学习试验和应用场景研究,数据才能变得更加智能化和智慧化,帮助基层工作人员能够更好地进行智慧治理和智慧服务。

六、结论

陪会、迎检、留痕等看似稀松平常的日常工作任务却给基层工作人员带来了极大的工作负荷。"开不完的会议、做不完的台账""白天开会、晚上做账"成为基层工作人员的工作常态,纷杂烦冗的工作让他们疲于应付,产生了工作倦怠,影响了工作绩效。因此,基层减负势在必行。数字技术在社会治理领域中的应用使数据治理日益成为一种新兴且重要的社会治理方式。在基层社会治理中,数据治理主要体现在基于数字技术和信息网络建设的街道和社区一体化政务服务平台，以及各类政务 APP 和线上工作群聊等层面。数据治理给基层减负带来新契机的同时，也带来了新挑战。一方面，街道和社区一体化政务服务平台通过"一窗受理""一站式服务"简化了工作流程，并借助"一网通办""大数据系统"增强了数据信息流通和部门间协调。对基层工作人员而言，他们只需要在窗口收齐所需材料后输入对应系统并拍照上传就可以完成基础数据和表格的填报，不需要花费大量时间跑腿盖章和重复投递；对居民来说，他们可以通过信息平台事先了解并准备好所需材料，到政务中心后便可一次性办理事项，这不仅能够提升居民的满意度和获得感，也能够减免基层工作人员的重复劳动，提高工作效率。另一方面，政务 APP 和工作群聊突破了空间限制，加速信息流动和交流沟通，使基层工作人员可以随时随地获得信息并及时沟通，不需要再频繁参会获取信息和材料，这种线上工作平台在疫情防控期间发挥了重要作用。

数据治理下的基层减负不仅是一个技术层面上的议题，还是一个复杂的治理体系变革的过程，应当建立与数字技术相适宜的基层社会治理体系，形成基于数据共享和数据安全的智慧化治理模式。在互联网和大数据思维的引领下，通过数据赋能与基层赋权破解基层形式主义、官僚主义造成的基层疲惫难题，减轻基层工作人员的工作负荷，让他们能够有更多精力与居民进行互动，关注居民事务，回应居民诉求，这既是提升基层社会治理效能的关键，也是推进基层社会发展的根本动能。

参考文献：

[1] 孟天广，赵娟. 大数据驱动的智能化社会治理：理论建构与治理体系[J]. 电子政务，2018(8)：2-11.

[2] 丹尼尔·李·克莱曼. 可行技术在社会中：从生物技术到互联网[M]. 北京：商务印书馆，2009：5.

[3] 唐未兵，傅元海，王展祥. 技术创新、技术引进与经济增长方式转变[J]. 经济研究，2014，49(7)：31-43.

[4] 吴敬琏. 制度重于技术：论发展我国高新技术产业[J]. 经济社会体制比较，1999(5)：1-6.

[5] 林毅夫，潘士远，刘明兴. 技术选择、制度与经济发展[J]. 经济学(季刊)，2006(2)：695-714.

[6] 鲍静,贾开.数字治理体系和治理能力现代化研究:原则、框架与要素[J].政治学研究,2019
(3):23-32,125-126.

[7] 吴敬琏.制度重于技术:论发展我国高新技术产业[J].经济社会体制比较,1999(5):1-6.

[8] 罗森堡·小伯泽尔.西方致富之路:工业化国家的经济演变[M].上海:三联书店,1989:4.

[9] 杜小勇.消除信息孤岛,实现"数据福利"[J].国家治理,2020(30):20-23.

[10] 王雨磊.数字下乡:农村精准扶贫中的技术治理[J].社会学研究,2016,31(6):119-
142,244.

[11] 唐佩佩.调查报告:干部群众对破解基层治理"信息烟囱"难题的认识与建议[J].国家治理,
2020(30):3-8.

[12] 周俊.以整体智治消除基层"数据烟囱"[J].国家治理,2020(30):24-26.

[13] 郁建兴."最多跑一次"改革:浙江经验,中国方案[M].北京:中国人民大学出版社,
2019:25.

[14] 彭波.论数字领导力:数字科技时代的国家治理[J].人民论坛·学术前沿,2020(15):
12-24.

[15] 王少泉.数字时代治理理论:背景、内容与简评[J].国外社会科学,2019(2):96-104.

[16] 黄璜.数字政府:政策、特征与概念[J].治理研究,2020(3):5-15.

[17] 吴海红,吴安戚.基层减负背景下"责任甩锅"现象透视及其治理路径[J].治理研究,2020
(5):50-56.

【作者】

李慧凤,苏州大学政治与公共管理学院副教授
